Bible in
History

Bible in History focuses on biblical interpretation in different ages and countries and is a series dedicated to studies of biblical exegesis as well as to research about principles of interpretation relevant to interpreters of the Bible. The series is open to studies focusing on philological and theological aspects of particular Bible passages but it also welcomes publications in the field of history of biblical interpretation that study the development of new ideas and their impact on the interpretation of the text. Editions of textual variants as well as of influential old and modern commentaries are also within the scope of this series.

The series accepts publications in French and English.

Series published by
Joseph Alobaidi

PETER LANG
Bern · Berlin · Bruxelles · Frankfurt am Main · New York · Oxford · Wien

Joseph Alobaidi

Old Jewish Commentaries
on the Song of Songs II

The Two Commentaries of Tanchum Yerushalmi
Text and translation

PETER LANG
Bern · Berlin · Bruxelles · Frankfurt am Main · New York · Oxford · Wien

Bibliographic information published by die Deutsche Nationalbibliothek
Die Deutsche Nationalbibliothek lists this publication in the Deutsche Nationalbibliografie; detailed bibliographic data is available on the Internet at ‹http://dnb.d-nb.de›.

British Library Cataloguing-in-Publication Data: A catalogue record for this book is available from The British Library, Great Britain

Library of Congress Cataloging-in-Publication Data is available

ISSN 1422-5972 pb.
ISBN 978-3-0343-1505-0 pb.

ISSN 2235-5723 eBook
ISBN 978-3-0352-0247-2 eBook

© Peter Lang AG, International Academic Publishers, Bern 2014

Hochfeldstrasse 32, CH-3012 Bern, Switzerland
info@peterlang.com, www.peterlang.com

For
Iris Théodoloz
And family

Contents

Preface.. IX

The Manuscript... XI

The Judeo Arabic text 3

The Translation of the First Commentary
Chapter 1.. 93
Chapter 2.. 131
Chapter 3.. 147
Chapter 4.. 153
Chapter 5.. 161
Chapter 6.. 169
Chapter 7.. 175
Chapter 8 183

The Translation of the Second Commentary
Chapter 2.. 197
Chapter 3.. 209
Chapter 4.. 223
Chapter 5.. 239
Chapter 6.. 259
Chapter 7.. 271
Chapter 8 291

Index of Biblical quotations................................... 309

Preface

This is the second of four volumes concerning medieval Jewish commentaries on the Song of Songs. Yefet Ben Eli's commentary was published in volume one, issued more than three years ago. This second volume, containing two commentaries of Tanchum Yerushalmi, will be followed by a third with two shorter and anonymous commentaries. A synopsis of the translations with an evaluation of five commentaries, plus one by R. Saadia Gaon, recently published, will form the contents of the fourth and final volume of this series. My preference goes to a full volume of a comparative study rather than a theological and philological introduction to each commentary.

Tanchum Yerushalmi was certainly aware that while the Books of the Hebrew Bible have symbolic parts, The Song of Songs is entirely symbolic. This particularity of The Songs played a role in the organization of Tanchum's work. At first, he starts with a global commentary; an explanation of all the elements of the Book: The obvious meaning of words, philological difficulties, and symbolic meaning of expressions. This can clearly be seen in his commentary on Song 1-2:7. It was an attempt to comment on the totality of elements he found important to explain. Certainly for reason of clarity and in order to make his commentary more accessible that Tanchum opted, albeit well in his commentary of chapter two, for another method: Writing two commentaries on the Song of Songs. Yet, he did not follow the rule he himself established. Instead of writing a philological commentary, followed by another more theological and philosophical, he often in his second commentary returned to explain a word or an expression he left out in his first commentary. Furthermore, it happened that having finished the commentary on a chapter and starting the next one, he returns to the preceding chapter to reexamine a word he ignored. All this led to duplicate commentaries: The first, a complete explanation of all the chapters; the second a commentary covering the whole Book, but starting at Song 2:8.

Two particularities made the edition of Tanchum's commentary arduous. The first concerns the philological and grammatical nature of his explanation, making it impossible to avoid inserting Hebrew words into the translation. A non specialist of the Biblical Hebrew will therefore find certain parts of the second commentary, almost impossible to grasp. The second particularity is the absence of translation on the commented verses. This fact forced the editor to examine the explanation of each verse in order to reach a translation as faithful to Tanchum's opinion as possible. In two or three cases Tanchum does not appear to decide between two different translations, making the rendering of the verse very difficult. However, it was possible to accomplish such task, inspired by the translation of R. Saadia Gaon, recognized by Tanchum as one of his masters.

I am indebted to Fr. B. Dupont O.P. who had the kindness and the patience to read the English translation of so specialized a commentary. I am also grateful to Fr. J. Langlois O.P. whose friendly support was vital for the issuing of this volume.

The Manuscript

The Ms. Oxford, Neubauer 363 (Poc 320) of 68 folios, edited in this volume, is part of Tanchum's a commentary on the Megilot. Indeed, the Ms. Starts by the following:

איש נעמי (רות 1:4) אי זוגהא. **כאשר שנים** (רוא 1:4) בכאף אלתשביה אי קריב מן דלך. **ותשאר האשה משני ילדיהא** (רות 1:5) יריד שכולה או יחידה או מא שאבה דלך. ושדה אלשין **ותשאר** לאנגדאם נון אלאנפעאל.

The man of Noami (Ru 1:4) or her husband. (רוא 1:4) כאשר שנים with the comparative כ. In other words, closer to [ten years]. *And the woman was left* ותשאר *without her two sons* (Ru 1:5) designating her widowhood, her loneliness or what is similar to that. The doubling of the ש is due to the dropping out of the נ of *nifal.*

This is the beginning of an extremely brief commentary on the Book of Ruth that ends by explaining Ru 4:7. In fact, it is a partial commentary on Ruth, where Tanchum chooses to clarify particular expressions, neglecting the major part of the book. The part of the Ms that deals with Ruth is almost two folios and (1r-2v stops at the 14th line) and contradicts the much developed commentary on The Songs. In line 15 of folio 2v Tanchum starts his commentary on The Songs by an attempt to identify the beloved woman.

The end of Tanchum's commentary on The Songs (Fol. 68v) is as follow:

משכני אחריך נרוצה הביאני המלך חדריו נגילה ונשׂמחה בך וג׳ (ש״הש 1:4). בריך רחמנא דסייען אמן.

Make me follow you and we will run, the king introduced me into his chamber; we will rejoice and be glad in you (Song 1:4). *Praise the Merciful for his help. Amen*

The Two Commentaries of Tanchum Yerushalmi on the Song of Songs

The Judeo-Arabic Text

Words written in bold letters are Hebrew words.
They usually are Bible quotations.

[פרוש תנחום ירושלמי לשיר השירים]

[...] ואמא אלמחבובה אלמשאר אליהא אלמכ̇אטב בלסאן חאלהא פת̇ם מן קאל אנה ישיר אלי אלחכמה, כמא קאל פי משלי **אילת אהבים ויעלת חן דדיה ידוך בכל עת וג׳** (משלי 5:19). וקאל עלי לסאנהא **לי עצה ותושיה אני בינה לי גבורה בי מלכים ימלוכו ורוזנים יחוקקו צדק בישרים ישורו ונדיבים כלשופטי צדק אני אהבי אהב ומשחרי ימצאונני** (משלי 8:14-16), **להנחיל אוהבי יש ואוצרותיהם אמלא** (משלי 8:21). וקאל **יוי קנני ראשית דרכו קדם מפעליו מאז מעולם נסכתי מראש וג׳, באין תהומות חוללתי וג׳** (משלי 8:22-24) **בהכינו שמים שם אני וג׳** (משלי 8:27). ת̇ם קאל עלי לסאנהא איצ̇א **ואהיה אצלו אמון ואהיה שעשועיו יום יום משחקת לפניו בכל עת וג׳** (משלי 8:30) עלי מא בינא מן מעאני הד̇ה אלנצוץ פי מכאנהא.

ות̇ם מן קאל אנה ישיר אלי כנסת ישראל אי גמאעתהם. פיצרפוה עלי כונהם כאנוא פי מצרים פי אצ̇יק חאל ואעצ̇ם ד̇ל ואן אלחק ת̇ע למא אטלע עלי עט̇ם שוקהם אליה וטלבהם איאה ותמניהם אלוצול אליה פאחצ̇רהם ואצלחהם למחל אלקרב מנה. וקרבהם מן גנאבה אלשריף ואוקפהם פי מעמד הר סיני ואסקאהם כ̇מר מחבתה ולד̇ד̇הם בטעאם שריעתה ואסמעהם אואמרה בכ̇טאבה. וסירהם פי אלמדבר תחת וקאיה אלענן כמא קאל **מיזאת עלה מן המדבר כתמירות עשן מקוטרת מור ולבונה מכל אבקת רוכל** (ש״הש 3:6). הו מעני קו׳ ת̇ע **המולכך במדבר הגדול וג׳** (דב׳ 8:15) **לא חסרת דבר**. ואנה אוצלהם אלי גמיע מא תקדם ועדה להם ולאבאיהם כמא קאל **לא נפיל דבר אחד מכל דברו הטוב וג׳** (מל״א 8:56). ת̇ם בעד ד̇לך כלמא חצל חגאב יחגבהם ענה במילהם אלי שי ממא נהאהם ענה פיבעדו ען באבה וינקטעו ען ענאיתה כמא קאל **על הרי בתר** (ש״הש 2:17) וד̇לך בחסב ג̇לץ̇ ד̇לך אלחגאב וכת̇אפתה או רקתה ולטאפתה ... פפצל הד̇ה אלמעאני ושבההא בעבארא̇ת מכ̇תלפה ומת̇ל מעאניהא באמת̇אל מתבאינה. וכ̇טאבה מסתרסלה משוקה ללנפוס מרקקה ללקלוב באלפאט̇ מסתעארה ואסמא שעריה חסב ג̇רץ̇ ג̇רץ̇ מן הד̇ה אלמעאני. וד̇לך חסב מא פעל יחזקאל **ואעבור עליך ואראך מתבוססת בדמיך ואומר לך בדמיך חיי וג׳** (יחזקאל 16:6). ת̇ם **ואעבור עליך ואראך והנה עתך עת דודים** (יחזקאל 16:8) ישיר לוקת אלפרג **ואפרוש כנפי עליך ואכסה ערותך** (יחזקאל 16:8). כ̇לצהם מן ד̇ל אלאסר ואהאנה אלעבודיה. **ואבוא בברית אותך** (יחזקאל 16:8) פי מעמד הר סיני, **ויקח ספר הברית ויקרא באזני העם** (שמ׳ 24:7). ותהיי לי בקולהם **נעשה ונשמע** (שמ׳ 24:7). תם וצף טעמתהם אלטיבאת וכסותהם אלחריר ואלתנעם ותמליכהם אלבלאד ותסלים כ̇יראתהא להם פקאל **סלת ודבש [ושמן] אכלת ותיפי במאד מאד ותצלחי למלוכה** (יחזקאל 16:13). פחיניד עט̇ם אסמך ואמתד מלכך ונפדת אואמרך ויצא

לך שם בגוים ביפיך (יחזקאל 16:14). ומת̇ל פי את̇נא אלקצה עמל אלמקדש בינהם וחלול נור אלשכינה פיה ושמול אלענאיה להם בגרירה ד̇לך הו ק̇ו ואלבישך רקמה ואנעלך תחש ואחבשך בשש ואכסך משי (יחזקאל 16:10), ואעדך עדי (יחזקאל 16:11), ותעדי זהב וכסף (יחזקאל 16:13), הד̇ה אלמואד אלתי עמל מנהא אלמשכן. ועדד אנואע תרומת המשכן ט̇ו נוע. והי זהב וכסף [נחשת ותכלת וארגמן וסאיר אלמדכור. ת̇ם אלי ואבני שהם ואבני מלואים (ע׳ שמ׳ 25:9. 35:9). וכד̇לך אלאצנאף אלד̇י אמתן עליהם בהא עלי יד אחזקאל סוי. פהכד̇א עדדהם פי תמת̇ילאתהם עלי טריק אלאסתעארה ללאלפאט ואלכ̇טאבה אלמשוקה עלי טריקה אלכ̇טאבה אלשעריה לאנהא אחלא טרק אלכטאבה ואעלקהא באלנפס ואשוקהא ללקלב.

ואכ̇רון שרחו הד̇א אלספר עלי שוק אלנפס אלנאטקה אלחכימה ללוצול אלי מת̇ל אלעט̇מה אלעקליה אלתי מבדאהא ועאלמהא אלאולי וענצרהא אלאצלי. ואלתעריף בלסאן אלחאל אן אלאסודאד ואלכת̇אפה אלתי תט̇הר ענהא ליס הי ד̇אתיה להא ולא מן צפאתהא אלגוהריה. ואנמא הי אמור ערצ̇יה ואחואל מאדיה אכתסבתהא במגאור[ת] אלקוי אלבדניה ואלתזאמהא בתדבירהם מדה אלאקתראן לימכן בקא אלגסם מדה אלמכאן חסב מקתצ̇א אלחכמה אלאלאהיה ואלמשיה אלרבאניה. ואמא ד̇אתהא פפי ג̇איה אלחסן ואלצפא: שחורה אני ונאוה וג׳ (ש״הש׳ 1:5), אל תראוני שאני שחרחורת ששזפתני השמש בני אמי נחרו בי שמוני נוטרה את הכרמים (ש״ש׳ 1:6), ואן אשואקהא עט̇ימה ותחסראתהא עלי מפארקה ד̇לך אלגנאב ג̇זירה ואלאמהא כת̇ירה. ואן אלעקל אלד̇י הו מבדאהא ומעדנהא ואלמפיץ̇ עליהא אנוארה ענד אטלאעה מנהא עלי צדק הד̇ה אלדעוי תגלי עליהא באלצ̇יא אלבאהר ואלנור אלקאהר ואלאשראק אלזאהר בחסב אחתמאלהא מנה פי אלבדאיה ת̇ם תתזאיד מנה אלכמאל ואלאדראך ואלצ̇יא אול באול אלי אלנהאיה. לאן אלמקים פי אלמכאן אל[מ]צ̇לם לא יטיק אן ינט̇ר פי אלצ̇ו אלסאטע פי דפעה. פיתדרג פי ד̇לך אולא אולא אלי אן יקוי בצרה במא אנט̇אף מעה ואתחד בה מן ד̇לך אלנור ואלצ̇יא. לאן מנזלה אלעקל מן אלנפס מנזלה נור אלשמס מן אלבצר. לאן אלבצר מא דאם לא יכ̇אלטה נור אלשמס פהו באצר באלקוה. פאד̇א אשרק עליה נור אלשמס צאר באצר באלפעל. וכד̇לך נסבה אלעקל לאדראך אלנפס באלקוה או באלפעל. וסיבין הד̇א אלמעני פי קהלת באבסט מן הד̇א אלקול. פוצף פי הד̇א אלספר אן אלעקל לם יזל ידרגהא וינקלהא רתבה בעד רתבה והי תתקרב אליה ותדנו מנה אולא אולא. פלמא שמת מנה אראיח עאלמהא ואטלעת עלי וטנהא אלד̇י תג̇רבת מנה וד̇אקת מן בעץ̇ תמארה ותלד̇ד̇ת ברואיח נורה ואנוארה ותמתעת בחסן נט̇רה ומנאט̇רה, ותד̇כרת מא כאנת נסיתה וכרהת מא אלפתה פעאשת בעד אלמות ותראגעת בעד אלפות. פתבצרת ואסתנארת וכשף ענהא אלג̇שא פאצ̇ת ואנארת פעלמת חיניד̇ אנהא שביה חמאמה מתוסטה בין טאווס מן פוקהא והי ג̇אפלה ענה והו יראהא. וג̇ראב מן תחתהא והי נאט̇רה אליה והו יג̇ויהא. פאלפתה ואחבתה וטאלת עשרתהא לה וכ̇אלטתה. פאכתסב רישהא אסודאד מן צפאתה ואכדארה והי כ̇אדמה לה בכליתהא מתפרגה עליה מלתד̇ה בה והו יאכל פי אלתראב וישתג̇ל באשג̇אל תחאכי אלסראב. והי קד ערית מן חסן אלכסוה ואלחליה ואלת̇יאב. ולשדה אסתג̇ר[א]קהא בה לם תפק לנפסהא פצ̇לא ען אן תנט̇ר מן פוקהא. פבינמא הי ד̇את יומא אד̇ לאחת מנהא אלתפאתה אלי נפסהא פראת עלי ענקהא תטויסה משרקה

וזינה מונקה והי בענקהא מחדקה. פאסתג̇רבת ד̇לך וקאלת אן הד̇א אלאת̇ר אלבדיע ליס ישבה את̇אר הד̇א אלצאחב אלשניע ואלנדים ואלפצ̇יע ואלאסוד אלכדר אלד̇י צאחבתה ונאדמתה. פאחוגהא ד̇לך אלאסתג̇ראב אלי אלבחת ואלתפכר ען סבב ד̇לך אלתטויס וחסן ד̇לך אלצ̇יא ואללמיע. פתטלעת ואד̇א הו ממא ישרק עליהא מן למיע אלטאווס וחסנה פעלמת אן מנה כמאלהא וחסנהא ואנה יכון סבב נגאתהא וחיאתהא ובאלאתצאל בה יעט̇ם סעדהא. פשג̇פת בחסנה ומאלת אלי כ̇דמתה ותעלקת בד̇יולה פטאבת להא עשרתה וחלית להא צחבתה. וכרהת צחבה אלג̇ראב ונדמת עלי מא תקדם להא מן עשרתה ועלמת מא כ̇סרת בצחבתה ואנכשף להא נקאיצ̇ה ועיובה וט̇הר להא מכרה וכ̇דעה אול באול והי תקטעה אול אולא. וכלמא קטעת מן צחבתה מנזלה אתצלת באלטאווס מנזלה. וכלמא אתצלת באלטאווס קרב כלמא אזדאדת ען אלג̇ראב בעדא. פלם תזל תתזאיד פי אלתרקי בצחבתה ותדאום אלאנג̇ד̇אב כ̇לפה ותסתג̇רק פי מחבתה ותחרץ עלי אלאתצאף בצפאתה ואלתשבה בה והי עלי חאלה אלשוק אלמתזאיד אלי אן חצל להא בה אגתמאע אכיד ואתצאל מפיד. פתחקקתה וערפתה וד̇כרת מא כאנת נסיתה ועלמת אנה ואלדהא ומנה מנבעת̇ה והו אצלהא אלד̇י אקתטעת מנה ומעדנהא אלתי אקתצבת מנה. ותיקנת אן סבב אנקטאע אמדאדה להא ואלאט̇האר כאנה מערץ̇ ענהא אנמא כאן לאבד̇אלהא לה בד̇לך אלג̇ראב ותמכינה מן אסתכ̇דאמהא וכונהא רצ̇ית באלאג̇תד̇א מעה מן אלתראב אלד̇י כאן מנה ג̇ד̇אוה. פזאדת בד̇לך בעד מן אלג̇ראב וקטעת לד̇כרה. פלמא תרכתה בכליתהא למא תחקקת מן כ̇דאעה להא עלמת אנה כאן עדו פי צורה צדיק, מצ̇ר פי זי נאפע, קאצד אלשר פי צורה נאצח. פאתגהת אלי אלנצח אלחקיקי ואלנפע אלדאים אלת̇אבת אלמצ̇מון כ̇ירה ואלואפי ועדה עאגל ואגל. פאסתג̇רקת פי מחבתה ועט̇ם שוקהא למלאזמתה וקוי אספהא ואלמהא עלי פראקה ואלאשתג̇אל בג̇ירה [...] חקיקה. פאוצלהא ד̇לך אלשוק אלי ינבוע אלחיאה ומחץ̇ אלנור ואתצאל אללד̇ה ודואם אלסעאדה ואלאשראק אלד̇י לא ט̇לאם מעה ואלחצ̇ור אלד̇י לא ג̇יאב בעדה. ולד̇לך מת̇לת אלנפס פי הד̇א אלספר באלחמאמה ובעינין אלחמאם: עיניך יונים כיונים על אפיקי מים (ש״הש 5:12), יונתי בחגוי הצלע (ש״הש 2:14), יונתי תמתי (ש״הש 5:2) עלי מא יאתי תפציל שרחהא פי מואצ̇עהא.

פלם יזל שלמה ע̇ה יתרדד נחו הד̇א אלג̇רץ̇ ופי הד̇ה אלמעאני בעבאראת מכ̇תלפה וצפאת מסתט̇רפה ואסמא מסתעארה ומעאני מתראדפה מסתחסנה מסתלטפה חסב ג̇רץ̇ ג̇רץ̇ מנהא. פתארה יתכלם בלסאן חאל אלנפס ותשוקהא ותארה ען אלעקל וצפאתה אלחמידה אלשריפה ויבין אכ̇תלאף מראתב אלוצול ואלאסבאב אלמאנעה מנה או אלקאטעה ענה בכלאם כ̇טאבי משוק מרג̇ב ממא אעתיד ואולף פי אלעאלם אלמחסוס מן אלצפאת אלשעריה ואלאסתעאראת אלכ̇טביה אלמשוקה אלמרג̇בה אלמחסנה או אלמרד̇לה אלמבעדה אלמכררה חסב ג̇רץ̇ ג̇רץ̇ מנהא. אד̇ לא ימת̇ל מת̇אל ויקדם מקדמאת קיאס ולא יחאכא שי אלא באמר מעלום משהור מערוף, לא באמר מגהול לא תעלם חקיקתה ולא תתצור מאהיתה ולא יט̇הר וגודה. לאן ד̇לך יכון כמא ערף אלמוגוד באלמעדום או אלמערוף באלמגהול או אלכ̇פי במא הו אכ̇פא מנה ואבעד תצור. והד̇א ליס מן טריק אלחכמא. ואנמא לצעובה הד̇ה אלמעאני וג̇מוצ̇הא ובעדהא ען אד̇האן אלגמהור ומכ̇אלפתהא למא אלפוה לאן גמיע אלמאלופאת אלגסמאניה עלי כ̇לאף הד̇ה אלאמור אלרוחאניה. ולד̇לך תרי אלגמהור אבדא ינכרון הד̇ה אלמעאני ויסתרד̇לון טריקתהא

וינסבון מן תעאני שי מנהא אלי אלגנון ואכ̇תלאל אלד̇הן. אלי תרי קולהם ען אלנבי מדוע בא המשוגע הזה אליך (מל״ב 9:11). פקאל להם אתם ידעתם את האיש ואת שיחו (מל״ב 9:11). ואמא הד̇ה אלמעאני אלעקליה פהי כ̇ציצה באלכאמלין לאן לא יפהם מעאניהא ויעלם מקדאר פצ̇ילתהא אלא אלנפס אלצאפיה ען אלאכדאר אלכ̇ארגה ען אלעואיד. ולד̇לך אצ̇טרהם אלאמר אלי אלתמת̇יל ואלאכ̇פא באלאלג̇אז ואלרמוז. ואסתעמלו פי תביינהא אלאשאראת ואלתשביהאת ואלתמת̇יל ואלאסתעארה.

וקד ארשדנא אלי כליאת אלמעאני ואכשפנא גמלה אלגרץ̇ מגמל מן ג̇יר תפציל מע כון אן תפצילה קריב גדא בעד הד̇א אלאגמאל. פבקי עלינא שרח אלאלפאט̇ אלמשכלה מן גהה אלאשתקאק ואלתצריף אללג̇וי לאן ד̇לך כאן אול אלקצד מן וצ̇ע הד̇א אלכתאב. ולא בד מן אלכלאם פי הדין אלשרחין חסב מא יליק באלג̇רץ̇ לילא יכון אלכלאם נאקץ. פנסתעין באללה תעאלי ונקול

1:1

שִׁיר הַשִּׁירִים אֲשֶׁר לִשְׁלֹמֹה:

הד̇ה אללפטה מעתלה אלעין: אשר שר ליוי. ואלאסם שרים ושרות. ואלת̇קיל אז ישיר משה (שמ׳ 15:1), אצלה יהשיר. ואלמאצ̇י השיר מת̇ל והאיר על עבר פניה (שמ׳ 25:37). ואלמסתקבל יאיר: יאירו שבעת הגרות (במד׳ 8:2) ואלאצל יהאירו. והד̇ה אללג̇ה תכון במעני נשיר: ותשר דבורה (שופטים 5:1), אז ישיר אשׂראל (במד׳ 21:17), ומעני תסביח שירו ליוי (שמ׳ 15:21. יש׳ 42:10. ירמ׳ 20:13. תה׳ 96:1.2. 98:1. 149:1. דה״א 16:23). וקריב מן אצלהא מעני מדח ווצף: כי אשרוני בנות (בר׳ 30:13). ומנה אשרי יושבי ביתיך (תה׳ 84:5), אשריך ישׂראל (דב׳ 33:29) וכד̇לך כי אשרוני בנות (בר׳ 30:13) אי קאלו עני אשירה.

1:2

יִשָּׁקֵנִי מִנְּשִׁיקוֹת פִּיהוּ כִּי־טוֹבִים דֹּדֶיךָ מִיָּיִן:

לפט̇ נשיקה אן תעדא בג̇יר חרף לאם פהו מן אלפם. ואן תעדא אלי מפעולה בוסיט חרף פכאן פי אליד או אלכתף או אלוגה מת̇ל ותשק ערפה לחמותה (רות 1:14), אשקה לאבי ולאמי (מל״א 19:20), וישק יעקב לרחל (בר׳ 29:11). ואד̇א כאן הכד̇א פקולה וישקהו ויבכו (בר׳ 33:4) פי אלפם. ואמא מע תעיין ד̇כר אלפם פלא יחתאג אסתדלאל. וכאן חקה נשקני מנשיקות פיך לאן אלפצל גמיעה אואמר במעני טלב ומקצד.

כי טובים דודיך מיין (ש״הש 1:2) ״מחבתך אלד̇ מן אלכ̇מר״. אי אן אלנשוה ואלבסטה אלחאצלה פי אלנפס ען מחבתך אעט̇ם ואלד̇ מן בסט אלכ̇מר. ואלמים פי מיין במעני ״אכת̇ר מן ד̇לך״. מת̇ל שמן ששון מחבריך (תה׳ 45:8), ״אכת̇ר מנהם״. לאנה פי בעץ̇ יכון ללתקליל ואלתגזיה: ואחביא מנביאי יוי (מל״א 18:13), מסלתה ומשמנה (ויק׳ 2:2). ושרח דודיך (ש״הש 1:2) ״ודך״ מגאנס ללערבי. וקיל אנה אללעאב אלד̇י פי אלפם. וכד̇לך לכה נרוה דודים (משלי 7:18). ומת̇לה שם אתן דודי לך (ש״הש 7:13). והד̇ה אללג̇ה ליס להא פראד ולא אתת קט אלא עלי אלגמע, מת̇ל זקונים ונעורים ובתולים.

וכד̇לך מים ושמים הו גמע[1] והו פראדה. ואמא או דודו או בן דוד (ויק׳ 25:49) פיוגד פיה אלגמע ואלפראד.

1:3
לְרֵיחַ֙ שְׁמָנֶ֣יךָ טוֹבִ֔ים שֶׁ֖מֶן תּוּרַ֣ק שְׁמֶ֑ךָ
עַל־כֵּ֖ן עֲלָמ֥וֹת אֲהֵבֽוּךָ׃
אללם זאידה, מת̇ל למשפחות בני קהת (יהושע 21:26). ורבמא כאנת ללעטף עלי מא תקדם מן קולה טובים דודיך מיין (ש״הש 1:2). כאנה קאל וריח שמיך (ש״הש 1:3) מת̇ל לכל העיר האלהים את רוחו (עזרא 1:5) אלד̇י מענאה וכל אשר העיר. וטובים (ש״הש 1:3) גמע ללפראד לאן צ̇מירה ען ריח (ש״הש 1:3). ואנמא כת̇ר למגאורה שמניך (ש״הש 1:3) אלד̇י הו גמע. וקד בינא פי צדר אלכתאב מת̇ל ד̇לך כת̇יר. שמן תורק שמניך (ש״הש 1:3) יריד יורק לאן שמן ושם מד̇כרין. ואלמעני: ענד ד̇כר אסמך תפוח אלאריאח אלד̇כיה אלארגה כאן דהן עטר קד אנצב ואנסכב. פחק למן הד̇ה צפאתה אן יחב וירג̇ב פי אלאתצאל בה.
על כן עלמות אהבוך (ש״הש 1:3). וקולה עלמות (ש״הש 1:3), עלי אלטריקה אלשעריה. לאן אלעשק עלי אלאכת̇ר ואלתחאבב אנמא יכון בין אלד̇כור ואלאנאת̇, ואלצבאיא מנהן כ̇אצה. ואלעאדה אלאכת̇ריה אן אלרגאל תחב אלנסא. והד̇א לשדה חסנה ופרט כמאלה אסתג̇רקת פי מחבתה אלצבאיא אלד̇י לם יעלמו בעד שי מן אחואל אלדניא. ואיצ̇א אן אלנפס אלד̇י אלכלאם ענהא ואלצ̇מיר ראגע אליהא מן גמלה אלנסואן ואלגוארי באללפט̇ אלמונת̇. והי מן אלאמור אלכ̇פיה ואלאסראר אלמכנוזה. ולפט̇ עלמות (ש״הש 1:3) פיה אשתראך למעני: ונעלם ממנו (ויק׳ 5:2) ונעלמה מעיני כל חי (איוב 28:21). לד̇לך קאל עלמות (ש״הש 1:3) ולם יקל נערות או מא ישבהה פי אלמעני.

1:4
מָשְׁכֵ֖נִי אַחֲרֶ֣יךָ נָּר֑וּצָה
הֱבִיאַ֨נִי הַמֶּ֜לֶךְ חֲדָרָ֗יו נָגִ֤ילָה וְנִשְׂמְחָה֙ בָּ֔ךְ נַזְכִּ֤ירָה דֹדֶ֙יךָ֙ מִיַּ֔יִן מֵישָׁרִ֖ים אֲהֵבֽוּךָ׃ ס
אללנון ללתעט̇ים, לא ללתכת̇יר, מת̇ל נעשה אדם (בר׳ 11:4.7) הבה נרדה (בר 11:7). הביאני המלך חדריו (ש״הש 1:4) מאצ̇י ואלמעני מסתקבל. מת̇ל נתתי כסף השדה (בר׳ 23:13) והו טלבה ותצ̇רע מת̇ל נחית בחסדך (שמ׳ 15:13). ואלהא פי המלך (ש״הש 1:4) ללנדא. פחק הביאני (ש״הש 1:4) אן יכון פתח חטף תחת אלהא וצרי תחת אלאלף: זנה והשיבני דבר. ואלמעני יא איהא אלמלך אלגליל אגד̇בני כ̇לפך ואדכ̇לני קצורך וכ̇דורך לאתחד בך ואסר ואפרח ואלתד̇ בקרבך. ונזכירה דודיך מיין (ש״הש 1:4): ״נסתלד̇ בערף ודך אכת̇ר מן אלאלתד̇אד̇ באלכ̇מר״. כמא קאלת אולא: ונזכירה (ש״הש 1:4) מן מעני אלערף ואלראיחה אללד̇יד̇ה, מן אזכרה (תה׳ 42:5) ומנה זכרו כיין לבנון (הושע 14:8).
מישרים אהבוך (ש״הש 1:4). אלמים פי מיין (ש״הש 1:4) כ̇אדמה לה ולמישרים. מת̇ל אל בקצפך תוכיחני ובחמתך (תה׳ 38:2). ומת̇ל הד̇א מאל אביך ויעזרך ואת שדי ויברכך

[1] جمعه / גמעה Ms.

(בר׳ 49:25) יריד ומאת. ואלקולין עאידין עלי מא תקדם מן קו׳ מידי אביר יעקב משם רעה אבן ישראל (בר׳ 49:24) ועטף עליה ומאל אביך ומאת שדי. לכן אסקט ואו אלעטף אכׄתצאר, מתׄל שמש ירח (חבקוק 3:11), אדם שת אנוש (דה״א 1:1) וגׄירהא. ואמא רבינו סעדיה זׄצׄלׄ פזאד פיה כלמה אטׄהרת אלחרף אלמחדׄוף. פקאל: אסאל מן אלאה אביך אן יעינך ומן אלטאיק אן יבארכך. פיכון אדׄא: אביר יעקב ורועה אבן ישראל ואל אביך ומאת שדי תכראר פי מעני ואחד. מתׄל בסדום אל תבוא נפשי בקהלם אל תחד כבודי (בר׳ 49:6). ומתׄלה פי כלאם אלאנביא כתׄיר. וכדׄלך קולה נזכירה דודיך מיין (ש״הש 1:4) יריד וממשרים אהבוך. ויכון מישרים (ש״הש 1:4) צפה ללײן, יצף אסתקאמה סלוכה פי אלפם ולדׄאדׄתה מן גׄיר אן תשמאז אלנפס או תתכרהה מתׄל מא יכון אדׄא כאן אלנבידׄ פיה חדה וקוה גׄצׄאצׄה. בל הדׄא ארק אלנבידׄ ואלטף אלכׄמר ואלינה ואעדׄבה פי אלפם. ומע דׄלך פאן מחבתה אלדׄ מנה ואעלק באלנפס. וכדׄלך וצפה פי קו׳ הולך לדודי למישרים (ש״הש 7:10). ואיצׄא יתהלך במישרים (משלי 23:31). וצׄמיר אהבוך (ש״הש 1:4) ען עלמות אלמדׄכורה. או יכון אהבוך (ש״הש 1:4) מתׄל אֳהָבֶיךָ, באזא דודיך. פיכון מכרר איצׄא: נזכירה דודיך מיין וממישרים אהביך. ואלשרח: נסתלדׄ בודך אכתׄר מן אלכׄמר ובמחבתך אכתׄר מן אסתקאמה סלוכה ולדׄאדׄתה.

ופי לפצׄה מישרים (ש״הש 1:4) אשתראך מעני מן תם וישר ירא[2] אלהים (איוב 1:1) מות ישרים (במד׳ 23:10). לאן אלאצל פיה ישר, וזנהא מפעלים, מתׄל משפטים. לאן אליא פא אלפעל ולכנהא לינה. ואלמעני: אן לא יהואך וימיל אלי מחבתך סוי אלמסתקימין אלכאמלין אלדין תרכוא מאלופאתהם אלארצׄיה ואגׄראצׄהם אלמאדיה וסלכו נחוך באסתקאמה וצחה יקין. וטׄאהר הו אן הדׄה אלקול גמיעה אלדׄי יקול פי הדׄא אלפצל הו לסאן חאל אלנפס פי אשתיאקהא ומבדא למחהא וקצדהא אלארתקא מן אלמחל אלארצׄי אלכתׄיף אלי אלמחל אלעלוי אללטיף ואלאסתנארה בה ואלאלתדׄאדׄ במחבתה עלי מא סבקת אלאשארה פי אלתמתׄיל אלדׄי דׄכרנאה.

ומעני ישקני מנשיקות פיהו (ש״הש 1:2) ישיר בה אלי אלא[..]רך אלחאצל להא מן גהתה ואתצאלהא בה כמא יתצל אלשכׄצאן אלדׄאן יקבל אחדהמא אלאכׄר ויתחדאן פם לפם. ואיצׄא אן דׄלך מן צפאת אלמתחאבבין וכׄאצה אול אלאגתמאע. ואמא עלי אלשרח אלאכׄר פאנה ישיר בה אלי אול אלרסאלה אלתי אתאהם בהא משה עהׄ וקאל להם יוי אלהי אבותיכם שלחני אליכם וג׳ (ש׳ 3:13) ולמא דׄכר להם אסמה אשרקת פי נפוסהם לואיח אלפרג וצדקו ואמנו כמא קאל ויאמן העם וישמעו וג׳ (ש׳ 4:31). פהי אלרואיח אלתי אסתלדׄו בהא ענד דׄלך, והו מעני לריח שמניך (ש״הש 1:3). עלמות אהבוך (ש״הש 1:3), אכראם אלאמם להם ופזעהם מנהם ואלמלוך ואלאגלא הו קו׳ ויוי נתן את חן העם וג׳ (ש׳ 12:36). גם האיש משה גדול מאד וג׳ (ש׳ 11:3). וענד כׄרוגהם תבעהם כׄלק כתׄיר: וגם ערב רב עלה אתם (ש׳ 12:38). ואוהבוהם אלמצריין אלקמאש ואלמצאגׄ ואלמאל אלכתׄיר למא ארזקהם אללה מן אלעז ואלאכראם: וישאילום וינצלו את מצרים (ש׳ 12:36), משכיני אחריך נרוצה (ש״הש 1:4), ויוי הולך לפניהם וג׳ (ש׳ 13:21), הביאני המלך חדריו (ש״הש 1:4), ומעמד הר סיני. ובעד דׄלך דׄכׄלוהם ארץ ישראל: נגילה ונשמחה בך

[2] וירא M.T.

(ש״הש 1:4) פי בית המקדש, פי אלחגים וגׄירהא: ושמחת לפני יוי אלהיך (דב׳ 12:18. 16:11). נזכירה דודיך מיין (ש״הש 1:4), אלקרבנות אלדׄי מעהא נסכים ואלמנחות ושבההא אלתי קיל פיהא אזכרתה ריח ניחוח (ע׳ ויק׳ 2:2.9.16). מישרים אהבוך (ש״הש 1:4), אלכהניםואללוים ואנשי משמר אלמנקטעין לעבאדתה תעׄ אלדׄי אכׄתירו למחבתה וטאעתה. ואפצל נציבהם מן אמור אלעאלם וגעל אללה תעׄ נציבהם: יוי הוא נחלתו (דב׳ 10:9. 18:2).

1:5

שְׁחוֹרָ֤ה אֲנִי֙ וְֽנָאוָ֔ה בְּנ֖וֹת יְרוּשָׁלָ֑͏ִם

כְּאָהֳלֵ֣י קֵדָ֔ר כִּירִיע֖וֹת שְׁלֹמֹֽה׃

חסנה ואלנון ללאנפעאל. ומתׄלה לא נאוה לכסיל תענוג (משלי 19:10). אי לא יחסן בה ולא יצלח לה. וטׄהרת אלאלף פי נאוה קדשו (תה׳ 93:5). ומנה תאות אדם חסדו (משלי 19:22): פכרה וגמאלה הו פצׄלה. כאהלי קדר (ש״הש 1:5). סוד לאנהא מן שער. כיריעות שלמה (ש״הש 1:5). ביץׄ, ישיר בה אלי אלכׄים אלתי צׄרבהא שלמה ועסכרה ענד כׄרוגה אלי אלבר. פמתׄל אלנפס פי חסנהא אלדׄאתי באלביאץׄ ואלצפא. ואלקוי אלבדניה אלתי הי בינהם ומדברה להם באלאסודאד ואלכׄתאפה ואלכׄדורה. ועןאלקוי אלמדברה אלמדרכה, אעני אלפכר ואלכׄיאל ואלדכר ומא יתבעהם יקול בנות ירושלם (ש״הש 1:5) לאנהם קריב מן אלבסאטה. וכׄאצה אלפכר, פאנה אעלא ואלטף מן סאיר אלקוי אלבדניה. לדׄלך כׄץ בה אלאנסאן דון סאיר אלחיואן.

1:6

אַל־תִּרְא֙וּנִי֙ שֶׁאֲנִ֣י שְׁחַרְחֹ֔רֶת שֶׁשֱּׁזָפַ֖תְנִי הַשָּׁ֑מֶשׁ

בְּנֵ֧י אִמִּ֣י נִֽחֲרוּ־בִ֗י שָׂמֻ֙נִי֙ נֹטֵרָ֣ה אֶת־הַכְּרָמִ֔ים כַּרְמִ֥י שֶׁלִּ֖י לֹ֥א נָטָֽרְתִּי׃

הדׄא אלתצׄעיף ללתנקיץ מן שחור. אי מסמרה אללון לא שדידה אלסואד. וכדׄלך אדמדם מם אדום, ירקרק מן ירוק. וקאלו מן עף, עפעפים, לאן אלגפן פי חרכתה ישבה חרכה גנאח אלטיר וקת טיראנה, לכנה ליס טיראן עלי אלחקיקה. לדׄלך צׄועף. וקאלת אלאואיל היתה מעפעפת. אי אנהא תרום אלטיראן והי נאקצתה לאנהא לא תפארק מוצׄעהא.

ששזפתני השמש (ש״הש 1:6), למחתני ורמקתני. ומתׄלה לא שזפתו עין איה (איוב 28:7). בני אמי נחרו בי (ש״הש 1:6), אלקוי אלבדניה. לדׄלך לם ינסבו אלי אלאב, בל ללאם והי אלמאדה, כמא בינא פי משלי. וכדׄלך אלנפס אלחיואניה איצׄא הי מן אלחיואן. וסאיר אלקוי אלבדניה אלטביעיה ואלחיואניה וגׄירהא בנאתהא. לכן פיהם אלבעץׄ אשרף מן בעץׄ כמא הו מעלום. ומעני נחרו (ש״הש 1:6), אחתרו עלי. מתׄל לחרחר רב[3] (משלי 26:21), מן חרה נחושתה (יח׳ 24:11). ואלנון ללאנפעאל, מתׄל נלחמו (שופטים 5:19,20). שמוני נוטרה את הכרמים (ש״הש 1:6), חאפטׄה צפה, מתׄל שומרת תרגׄ ואביו שמר את הדבר (בר׳ 37:11) נטרית פתגמה. פאדׄא שומר ונוטר ונוצר ואחד. ומנה אסמי אלסגן חצר המטרה (ירמ׳ 32:8). מתׄל [ב]משמר בית שר הטבחים (בר׳ 40:3. 41:10). ומתׄלה כרמי שלי לא נטרתי (ש״הש 1:6).

[3] ריב M.T.

1:7

הַגִּ֣ידָה לִּ֗י שֶֽׁאָהֲבָה֙ נַפְשִׁ֔י אֵיכָ֣ה תִרְעֶ֔ה אֵיכָ֖ה תַּרְבִּ֣יץ בַּֽצָּהֳרָ֑יִם
שַׁלָּמָ֤ה אֶֽהְיֶה֙ כְּעֹ֣טְיָ֔ה עַ֖ל עֶדְרֵ֥י חֲבֵרֶֽיךָ׃

אלשין במעני אשר מתׄל שין ששזפתני (ש״הש 1:6) ושקמתי (שופעים 5:7) שיוי אלהיו (תה״ 144:15). ומתׄל שין שלמה אהיה כעוטיה (ש״הש 1:7). וחקה אלחרכה בסגול. פפתח בפתח גדול מתׄל עד שקמתי דבורה (שופטים 5:7) וגא ואחד מנהא שאד̇ עׄן אלקיאס והו שאתה מדבר עמי (שופטים 6:17).וכלמת שאהבה (ש״הש 1:7) נדא בגׄיר חרף נדא. אי יא מן אחבתה נפסי. איכה תרעה איכה תרביץ (ש״הש 1:7) יריד איפה לאן איכה סואל עׄן חאל והד̇א סואל עׄן מכאן. מתׄל איפה לקטת (רות 2:19). ואנמא קאל איכה לאן סרה סואל עׄן כיפית אלתדביר ופיצׄאן אלענאיה וארסאל אלצור לכל מסתחק חסב אסתחקאקה. לאן ד̇לך מן אלאסרסר אלגׄאמצׄה ואלאדראכאת אלעזיזה אלרפיעה. אעני כיפית קבול אלמואד תאתׄיר אלמפארק ותדבירה. ותרביץ (ש״הש 1:7) מתעדי מן מעני כרע רבץ (בר״ 49:9) והו עאיד אלי אלאגׄנאם אלתי ירעאהא. שלמה (ש״הש 1:7) קולה יעני למאד̇א תתרכני אן אמיל עׄן חקיקה מקצדי לך בכוני לא אערף מכאן מנזלתך. פיצׄטרני אלאמר אן אמיל אלי אלגהאת ואסאל ענך מן בקיה אלקטעאן ואלרעאה. וקיל אן מנה ויעט אל השלל (שמ״א 14:32). וקיל לאן מענאהם מתׄל מדלג על ההרים (ש״הש 2:8), נט וקפז. וקיל ״כׄגלאנה״ מן ועל שׂפם יעטה (ויק׳ 13:45). וקיל ״כאלמשתמלה״ מתׄל מעיל צדקה יעטני (יש׳ 61:10), עוטה אור כשלמה (תה׳ 104:2). אי: לא אכׄתלט בקטעאן גׄירך מן אצחאבך. ואלאול אליק ואופק ללמעני.

1:8

אִם־לֹ֤א תֵֽדְעִי֙ לָ֔ךְ הַיָּפָ֖ה בַּנָּשִׁ֑ים
צְֽאִי־לָ֞ךְ בְּעִקְבֵ֣י הַצֹּ֗אן וּרְעִי֙ אֶת־גְּדִיֹּתַ֔יִךְ עַ֖ל מִשְׁכְּנ֥וֹת הָרֹעִֽים׃ ס

עאדה אללגה אן תצׄיף לך ולי מע אלאפאט. מתׄל לך לך מארצך (בר׳ 12:1), ברח לך אל מקומך (במד׳ 24:11) ולך לך אל ארץ המוריה (בר׳ 22:2), שמר לך את הדברים (ע׳ דב׳ 12:28), גאל לך אתה (רות 4:6), את נחלתי לא אוכל לגאל לי (רות 4:6), ויאמר הגואל לבועז קנה לך (רות 4:8), ודמה לך לצבי (ש״הש 8:14), אלך לי אל הר המור (ש״הש 4:6). וכד̇לך לך (ש״הש 1:8) הנא מזידה ואצלה אם לא תדעי היפה בנשים (ש״הש 1:8) ומתׄלה צאי לך בעקבי הצאן (ש״הש 1:8). ואנמא אראד בקוׄ אם לא תדעי לך (ש״הש 1:8), אי אן כנתי מא תעלמי ד̇אתך חתי יכון אדראכך מנך ובך מן גׄיר ואסטה, פתחתאגי אן תסתפידי ד̇לך אולא מן כׄארג ותקתבסיה מן אלעלמא ואלחכמא או אלאנביא אלמדברין.

צאי לך בעקבי הצאן (ש״הש 1:8), פי אעקאב אלגׄנם אי פי אואכׄרהם. וקיל ״אתׄארהם״, אי עלאים וטי רגלהם, מן ועקבותיך לא נודעו (תה׳ 77:20). ואלמעני תתבע אתׄאר אלמוגודאת ואלתפכר פיהא ואלאעתבאר בהא אול פי אול וגזיה גזיה חתי יצל מן ד̇לך אלי מערפה אלאסבאב ואלעלל ואלמבאדי ויתצל אלי מערפה אללה תעׄ פי אעתבאר חכמתה פי מצנועאתה עלי מא בינא מן ד̇לך טרף פי ספר איוב. וקיל אן אלבא פי בעקבי (ש״הש 1:8) בדל מים, מתׄל והנותר בבשׂר ובלחם (ויק׳ 8:32). אי ״אכׄרגי מן אתׄאר הד̇ה

אלאג̇נאס אלמאדיה ואלקוי אלבדניה אלתי אנתי משתג̇לה בסיאסתהא ואיצאלהם אלי אג̇ראצ̇הם לאנהם הם אלמאנעין לך ען כמאלך, אלד̇ין יחג̇בוך ען סעאדתך ויבעדוך ען מערפה מחלי וכיפיה רעאיתי ותדבירי.״ ורעי את גדיותך על משכנות הרעים (ש״הש 1:8) אלאשארה בה אלי אלאפלאך ואלכואכב. אי ״אד̇א כ̇רג̇תי ען אלאשתג̇אל באלקוי אלמאדיה ואלשהואת אלבדניה צפת ד̇אתך ואשרקת אנוארך וכ̇רג̇תי מן אלט̇למה. פאול מא תנט̇רי אלי צפאת אלאפלאך וכיפיה וצול תדבירהא אלי עאלם אלאספל, לאן ד̇לך אהון עליך מן אדראך פעל אלמפארק.״ לאן אלאפלאך אג̇סאם. פאדראך תאת̇ירהא פי ג̇ירהא אסהל ואקרב ומנה ינתקל אלי מא הו אכ̇פא מנה. ואסמאהא משכנות הרעים (ש״הש 1:8) לכונהא מסכן אלרוחאניין ואלעקול פיהא ולהא באלפעל. פכאנהא סאכנה פיהא. והי רועים לכלמא פי אלוג̇וד, לאן אללה תע̇ וכלהם עלי ד̇לך וסלם להם תדביר אלעאלם וחפט̇ה ודואמה עלי אטראד אלמוג̇ודאת ודואמהא עלי מא הי עליה מן חפט̇ אלאנואע ואסתמראר אלאשכ̇אץ באלתבדל. ואעלם אן מתי קיל גדי עזים פיכון אלמאעז כ̇אצה. ומתי לם יכן מעה ד̇כר עזים כאן עאם לכל צג̇יר מן בהמה טהורה. מת̇ל שה אלד̇י הו עאם ללצאן ואלמאעז, שה כבשים ושה עזים. וג̇מע גדי אבדא מד̇כר. ואמא הנא פקאל גדיותך (ש״הש 1:8) באלתאנית̇.

ומעני הד̇א אלפצל אן אלנפס תקול בלסאן אלחאל אן הד̇א אלאסודאד ואלסמרה אלתי אנא פיהא ליס הי לי ד̇אתיה. בל נאלני ד̇לך באמר ערצ̇י בכוני לם אשתג̇ל במא יכמל ד̇אתי ולא עמלת מא יכ̇לצני בנפסי. בל אשתג̇לת בתדביר ג̇ירי ותרכת תדביר נפסי. יעני תדביר אלג̇סם ואלקוי אלבדניה ואלטביעיה אלשהואניה ואלחיואניה. ת̇ם טלבת מן מחבובהא אלתי קד קצדת אלאתצאל בה באן ידלהא עלי מא יוצלהא אליה פי טריק מסתקימה לא תחתאג̇ פיה אלי ג̇ירהא תסתעין בה מן כ̇ארג̇. בל תכון הי נפסהא מטלעה עלי אלחקאיק בד̇אתהא מן ג̇יר תוסט אלחואס ואלקוי אלפכריה ואלכ̇יאליה ונחוהא. וקולהא איכה תרביץ בצהרים (ש״הש 1:7) לאן עאדה אלרעאה וקת אלחר ואלקיאלה ירבצ̇ו אלאג̇נאם פי מואצ̇ע בארדה פי אלט̇ל חתי ינכסר הג̇יר אלחר. ואיצ̇א אן אלצ̇יא חיניד̇ אכת̇ר ואעט̇ם מן אויל אלנהאר או אואכ̇רה. פכאנהא תקול לה: ענד קוה אשראקך אצ̇עף ען מקאבלתך לכוני פי מכאן ט̇לם, פאשתהי תדביר ימכנני בה אדראך ד̇אתך, מעאשרה צ̇יאך, ולא יכון לי מן ד̇לך מאנע ולא אחתאג̇ אלי ואסטה אסתדל בהא או אסתעלם מנהא ענך.[4] ולרבמא אשתבה עלי מחל ג̇ירך מן אלרעאה וצ̇ננת אנה מחלך פיכון ד̇לך סבב בעדי ענך. פכאן אלג̇ואב להא ען ד̇לך אם לא תדעי לך וג׳ (ש״הש 1:8) עלי מא תקדם בסטה.

ואמא עלי אלמעני אלאכ̇ר פאן כנסת ישראל תקול אד̇א ראיתמוני קד חצל לי אסודאד ואט̇לאם באלמעאצי מת̇ל קצ̇יה אלעג̇ל או קצ̇יה אלמתאוים פליס ד̇לך מני[5] חקיקה ולא הו מן צפאתי, בל מן אלקום אלד̇י כ̇אלטוני מת̇ל ערב רב (שמ׳ 12:38) והאספסוף (במד״ 11:4) וג̇יר ד̇לך. וכ̇ד̇לך פי בלאדהם חין עצו ועבדו ע[בודה] ז[רה] קאל ען ד̇לך לכוני כ̇אלטת אמם אכ̇ר ועאשרתהם ואתצפת בצפאתהם: ויתערבו בגוים וילמדו מעשׂיהם (תה׳ 106:35). פקאל בלסאן אלחאל: אשתהי חין סכ̇טך עלינא אן אעלם חקיקה כיפיה אלרג̇עה וטלב אלרחמה מנך, ולא אחתאג̇ פי ד̇לך ואסטה ולא אסאל ג̇ירך ולא אקצד

[4] ואסטה אסתדל בה או אסתעלם מנה ענך.

[5] מנד for מני

סואך, לא מלך ולא פלך, כמא קלת לי פי מואעידך אשר חלק יוי וג׳ (דב׳ 4:19) להיות לו לעם נחלה וג׳ (דב׳ 4:20). פאתי אלגואב: אנכי אדׄא לם תעלמי דׄלך פאתבעי אתׄאר אלעלמא ואלאנביא ואלצאלחין ואנצׄרי מסאלכהם וכיפיה וצולהם אלי, ותאמלי ענאיתי בהם ואקצדיני בטריק מקצדהם פתגדיני חאצׄר קריב אלאגאבה [כי ו]מי גוי גדול אשר לו אלהים קרובים אליו כיוי אלהינו בכל קראינו אליו (דב׳ 4:7).

1:9

לְסֻסָתִי֙ בְּרִכְבֵ֣י פַרְעֹ֔ה דִּמִּיתִ֖יךְ רַעְיָתִֽי׃

אליא מזידה, ליס ללנסב. מתׄל וקרע לו חלוני (ירמ׳ 22:14), מלאתי משפט (יש׳ 1:21), היושבי (תה׳ 123:1) המשפילי (תה׳ 113:6) בני אתונו, אוסרי לגפן (בר׳ 49:11). דמיתיך רעיתי (ש״הש 1:9), שבהתך ומתׄלתך ואל מי תדמיון (יש׳ 40:18), אי אן כׄיל פרעה אוגב להא אלעטב, טאעתהא לגׄירהא פימא דברו מן אלתדביר אלרדי. פמע כון אלכׄיל לם תכן פי אצל דׄלך אלתדביר ולא קצדתה, לכנהא באלאשתר[אך] מע אלמצריין אוגב להא דׄלך אלגׄרק מעהם. ולם תקדר הי עלי אלכׄלאץ. כדׄלך לא תקולי אן הדׄה אלמואד תעטב לכונהא תכתׄר מן אלשהואת ואלאכל ואלשרב. פיחצל להא אלתכׄם ואלאמראץׄ ואלאלאם ואלאוגאע ומא יתבע דׄלך מן אלמות ואלהלאך. ואמא אנא מעהא פעאריה מסכׄרה. פמתי הלך ועדם רחת אנא סאלמה לאני לא אחתאג אלי שי מן דׄלך לאגל נפסי. ולדׄלך לא ינקץ עלי שי, פליס אלאמר כדׄלך. בל מתי אטעתיהם פי אגׄראצׄהם ושהאותהם הלכו והלכתי מעהם באלאשתראך לאנך לם תצירי לך וגוד קאים בדׄאתך תבקי בה בעד מפארקה אלמאדה. פצאר מתׄאלך מתׄאל כׄיל אלמצריין אלדׄין הלכו למגרד אכׄתלאטהם מעהם. ולם ימכנהם אן ינגו ולא אן יתכׄלצו כל סוס חיל פרעה רכבו ופרשיו (שמ׳ 14:9).

1:10

נָאו֤וּ לְחָיַ֙יִךְ֙ בַּתֹּרִ֔ים צַוָּארֵ֖ךְ בַּחֲרוּזִֽים׃

פסר פיה עקוד, וקיל חלי. וקיל זינה וחסן מן תואר. והדׄה אלכלמה פי הדׄא אלמעני לם תוגד פי גׄיר הדׄא אלספר. וקיל תצאויר, וקיל אכׄראץ. ומתׄלה תורי זהב (ש״הש 1:11), אכׄראץ דׄהב מכללה בנקט פצׄה, מתׄל אללולו. ומנה קאלת אלחכׄ ען אלזרע אלדׄי יזרע שכל מתׄלתׄ כאלכׄרץ אלמתׄלתׄ, ראש תור. צואריך בחוזים (ש״הש 1:10), קיל כׄרז מתׄל אללאזם אלדׄי ינטׄם כׄרז ויגעל אצאבע. תׄם תנטׄם אלאצאבע. פתציר כאלעצאבה ותרבט עלי אלענק. ומן הדׄה סמו מצאריע אלשער חרוזים, לאן אלאלפאטׄ פיהא כאלכׄרז ואלמצארע מרכבה מנצׄמה מן אלאלפאטׄ כנטׄם אלאצאבע מן אלכׄרז ואלבית אלכאמל כאללאזם אלמעמול כאלעצאבה אלמנצׄדה. פלא יכׄתל מצרע ען אכׄר אלא בוזן וקיאס. כמא לא תכׄתל תלך אלכׄרז פי נצׄמהא, ולא תזיד ולא תנקץ אלצף ען אלאכׄר. וישיר בהאדׄא אלי אדראכאתהא אלעקליה ואתצאלאתהא אלדׄאתיה אלתי הי עלי נסבה לא תכׄתל ונטׄאם לא ינתקץ אדׄא לם תתוסט פיה אלקוי אלבדניה ואלחואס אלגסמאניה.

1:11

תּוֹרֵ֤י זָהָב֙ נַֽעֲשֶׂה־לָּ֔ךְ עִ֖ם נְקֻדּ֥וֹת הַכָּֽסֶף׃

הדֹה מרתבה דון אלאולי. לדׄלך קאל פיהא נעשׂה לך (ש״הש 1:11). ואלאולי געלהא דׄאתיה מן גׄיר דׄכר עמל אלא לחייך וצוארך אמור דׄאתיה טביעיה. והם אבדא ימתׄלו אלדׄהב באלשמס וימתׄלו אלפכר באלדׄהב לאנה חאר יאבס מתׄלה. וימתׄלו אלכׄיאל באלפצׄה ובאלקמר, לאנה בארד רטב כתׄיר אלחרכה ואלתנקל מתׄל אלפצׄה. ואלפכר אתׄבת ואשרף מן אלכׄיאל. פקאל אן אדראכאתך חין וגודך מע אלגסם אלדׄי הו מכׄלוק מחדתׄ בתוסט אלפכר ואלכׄיאל. וגעל ללפכר חאלה ואחדה תׄאבתה כאלכׄרץ אלמסתדיר אלדׄי לא יתצור לה בדאיה ולא נהאיה, בל הו כלה עלי נסבה ואחדה. ואמא אלכׄיאל מתקטע מתקלב סריע אלתנקל מן אלשי אלי צׄדה, גׄיר מתצל פי מדרכאתה, ולא דאים עלי שכל ואחד פי מחכיאתה. פקאל ענה עם נקודות הכסף (ש״הש 1:11). ואלמראד בה כׄרז ביץׄ יכלל בהא אלדׄהב כמא תקדם.

1:12
עַד־שֶׁהַמֶּ֙לֶךְ֙ בִּמְסִבּ֔וֹ נִרְדִּ֖י נָתַ֥ן רֵיחֽוֹ׃
טאלמא אלמלך פי מוצׄע מתכאיה ומנה תקול אלאואיל הסבו אחד מברך. וקיל במסבו (ש״הש 1:12) מוצׄע אלסמאט אלדׄי יוכל פיה אלטעאם. והו איצׄא מן קול אלאואיל מסבה של גוים מסבה של ישׂראל, מוצׄע אלאגתמאע ללאכל ואלשרב. ומנה קאל אלתרגׄ וישבו לאכל לחם (בר׳ 37:25), ואסחרו למיכל לחמה. תרגׄ ויסבו מתׄל נסבו על הבית (בר׳ 19:4), אסתחרו על ביתא. והו קול אלנפס גואב למא קאל מן אלאוצאף אלמתקדמה. במעני אן גמיע מא לי מן אלכמאלאת ואלאדראכאת ואלאוצאף אלחמידה, אנמא הו מן אגל מילך אלי ואסנאדך פי מרתבה אלכמאל אלי גהתי וחצׄורך פי מחלי. ומתי עדמת דׄלך פקד עדמת כל כׄיר ופאת[ת]ני כל סעאדה. ומעני נרדי נתן ריחו (ש״הש 1:12), וצול פיצׄה אליהא. ואליא פי נרדי (ש״הש 1:12) מזידה, מתׄל לסוסתי (ש״הש 1:9). וקיל אנה נד וקיל ורם. ומא ראית ללורם ראיחה אלא אן כאן לורקה. מא אעלם. וקד אצׄיף מע אלזעפראן פי קו׳ נרד וכרכום קנה וקנמון (ש״הש 4:14). וקיל אנה אללינופר.

1:13
צְר֨וֹר הַמֹּ֤ר ׀ דּוֹדִי֙ לִ֔י בֵּ֥ין שָׁדַ֖י יָלִֽין׃
יחתאג כאף אלתשביה, וכדׄלך אשכול הכופר (ש״הש 1:14) יריד כאשכול. מתׄל נזם זהב (משלי 11:22. 25:12) וגׄירה ממא בינאה פי משלי. ופסר פי צרור המור (ש״הש 1:13) נאפגה אלמסך. וקיל רבטה נסרין. ולא שך אן מור יקאל עלי מעניין. אלואחד מסך, כמא פסר פי מר דרור (שמ׳ 30:23), מסך כׄאלץ. וכדׄלך נוטפות מור עובר (ש״הש 5:13), מסך פאיח. והו יריד נטפות שמן מור, אי דהן ממסך מתׄל ששה חדשים בשמן המור (אסתר 2:12). אי אנהא מגׄרקה באלדהן אלממסך חתי אנה ינקט מן ידיהא לכתׄרה אלתדלל ואלאצלאח ואלתהיי ללאלתקא מע אלמחבוב. ותארה יראד במור נבאת פי קו׳ אריתי מורי עם בשׂמי (ש״הש 5:1). לאן לא יגנא סוי אלנבאת, מתׄל וארוה כל עוברי דרך (תה׳ 80:13). ואיצׄא לאצׄאפתה מע אלבשׂמים, והי נבאתא. ופיה מע דׄלך אשארה מעניה מן מעני אלדלאלה ואלתעלים מן מורה צדק, והורתיך אשר תדבר (שמ׳ 4:12) כמא סנבין.

וקאל רבינו האיי ז̇צ̇ל̇ אן צרור המור (ש״הש 1:13) לבני אלרהבאן. וקאל אנה צמג טיב אלראיחה.
בין שדי ילין (ש״הש 1:13), יעני מעאנקני מלאזמה אתצאל ואתחאד. ושדים אלאת̇דא, והי מת̇ל אלפיץ̇. ואללבן יתצ̇מן אלצפא ואללד̇אד̇ה ואלדסומה וישבה פיצ̇אנה מן ג̇יר גהה מעינה מחיזה כפיצ̇אן נביע אלמא פי קו̇ מקור מיים חיים את יוי (ירמ׳ 17:13). ומת̇ל בה אלעלם ואלאדראך: הוי כל צמא לכו למים (יש׳ 55:1). ת̇ם שאבה בה לד̇ה סכר אלכ̇מר ודסומה אללבן עלי אלתשביה פקאל ובלא מחיר יין וחלב (יש׳ 55:1). וכד̇לך פי הד̇א אלספר שתיתי ייני עם חלבי (ש״הש 5:1), עלי מא יאתי ביאנה. ילין (ש״הש 1:13) ת̇קיל מן לן וליס הו מתעדי ומענאה אלמבית. לכן מענאה הנא אלאקאמה ואלמאוא אלדאים אלד̇י ליס בעדה פרקה. מת̇ל ולנה בתוך ביתו (זכריה 5:4). ומן מענאה בצל שדי יתלונן (תה׳ 91:1), תכראר למני יושב בסתר עליון (תה׳ 91:1), כמא בינא פי אלתהלים.

1:14

אֶשְׁכֹּ֨ל הַכֹּ֤פֶר ׀ דּוֹדִי֙ לִ֔י בְּכַרְמֵ֖י עֵ֥ין גֶּֽדִי׃ ס

יריד כאשכול עלי מא תקדם. וקיל אנה אלקרנפל. ואלאצח אנה ענקוד אלחנא, והו ענאקיד שביה בענאקיד אלענב. והו חב צג̇אר קבל יבלג̇ וינתהי. ופיה מע ד̇לך אשתראך מענוי מן מעני אלדיה ואלפדא, אם כופר יושת עליו(שמ׳ 21:30) נתתי כפרך מצרים (יש׳ 43:3) כמא סנבין. בכרמי עין גדי (ש״הש 1:14), באצ̇מאר אשר בכרמי. מת̇ל פתח הבית לאלישע (מל״ב 5:9), לכל העיר האלהים את רוחו (עזרא 1:5), לכל יבוא גבורתיך (תה׳ 71:18).
עטף עלי אשכול הכופר (ש״הש 1:14) אנה פי עין גדי (ש״הש 1:14). ולא שך אן אלתמת̇יל יקע באחסן אלמערוף אלמשהור פי ד̇לך אלזמאן וד̇לך אלמכאן פי כל וקת וקת. וכאן עין גדי פיה חיניד̇ בסאתין כת̇יר[ה] ואת̇מאר חסנה ומשמומאת אריגה פי ג̇איה אלחסן ונהאיה אלרונק. פצאר ימת̇ל בהא כמא מת̇ל פי ובת צאר במנחה פניך יחלו עשירי עם (תה׳ 45:13). לכון אן צור כאנת פי ג̇איה אלסעאדה וכת̇רת אלכ̇יראת וזיאדה אלעט̇מה ופור אלמתאגר עלי מא תבין וצף ד̇לך פי ספר ישעיה וספר יחזקאל. ופי עין גדי (ש״הש 1:14) מע חסן אלמכאן חיניד̇ וכת̇רת כ̇יראתה. והד̇א כמא קלנא מעני אכ̇ר מענוי. לאן גדי (ש״הש 1:14) פיה שבהיה[6] מן מעני אלאפכאר ואלאעלאם מן ויגד לכם את בריתו (דב׳ 4:13), הגדתי היום ליוי אלהיך (דב׳ 26:3). פאגתמע פי צרור המור (ש״הש 1:13) ופי בין שדי ילין (ש״הש 1:13) ואשכול הכופר (ש״הש 1:14) ועין גדי (ש״הש 1:14) ג̇יר מעאניהא אללג̇ויה מעאני אכ̇ר הי סרהא אלמקצוד. כאן אלנפס תקול בלסאן אלחאל אן הד̇א אלמחבוב הו אצל ינבוע תעאלימי ואסתדלאלאתי ומן גהתה יפיץ̇ עלי כל כמאל ואחצל עלי כל לד̇ה ויחצל לי באתצאלי בה אלחיאה ואלת̇באת ואלדואם. ובד̇לך יציר לי דיה ופדא מן אלמות ואלהלאך ואלעטב ואלת̇כל מן דוב שכול (משלי 17:12) שכול ואלמון (יש׳ 47:9). וזיאדתה אלאלף פי אשכול (ש״הש 1:14) מת̇ל והאזניחו ונהרות (יש׳ 19:6) ואזרוע (ע׳ איוב 31:22) ואפרוח (ע׳ איוב 39:30) ואקדח (יש׳ 54:12). ואפתכאכי מן הד̇ה אלשרור וכ̇לאצי מן אלמות במא יחצל לי מן גהתה מן

[6] תשאבה̈ شابه / שבהה ro شه بهه / Incorrect form for

אלחקאיק אלמעינה ואלאדראכאת אלחקיקיה ואלאכ̇באראת אלמטלקה אלד̇אתיה אלתי לא אחתאג להא מעין מן כ̇ארג ולא דליל מתג̇איר. פאחצל פי אללד̇ה אלחקיקיה ואלנשוה אלעשקיה אלמשבהה ללסכר מן אלכ̇מר ואלמאכ̇וד מן אלכרום, והי כרמי עין גדי (ע׳ ש״הש 1:14). פאגתמע פי אללפט̇ אלואחד מעאני מכ̇תלפה מתבאינה ט̇אהר ובאטן עלי עבארה ואחדה.

ואמא עלי אלשרח אלאכ̇ר פאנה מת̇ל ישׂראל חין מכ̇אלפתהם אואמר אללה וטלבהם אלחסן אלט̇אהר ומכ̇אלטה אלאמם ותשבההם בהם פי אראהם ומואפקה להם פי אפעאלהם, מת̇ל כ̇יל פרעה אלד̇ין הלכת בגרירה, ומואפקתהא ואצטחאבהא מע אלאשראר. ואמא ענד קבולהם אואמר אללה ואתבאעהם שריעתה אלתי פי אלארון אלמעמול מן אלכ̇שב אלמג̇שא באלד̇הב, שביה באלגסם אלד̇י לא חיאה לה ולא שרפיה כאלכ̇שב. פל[מא] חלת פיה אלנפס אלשריפה אלעאליה צאר לה אלשרף ואלעז כאלד̇הב [...]ן אלצטור אלמכתובה פי אללוחות קאל נאוו לחייך בתורים (ש״הש 1:10). ואלמעני אלמפהומה מנהא צוארך בחרוזים (ש״הש 1:10). תורי זהב (ש״הש 1:11), אסראר אלשריעה וחקאיקהא אלבאטנה. עם נקודות הכסף (ש״הש 1:11). ט̇ואהר אלמצות אלנאפעה לסאיר אשׂראל כמא תנתפע סאיר אלנאס באלפצ̇ה, ואנמא אלד̇הב ענד אלכ̇ואץ. עד שהמלך במסבו וג׳ (ש״הש 1:12), לא סעאדה לישׂראל אלא בחצ̇ור נור אללה בינהם ואלשכינה חאצ̇רה ענדהם. צרור המור וג׳ (ש״הש 1:13), אד̇א כאן אלמקדש עאמרא ואלעבאדאת פיה חאצ̇רה חיניד̇ יכון אלדליל עלי וגוד נורה ביננא ועלי שמול ענאיתה לנא: בין שדי ילין (ש״הש 1:13). אשכול הכופר דודי לי (ש״הש 1:14). יתקבל עבאדתנא פיה ויג̇פר ד̇נובנא ויוקינא מן שרור אעדאנא. אלג̇פראן מן מעני וכפר אהרון (שמ׳ 30:10). ואלוקאיה ואלחגאב מן כפרת עלי מעני וכפר אדמתו עמו (דב׳ 32:43). אי ועמו, יעני אנה יוקיהם מן תלך אלאפאת אלתי תחל באלאמם עקובה ואכ̇ד̇ ת̇אר ישׂראל מנהם. בכרמי עין גדי (ש״הש 1:14), אי גלוס ישׂראל פי בלאדהם ואת̇קין מטמאנין איש תחת גפנו ותחת תאנתו (מל״א 5:5). וד̇כר אחסנהא ואפרגהא חיניד̇.

1:15

הִנָּךְ יָפָה רַעְיָתִי הִנָּךְ יָפָה עֵינַיִךְ יוֹנִים׃

יחתאג כאף אלתשביה, מת̇ל כי יוי אלהיך אש אוכלה (דב׳ 4:24). אי כיונים או כעיני יונים. ולא שך אן עינין אלאנסאן אחסן מן עינין אלחמאם, ואלממת̇ל יריד אלתמת̇יל בשי הו אחסן מן אלשי אלד̇י ימת̇ל. פקצדה בעיני יונין מעאני מנהא לטף אלחמאם ונט̇אפתה וטראפתה כמא בינא פי משלי. ומנהא מעני לג̇וי ואכ̇ר מענוי. אמא אללג̇וי פהו אן יכון מעתל אללאם מן ולא תונו (ויק׳ 25:17) הונו בך (יח׳ 22:7). ומנה חרב ביונה (ירמ׳ 46:16. 50:16), אלסיף אלג̇אבן. וכדלך העיר ההינה (צפניה 3:1). אי אן עיניך תג̇בן מן יראהא לשדה חסנהא. ואלמענוי אן אלחמאם אד̇א רבי פי מכאן ת̇ם אכ̇ד̇ מן ד̇לך אלמכאן אלי מכאן אכ̇ר וסגן או קצץ מתי טלע רישה או אנטלק מן סגנה, תד̇כר וטנה אלאצלי ומרבאה אלד̇י אכ̇ד̇ מנה ועאד אליה מא לם יכן מת̇ל ד̇לך אלשי מן אלטיור ג̇יר אלחמאם. פמת̇ל אלנפס בהא פי הד̇ה אלמעני באנהא תג̇יב ען מחלהא ותסגן פי קפץ אלגסם מדה ותקצץ אגנחתהא במקץ אלשהואת. פמתי ד̇כרת מוטנהא ופכרת פי ענצרהא עאדת אליה

ואשתאקת אלארתקא אלי מחלהא, כמא תפעל ד̇לך אטיאר אלחמאם: אנהא תתעאלא ותרתפע פי אלטיראן חתי תנט̇ר מוצ̇עהא ווטנהא פתנקץ̇ עליה כמא קיל וכיונים אל ארובותיהם (יש׳ 60:8).

1:16

הִנְּךָ֨ יָפֶ֤ה דוֹדִי֙ אַ֣ף נָעִ֔ים אַף־עַרְשֵׂ֖נוּ רַעֲנָנָֽה:

קד בינא פי משלי אן לג̇ה נעים אכת̇ר מא יראד בהא אלתלד̇ד̇את אלעקליה ואלאדראכאת אלרוחאניה: כי נעים כי תשמרם בבטניך (משלי 22:18), ויהי נועם יוי אלהינו עלינו (תה׳ 90:17), נעימות בימינך (תה׳ 16:11), דרכיה דרכי נועם (משלי 3:17). לד̇לך למא קיל ללנפס הנך יפה רעיתי וג׳ (ש״הש 1:15) קאלת בלסאן אלחאל: אן כנת אנא חסנה פחסני מן בעץ̇ חסנך וצפאתי מן את̇אר צפאתך ומא אתצל אלי מן חסנך וג̇מאלך. ומצ̇אף אלי ד̇לך לד̇תך אלד̇את̇יה ותנעמך אלחקיקי אלחאצל לך באלפעל. ומתי חצל לי בך אלאג̇תמאע ואלאצטחאב פתרוי סרירנא, וצרת בך ריאנה קריבה אלשבה בך אלי אן יחצל אלאתחאד אלחקיקי ונציר פי מנזלה ואחדה, הו קו̇ אף ערש̇ינור רעננה (ש״הש 1:16). ריאנה, אי אציר ריאנה, שבעאנה באג̇תמאעי מעך עלי סריר אלאתחאד. וערש̇ פי אללג̇ה מונת̇ מת̇ל הנה ערש̇ו ערש̇ ברזל הלה היא ברבת בני עמון תשע אמות ארכה וג׳ (דב׳ 3:11). ומעני נעים (ש״הש 1:16) אלתדלל ואלתלד̇ד̇ ואלתנעם. והכד̇א וצפהא ענד קרבהא מנה ואתצאפהא בצפאת אלעקל ואסתג̇ראקהא פי מחבתה מה יפית ומה נעמת אהבה בתענוגים (ש״הש 7:7). ומעני רענן (ש״הש 1:16) אלריאן, אלרטב, אללין מת̇ל כל עץ̇ רענן (מל״א 14:23 מל״ב 16:4. 17:10. יש׳ 57:5 ירמ׳ 2:20. 3:6.13. יח׳ 6:13 דה״ב 28:4).

1:17

קֹר֤וֹת בָּתֵּ֙ינוּ֙ אֲרָזִ֔ים (רחיטנו) [רַהִיטֵ֖נוּ] בְּרוֹתִֽים:

קורות בתינו ארזים (ש״הש 1:17) ישיר לקותה ות̇באתה ועדם אצ̇מחלאלה כמא מת̇ל ד̇לך פי קו̇ פי דואם מלך יש̇ראל וקותה ות̇באתה כארזים עלי מים (במד׳ 24:6). רהיטנו ברותים (ש״הש 1:17) קיל אנה מת̇ל ברושים, והו צנף̇ מן אצנאף̇ אלארז. ומת̇לה חרות על הלוחות (שמ׳ 32:16) מת̇ל מעני חרושה על לוח לבם (ירמ׳ 17:1). ורהיטנו (ש״הש 1:17) קיל אנה מת̇ל קורות בתינו (ש״הש 1:17) מכרר פי אלמעני. וקיל מנאטק, והי דאירה חול אלבית כאלאחואץ̇. וקיל אחואץ̇ מת̇ל ברהטים בשקתות המים (בר׳ 30:38). כמא קיל ויספן את הבית גבים ושדרות בארזים (מל״א 6:9). אי ג̇על תג̇טיתה ותסקיפה אחואץ̇ וצפוף̇ מן כ̇שב אלארז, מן תרג̇ מערכה סידרא. וכד̇לך הטור האחד סדרא קדמאה וגבים [...]רך. ואחואץ̇, באו על גבים ולא מצאו מים (ירמ׳ 14:3). ופסר פי רהיטנו (ש״הש 1:17) עקודנא. וד̇לך אן ת̇ם אסטחה תסקף̇ גמלון באן תוקף̇ אלאכ̇שאב עלי רווס אלחיטאן ותלקי רווס אלכ̇שב מן אלג̇הה אלאכ̇רי בעץ̇ לבעץ̇, ותסמר פתציר מן דאכ̇ל כאלמרכב ומן פוק מעקוד גמלון. ואלמרכב פהו כאלחוץ̇ פיכון מעני קורות בתינו (ש״הש 1:17) עלי אלמוצ̇וע מנהא ערץ̇ עלי אלמעתאד. ורהיטנו (ש״הש 1:17) ען אלמנתצב מנהא קאים. ויסמי הד̇א אלשכל אלמקרבץ̇.

2:1

אֲנִי֙ חֲבַצֶּ֣לֶת הַשָּׁר֔וֹן שֽׁוֹשַׁנַּ֖ת הָעֲמָקִֽים׃

חבצלת השרון (ש״הש 2:1), נרגסה אלסהל. שושנת העמקים (ש״הש 2:1), סוסן אלמרוג. ויחתאגו כאף אלתשביה: כחבצלו, כשושנת. לאן אלנפס תקול ״אני ואן כנת קד וצפתני באלחסן ואלט̇ראפה ואלכמאל. פליס הו חסן ואפי ולא כמאל תאם בכוני לם אזל פי עאלם אלספל אלמשבה באלאודיה ואלבקאע אלמתספלה באלנסבה לעאלמך אלרפיע אלשאהק אלד̇י מנזלתה מנזלה אלגבאל אלעאליה אלשאהקה באלנסבה ללאודיה ואלמרוג.״ פקאל להא מגאובא בלסאן אלחאל ״אנך מע כונך פי עאלם וצ̇יע נאזלה בין אקראן ליס צאלחין. פמנזלתה כאלורדה בין אלאשואך אלתי לא יעיבהא ד̇לך מתי אכ̇ד̇ת מן בינהם בל הי עזיזה מחבובה חסנה אלראיחה ואלמנט̇ר, עט̇ימה אלמקדאר.״

2:2

כְּשֽׁוֹשַׁנָּה֙ בֵּ֣ין הַחוֹחִ֔ים כֵּ֥ן רַעְיָתִ֖י בֵּ֥ין הַבָּנֽוֹת׃

ואעלם אן שושנה (ע׳ ש״הש 2:2) תארה יריד בהא סוסאן מת̇ל שושנת העמקים (ש״הש 2:1). וקיל אנהא אסמית כד̇לך לכונהא ד̇את סתת אוראק. ותארה יראד בה ורד, מת̇ל קו̇ שפתותיו שושנים (ש״הש 5:13) לאנה יריד בה חמר כאלורד. לאן אלסוסאן ליס הו אחמר, בל אזרק ולא תוצף בה אלשפתין לאן ד̇לך ד̇ם והגו ומרץ̇, לא מדח.

2:3

כְּתַפּ֙וּחַ֙ בַּעֲצֵ֣י הַיַּ֔עַר כֵּ֥ן דּוֹדִ֖י בֵּ֣ין הַבָּנִ֑ים
בְּצִלּוֹ֙ חִמַּ֣דְתִּי וְיָשַׁ֔בְתִּי וּפִרְי֖וֹ מָת֥וֹק לְחִכִּֽי׃

קאלת מגאובה ״אן כנת אנא בין אלמואד ואלקוי אלבדניה כאלורדה בין אלאשואך, ולי מנט̇ר וראיחה מן אלבעד. פליס לי טעם מן קרב יחקק חקיקה אמרי ואיצ̇א אן יסיר אלחסן אלד̇י אנא מוצופה בה אנמא הו לכון אקראני אלד̇י אנא חסנה. באלאצ̇אפה להם אשואך, אי קוי שהואניה וחיואניה, ובנאת, אי קוי גסמאניה נאקצה כמא פסרנא פי בנות ירושלם (ש״הש 1:5). אנהא אלקוי אלתדביריה אלמדרכה אלתי פי אלדמאג̇ ואלחואס איצ̇א. והד̇ה אשרף מן אלקוי אלטביעיה ואלשהואניה. פאנת כאלתפאח אלחסן אלמנט̇ר וחסן אלראיחה ומע ד̇לך טייב אלטעם לד̇יד אלד̇וק כת̇יר אלנפע. ומע ד̇לך אנה באלנסבה ללבניין, אי אלעקול ואלנפוס אלפלכיה ואלקוי אלכוכביה אלד̇י לא שרפיה ללנפס אלאנסאניה אלא באתצאלהא בהם ומערפתהא איאהם. פאד̇א לא נסבה בין כמאל אלנפס אלמכתסב אלכ̇ארג מן אלקוה אלי אלפעל, ובין כמאל אלעקל אלד̇אתי אלד̇י לם יזל באלפעל. וקו̇ בעצי היער (ש״הש 2:3) ליס יריד בה אלשערא בל אלבסאתין אלמג̇רוסה כמא קאל עשיתי לי ברכות ימים להשקות מהם יער צומח עצים (קהלת 2:6). ויריד בתפוח (ש״הש 2:3) שגרה אלתפאח, לד̇לך קאל בעצי היער (ש״הש 2:3). בצלו חמדתי וישבתי (ש״הש 2:3) תמנית אלג̇לוס מעה ואלאתחאד בה ונלת מנאיי. וקיל ״אפתכ̇רת ואמתדחת באנצ̇ואיי תחת צ̇לה.״ אי כסבת בד̇לך פכ̇ר ועט̇מה מת̇ל איש חמודות (דניאל 10:11), ד̇ו אלמפאכ̇ר, בחורי חמד (יח׳ 23:6.12), בגדי עשו בנה הגדול החמודות (בר׳ 27:15). ופריו מתוק לחכי (ש״הש 2:3)״ למא אתצלת בה ודקת מן ת̇מארה פוגדת

לדׄאתה וחלאוה מא לא ימכנני תשביההא בשי מן אללדׄאת אלמערופה ענדנא. לדׄלך כאנת חלאותה פי באטני ופי פמי ולא אטיק אטׄהר וצפהא אלי אלכׄארג, בל דאכׄל פמי. ואיצׄא אן קוה אלדוק אלתי תלתדׄ באלטעום אנמא הי פי אלפם ואלחנך חסב.

2:4

הֱבִיאַ֙נִי֙ אֶל־בֵּ֣ית הַיָּ֔יִן וְדִגְל֥וֹ עָלַ֖י אַהֲבָֽה׃

הביאיני אל בית היין (ש״הש 2:4) יריד בה נשוה סכר אלמחבה אלתי חצלת ען צחבתה וען דוק טעם תׄמאר פיצׄה. ודגלו עלי אהבה (ש״הש 2:4) ארתפע עלי עלם מחבתה מן דגל.

2:5

סַמְּכ֙וּנִי֙ בָּאֲשִׁישׁ֔וֹת רַפְּד֖וּנִי בַּתַּפּוּחִ֑ים כִּי־חוֹלַ֥ת אַהֲבָ֖ה אָֽנִי׃

סמכוני באשישות (ש״הש 2:5) סנדוני באלקנאני. אי זידוני מן הדׄה אלמחבה וקוו עלי תלך אלנשוה ואסתגׄראק אלסכר פיהא. וסמכוני (ש״הש 2:5) מן אללגׄה אלתׄקילה מתׄל שׄמחנו כיומות עניתנו (תה׳ 90:15). ואלמאצׄי סימך מתׄל ושׄמח את אשתו (דב׳ 24:5), גדל המלך אחשורש (אסתר 3:1). רפדוני בתפוחים (ש״הש 2:5) אפרשוהם חולי. אי זידוני מן צחבה האולאי אלדׄי מתׄלת בהם מחבובי כתפוח בעצי היער כן דודי (ש״הש 2:3). והו איצׄא מן אלתׄקיל מן מעני ירפד חרוץ על טיט (איוב 41:22), רפידתן זהב (ש״הש 3:10). ומתלה רפדתי יצועי (איוב 17:13). כי חולת אהבה אני (ש״הש 2:5) אי אני אסתגׄרקת נפסי פי מחבתה ושגׄפת בה חתי צרת ולהאנה מריצׄה. והדׄא הו מעני אלעשק, לאנה ענד אלאטבה מן אלאמראץׄ אלדמאגׄיה אלפכריה. והדׄה אלאמור תעאלג בהא אפכאר אלעשאק ויסלי בהא ויסכן רועהם במא ישאבההא מן אלאמור אלמשגׄלה ללפכר ואלכׄיאל אלמסליה ען אלאשואק ואלהמום.

2:6

שְׂמֹאלוֹ֙ תַּ֣חַת לְרֹאשִׁ֔י וִימִינ֖וֹ תְּחַבְּקֵֽנִי׃

יריד שׄימו שמאלו, אי לא יפידני ולא ינפעני שי מן אצנאף אלעלאג סוי אלאגׄתמאע במחבובי ואלאתחאד בה עלי סריר מרצע בכרמה, מפרוש באזהאר פיצׄה, מטיב באריאח אתׄמארה, מרוי במא ורד אדראך חקיקתה, לאן בדׄלך אציר אנא והו ואחד, לא אפתראק בינגא, לאן הדׄה צפה אלמתעאנקין אלמתחדין באגׄתמאע אלמחבה ואלעשק. ולא שך אן גׄרת עאדתהם אן ימתׄלו אלאמור אלמעקולה באלימין לשרפיתהא וכתׄרה חרכתהא וטׄהור מעני אלחיאה פיהא אכתׄר. וימתׄלו אלמור אלמאדיה ואלצפאת אלחיואניה באליסאר לכתׄאפתהא וכׄסתהא וקלה טׄהור מעני אלחיאה פיהא באלנסבה ללימין כמא קאל לב חכם לימינו ולב כסיל לשמאלו (קהלת 10:2). וקאל דויד שויתי יוי לנגדי תמיד (תה׳ 16:8). ועלל דׄלך באנה לם ימל ען גׄהתה אלעקליה ולא יגׄפל ענהא כי מימיני בל אמוט (תה׳ 16:8). פאתבע דׄלך לכן שׄמח לבי וג׳ (תה׳ 16:9) עלי מא תבין מן שרחה פי מכאנה. ומעלום אן אלנפס להא גׄהתין, ליס גׄהאת מכאן. בל באעתבאר אסתפאדתהא מן גׄהה אלעקל ואפאדתהא באלתדביר לגׄהה אלמאדה. פעבר ען אפאדתהא למא דונהא

ותדבירהא אלמואד ואלקוי אלגסמאניה שמאלו תחת לראשי (ש״הש 2:6) ועמא תסתפידה מן אלכמאל ותסתמדה מן אלפיץ̇ ואלאדראך אלדי בה יחצל להא אלחיאה אלחקיקיה, וימינו תחבקני (ש״הש 2:6).

2:7

הִשְׁבַּעְתִּי אֶתְכֶם בְּנוֹת יְרוּשָׁלַםִ בִּצְבָאוֹת אוֹ בְּאַיְלוֹת הַשָּׂדֶה
אִם־תָּעִירוּ | וְאִם־תְּעוֹרְרוּ אֶת־הָאַהֲבָה עַד שֶׁתֶּחְפָּץ: ס

השבעתי אתכם בנות ירושלם בצבאות (ש״הש 2:7). אלאלף בדל יא צביה, וגמעה צבאות, מת̇ל תלואים ותלוים, פתאים ופתים, ופראדה איל וצבי והו אלצ̇בא ואיל אלאיל. ופי צבאות (ש״הש 2:7) אשתראך מעאני פי אלאלפאט̇. מנהא הד̇א אלד̇י ד̇כרנאה. ומנהא אלאראדה, מת̇ל וצבא גדול (דניאל 10:1), אלמראד ״עט̇ים״ מן לג̇ה אלתרג̇ די הוה צבא הוא קטל. ומנהא אלגיוש, יריד בסבאות השמים, מת̇ל וצבא השמים לך משתחוים (נחמיה 9:6). ולד̇לך יקאל אלהי הצבאות (הושע 12:6), כמא יקאל אלהי השמים (בר׳ 24:3). וקד קילת הד̇ה אללפט̇ה באלתד̇כיר וכצבאים על ההרים (דה״א 12:8). או באילות השדה (ש״הש 2:7). יריד באילות (ש״הש 2:7) עטף עלי בצבאות (ש״הש 2:7). והי אלאיאיל ואלמד̇כר היו שריהא כאילים (איכה 1:6). ופיה איצ̇א אשתראך למעני אלקוה מן כגבר אין איל (תה׳ 88:5) יש לאל ידי (בר״ 31:29).[7] פבאן צ̇מיר אלימין בלפט̇ ואחד גמע מעאני כת̇ירה. לאן לפט̇ אלקוה יג̇מע אלקוה אלמטלקה אלתי לא תמת̇ל ולא תכיף, ותג̇מע אלקוי אלעקליה ואלנפסאניה ואלטביעיה ואלחיואניה ואלפלכיה. פכאנה אקסם עלי כל קסם מנהא בצאחב אלמשיה ואלקדרה אלד̇י אפאץ̇ עלי כל צנף מנהא כמאלה אלכ̇ציץ̇ בה בחסב אסתחקאקה וכ̇צה בהד̇ה אלנעמה.

אם תעירו (ש״הש 2:7), מעתל אלעין פי מעני ויעירני כאיש אשר יעור (זכריה 4:1), והו מן אלת̇קיל, העיר (יש׳ 41:2 ירמ׳ 51:1 דה״ב (2) 36:22 עזרא 1:5), העירותי (יש׳ 41:25). ואם תעוררו (ש״הש 2:7), מתצ̇אעף מנה פי מעני אלתחריך, תג̇אנס ופצ̇אחה זנה. תהותתו על איש (תה׳ 62:4). את האהבה עד שתחפץ (ש״הש 2:7) מעני ד̇לך אנהא למא וצפת שדת אלשוק ועט̇ם אלמחבה ואלאסתג̇ראק פי תלך אללד̇ה אלתי ליס להא מת̇אל ולא שביה תמת̇ל בה. וד̇כרת אלאתחאד ואלתלאזם באלמחבוב אלי אן ג̇אבת ען אלתדביר אלמאדי. פכאנהא כ̇שת אן אלקוי אלבדניה יג̇דבוהא באלטבע ויעידוהא לתדבירהם אלד̇י עליה כאן אצל אלג̇רץ̇ באלאקתראן. פיעדמוהא תלך אללד̇ה ויכ̇רגוהא מן אלנשוה אלחאצלה באלפעל. פאקתסמת עלי כל צנף מן הד̇ה אלקוי במא כ̇צה מן אלכמאל מן גהה ואהב אלצור אן ימהלוא עליהא ולא ינבהוהא מן סכרתהא ולא יקטעוהא מן לד̇תהא אלי אן יאתי אלג̇רץ̇ אלאלאהי בד̇לך. לאן אלעוד אליהם פהו להא צ̇רורי אלי חין אנקצ̇א אלמדה אלתי קדרת ללאקתראן פי אצל אלטבע בחסב אלמזאג אלד̇י[8] אקצ̇יא קבול מת̇ל הד̇ה אלקוה ואלצורה. פאד̇ ואלאמר כד̇לך לא תגעלו אנתם פי אכ̇ראגי מן ענד מחבובי אלד̇י קד חצל בה הד̇א אלאגתמאע לאני אלי אלאן לם יחצל לי ת̇קה קאטעה באני מתי טלבתה וגדתה. פדעוני אתמלא בה ולא תקטעוני ענה. פהד̇א אול מקאם מן מקאמאת

[7] יש לאל ידי Dittography
[8] אלתי

אלנפס והו אול אלאגתמאע. וענה קיל יברכך יוי וישמרך (במד׳ 6:24) לאן אלנפס בעד פיה צ̇עיפה ולם תחצל להא מלכה קויה יקיניה אן ת̇תבת בהא עלי מקתצ̇י ולא תעוד תכ̇רג ענה. פהי תחתאג אלי חפט̇ מן אללה ושמול ענאיה תוקיהא מן מכר הד̇ה אלקוי ואסתגד̇אבהא.

ואלת̇אניה מרתבה אעלא יחצל להא פיהא צ̇יא רבאני יחקק להא מא כאנת תשך פיה אולא ויאמנהא מן עאקה מן ירדהא אלי כ̇לפהא באשג̇אלהא באלאוהאם ואלאמור אלכ̇יאליה פיחצל להא אלאסתקראר ואלת̇באת אכת̇ר מן אלמרתבה אלמתקדמה, הו קו̇ יאר יוי פניו אליך ויחונך (במד׳ 6:25). ובעדהא מרתבה אלחקיקה אליקיניה ואלסלאמה אלמצ̇מונה מן כל עטב ואלאתחאד אלחקיקי אלד̇י לא אפתראק בעדה. וענה קאל ישׂא יוי פמיו אליך וישׂם לך שלום (במד׳ 6:26). ולדלך קאלת אלפצ̇לא אלמטלעין עלי הד̇ה אלמקאמאת אלעארפין במראתבהא וג̇איאתהא אלספר ינקסם אלי ת̇לת̇ה אקסאם: ספר אלי אללה, והו אלזהד ואלריאצ̇את ואלמגאהדאת; וספר מע אללה, והו אלעבאדה ואלציאם וטלב אללה עלי אלדואם; וספר פי אללה והו אלוצול אלי אלאסתג̇ראק פי מחבתה כמחץ̇ אלערפאן ואן לא יבקא פי אלנפס את̇ר מן סאיר אלמוגודאת סוי מנה תע̇ חתי אנהא תג̇יב ען ד̇אתהא ולא תשער בוגודהא לשדה אשתג̇אלהא במחבתה. והד̇א הו אלשלום אלחקיקי אלד̇י לא יתג̇יר ולא ינתקץ̇: וישׂם לך שלום (במד׳ 6:26). וכד̇לך קאל פי נהאיה אלמראתב ואכ̇ר אלמקאמאת אז הייתי בעיניו כמוצאת שלום (ש״הש 8:10).

ואמא תצ̇מין הד̇א אלפצל עלי מא תקדמה פי נסבתה אלי ישׂראל, פאנה למא וצף אן לא סעאדה אלא בחצ̇ור אלשכינה בינהם וכונהם מקימין פי אלארץ̇ אלשריפה אלתי אנעם אללה עליהם בהא לעהדה מע אבאיהם אלמסתחקין בין ידיה ד̇לך. פקאל תבע לה הנך יפה רעיתי הנך יפה עיניך יונים (ש״הש 1:15). במעני אן ״חסנך עט̇ים מן דון אלאמם, ואדראכאתך ואתצאלאתך חקיקיה, לא נקץ̇ ישובהא, ואן פיכם אלאנביא אלמחקקין אלת̇קאת יאתוכם באואמרי עלי אלצחה ואלחקיקה, ויערפונכם טריק אלאתצאל בי.״ וקד וגדנא אלאנביא מת̇לו באלעינין פי קול ישעיה כי נסך יוי עליכם רוח תרדמה ויעצם את עיניכם את הנביאים ואת ראשיכם החוזים כסה (יש׳ 29:10). אי ירפע ען אנביאכם אטלאעהם אלנבוי ואכ̇פא ענהם אדראכאתהם לסבב עציאנכם, עלי מעני גא נביאיה לא מצאו חזון מיוי (איכה 2:9). ואסמאהם איצ̇א ראשים (ע׳ יש׳ 29:10) לאנהם כאנו ידברוהם תדביר אלנפע ואלצלאח כתדביר אלראס ללגסם במא פיה מן אלקוי אלרוחאניה אלמדברה. ומנה אלחס ואלחרכה אלד̇י הו מעני אלחיאה. ובה אלאדראכאת אלבאטנה איצ̇א, אלפכר ואלכ̇יאל ואלוהם ואלחס אלמשתרך ואלד̇כו. פקאלו ישׂראל בלסאן אלחאל אן חסננא בך וכמאלנא באתצאלנא במערפתך ובמא שמלתנא רחמתך באן אמרתנא בעמל אלמקדש יכון סכן לוקארך ביננא ונורך בסבבה משרקא עלינא לאנה במנזלה אלנפס באלגסם, לולאהא לם יכן ללגסד חסן ולא נט̇ארה ולא חרכה ולא אדראך ולא כאן בה ענאיה כ̇ציצה.

הנך יפה דודי וכו׳, אף ערשׂינו רעננה (ש״הש 1:16) יענון בה אלמקדש אלד̇י תחצל פיה אלשכינה. פיחצל להם בה אלאגתמאע ואלאתחאד, ונועדתי שמה לבני ישׂראל (שמ׳ 29:43). וערף אנה בנאה ואצלחה והיאה ורפעה בשגר אלארז ונחוהא קורות בתינו ארזים וכו׳ (ש״הש 1:17). ובדלך צאר לנא אלאפתכ̇אר ועט̇ם מקדארנא בין אלכ̇לק: אני חבצלת

השרון וכו׳ (ש״הש 2:1). פקיל להם: מא דמתם עלי אלטאעה פאנתם כאלורד בין סאיר אלאמם כשושנה בין החוחים (ש״הש 2:2). ומתי כ̇רגתם ען אלטאעה צרתם מהגגין מן אוטאנכם מג̇רבין מן בלאדכם מפרקין בין סאיר אלאמם: כן רעיתי בין הבנות (ש״הש 2:2). וחיניד̇ תקולו מא כן אחסן חאלנא מע אלטאעה ואמתת̇אל אואמר אללה ונחן בין אלאנביא ואלצלחא ואלסנהדרין ואלכהנים ונחן נפתכ̇ר בט̇ל רחמתה. פנחן אליום נתמנא שי מן ת̇מר ענאיתה: כן דודי בין הבנים (ש״הש 2:3), הביאיני אל בית היין וכו׳ (ש״הש 2:4). אי חין כאנת מחבתה טאהרה עלי וענאיתה שאמלתני ומחיטה בי מן כל גהה. סמכוני באשישות וכו׳ (ש״הש 2:5), נחן אליום פי אלאסף ואלשוק ואלתאלם מן ג̇לבה אלאעדא וכ̇מול אליד וצ̇עף אלקדרה. ומע ד̇לך לא נקטע אלאמל מן רחמתה תע̇. בל מנתט̇רין מואעידה עלי אלדואם. מנהא עלי יד אלאנביא אלמתאכ̇רין בעד משה שמאלו תחת לראשי וכו׳ (ש״הש 2:6). ומנהא פי אלשריעה עלי יד משה. וקבל ד̇לך ללאבא אלמתקדמין: וימינו תחבקני (ש״הש 2:6). ת̇ם קאל: ואיאך יא אשראל תציק נפוסכם מן טול אלגלות ותאיסו אלרחמה פתתחרכו תחרכאת תצנו בהא כ̇לאץ ויכון ד̇לך פי ג̇יר וקתה פתהלכון, ואלעיאד̇ באללה, בל את̇בתו ואנתט̇רו רחמתה ותיקנו צחה מואעידה, פלא בד מן חצולהא, אם יתמהמה חכה לו כי בא יבא לא יאחר (חבקוק 2:3).״ וען הד̇א אלמעני קאל השבעתי אתכם בנות ירושלם וג׳, אם תעירו ואם תעוררו את האהבה עד שתחפץ (ש״הש 2:7). ת̇ם קאל אן ד̇לך סריע ואן טאל [...]עכם, יעני ט̇הור אלגלוה ומג̇י אלפרג.

2:8

קֽוֹל דּוֹדִ֔י הִנֵּה־זֶ֖ה בָּ֑א

מְדַלֵּג֙ עַל־הֶ֣הָרִ֔ים מְקַפֵּ֖ץ עַל־הַגְּבָעֽוֹת:

ולא תקול כיף יכון ד̇לך ותסתג̇רבה מע הד̇א אלבעד אלעט̇ים.

2:9

דּוֹמֶ֤ה דוֹדִי֙ לִצְבִ֔י א֖וֹ לְעֹ֣פֶר הָאַיָּלִ֑ים

הִנֵּה־זֶ֤ה עוֹמֵד֙ אַחַ֣ר כָּתְלֵ֔נוּ מַשְׁגִּ֙יחַ֙ מִן־הַֽחַלֹּנ֔וֹת מֵצִ֖יץ מִן־הַחֲרַכִּֽים:

ולא תקולו בינא ובינה חגב כת̇ירה. פאנה נאט̇ר אלינא חאצ̇ר מענא. משגיח מן החלנות וג׳ (ש״הש 2:9). למא ראני מויסה ונפסי צ̇עיפה ען אלתצדיק למא חל בי מן אלשדאיד נאדאני בג̇תה וקאל תע̇ אלי גשו נא ויגשו (בר׳ 45:4).

2:10

עָנָ֥ה דוֹדִ֖י וְאָ֣מַר לִ֑י ק֥וּמִי לָ֛ךְ רַעְיָתִ֥י יָפָתִ֖י וּלְכִי־לָֽךְ:

2:11

כִּֽי־הִנֵּ֥ה (הסתו) [הַסְּתָ֖יו] עָבָ֑ר הַגֶּ֕שֶׁם חָלַ֖ף הָלַ֥ךְ לֽוֹ:

אלצ̇איקה וזמאן אלברד ואלאלם ואלדלה זאל ואנתהא, כי מלאה צבאה (יש׳ 40:2), כמלת מדתה.

2:12

הַנִּצָּנִים֙ נִרְא֣וּ בָאָ֔רֶץ עֵ֥ת הַזָּמִ֖יר הִגִּ֑יעַ
וְק֥וֹל הַתּ֖וֹר נִשְׁמַ֥ע בְּאַרְצֵֽנוּ׃
הנצנים נראו בארץ (ש״הש 2:12), אלצאלחין אלדֿין טֿהרו פי אלמלה. עת הזמיר (ש״הש 2:12), אלתסביח ואלשכר ללה. וקול התור (ש״הש 2:12), טֿהור נבוה אלאנביא ופהם אקואלהם וכשף אסרארהם אלתי כאנת כֿפיה ענא קבל הדֿא אלוקת. ולאחת מעאני אקואלהם וטֿהרת אסראר אמתֿאלהם ופאחת אריאח אדראכאתהם:

2:13

הַתְּאֵנָה֙ חָֽנְטָ֣ה פַגֶּ֔יהָ וְהַגְּפָנִ֥ים ׀ סְמָדַ֖ר נָ֣תְנוּ רֵ֑יחַ
ק֥וּמִי (לְכִי) [לָ֛ךְ] רַעְיָתִ֥י יָפָתִ֖י וּלְכִי־לָֽךְ׃ ס

2:14

יוֹנָתִ֞י בְּחַגְוֵ֣י הַסֶּ֗לַע בְּסֵ֙תֶר֙ הַמַּדְרֵגָ֔ה הַרְאִ֙ינִי֙ אֶתּ־מַרְאַ֔יִךְ הַשְׁמִיעִ֖ינִי אֶת־קוֹלֵ֑ךְ
כִּֽי־קוֹלֵ֥ךְ עָרֵ֖ב וּמַרְאֵ֥יךְ נָאוֶֽה׃ ס
יונתי בחגוי הסלע (ש״הש 2:14), אלתי כאנת פי ארפע אלמנאזל. בסתר המדרגה (ש״הש 2:14) והי אלאן פי אלגלות פי אחט אלרתב ואטֿלם אלמדארג. הראיני את מראיך השמיעיני את קולך (ש״הש 2:14), מע כונך פי אלגלות ותחת אלאיאדי לא תקטעי טלב אללה ואלאתגאה אליה לאנה לא יכרה נטֿרהם אבדא ולא יהמל דעאהם. ואף גם זאת בהיותם בארץ אויבהם לא מאסתים וג׳ (ויק׳ 26:44), כי קולך ערב (ש״הש 2:14).

2:15

אֶֽחֱזוּ־לָ֙נוּ֙ שֽׁוּעָלִ֔ים שֽׁוּעָלִ֥ים קְטַנִּ֖ים מְחַבְּלִ֣ים כְּרָמִ֑ים וּכְרָמֵ֖ינוּ סְמָדַֽר׃
אשארה להלאך רשעי ישׂראל מתֿל אלמוסרים ואלמתגֿלבין עליהם, אלעאמלין עלי אדֿיתהם או אדֿיה שכֿץ מנהם ליתוצלו בדלך ענד אומות העולם. קרב אלוקת חתי אדֿא אפרג אללה עלי ישׂראל לא יחצֿרו אולאיך אלרשעים אלפרג ולא ינטֿרוה.[9] ואמא אלצאלחין פאנהם ירו אלסעד ויתצלו באלפרג וינטֿרו מלכהם ווליהם. ויתכֿלדונה נציבהם ויתכֿלדוהם נציבה:

2:16

דּוֹדִ֥י לִי֙ וַאֲנִ֣י ל֔וֹ הָרֹעֶ֖ה בַּשּׁוֹשַׁנִּֽים׃
הו מדבר אלמלה אלחקיקיה אלמועוד בה עלי יד אלאנביא כמא קאל והקימותי עליהם רועה אחד ורעה אתהם וגו׳ (יח׳ 34:23). ותסמיה אלמלה שושנים (ש״הש 2:16) כמא קאל אולא כשושנה בין החוחים (ש״הש 2:2). וקאל אני חבצלת השרון שושנת העמקים (ש״הש 2:1).

[9] Ms. ינצֿרוה

2:17

עַד שֶׁיָּפוּחַ הַיּוֹם וְנָסוּ הַצְּלָלִים

סֹב דְּמֵה־לְךָ דוֹדִי לִצְבִי אוֹ לְעֹפֶר הָאַיָּלִים עַל־הָרֵי בָתֶר: ס

עד שיפוח היום (ש״הש 2:17), אלי אן ינתהי אלוקת. ונסו הצללים (ש״הש 2:17), תעדם אלמואנע ואלקואטע אלתי הי אלד̇נוב אלחאג̇זה כאלט̇ל בין אלבצר ואלשמס. סב דמה לך דודי לצבי וג׳ (ש״הש 2:17). על הרי בתר (ש״הש 2:17), במעני אנך ולו תחרכת ללט̇הור ואלנג̇אח פי ג̇יר אלוקת פלם י[...]תי לך ד̇לך. פארג̇ע ואצבר אלי אלוקת לאן אליום נחן כ̇לף ג̇באל אלאנקטאע ואלפרקה. פלא סביל לצלתנא בך פי ג̇יר וקת אלמשיה אלאלאהיה: אני יוי בעתה אחישנה (יש׳ 60:22).

3:1

עַל־מִשְׁכָּבִי בַּלֵּילוֹת בִּקַּשְׁתִּי אֵת שֶׁאָהֲבָה נַפְשִׁי

בִּקַּשְׁתִּיו וְלֹא מְצָאתִיו:

מתי טלבת מחבובי ואנא פי עתמה אלגלות וחג̇אב אלד̇נוב פלא אג̇דה. ואן תחרכת לטלבה או ללסואל ענה או לד̇כרה צ̇רבת ואהנת וג̇רמת.

3:2

אָקוּמָה נָּא וַאֲסוֹבְבָה בָעִיר בַּשְּׁוָקִים וּבָרְחֹבוֹת אֲבַקְשָׁה אֵת שֶׁאָהֲבָה נַפְשִׁי

בִּקַּשְׁתִּיו וְלֹא מְצָאתִיו:

3:3

מְצָאוּנִי הַשֹּׁמְרִים הַסֹּבְבִים בָּעִיר

אֵת שֶׁאָהֲבָה נַפְשִׁי רְאִיתֶם:

ופי נץ̇ אכ̇ר יתמם אלמעני אלד̇י אוג̇זה ההנא והו קו̇ הכוני פצעוני נשאו את דודי וג׳ (ש״הש 5:7).

3:4

כִּמְעַט שֶׁעָבַרְתִּי מֵהֶם עַד שֶׁמָּצָאתִי אֵת שֶׁאָהֲבָה נַפְשִׁי

אֲחַזְתִּיו וְלֹא אַרְפֶּנּוּ עַד־שֶׁהֲבֵיאתִיו אֶל־בֵּית אִמִּי וְאֶל־חֶדֶר הוֹרָתִי:

למא תג̇אוזת עלי אה[א]נתהם ואחתמלת אלמהם למחבתה ות̇בתת עלי אלאשתיאק אליה פאתאני בג̇תה פתמסכת בה ולאזמתה ואקמת מעה פי אלבלאד אלמועוד לאבאי: עד שהביאתיו אל בית אמי ואל חדר הורתי (ש״הש 3:4). בית אמי (ש״הש 3:4), ארץ ישראל. חדר הורתי (ש״הש 3:4), ירושלם ואלמקדש. פאד̇ ואלאמר כד̇לך לא תתחרכו בחרכה קבל וקתהא כמא תקדם פי מא מצ̇א.

3:5

הִשְׁבַּעְתִּי אֶתְכֶם בְּנוֹת יְרוּשָׁלִַם בִּצְבָאוֹת אוֹ בְּאַיְלוֹת הַשָּׂדֶה

אִם־תָּעִירוּ ׀ וְאִם־תְּעוֹרְרוּ אֶת־הָאַהֲבָה עַד שֶׁתֶּחְפָּץ: ס

בנות ירושלם (ש״הש 7 :2 .5 :3) הם ישׂראל, ואלאם הי גמעיה ישׂראל. והי תסמי ירושלם איצ̇א, כמא קיל וישבה ירושלם עוד תחתיה בירושלם (זכריה 6 :12). וען ד̇לך קיל איזה ספר כריתות אמכם (יש׳ 1 :50). וכד̇לך הודע את ירושלם את תעבותיה (יח׳ 2 :16). ת̇ם אבתדא מן חין כון ישׂראל פי מצרים ותמאם אול באול אלי אכ̇ר אלאמר עלי טריק אלתמת̇יל. כד̇לך פעל שלמה סוי פי הד̇א אלספר כמא תבין פי אלשרח.

3:6

מִ֣י זֹ֗את עֹלָה֙ מִן־הַמִּדְבָּ֔ר כְּתִֽימֲר֖וֹת עָשָׁ֑ן

מְקֻטֶּ֤רֶת מוֹר֙ וּלְבוֹנָ֔ה מִכֹּ֖ל אַבְקַ֥ת רוֹכֵֽל׃

מי זאת עולה מן המדבר (ש״הש 6 :3) יעני הד̇ה אלצפאת גמיעהא צפאת אלאמה אלד̇י אתת מן אלמדבר, והם ישׂראל. כתימרות עשן (ש״הש 6 :3), מחיטה בהם אלענן. מקטרת מר ולבונה (ש״הש 6 :3), אלסמעה אלתי ט̇הרת פי אלעאלם במא חצל להם מן אלענאיה ומא פעל להם מן אלמעגזאת חתי קטע קלב כל מן סמע שי מן אכ̇בארהם, כמא קאל ונשמע וימס לבבינו[10] וג׳ (יהושע 11 :2), וגם נמוגו כל יושבי הארץ מפניכם (יהושע 9 :2). מכל אבקת רוכל (ש״הש 6 :3), מן גמלה אלענאיה בהם פי אלמדבר לם יעוזהם שי ולא נקץ ענהם אמר פי אלמדה אלטוילה: יוי אלהיך עמך לא חסרת דבר (דב׳ 7 :2).

3:7

הִנֵּ֗ה מִטָּתוֹ֙ שֶׁלִּשְׁלֹמֹ֔ה שִׁשִּׁ֥ים גִּבֹּרִ֖ים סָבִ֣יב לָ֑הּ

מִגִּבֹּרֵ֖י יִשְׂרָאֵֽל׃

הד̇ה אלמלה אלתי הי סריר אלכמאל אלתי סכנת פיה אלשכינה וחל עליהא אלנור אלאלאהי עדדהא ששים רבו. אעני שש מאות אלף רגלי (במד׳ 21 :11) הם ששים גברים סביב לה (ש״הש 7 :3).

3:8

כֻּלָּם֙ אֲחֻ֣זֵי חֶ֔רֶב מְלֻמְּדֵ֖י מִלְחָמָ֑ה

אִ֤ישׁ חַרְבּוֹ֙ עַל־יְרֵכ֔וֹ מִפַּ֖חַד בַּלֵּילֽוֹת׃ ס

כלם אחוזי חרב מלומדי מלחמה (ש״הש 8 :3) לאן אלעדד מבן עשרים שנה, כל יוצא צבא (במד׳ 20 :1). איש חרבו על ירכו מפחד בלילות (ש״הש 8 :3), ריאסהם ומקדמיהם ואנביאהם לם יזאלו טאלבין אללה דאעיין אליה פי מגאהדתהם וכ̇לואתהם לשדה פזעהם ממא עלמוה מן אמר אלגליות אעני גלות בית ראשון. והד̇א אלגלות אלמטול מת̇ל אויה לי כי גרתי משך וגו׳ (תה׳ 5 :120) וג̇יר ד̇לך. ואיצ̇א אן ישׂראל לם יזאלו טאלבין אללה דאעיין אליה פי ג̇פראן ד̇נובהם אלמט̇למה ללנפס כאלליל כמא קאל אל תראוני שאני שחרחורת וגו׳ (ש״הש 6 :1).

[10] T. M. לבבנו

3:9

אַפִּרְיוֹן עָשָׂה לוֹ הַמֶּלֶךְ שְׁלֹמֹה מֵעֲצֵי הַלְּבָנוֹן׃
ועשׂו לי מקדש וג׳ (ש׳ 25:8).

3:10

עַמּוּדָיו עָשָׂה כֶסֶף רְפִידָתוֹ זָהָב מֶרְכָּבוֹ אַרְגָּמָן
תּוֹכוֹ רָצוּף אַהֲבָה מִבְּנוֹת יְרוּשָׁלִָם׃
עמודיו עשׂו כסף ורפידתו זהב מרכבו ארגמן (ש״הש 3:10), הדׄה הי אלתי עמל מנהא אלמשכן וסאיר אלאתה ותפאצילה ובגדי כהונה ונחוהא. תוכו רצוף אהבה (ש״הש 3:10), אלכהנים ואללוים מן בנות ירושלם, גמעיה ישׂראל אלתי אסמית ירושלם. פיקׄ וישבה ירושלם עוד תחתיה בירושלם (זכריה 12:6). ומנה אכׄדׄת הדׄה אלאמואל אלמדׄכורה פי עמל אלמשכן: וזאת התרומה אשר תקחו מאתם (שמ׳ 25:3).

3:11

צְאֶינָה ׀ וּרְאֶינָה בְּנוֹת צִיּוֹן בַּמֶּלֶךְ שְׁלֹמֹה
בָּעֲטָרָה שֶׁעִטְּרָה־לּוֹ אִמּוֹ בְּיוֹם חֲתֻנָּתוֹ וּבְיוֹם שִׂמְחַת לִבּוֹ׃ ס
ביום חתונתו (ש״הש 3:11), מעמד הר סיני. וביום שׂמחת לבו (ש״הש 3:11), חנוכת הבית. ואלעטרה היא אלתורה אלדׄי תוגו בהא פי דׄלך אלמחצׄר.

4:1

הִנָּךְ יָפָה רַעְיָתִי הִנָּךְ יָפָה עֵינַיִךְ יוֹנִים מִבַּעַד לְצַמָּתֵךְ
שַׂעְרֵךְ כְּעֵדֶר הָעִזִּים שֶׁגָּלְשׁוּ מֵהַר גִּלְעָד׃
הנך יפה עיניך יונים (ש״הש 4:1), אלאנביא ואלסנהדרין, כמא תקדם. מבעד לצמתיך (ש״הש 4:1), יאתיהם אלכׄטאב מן דאכׄל אלפרוכת אלדׄי הו חגאב פאצל בין הקדש ובין הקדש הקדשים. ומתׄלה חגאב אלקלב אלפאצל בינה ובין אלכבד ואלאמעא. ואלכפורת, אלחגאב אלחאוי ללקלב נפסה. ואלקלב נטׄיר אלארון ואלריה תרוח עליה באגנחתהא מן כׄארג אלחגאב: סוככים בכנפיהם על הכפרת (שמ׳ 25:20. 37:9). ואלכבד עליהא לחם הפנים (שמ׳ 35:13. 39:36) עלי אלדואם לאן מנהא גׄדׄא גמלה אלאעצׄא. ואלדמאגׄ ואלחואס ואלקוי אלמדרכה אלמנורה: ונרותיה יאירו[11] אל עבר פניה (ע׳ שמ׳ 25:37). לאנהא מן קדאם סבעה עינין ואדנין ומנכׄרין ואלפם. ומזבח העולה, אלמעדה, ומזבח הקטרת, אלפכר אלדׄי לא יוצׄע עליה אש זרה ולא עולה על רוחכם ולא מנחה גסמאניה מתׄל מזבח העולה. ולא ישגׄל באמר מחסוס מרכב ממתזג, ונסך לא תסכו עליו (שמ׳ 30:9). מא כׄלא קטרת ריח ניחוח לטיף מא יתצ[א]עד מן אלמאדה אללטיפה אלחסנה אלראיחה ואלחשן אלקוה אלמתכׄילה ואלאפוד אלחס אלמשתרך, מרצעין באבני שהם מן אלצפא ואלנקא ואלשפוף. ואבני מלואים לאדראך מרתבה אלכמאל אלעקלי אלעדים אלתרכיב. ואלנפס כהן גדול מדבר ברוח הקדש בואסטה אורים ותומים. וסאיר אלקוי

[11] T. M. האיר

בקיה אלכהנים ואללוים וסאיר אלאעצא בקיה ישראל. ומתי כפר הכהן על עצמו, כפר בעד דלך על ביתו אלדין הם בקיה אלכהנים. תֹם בעד דלך חצלת אלכפרה לסאיר ישראל בעדהם. וכמא אן ישראל כהנים לוים וישראלים, כדלך אלקוי נפסאניה וחיואניה וטביעיה. וכדלך אלכיור לצב אלמיאה לגסל אלידין ואלרגלין ואלקרבונות בבקר ובערב תמיד. ולא בד פי אוסאט אלנהאר מן מוספין או מנחות או נדרים ונדבות. לאן כדלך תרתיב אלאגדיה לסאיר אלנוע עלי אלאמר אלאכתרי. וממא דכרנאה יקאם עלי מא לם ידכר פינכשף אלגמיע. שערך בעדר העזים (ש״הש 4:2), כהונה ואלנזירים.

4:2

שִׁנַּיִךְ כְּעֵדֶר הַקְּצוּבוֹת שֶׁעָלוּ מִן־הָרַחְצָה
שֶׁכֻּלָּם מַתְאִימוֹת וְשַׁכֻּלָה אֵין בָּהֶם:

שניך בעדר הקצובות שעלו מן הרחצה (ש״הש 4:3), אלאשכאץ אלדי יאתו אלי בית המקדש ללעבאדה. פיגסלו דנובהם ויצירו טאהרין מן אלדנס ואלוסך. ושכולה אין בהם (ש״הש 4:3), לם יבק להם דנב יעתרו בה כי יעאקבו.

4:3

כְּחוּט הַשָּׁנִי שִׂפְתֹתַיִךְ וּמִדְבָּרֵיךְ נָאוֶה
כְּפֶלַח הָרִמּוֹן רַקָּתֵךְ מִבַּעַד לְצַמָּתֵךְ:

בחוט השני שפתותיך (ש״הש 4:4), אלדם אלדי ירש עלי אלמזבח. ומדבריך נאוה (ש״הש 4:4), אלשיר אלדי תקולה אללוים פי אלמקדש עלי אלקרבן. כפלח הרמון רקתך (ש״הש 4:4), מזבח הקטורת. מבעד לצמתך (ש״הש 4:4), דאכל אלפרוכת, קריב מנהא.

4:4

כְּמִגְדַּל דָּוִיד צַוָּארֵךְ בָּנוּי לְתַלְפִּיּוֹת
אֶלֶף הַמָּגֵן תָּלוּי עָלָיו כֹּל שִׁלְטֵי הַגִּבּוֹרִים:

כמגדל דויד צוארך (ש״הש 4:4), אלארון. תלוי עליו כל שלטי הגבורים (ש״הש 4:4), מכתוב פיה אלאואמר ואלנואהי ואלמצות גמיעהא אלתי הי סלאח אלצאלחין.

4:5

שְׁנֵי שָׁדַיִךְ כִּשְׁנֵי עֳפָרִים תְּאוֹמֵי צְבִיָּה הָרוֹעִים בַּשּׁוֹשַׁנִּים:

שני שדיך (ש״הש 4:4), לוחות הברית.

4:6

עַד שֶׁיָּפוּחַ הַיּוֹם וְנָסוּ הַצְּלָלִים
אֵלֶךְ לִי אֶל־הַר הַמּוֹר וְאֶל־גִּבְעַת הַלְּבוֹנָה:

עד שיפוח היום ונסו הצללים (ש״הש 4:5), יעני אן אלמשכן יבקא בינכם מנתקל מן מכאן אלי מכאן אלי נצף אלנהאר אלי אן יתחרך הוי אלנצף אלאכיר תֹם תנתקל אלשכינה אלי אלמקדש אלמבני פי הר המוריה, הו קוֹ אלך לי אל הר המור ואל גבעת הלבונה (ש״הש

4:6). ואנת תעלם אן אלמקדש אקאם עאמר ארבע מאיה ועשר סנין. וכאן בנאיתה פי ארבע מאיה ותֿמאנין מן כֿרוגהם ממצרים. פכאן אלנצף אלאול אכתֿר מן אלנצף אלתֿאני בקריב אלסבעין סנה. וען דֿלך קיל

4:7

כֻּלָּ֤ךְ יָפָה֙ רַעְיָתִ֔י וּמ֖וּם אֵ֥ין בָּֽךְ׃ ס

כלך יפה רעיתי (ש״הש 4:7), פי איאם אלמשכן. ומום אין בך (ש״הש 4:7), פי איאם אלמקדש.

4:8

אִתִּ֤י מִלְּבָנוֹן֙ כַּלָּ֔ה אִתִּ֖י מִלְּבָנ֣וֹן תָּב֑וֹאִי

תָּשׁ֣וּרִי׀ מֵרֹ֣אשׁ אֲמָנָ֗ה מֵרֹ֤אשׁ שְׂנִיר֙ וְחֶרְמ֔וֹן מִמְּעֹנ֣וֹת אֲרָי֔וֹת מֵהַרְרֵ֖י נְמֵרִֽים׃

אתי מלבנון כלה אתי מלבנון תבואי (ש״הש 4:8), עולי רגלים אלדֿי יאתו ללחג.

4:9

לִבַּבְתִּ֖נִי אֲחֹתִ֣י כַלָּ֑ה

לִבַּבְתִּ֙ינִי֙ (בְּאַחַד) [בְּאַחַ֣ת] מֵעֵינַ֔יִךְ בְּאַחַ֥ד עֲנָ֖ק מִצַּוְּרֹנָֽיִךְ׃

לבבתינו אחותי כלה (ש״הש 4:9), סלכתי עלי גֿרץ קלבי ופעלתי מראדי. באחד מעיניך (ש״הש 4:9), ואחד מן אלאנביא, והו אלדֿי רד ישֿראל ללתובה וללטאעה וקתל עובדי עֿז. באחד ענק מצורוניך (ש״הש 4:9), אחד אלשבטים והו שבט לוי אלדֿי לם יעצי אללה אבדא ולא עבד עֿז.

4:10

מַה־יָּפ֥וּ דֹדַ֖יִךְ אֲחֹתִ֣י כַלָּ֑ה

מַה־טֹּ֤בוּ דֹדַ֙יִךְ֙ מִיַּ֔יִן וְרֵ֥יחַ שְׁמָנַ֖יִךְ מִכָּל־בְּשָׂמִֽים׃

מה יפו דודיך (ש״הש 4:10), קרבן תמיד שלבקר ושלערב. מה טובו דודיך מיין (ש״הש 4:10). נסוך היין מע אלתמידין. וריח שמניך מכל בשׂנים (ש״הש 4:10), הקטרת הקוטרת.

4:11

נֹ֛פֶת תִּטֹּ֥פְנָה שִׂפְתוֹתַ֖יִךְ כַּלָּ֑ה

דְּבַ֤שׁ וְחָלָב֙ תַּ֣חַת לְשׁוֹנֵ֔ךְ וְרֵ֥יחַ שַׂלְמֹתַ֖יִךְ כְּרֵ֥יחַ לְבָנֽוֹן׃ ס

נפת תטופנה שׂפתותיך (ש״הש 4:11), אלצלואת ואלאדעיה ואלתסביח. דבש וחלב תחת לשונך (ש״הש 4:11), קראה אלתורה. וריח שלמותיך כריח לבנון (ש״הש 4:11), אלחסנאת ואלצדקות ומעשׂים טובים ועמל אלמצות.

4:12

גַּ֥ן׀ נָע֖וּל אֲחֹתִ֣י כַלָּ֑ה גַּ֥ל נָע֖וּל מַעְיָ֥ן חָתֽוּם׃

גן נעלו אחותי כלה (ש״הש 4:12). אי כמאלאתהא כמאלאת כׄפיה באטנה וחקאיק דׄאתיה לא יטלבו בהא טׄהור ותשאמך ודעאוי מתׄל גׄירהם מן אלאמם אדׄא חצל להם יסיר מן אלפהם.

4:13

שְׁלָחַ֙יִךְ֙ פַּרְדֵּ֣ס רִמּוֹנִ֔ים עִ֖ם פְּרִ֣י מְגָדִ֑ים כְּפָרִ֖ים עִם־נְרָדִֽים׃

שלחיך פרדס רמונים (ש״הש 4:13) אלעלום אלאלאהיה ואלאסראר אלנבויה. עם פרי מגדים (ש״הש 4:13), סאיר אלנואע אלעלום ואלמעארף ואלחכם.

4:14

נֵ֣רְדְּ׀ וְכַרְכֹּ֗ם קָנֶה֙ וְקִנָּמ֔וֹן עִ֖ם כָּל־עֲצֵ֣י לְבוֹנָ֑ה

מֹ֚ר וַאֲהָל֔וֹת עִ֖ם כָּל־רָאשֵׁ֥י בְשָׂמִֽים׃

עם כל ראשי בשמים (ש״הש 4:14) אי אן הדׄה אלעלום ואלחכם ליס לבעצׄהם דון בעץׄ. בל מוגודה פי גמיע רוסאהם ומקדמי אסבאטהם כמא קאל פי וצפהם אנשים חכמים וידועים וגו׳ (דב׳ 1:15).

4:15

מַעְיַ֣ן גַּנִּ֔ים בְּאֵ֖ר מַ֣יִם חַיִּ֑ים וְנֹזְלִ֖ים מִן־לְבָנֽוֹן׃

מעין גנים באר מים חיים (ש״הש 4:15), עלומהם ליס מכתסבה מן כׄארג חסב בל פיץׄ פאיץׄ. עלומהם מן אלבאטן כאלביר אלנאבע ואלמא אלהאטל מן אלעלו.

4:16

ע֤וּרִי צָפוֹן֙ וּב֣וֹאִי תֵימָ֔ן הָפִ֥יחִי גַנִּ֖י יִזְּל֣וּ בְשָׂמָ֑יו

יָבֹ֤א דוֹדִי֙ לְגַנּ֔וֹ וְיֹאכַ֖ל פְּרִ֥י מְגָדָֽיו׃

עורי צפון ובואי תימן (ש״הש 4:16) טאלמא הם מנתבהין מתאמלין פי אלמכׄלוקאת מעתברין אסראר אלמוגודאת מן סאיר גהאת אלכׄלקה ואלאבדאע מתחרכין לעבאדה אללה ואמתתׄאל אלשריעה פאלפיץׄ אלאלאהי יהטל עליהם ואלענאיה תשמלהם. ואיצׄא אנה ישיר אלי מגי ישׂראל מן האתין אלגהתין אלתי תפרקו ואנגלו אליהא כמא קאל אומר לצפון תני ולתימן אל תכלאי (יש׳ 43:6). יריד בצפון אלעראק ותימן בלאד אלרום. הפיחי גני יזלו בשׂמיו (ש״הש 4:16) ומן כאן אמרה כדׄלך פסעדה ומחבובה חאצׄר ענדה ומן כאן עאמל עלי דׄלך גנא תׄמרה מא גׄרס ותלדׄדׄ במא זרע. יבאו דודי לגנו ויאכל פרי מגדיו (ש״הש 4:16) פאעלמו יא ישׂראל אן לא בד מן אגתמאעכם במחבובכם לאנכם גנאנה ובסתאנה. פסיאתי אליכם ויחל בינכם ויגיתׄכם וינצרכם ויטׄהר פצׄילתכם ויבין ללעאלמין ענאיה אללה בכם. פאפרחו ואטרבו ואשכרו מן אנעם עליכם במחבתה וחפט עהדה מעכם ומע אבאיכם מן קבלכם.

5:1

בָּ֣אתִי לְגַנִּי֮ אֲחֹתִ֣י כַלָּה֒ אָרִ֤יתִי מוֹרִי֙ עִם־בְּשָׂמִ֔י אָכַ֤לְתִּי יַעְרִי֙ עִם־דִּבְשִׁ֔י שָׁתִ֥יתִי יֵינִ֖י עִם־חֲלָבִ֑י אִכְל֣וּ רֵעִ֔ים שְׁת֥וּ וְשִׁכְר֖וּ דּוֹדִֽים׃ ס

5:2

אֲנִ֥י יְשֵׁנָ֖ה וְלִבִּ֣י עֵ֑ר ק֣וֹל ׀ דּוֹדִ֣י דוֹפֵ֗ק פִּתְחִי־לִ֞י
אֲחֹתִ֤י רַעְיָתִי֙ יוֹנָתִ֣י תַמָּתִ֔י שֶׁרֹּאשִׁי֙ נִמְלָא־טָ֔ל קְוֻּצּוֹתַ֖י רְסִ֥יסֵי לָֽיְלָה׃

אני ישנה ולבי ער (ש״הש 5:2). קאלת כנסת ישׂראל ״אן כנא נאימין פי אסתגׄראק צׄלמה אלגלות פקלבנא מא זאל ען אלאתכאל עליה תעׄ ואלפכר פיה עלי אלדואם. פלדׄלך בינמא נחן פי אלגׄפלה לם נשער אלא ובשאיר אלפרג קד אתת מן גהה אלמחבוב והי תנאדי אסתדעו לדעאיי ואבשרו בחצׄורי.״ קול דודי דופק (ש״הש 5:2) שראשי נמלא טל (ש״הש 5:2), פאצׄת עלי אנואר אלרחמה וחרכתני לאגל צׄאיקתכם ועטׄים בכאכם פי צׄאיקה אלליל. יעני אלגלות: קוצותי רסיסי לילה (ש״הש 5:2).

5:3

פָּשַׁ֙טְתִּי֙ אֶת־כֻּתָּנְתִּ֔י אֵיכָ֖כָה אֶלְבָּשֶׁ֑נָּה
רָחַ֥צְתִּי אֶת־רַגְלַ֖י אֵיכָ֥כָה אֲטַנְּפֵֽם׃

קול ישׂראל אנהם יתובו אלי אללה מן אלמעאצי אלתי אוגבת להם אלגלות ולא יעודו למתׄלהא. וענדמא אצהרו דׄלך והמו בה אבתדת אנואר אלרחמה אן תשרק עליהם לאן אלוקת קרב והו מא יטׄהר פיהם מן אלעלום ולאטלאע עלי חכם וחקאיק כאנת כׄפיה ענהם קבל דׄלך. פכאנה טׄהור אלעז אלבאטן ובה יסתדל עלי קרב טׄהור אלעז אלטׄאהר. הו קׄ

5:4

דּוֹדִ֗י שָׁלַ֤ח יָדוֹ֙ מִן־הַחֹ֔ר וּמֵעַ֖י הָמ֥וּ עָלָֽיו׃

פאדׄא קוית אלהמה פי דׄלך וזדת פיה תׄבאת וקוה טלב לפתח אלבאב פאצׄת עלי אלאנואר אלאלאהיה ואמדתני אלענאיה.

5:5

קַ֥מְתִּֽי אֲנִ֖י לִפְתֹּ֣חַ לְדוֹדִ֑י
וְיָדַ֣י נָֽטְפוּ־מ֗וֹר וְאֶצְבְּעֹתַי֙ מ֣וֹר עֹבֵ֔ר עַ֖ל כַּפּ֥וֹת הַמַּנְעֽוּל׃

ורבמא כאן הדׄא אשארה ללרגעה אלאולי מן בבל ואבתדו בעמארה ירושלם ואלמקדש. תׄם תסבבת אסבאב בטלת אלעמארה נחו עשרין סנה חתי תחקק חלול אלוקת תׄם תמת אלעמארה ולם יכן מאנע. ואמא פי אלאול כאן קרב אלוקת אלדׄי קאל ענה דודי שלח ידו מן החור (ש״הש 5:4). וקׄ

5:6

פָּתַ֤חְתִּֽי אֲנִי֙ לְדוֹדִ֔י וְדוֹדִ֖י חָמַ֣ק עָבָ֑ר
נַפְשִׁי֙ יָֽצְאָ֣ה בְדַבְּר֔וֹ בִּקַּשְׁתִּ֙יהוּ֙ וְלֹ֣א מְצָאתִ֔יהוּ קְרָאתִ֖יו וְלֹ֥א עָנָֽנִי׃

פתחתי אני לדודי (ש״הש 5:6) הו בדו אלעמארה. ודודי חמק עבר (ש״הש 5:6) תבטיל אלבנאיה. כאן אלמחבוב חצ̇ר ולאח ת̇ם ג̇אב. נפשי יצאה בדברו (ש״הש 5:6), פרח וטרב באלאמר באלרגעה ואלבנאיה ללמקדש. בקשתיהו ולא מצאתיהו (ש״הש 5:6), אשארה לתבטיל אלבנאיה. קראתיו ולא ענני (ש״הש 5:6) המו בד̇לך וחרצו עליה ולם יגדו עליה מעונה ולא נגח.

5:7

מְצָאֻנִי הַשֹּׁמְרִים הַסֹּבְבִים בָּעִיר הִכּוּנִי פְצָעוּנִי
נָשְׂאוּ אֶת־רְדִידִי מֵעָלַי שֹׁמְרֵי הַחֹמוֹת׃

מצאוני השמומרים (ש״הש 5:7) אלאעדא ואלמעאנדיין ואלממאלך אלתי וקענא פי אידיהם. נשאו את רדידי מעלי (ש״הש 5:7) הו אנהם בטלוהם מן בנאיה אלמקדש אלד̇י הו סתר עלינא ווקאיה וזינה וחלי. ואיצ̇א מא חצל מן אלשמדות ואלדזרות אלתי כאנו יבטלוהם בהא מן קראה אלתורה וימנעוהם מן עמל אלמצות אלתי תסתרהם מן אלשרור ותקויהם מן אלאפאת.

5:8

הִשְׁבַּעְתִּי אֶתְכֶם בְּנוֹת יְרוּשָׁלָ͏ִם
אִם־תִּמְצְאוּ אֶת־דּוֹדִי מַה־תַּגִּידוּ לוֹ שֶׁחוֹלַת אַהֲבָה אָנִי׃

אם תמצאו את דודי (ש״הש 5:8). כמן יקול ״לית מן יכ̇בר מחבובי מא ינאלני מן אלאלאם ואלשדאיד לת̇באתי עלי מחבתה וכוני לא אבדל בה בדיל ולא אעוץ̇ מחבתה במחבת ג̇ירה.

5:9

מַה־דּוֹדֵךְ מִדּוֹד הַיָּפָה בַּנָּשִׁים
מַה־דּוֹדֵךְ מִדּוֹד שֶׁכָּכָה הִשְׁבַּעְתָּנוּ׃

מה דודיך מדוד (ש״הש 5:9) אי אן אלאמם ואלאעדא יקולון לנא אי שי מעבודכם ואי שי חקיקתה דון סאיר אלמעבודאת חתי תחתמלו הד̇א אלד̇ל אלעט̇ים ואלהלאך אלמפרט פי מחבתה ולא תזולו ענה.

5:10

דּוֹדִי צַח וְאָדוֹם דָּגוּל מֵרְבָבָה׃

דודי צח ואדום (ש״הש 5:10), אלבסאטה אלמחצ̇ה ואלצפא אלמטלק. אי ליס פיה שי מן אחואל אלתרכיב חתי יכון ג̇ירה אלסבב פי אמתזאג ד̇לך אלתרכיב מן מפרדאת סאבקה עלי מקתצ̇א סאיר אלמרכבאת. פאד̇א לא מת̇ל לה ולא שביה. דגול מרבבה (ש״הש 5:10), אעלא וארפע ואגל מן כל רפיע וגליל. וכל מא דונה מן אלמכ̇לוקאת כ̇אדמין במקתצ̇י אואמרה, ממתת̇לין מראסימה, ת̇אבתין עלי עבודיתה: אלף אלפים ישמשונה ורבוא רבוון קדמוהי יקומון (דניאל 7:10).

5:11

רֹאשׁוֹ כֶּתֶם פָּז קְוּצּוֹתָיו תַּלְתַּלִּים שְׁחֹרוֹת כָּעוֹרֵב׃

ראשו כתם פז (ש״הש 5:11), כסא כבודו. קוצותיו, שחורות (ש״הש 5:11), ענן וערפל סביביו (תה׳ 97:2) ישת חשך סתרו (תה׳ 18:12).

5:12

עֵינָיו כְּיוֹנִים עַל־אֲפִיקֵי מָיִם

רֹחֲצוֹת בֶּחָלָב יֹשְׁבוֹת עַל־מִלֵּאת׃

עיניו כיונים על אפיקי מים (ש״הש 5:12). אדראכה אצפא ואבסט ואעלא מן כל אדראך סאיר אשכ̇אץ אלנוע אלאנסאני. וקיל אנה ישיר אלי קול זכריה שבעה אלה עיני יוי המה משוטטות בכל הארץ (זכריה 4:10). וכדלך על אבן אחת שבעה עינים (זכריה 3:9). והי אלסבעה כואכב אלסאירה אלד̇י וכלהא אללה תע̇ באמרה ואמדהא בענאיתה לתדביר עאלם אלספל.

5:13

לְחָיָו כַּעֲרוּגַת הַבֹּשֶׂם מִגְדְּלוֹת מֶרְקָחִים שִׂפְתוֹתָיו שׁוֹשַׁנִּים נֹטְפוֹת מוֹר עֹבֵר׃

לחיו כערוגת הבושם (ש״הש 5:13), אלמלאיכה אלמקרבין אלמנזהין ען כל נקץ מאדי או צפה גסמאניה. שפתותיו שושנים (ש״הש 5:13), אלמלאיכה אלמרסלין אלי אלנביא ליכ̇אטבוהם באומרה תע̇.

5:14

יָדָיו גְּלִילֵי זָהָב מְמֻלָּאִים בַּתַּרְשִׁישׁ

מֵעָיו עֶשֶׁת שֵׁן מְעֻלֶּפֶת סַפִּירִים׃

ידיו גלילי זהב (ש״הש 5:14), עאלם אלאפלאך אלמנפד̇ אואמרה פי אלעאלם בחסב משיתה ומא יקתצ̇יה עדלה, כאליד אלבאטשה ואלמנפדה מא כ̇טר פי אלנפס מן אלאפעאל. מעיו עשת שן (ש״הש 5:14), מנטקה אלפלך אלת̇אמן. מעלפת ספירים (ש״הש 5:14), סאיר אלכואכב.

5:15

שׁוֹקָיו עַמּוּדֵי שֵׁשׁ מְיֻסָּדִים עַל־אַדְנֵי־פָז

מַרְאֵהוּ כַּלְּבָנוֹן בָּחוּר כָּאֲרָזִים׃

שוקיו עמודי שש (ש״הש 5:15), אלנאר ואלהוא לצפאהם ושפופהם. מיסדים על אדני פז (ש״הש 5:15), אלמא ואלארץ̇ כמא קיל על מה אדניה הטבעו (איוב 38:6). מראהו כלבנון (ש״הש 5:15), אנואע אלמעדניאת לאנה יריד כהר הלבנון. בחור כארזים (ש״הש 5:15), אנואע אלנבאת.

5:16

חִכּוֹ מַמְתַקִּים וְכֻלּוֹ מַחֲמַדִּים

זֶה דוֹדִי וְזֶה רֵעִי בְּנוֹת יְרוּשָׁלִָם:
הכו ממתקים (ש״הש 5:16), אצנאף אלחיואנאת ומא יחצל ללנפס מן אלאלתדאד ואלחלאוה ענד תאמל צפאתהא ואלתפכר פי גריב אלהאמאתהא ומא יצדר ענהא מן אלאפעאל אלגריבה ואלצנאיע אלמחכמה ואלתדאביר אלצאלחה, אלמואפקה להא פי מנאפעהא. וכל דלך בלא עקל ולא תצור, בל אלהאם אלהי מכלוק להא עלי מא ביינא מן דלך גמלה נאפעה פי ספר איוב. וכלו מחמדים (ש״הש 5:16), אלנוע אלאנסאני ואדראכאתה אלמפתכרה ותצוראתה אלעקליה אלדי שאבה בהא אלעלויאת מע כונה מרכב מן אלספליאת. זה דודי וזה רעי (ש״הש 5:16), אי הדה צפאתה והדה עטמתה אלדי כלק הדה גמיעהא ואמדהא אלבקא בקדרתה. ואמא הו באעתבאר דאתה אלמעטמה פליס לה צפה דאתיה יוצף בהא, בל דאתה בסיטה, שריפה, רפיעה תגל ען אן ידכרהא מכלוק מן סאיר אלמכלוקאת. ואמא אלצפאת אלתי יערף בהא מן סאל פהי צפאתה באלנסבה לאיגאד אלמוגודאת וקדרתה עלי הדה אלעטמה אלעטמי ואתקאנהא בהדה אלחכמה אלדאימה אלבדיעה. וקיל אן הכו ממתקים (ש״הש 5:16) אשארה ללשריעה ואלאואמר אלתי קיל פי וצפהא ומתוקים מדבש ונופת צופים (תה׳ 19:11).

6:1
אָנָה הָלַךְ דּוֹדֵךְ הַיָּפָה בַּנָּשִׁים אָנָה פָּנָה דוֹדֵךְ וּנְבַקְשֶׁנּוּ עִמָּךְ:
אנה הלך דודך, אנה פנה דודך (ש״הש 6:1). במעני אן אלאמם אלדי יפהמו חקיקה הדה אלמעאני יקולו לנא: אדא לם יכן דו צפה כמא קלתם פלא יעלם פי אי גהה יקצד ויטלב. ואלא פערפונא גהתה ומחלה וכיף תרככם ומצא, מע קולכם אנכם אמתה ושעבה וכואצה. פיקולון להם בלסאן אלחאל אנה פי אעלא מראתב אלכמאל ואנזה אלמראתב [ו]אלמסאכן, לכן רפעה עטמה מרתבה לא חלול פי מכאן.

6:2
דּוֹדִי יָרַד לְגַנּוֹ לַעֲרֻגוֹת הַבֹּשֶׂם לִרְעוֹת בַּגַּנִּים וְלִלְקֹט שׁוֹשַׁנִּים:
דודי ירד לגנו (ש״הש 6:2) מתל וירדתי על ההרים (שופטים 11:37), וירד דויד אל המצודה (ע׳ ש״ב 5:17). או מענאה חלול נורה עלי עאלם אלאספל. וקו׳ לגנו (ש״הש 6:2) מנסוב אליה לא לגירה פיה משארכה, ואנמא תדבירה פעאם לסאיר אלמוגודאת. לרעות בגנים וללקט שושנים (ש״הש 6:2). וירד בה קבול אפעאל ישראל אלמרציה וסמאע תסאביחהם אלחקיקיה. ובדלך יכונו מנסובין אליה והו מקרב להם:

6:3
אֲנִי לְדוֹדִי וְדוֹדִי לִי הָרֹעֶה בַּשּׁוֹשַׁנִּים: ס

6:4
יָפָה אַתְּ רַעְיָתִי כְּתִרְצָה נָאוָה כִּירוּשָׁלִָם אֲיֻמָּה כַּנִּדְגָּלוֹת:
יפה את רעיתי כתרצה (ש״הש 6:4). ועד באן יעיד מלכהם כמא כאן, לאן תרצה מכאן מלך אחאב. נאוה כירושלם (ש״הש 6:4), מכאן מלכי יהודה. איומה כנדגלות (ש״הש

6:4). ותכ֗אפהם אלאמם ותהאבהם. וד֗לך פי בית שני ענד ט֗הור בני חשמונאי הכהנים ומלכהם והרוב אלרום מן בין ידיהם. ודאם אלמלך לישראל.

6:5

הָסֵ֤בִּי עֵינַ֙יִךְ֙ מִנֶּגְדִּ֔י שֶׁ֥הֵ֖ם הִרְהִיבֻ֑נִי
שַׂעְרֵךְ֙ כְּעֵ֣דֶר הָֽעִזִּ֔ים שֶׁגָּלְשׁ֖וּ מִן־הַגִּלְעָֽד׃

הסבי עיניך מנגדי (ש״הש 6:5), לאן לם יכן חיניד֗ פי ישראל אנביא, ואנמא יכון פיך אלעבאד ואלנסאך מת֗ל אלנזירים ושבההם דון מרתבה אלנבוה. שערך כעדר העזים (ש״הש 6:5), לאן אלנזירים לא יקטעו שעורהם פיטול וינסבל.

6:6

שִׁנַּ֙יִךְ֙ כְּעֵ֣דֶר הָֽרְחֵלִ֔ים שֶׁעָל֖וּ מִן־הָֽרַחְצָ֑ה
שֶׁכֻּלָּם֙ מַתְאִימ֔וֹת וְשַׁכֻּלָ֖ה אֵ֥ין בָּהֶֽם׃

6:7

כְּפֶ֤לַח הָרִמּוֹן֙ רַקָּתֵ֔ךְ מִבַּ֖עַד לְצַמָּתֵֽךְ׃

כפלח הרמון (ש״הש 6:7). קד תקדם ד֗כר הד֗א מן קבל ועיאדתה[12] הנא אן אלאחואל תעוד לכם פי הד֗א אלוקת כמא כאנת פימא מצ֗א, וקד תקדם שרחה.

6:8

שִׁשִּׁ֥ים הֵ֙מָּה֙ מְּלָכ֔וֹת וּשְׁמֹנִ֖ים פִּֽילַגְשִׁ֑ים
וַעֲלָמ֖וֹת אֵ֥ין מִסְפָּֽר׃

ששים המה מלכות (ש״הש 6:8), עשאיר בני עשו. ושמונים פלגשים (ש״הש 6:8), עשאיר בני ישמעאל. ועלמות אין מספר (ש״הש 6:8), בני הפלגשים אשר לאברהם (ע׳ בר׳ 25:6) אלד֗י לם יעין להם פי אלנץ תפציל אסמא ומא אכ֗תיר מן אלגמיע סוי יצחק וזרעו.

6:9

אַחַ֥ת הִיא֙ יוֹנָתִ֣י תַמָּתִ֔י אַחַ֥ת הִיא֙ לְאִמָּ֔הּ בָּרָ֥ה הִ֖יא לְיֽוֹלַדְתָּ֑הּ
רָא֤וּהָ בָנוֹת֙ וַֽיְאַשְּׁר֔וּהָ מְלָכ֥וֹת וּפִֽילַגְשִׁ֖ים וַֽיְהַלְלֽוּהָ׃ ס

כי ביצחק יקרא לך זרע (בר׳ 21:12) לד֗לך צאר אלגמיע יחמדוהא ויעט֗מוהא אד֗א כאנת פי אלטאעה ואלרצ֗א.

6:10

מִי־זֹ֥את הַנִּשְׁקָפָ֖ה כְּמוֹ־שָׁ֑חַר יָפָ֣ה כַלְּבָנָ֗ה בָּרָה֙ כַּֽחַמָּ֔ה אֲיֻמָּ֖ה כַּנִּדְגָּלֽוֹת׃ ס

מי זאת הנשקפה כמו שחר (ש״הש 6:10), קד לאח צ֗יאהא ואשרק נורהא.

[12] עאדתהא|عادتها / For the more correct

6:11

אֶל־גִּנַּת אֱגוֹז יָרַדְתִּי לִרְאוֹת בְּאִבֵּי הַנָּחַל
לִרְאוֹת הֲפָרְחָה הַגֶּפֶן הֵנֵצוּ הָרִמֹּנִים:

לראות הפרחה הגפן (ש״הש 6:11) הדֿא הו אלדֿי תפכר אלנאס פיה ותבחתֿ פי אמרה הל וצל אלוקת בעד או קרב, אם הו בעיד ויטלבוא תאויל אלנצוץ פי הדֿה אלמעני. פקאל

6:12

לֹא יָדַעְתִּי נַפְשִׁי שָׂמַתְנִי מַרְכְּבוֹת עַמִּי־נָדִיב:

אי כל מן בחת פי דֿלך לא יעלם מנה שי ולא ינכשף לה סר לאן אללה לא יכשף דֿלך לאחד אלי וקתה. פאדֿא טֿהר אלוקת וסתולת אלאמה וטֿהר עזהא וכרמהא חיניד תתחקק אלמדה ויעלם תאויל אלנצוץ עלי חקיקתהא. כמא גרי למדה שעבוד מצרים אלדֿי ערף בהא אברהם ארבע מאות שנה ולם יערף תחדיד אול הדֿה אלמדה אלי וקת אלגלוה. וען הדֿא קיל לדניאל כי סתומים וחתומים הדברים עד עת קץ יתבררו ויתלבנו ויצרפו רבים וג׳, והמשכלים יבינו (דניאל 10-12:9). וקוֿ נפשי שמתני (ש״הש 6:12) יעני אני אנא אוגבת הדֿה אלאלאם לנפסי במא תקדם מן סו אפעאלי. פלמאדֿא אפתש כֿארג עני אצלח נפסי פיכון סבב לצלאחי כמא אפסדתהא פכאן סבב לפסאדי.

7:1

שׁוּבִי שׁוּבִי הַשּׁוּלַמִּית שׁוּבִי שׁוּבִי וְנֶחֱזֶה־בָּךְ
מַה־תֶּחֱזוּ בַּשּׁוּלַמִּית כִּמְחֹלַת הַמַּחֲנָיִם:

שובי שובי השולמית (ש״הש 7:1) ארגעי אלי כמאלך פתעודי אלי מוצֿעך ומחלך. השולמית (ש״הש 7:1) מן ויהי בשלם סוכו (תה׳ 76:3). לדֿלך קאל שובי שובי השולמית (ש״הש 7:1) קבל שולמית. תם קאל בעדה שובי שובי (ש״הש 7:1). אלכרה אלואחדה לנסבתהא אלי בלדהא, מתֿל שונמית מן שונם. ואלכרה אלתֿאניה לנסבתהא אלי כמאלהא אלמוצופה בה עלי אלדואם. ואיצֿא אנה כרר שובי שובי (ש״הש 7:1) פי אלכרתין ארבע דפעאת אשארה לשעבוד ארבע מלכיות. ובשר אנהם סיכֿלצו מן תחת ידיהם ואחדה ואחדה אול באול. ומע דֿלך פאן אלרגעה ללסעד ואלמלך כרתין מן גלות בבל. והדֿא אלדֿי נחן פיה האל יקרב שובינו ממנו כאשר השיבנו מהראשונות והצילנו מיד כל המלכיות. כמחולת המחנים (ש״הש 7:1), כאנהא חאלה נאזלה בין עסכרין או בין מנזלתין מתי מאלת אלי אחדיהמא סעדת, ואלי אלאכֿרי שקית, אם תשמעו ואם לא תשמעו (?), החיים והמות נתתי לפניך וג׳ (דב׳ 30:19). ורבמא כאן אלאשארה במחלות המחנים בעד שובי שובי (ש״הש 7:1), באן כֿלאצהא ורגעתהא אלי כמאלא וסעדהא יכון בעד חלולהא פי אלממלכה אלראבעה אלתי הי מקסומה שטרין אלתי שרח דניאל אמרהמא. פיכון אצאבע רגלי אלצנם אלדֿין ראה נבוכדנאצר, בעצֿהא כזף ובעצֿהא חדיד. פקאל אן ממלכתין יכונון פי וקת ואחד שביה בממלכה ואחדה. לכנה לא ימכן אכֿתלאטהמא בעצֿ בבעצֿ כמא לא ימכן אכתלאט אלחדיד באלכזף. והדֿה הי אלממלכה אלראבעה, והי אדום וישמעאל. ומע אנה סמאהא מלכו רביעאה (ע׳ דניאל 2:40) קאל וביומהון די מלכיא האלין יקים אלה שמיא מלכו אחרי די לעלם לא תתחבל (ע׳ דניאל 2:44). פאסמאהא מלכיא (דניאל 2:44)

בעד קולה מלכו (ע׳ דניאל 2:40). וקאל וביומיהון (דניאל 2:44) בלפט̇ אלגמע. פהד̇א הו מעני כמחולת המחנים (ש״הש 7:1). אי אן חקיקה אלרגעה אלכאמלה תכון חין כונהא חאלה בין עסכרין, יעני ממלכתין. וקיל אנה וצף להא במא חצל להא עלי ים צוף מן אלמעגזה אלעט̇ימה אלבאהרה אלתי עברת פי ים סוף פי קסמי אלמא, כאנהא בין עסכרין: והמים להם חומה וג׳ (שמ׳ 14:22.29). ואיצ̇א אנהם מתוסטין בין מחנה מצרים ובין מחנה אלהים. פקאל אן כמא כ̇לצהם מן תלך אלצ̇איקה אלעט̇מי בעד חצולהם קבאלתהא במת̇ל הדה אלעט̇מה יכ̇לצהם איצ̇א פי אלכרה אלאכ̇רי ואלאכ̇רי. פקאל שובי שובי מן גלות בבל, שובי שובי מן גלות אחרון כאשר שבת ממחול המחנים.

ומעני אל גנת אגוז ירדתי (ש״הש 6:11) עלי וגה אכ̇ר, אן יכון במעני צעוד מת̇ל וירד דוד אל המצודה (ע׳ ש״ב 5:17), וירדתי על ההרים (שופטים 11:37), מן אלאלפאט̇ אלמתצ̇אדה. פיכון ירדתי (ש״הש 6:11) במעני עליתי. הפרחה הגפן (ש״הש 6:11), ישׂראל אלמשבהין באלכרם. אלחק תע̇ יקול ״אני ארתפעת ענהם לאכשף צלאחהם ללכאלם ואבין להם ת̇באתהם עלי טאעתי ואחתמאלהם ללאלאם עלי מחבתי. ומעני אגוז (ש״הש 6:11) לכון ת̇מרה לא יערף טיבתה מן רדאתה ולא יערף לד̇אתה טעמה אלא בעד כסרה.

7:2

מַה־יָּפ֧וּ פְעָמַ֛יִךְ בַּנְּעָלִ֖ים בַּת־נָדִ֑יב

חַמּוּקֵ֣י יְרֵכַ֔יִךְ כְּמ֣וֹ חֲלָאִ֔ים מַעֲשֵׂ֖ה יְדֵ֥י אָמָּֽן׃

מה יפו פעמיך (ש״הש 7:2). מא אחסן אקדאמך ואנתי מאצ̇יה מן אלבלאד אלבעידה אלי בלדך ומוטנך. חמוקי ירכיך (ש״הש 7:2), יעני רכאב ומשאה, מת̇ל ויך אותם שוק על ירך (שופטים 15:8). קאל אלתרג[ום] רגלין ופרשין. וקיל אנה יעני בחמוקי ירכיך (ש״הש 7:2) אולאדהם ואטפאלהם. אי מגתמעין כבראהם וצג̇ארהם. וקיל אנה יעני בה אלחגאג אלד̇ין יאתו מן בלאדהם אלי ירושלם ללחג. כמו חלאים (ש״הש 7:2), מגתמעין גמוע גמוע, מנתט̇מין שבה אלכ̇רז.

7:3

שָׁרְרֵךְ֙ אַגַּ֣ן הַסַּ֔הַר אַל־יֶחְסַ֖ר הַמָּ֑זֶג

בִּטְנֵךְ֙ עֲרֵמַ֣ת חִטִּ֔ים סוּגָ֖ה בַּשּׁוֹשַׁנִּֽים׃

שררך אגן הסהר (ש״הש 7:3), אלסנהדרין אלד̇ין כאנו יגלסון דאירה קום. אל יחסר המזג (ש״הש 7:3), לא ינקטע מן בינהם אלעלם ואלתפקה פי אחכאם אלשריעה כמא קיל ובלא מחיר יין וחלב (יש׳ 55:1). בטנך ערמת חטים (ש״הש 7:3), אלעלמא ואלועאט̇ אלמעלמין ללנאס. סוגה בשושנים (ש״הש 7:3), תחיט בהם אלתלמידים ואלטאלבין לתעלם עלם אלשריעה.

7:4

שְׁנֵ֥י שָׁדַ֛יִךְ כִּשְׁנֵ֥י עֳפָרִ֖ים תָּאֳמֵ֥י צְבִיָּֽה׃

שני שדיך (ש״הש 7:4), אלשריעה מע נצהא ושרחהא אלמנקול ואלמסתכ̇רג באלקיאס אלמעקול. תאמה צביה (ש״הש 7:4). מע כונהא את̇נאן פהי תואם תרגע אלי אצל ואחד.

7:5

צַוָּארֵ֖ךְ כְּמִגְדַּ֣ל הַשֵּׁ֑ן
עֵינַ֨יִךְ בְּרֵכ֜וֹת בְּחֶשְׁבּ֗וֹן עַל־שַׁ֙עַר֙ בַּת־רַבִּ֔ים אַפֵּךְ֙ כְּמִגְדַּ֣ל הַלְּבָנ֔וֹן צוֹפֶ֖ה פְּנֵ֥י דַמָּֽשֶׂק׃
צוארך כמגדל השן (ש״הש 7:5), מלכך ועזך. עיניך ברכות בחשבון (ש״הש 7:5), אלאנביא אלתי כמאלהא פי אפכארהם ובואטנהם. על שער בת רבים (ש״הש 7:5), יכ̇ברו אואמר אללה ללגמיע. וקיל אן אלאנביא אלד̇ין כאנו פי אלאול קלה יחצרהם אלעדד ואלחסאב, יצירו כת̇רה לא יערף עדדהם. אפך כמגדל הלבנון (ש״הש 7:5), כהן גדול. צופה פני דמשק (ש״הש 7:5), יסתג̇פר ען ישראל מע כונהם מתפרקין מדן ועד באר שבע כאנהם חאצ̇רין בין ידיה והו יראהם.

7:6

רֹאשֵׁ֤ךְ עָלַ֙יִךְ֙ כַּכַּרְמֶ֔ל וְדַלַּ֥ת רֹאשֵׁ֖ךְ כָּאַרְגָּמָ֑ן
מֶ֖לֶךְ אָס֥וּר בָּרְהָטִֽים׃
ראשך עליך ככרמל (ש״הש 7:6) עט̇מא אלקום ועלמאהם וכבראהם. ודלת ראשך (ש״הש 7:6) אלנסאך ואלזהאד אלמנקטעין ען אלנאס ועמא באידיהם מן חטאם אלדניא לארתבאטהם במחבה אלמלך אלגליל אלעט̇ים, מלך אסור ברהטים (ש״הש 7:6).

7:7

מַה־יָּפִית֙ וּמַה־נָּעַ֔מְתְּ אַהֲבָ֖ה בַּתַּעֲנוּגִֽים׃
מה יפת ומה נעמת (ש״הש 7:7) מא אחסנך ומא אעט̇ם מקדאר נעמתך ולד̇תך ענד חצול הד̇ה אלאמור באלפעל.

7:8

זֹ֤את קוֹמָתֵךְ֙ דָּֽמְתָ֣ה לְתָמָ֔ר וְשָׁדַ֖יִךְ לְאַשְׁכֹּלֽוֹת׃
זאת קומתך דמתה לתמר (ש״הש 7:8). תכת̇ר עלומך ותזדאד חכמתך ותנמו ותעט̇ם. ושדיך לאשכולות (ש״הש 7:8). אדראכאתך תעט̇ם ותתזאיד פיחצל מנהא ת̇מראת חלוה לד̇יד̇ה נאפעה כקטוף אלענב ואקנא אלתמר ואלרטב.

7:9

אָמַ֙רְתִּי֙ אֶעֱלֶ֣ה בְתָמָ֔ר אֹחֲזָ֖ה בְּסַנְסִנָּ֑יו
וְיִֽהְיוּ־נָ֤א שָׁדַ֙יִךְ֙ כְּאֶשְׁכְּל֣וֹת הַגֶּ֔פֶן וְרֵ֥יחַ אַפֵּ֖ךְ כַּתַּפּוּחִֽים׃
אמרתי אעלה בתמר (ש״הש 7:9) תצ̇בט ישראל בעלם אלתורה אלד̇י בה ירקו ויעלו וירתפע שאנהם בין אלאמם: ואמרו רק עם חכם ונבון הגוי הגדול הזה (דב׳ 4:6). שדיך כאשכלות הגפן (ש״הש 7:9) תקדם שרחה. וריח אפיך כתפוחים (ש״הש 7:9) אלתד̇אד̇ נפוסהם ואסתקראר̇הא באדראך אלחקאיק.

7:10

וְחִכֵּךְ כְּיֵין הַטּוֹב הוֹלֵךְ לְדוֹדִי לְמֵישָׁרִים דּוֹבֵב שִׂפְתֵי יְשֵׁנִים׃

וחכך כיין הטוב (ש״הש 7:10), להגהם באלשריעה ובחתהם ען מעאניהא. דובב שׂפתי ישנים (ש״הש 7:10), אלד̇י בד̇לך אללהגה יחצל אלאנתבאה ללנפוס אלג̇אפלה אלנאימה פי אלג̇פלה אלטביעיה פתסתיקט̇ בקראה אלתורה ופהם אלמצות ואלעמל בהא.

7:11

אֲנִי לְדוֹדִי וְעָלַי תְּשׁוּקָתוֹ׃ ס

באללהגה באלתורה ועמל אלמצות נציר חלק יוי ונחלתו. ויעט̇ם שוקנא אליה ומחבתנא לה.

7:12

לְכָה דוֹדִי נֵצֵא הַשָּׂדֶה נָלִינָה בַּכְּפָרִים׃

לכה דודי נצא השדה (ש״הש 7:12), תצ̇רע וסואל בכ̇רוגנא מן סגן אלגלות אלד̇י כאנה סור מחיט בנא ומנענא אלכ̇רוג מנה ואלתצרף חסב ארادתנא. נלינה בכפרים (ש״הש 7:12), אלד̇י לא סור עליהם ולא באב יג̇לק ולא מאנע ימנע אהלהא מן אלתצרף חסב אלאראדה. ואיצ̇א אנהם קריב מן אלבסאתין ואלכ̇רום ואמאכן אלמתנזהאת.

7:13

נַשְׁכִּימָה לַכְּרָמִים נִרְאֶה אִם פָּרְחָה הַגֶּפֶן פִּתַּח הַסְּמָדַר הֵנֵצוּ הָרִמּוֹנִים
שָׁם אֶתֵּן אֶת־דֹּדַי לָךְ׃

נשכימה לכרמים ונראה אם פרחה הגפן פתח הסמדר (ש״הש 7:13), חיניד̇ יעלם אן סעדנא קד ט̇הר ונורנא קד אזהר ואן מחבתנא לה קד וצלת אליה.

7:14

הַדּוּדָאִים נָתְנוּ־רֵיחַ וְעַל־פְּתָחֵינוּ כָּל־מְגָדִים חֲדָשִׁים גַּם־יְשָׁנִים
דּוֹדִי צָפַנְתִּי לָךְ׃

שם אתן את דודי לך, הדודים נתנו ריח (ש״הש 7:13-14) מחבה אבאנא[13] ועהודהם קד לאחת. ועל פתחנו כל מגדים (ש״הש 7:14) ופתחת בין ידינא אבואב אלרחמה וחצל לנא בזכותהם סאיר אלמואעיד אלמתקדמה ואלמתאכ̇רה. חדשים גם ישנים (ש״הש 7:14). חדשים (ש״הש 7:14) אלאנביא אלמתאכ̇רין בעד משה. גם ישנים (ש״הש 7:14) מואעידה תע' לאברהם ויצחק אלד̇י תשפע אלרסול בהם: זכור לעבידך וג' (דב' 9:27). דודי צפנתי לך (ש״הש 7:14). כנא נתרגאהם וננתצ̇רהם מן אול אלוקת אלי נהאיתה.

8:1

מִי יִתֶּנְךָ כְּאָח לִי יוֹנֵק שְׁדֵי אִמִּי
אֶמְצָאֲךָ בַחוּץ אֶשָּׁקְךָ גַּם לֹא־יָבוּזוּ לִי׃

[13] Ms. אבהאתנא

מי יתנך כאח לי (ש״הש 8:1) לית לוַ כנת דאים מעי, לא תפארקני ענאיתך. יונק שדי אמי (ש״הש 8:1) ואן תכון אדראכאתי מתצלה במערפתך. אמצאתך נחוץ אשקך (ש״הש 8:1) ויכון פיצ̇ך ואצל אלי עלי אלדואם. גם לא יבוזו לי (ש״הש 8:1) מא כנת אעוד אבאלי במן יעאירני או יצ̇ן פי אלנקץ מן סאיר אלאמם באגתמאעי בך וט̇הור אלמחבה ואלוצלה ביננא ען סאיר מא תקדם לי מן אלדל ואלאהאנה. ולא אבאלי בסאיר מא גרי.

8:2

אֶנְהָֽגְךָ֙ אֲבִֽיאֲךָ֛ אֶל־בֵּ֥ית אִמִּ֖י תְּלַמְּדֵ֑נִי
אַשְׁקְךָ֙ מִיַּ֣יִן הָרֶ֔קַח מֵעֲסִ֖יס רִמֹּנִֽי׃

אביאך אל בית אמי תלמדני (ש״הש 8:2) יחל נורך עלי אלאנביא ויפיץ̇ נורך עליהם והם יעלמוני וידלוני עלי עמל פראיצ̇ך ושראיעך. אשקך מיין הרקח (ש״הש 8:2). צריח תפסיר אשקך (ש״הש 8:2) ״אסקיך.״ לכן אלמעני ״אשרב מעך ואסכר ואטיב מן כ̇מרך אלמעטר.״ אי אלפיץ̇ אלכרים אלד̇י יצל אלי אלנביא ואלאוליא ואלכהנים אלד̇ין יתכלמו ברוח הקדש ויחכמו באורים ותומים. פקו̇ מיין הרקח (ש״הש 8:2) אשארה לוחי אלאנביא. מעסיס רמוני (ש״הש 8:2) אשארה לרוח הקדש אלתי תנטק בהא אלאוליא ואלכהנים וסאיר מן יחצל לה כשוף אלאהי ונטק רבאני ג̇יר אלוחי אלנבוי.

8:3

שְׂמֹאלוֹ֙ תַּ֣חַת רֹאשִׁ֔י וִימִינ֖וֹ תְּחַבְּקֵֽנִי׃

שמאלו תחת לראשי (ש״הש 8:3) קד תקדם שרחה ומענאה אן שמאלו (ש״הש 8:3) הי מואעידה עלי יד אלאנביא אלמתאכ̇רין. וימינו (ש״הש 8:3) אלאנביא אלמתקדמין. וד̇לך שכר לה תע̇ ותעט̇ים בכונה ת̇בת לנא מואעידה גמיעהא, אלמתקדמה ואלמתאכ̇רה. ולם יכ̇רס שי מנהא: לא נפל דבר אחד מכל דברו הטוב (מ״א 8:56).

8:4

הִשְׁבַּ֥עְתִּי אֶתְכֶ֖ם בְּנ֣וֹת יְרוּשָׁלָ֑͏ִם
מַה־תָּעִ֧ירוּ ׀ וּֽמַה־תְּעֹֽרְר֛וּ אֶת־הָאַהֲבָ֖ה עַ֥ד שֶׁתֶּחְפָּֽץ׃ ס

השבעתי אתכם וג׳, מה תעירו וג׳ (ש״הש 8:4) קד תקדם שרח הד̇א איצ̇א. אנה עלי סביל אלוציה. אנהם ענד כונהם פי גלות ותחת אמר ג̇ירהם לא יחתאגו בחרכאת ולא אפעאל מן אן יחין אלוקת פיוגבו לנפסהם אלצ̇רר או אלעטב בחית̇ ט̇נו אן יחצל להם כ̇יר ופרג. לאן מתי חצלת אלמשיה אלאלאהיה וו̇צל אלוקת ואנתהת אלמדה פלא יחתאגו הם חרכה מן חית̇הם ולא תדביר חילה. בל תתסבב אסבאב אלאהיה לאט̇האר מא ארادה, מא לא תצל עקול אלבשר למערפה תלך אלאסבאב וכיפיה חצולהא. וען ד̇לך קאל ישעיה דברו על לב ירושלם וג׳, כי מלאה צבאה כי נרצה עונה וג׳ (יש׳ 40:2). כמלת אלמדה ואסתופת מא אסתחקתה מן אלעקאב עלי מא סלף להא מן אלד̇נוב. וכרר הד̇א אלנץ פי הד̇א אלספר ת̇לאת̇ דפוע ללתאכיד פיה. ואיצ̇א באזא שלש גיללות אלתי וקעו יש̇ראל פיהא: גלות מצרים וגלות בבל והד̇א אלגלות אלעאם אלמתטול, אללה ישאהדנא אנקצ̇אה קריב.

8:5

מִ֣י זֹ֗את עֹלָה֙ מִן־הַמִּדְבָּ֔ר מִתְרַפֶּ֖קֶת עַל־דּוֹדָ֑הּ
תַּ֤חַת הַתַּפּ֙וּחַ֙ עֽוֹרַרְתִּ֔יךָ שָׁ֚מָּה חִבְּלַ֣תְךָ אִמֶּ֔ךָ שָׁ֖מָּה חִבְּלָ֥ה יְלָדַֽתְךָ׃

מי זאת עולה מן המדבר מתרפקת על דודה (ש״הש 8:5). מדבר (ע׳ ש״הש 8:5) נטקהא מת̇ל ומדברך נאוה (ש״הש 4:3). אי אן ישׂראל, סעאדתהם ורפעה מנזלתהם אנמא הו באלנטק. והו טלבה אללה תע̇ ואלתצ̇רע בין ידיה ואלאשתג̇אל בקראה אלתורה לא בבטש ולא בחרכה גסמאניה. כמא אשאר יצחק פי קולה הקול קול יעקב והידים ידי עשׂו (בר׳ 27:22). וקיל אלה ברכב ואלה בסוסים ואנחנו בשם יוי אלהינו נזכיר (תה׳ 20:8). מתרפקת על דודה (ש״הש 8:5), מתרפקה מתלטפה בה מתצ̇רעה בין ידיה. וקיל אן עולה מן המדבר (ש״הש 8:5) הו מדבר ים סוף אלתי כאנת פיה אול אלמערפה ובדאיה אלצחבה. תחת התפוח עוררתיך (ש״הש 8:5), צראכ̇הם בין ידיה וטלבהם איאה כמא קאל ויצעקו בני ישׂראל אל יוי (שמ׳ 14:10). שמה חבלתך אמך (ש״הש 8:5), לאנהם כאנו חיני̇ד̇ פי אשד צ̇איקה ואעט̇ם פזע. אשד מן אלאם אלמטלקה ואעט̇ם מן כ̇טרהא ופזעהא כקו̇ וישׂאו בני ישׂראל את עיניהם וג׳, וייראו מאד וג׳ (שמ׳ 14:10).

8:6

שִׂימֵ֨נִי כַֽחוֹתָ֜ם עַל־לִבֶּ֗ךָ כַּֽחוֹתָם֙ עַל־זְרוֹעֶ֔ךָ כִּֽי־עַזָּ֤ה כַמָּ֙וֶת֙ אַהֲבָ֔ה קָשָׁ֥ה כִשְׁא֖וֹל קִנְאָ֑ה
רְשָׁפֶ֕יהָ רִשְׁפֵּ֕י אֵ֖שׁ שַׁלְהֶ֥בֶתְיָֽה׃

שׂימני כחותם על לבך כחותם על זרועך (ש״הש 8:6). לכנה אפרג̇ ענהם מן תלך אלשדה וחגבהם בקותה ועט̇מתה ען אן ינאלהם סו. ואהלך אעדאהם והם נאצ̇רין שאכרין מעלנין[14] באלשכר ואלתסביח. כי עזה כמות אהבה (ש״הש 8:6). חיני̇ד̇ אנעקדת אלמחבה אלאצליה פי נפוסהם ללה תע̇ פאסתחקו אלמחבה מנה איצ̇א ודואם אלענאיה.

8:7

מַ֣יִם רַבִּ֗ים לֹ֤א יֽוּכְלוּ֙ לְכַבּ֣וֹת אֶת־הָֽאַהֲבָ֔ה וּנְהָר֖וֹת לֹ֣א יִשְׁטְפ֑וּהָ
אִם־יִתֵּ֨ן אִ֜ישׁ אֶת־כָּל־ה֤וֹן בֵּיתוֹ֙ בָּֽאַהֲבָ֔ה בּ֖וֹז יָב֥וּזוּ לֽוֹ׃ ס

מים רבים לא יוכלו לכבות את האהבה (ש״הש 8:7). לד̇לך דאמת מחבתה פי נפוסהם ולו פי וקת אלשדאיד וג̇לבה אלאעדא להם חין יד̇נבן ד̇נוב יסתחקו עליהא מת̇ל ד̇לך. ולא תזול מחבתה מן נפוסהם ולא יכ̇רגו ען שריעתה. ונהרות לא ישטפוה (ש״הש 8:7) כמא מת̇לת אלאמם אלקאצדין אד̇יתהם מת̇ל סנחריב ונחוה הנה יוי מעלה עליכם את מי הנהר העצומים את מלך אשור וג׳ (יש׳ 8:7). וקאל דוד נחלי בליעל יבעתוני (שמ״ב 22:5). אם יתן איש את כל הון ביתו באהבה בוז יבוז לו (ש״הש 8:7) תשריף ותעט̇ים להד̇ה אלמרתבה. אי ליס קולנא מים רבים לא יוכלו לכבות את האהבתינו (ע׳ ש״הש 8:7) אמנאן מנא בד̇לך או אפתכ̇אר תעאגב. בל אן ד̇לך בעץ̇ אסתחקאק לה ובעץ̇ מא יג̇ב עלינא. לאן הד̇ה אלמנזלה אלתי חצלת לישׂראל מן מחבתהם ללה תע̇ ומחבתה להם, לו אפרג̇ אלשכ̇ץ̇ פיהא סאיר מוג̇ודה ואבד̇ל ג̇מיע מג̇הודה, לכאן ד̇לך קליל ג̇דא פי חקה תע̇. ולא יבאלי אלאנסאן בעד חצולה עלי הד̇ה אלסעאדה בג̇מיע מא תקדם לה פי עמרה מן

[14] מלענין .Ms

אלאה[א]נה ואלנקץ ואלאזדרא פי חקה תע מן אלאעדא או מן אלכפאר אלדין לא יתחקקו עט̇מתה ולא שרפיה אלאנתסאב אליה. או אנה יקול "ולו תגמעת עלינא אלאמם אלכת̇יר[ה] אלמשבהין באלמא אלג̇זיר, ואלממאלך אלעט̇ימה אלמשבהה באלאנהאר אלעאצפה אלעט̇ימה אלגריה למא אמכנהם אן יטפו מחבתנא לך. אי חין יגזרו עלינא אלשמדות וירומון אכ̇ראגנא ען טאעתך פלא נקבל ד̇לך בל נכ̇תאר אלקתל ואלעד̇אב עלי פראק מחבתך ונחתמל אלד̇ל ואלכ̇זי ואלעאר מנהם ואלאזדרא, מנתט̇רין רחמתך ואת̇קין במג̇ות̇תך.

8:8

אָח֥וֹת לָ֙נוּ֙ קְטַנָּ֔ה וְשָׁדַ֖יִם אֵ֣ין לָ֑הּ
מַֽה־נַּעֲשֶׂה֙ לַאֲחֹתֵ֔נוּ בַּיּ֖וֹם שֶׁיְּדֻבַּר־בָּֽהּ׃

אחות לנו קטנה (ש"הש 8:8). תקול אלמלאיכה: לנא אכ̇ת משבהה לנא פי אלעאלם אלארצ̇י והי מלה ישראל. ומרתבתהא צג̇ירה פי אדראכהא ועבאדתהא ען מראתב אלמלאיכה, ותחסרהו מעט מאלהים (תה' 8:6). ושדים אין לה (ש"הש 8:8) אי כמאלהם נאקץ עמא יראד מנהם. מה נעשה לאחותינו ביום שידבר בה (ש"הש 8:8). כיף תכון חאל אלענאיה בהא חין תכ̇טב ללמחאכמה ואלמג̇אזאה.

8:9

אִם־חוֹמָ֣ה הִ֔יא נִבְנֶ֥ה עָלֶ֖יהָ טִ֣ירַת כָּ֑סֶף
וְאִם־דֶּ֣לֶת הִ֔יא נָצ֥וּר עָלֶ֖יהָ ל֥וּחַ אָֽרֶז׃

אם חומה היא נבנה עליה טירת כסף (ש"הש 8:9), נדלהא ונעלמהא ונפיץ̇ עליהא מן אלאדראך אלעקלי ואלעבאדה אלכ̇אלצה מא ינקי אוסאכ̇הא ויזיל ג̇שהא ויביצ̇הא כאלפצ̇ה. ואם דלת היא נצור עליה לוח ארז (ש"הש 8:9). אן כאן להא חג̇אב מאנע או פיהא צ̇עף פנסבב להא מא יאידהא ויקויהא אלי אן תקול

8:10

אֲנִ֣י חוֹמָ֔ה וְשָׁדַ֖י כַּמִּגְדָּל֑וֹת אָ֛ז הָיִ֥יתִי בְעֵינָ֖יו כְּמוֹצְאֵ֥ת שָׁלֽוֹם׃ פ

אני חומה ושדי כמגדלות (ש"הש 8:10). אנא צרת כאלחצן אלעט̇ים ואלסור אלקוי לעט̇ים אדראכאתי ומא פאץ̇ עלי מן גהתכם חתי צאר כאלאבראג אלעאליה. אז הייתי בעיניו כמוצאת שלום (ש"הש 8:10) חיניד̇ תנאל ענד אללה אלחץ̇ אלואפר ואלסעאדה אלכאמלה.

8:11

כֶּ֣רֶם הָיָ֤ה לִשְׁלֹמֹה֙ בְּבַ֣עַל הָמ֔וֹן נָתַ֥ן אֶת־הַכֶּ֖רֶם לַנֹּטְרִ֑ים
אִ֛ישׁ יָבִ֥א בְּפִרְי֖וֹ אֶ֥לֶף כָּֽסֶף׃

כרם היה לשלמה (ש"הש 8:11). כרם יוי צבאות בית ישראל (יש' 5:7). בבעל המון (ש"הש 8:11) עט̇ים אלמקדאר, כת̇יר אלעדד. נתן את הכרמים לנוטרים (ש"הש 8:11)

סלמה פי גׄירה מן אלאמם, והם עשו וישמעאל. איש יביא בפריו אלף כסף (ש״הש 8:11) יקים פי ידיהם יום כאמל, כי אלף שנים בעיניך כיום אתמול כי יעבר (תה׳ 90:4).

8:12

כַּרְמִ֥י שֶׁלִּ֖י לְפָנָ֑י
הָאֶ֤לֶף לְךָ֙ שְׁלֹמֹ֔ה וּמָאתַ֖יִם לְנֹטְרִ֥ים אֶת־פִּרְיֽוֹ׃

כרמי של לפני (ש״הש 8:12) ליס בכונה סלמה להם רפע אלענאיה ענה פי כרה ״ואף גם זאת בהיותם וג׳, לא מאסתים וג׳ (ויק׳ 26:44). האלף לך שלמה (ש״הש 8:12) אי קולנא אנהא אלף סנה בחסב אנה תמאם מראתב אלאעדאד ותמאם אלעקוד. ואנה נסב ללה כדלך, ואמא עלי אלחקיקיה פלאבד להדׄה אלנוטרים מן תמאם נהארהם במאיתין כי יציר אלנהאר כאמל, אתני עשר סאעה, כל סאעה במאיה. והדׄא הו תאריךׄ דניאל ומעת הוצר התמיד וג׳ (דניאל 12:11). והו ארתפאע אלוחי ומות נביאים אחרונים, חגי וזכריה ומלאכי. והו קבל כׄראב בית שני בחול אלמאיה סנה. פקאל ימים אלף מאתים ותשעים (דניאל 12:11). תׄם זאדה מדה אכׄרי וקאל אשרי המחכי ויגיע לימים אלף שלש מאות שלשים וחמשה (דניאל 12:12).

ותׄם מן ירי אן קוׄ כרם היה לשלמה (ש״הש 8:11) הו אלמלך אלדׄי יסלם לשלמה עלי ישׂראל וצארו כרם לה, אי פי חכמה. נתן את הכרם לנוטרים (ש״הש 8:11) אן בעד מות שלמה יתקסם דׄלך אלכׄרם בין מלוך מלכי ישׂראל ומלכי יהודה. איש יביא בפריו אלף כסף (ש״הש 8:11). עשרת השבטים אלדׄי יכונו פי מלך ירבעם ושבט יהודה ובנימין לנסל שלמה. תׄם ענד מגי אלמשיח אלדׄי הו נצבה שלמה וולדה יעוד אלמלך אלדׄי כאן למלכי ישׂראל אליה הו.

קוׄ האלף לך שלמה (ש״הש 8:12) תקדיר אלקול עלי הדׄא האלף אשר היו לנוטרים לך שלמה עם המתים. ובאלגמלה אין מקשין בהגדה לאן הדׄא ליס שרח אלנצוץ ואנמא הו מדרש מסנוד אלי אלנץ כמא קאלו זׄל׳ פימא ישאבה דלך מן אלאקואל קראה אסמכתא בעלמא. וקד בינא פי צדר אלכתאב טריק אלמדרשות וכיפיה מקצודהא ואי שי כאן אלגׄרץׄ פיהא. ובינא קולהם מקרא לחוד ומדרש לחוד. והדׄה אלטריקה מא סלכת פיהא פי גמלה אספאר אלמקרא סוי פי הדׄא אלספר, לאנה עטׄים אלשאן רפיע אלמעאני. וחקיקה אגׄראצׄה צעבה אלפהם עסרה אלתצור אלא עלי אחאד. וטׄאהרה פגׄיר לאיק אן יכון הו אצל אלגׄרץׄ. פלדׄלך ראית אן אתי בהדׄה אלטריקה, וסט בין אלטׄאהר אלמחץׄ ובין אלחקיקה אלמענויה. פינתפע אלגמהור בהדׄה, ואלכׄואץ בתלך. וינתפי ען אלגמלה כון אלכתאב אראד בה שלמה, מא ידל עליה טׄאהרה מן אלאקואל אלשעריה ואלאלפאטׄ אלכׄטביה ואלתמתׄילאת אלגׄזליה. ויתחקק קולהם זׄל׳ כל נביאים קדש ושיר השירים קדש קדשים.

ועאדה אלשארחין אן ישרחו פי מתׄל הדׄה אלמעאני כלמה מן אלנץ ויתרכו בקיתה, או פסוק ויתעדו עלי אכׄר חסב מא ינתטׄם להם אלכלאם. ומא אנא פאני נטׄמת סאיר אלנצוץ עלי מעאני וסאיר אלאלפאטׄ עלי מטאבקה קריבה לינתטׄם אלגמיע עלי אלמעני אלמדׄכור ולא יקאל אן הדׄה אלכלמה או הדׄא אלפסוק לם יכן לה מעני. פלם דׄכרו או יקאל אן הדׄא אלשרח ליס בצחיח ולא הדׄא הו אלמקצוד. פלדׄלך לא יעתב מן יטאלב פיה וירא אן פי

בעץ֗ אלמואצ֗ע מסאמחה או מקארבה או לפט֗ ידל פי אלט֗אהר אנה עלי לסאן אלמדכר ושרחנאה עלי לסאן אלמואנת֗ או באלעכס או מא ישאבה ד֗לך. פאנא קרבנא פיה ג֗איה מא קדרנא עליה חתי אנתט֗מת אלמעאני ולם יכ֗רס מנהא שי ליס הו דאכ֗ל פי אלמעאני, או פצל מנהא שי לם יחתאג אליה ורחמנא ליבא בעי. וקאל שלמה בכל דרכיך דעהו והוא יישר אורחותיך (משלי 3:6). וקאלת אלאואיל ז֗ל֗ וכל מעשיך יהיו לשם שמים . ואנא פמעתרף באלתקציר ועדם אלמערפה למא הו אט֗הר מן הד֗ה אלמעאני אלכ֗פיה, פכיף ושגיאות מי יבין (תה׳ 19:13). והא אנא קד אעתרפת באלתקציר ואלעג֗ז הנא ופי צדר אלכתאב, ודלך כאפי למן יקצד תעניפי. וקד אט֗הרת איצ֗א עד֗רי פיה ובינת סבבה, פאעוד לתמאם אלקול אלי אכ֗רה ת֗ם אעוד ללמעני אלאכ֗ר אלחקיקי אלשריף אלרפיע אלג֗איה ואכמל מן מכאן קטענא. לאני קצדת אתמאם הד֗א אלשרח בעצ֗ה עלי בעץ֗ מתצל אלמעני ת֗ם אעוד עלי ד֗לך ואכמלה עלי מא אבתדית בה מן ג֗יר תקטע ולא אפתראק.

8:13

הַיּוֹשֶׁ֣בֶת בַּגַּנִּ֗ים חֲבֵרִ֛ים מַקְשִׁיבִ֥ים לְקוֹלֵ֖ךְ הַשְׁמִיעִֽנִי׃

היושבת בגנים (ש״הש 8:13). הם אלאנביא אלחאצ֗רין פי גנאן אלנעים, פי אעלא מראתב אלאנסאניה. חברים מקשיבים לקולך השמיעני (ש״הש 8:13). טאלמא אלקום מצאחבין לכם קאבלין אואמרכם אלתי תכ֗ברוהם בהא ען אללה פאכ֗ברוהם וערפוהם ולא תבכ֗לו עליהם.

8:14

בְּרַ֣ח׀ דּוֹדִ֗י וּֽדְמֵה־לְךָ֤ לִצְבִי֙ א֚וֹ לְעֹ֣פֶר הָֽאַיָּלִ֔ים עַ֖ל הָרֵ֥י בְשָׂמִֽים׃

ברח דודי ודמה לך לצבי (ש״הש 8:14). ואן ראיתמוהם ג֗יר מנצתין ולא ממתת֗לין ולא ראג֗בין פימא תכ֗ברוהם בה פאנצרפוא ענהם ואשתג֗לו בכמאלכם אלכ֗ציץ֗ בכם אלד֗י תזדאדו בה ענד אללה כ֗יר וסעאדה ותזידו בה קרב על הרי בשמים (ש״הש 8:14). וכד֗לך קאלת אלאואיל ז֗ל֗ אם חברים מקשיבים לקולך השמיעני (ש״הש 8:13), ואם לאו ברח דודי וג׳ (ע׳ ש״הש 8:14). והד֗א הו מעני קול ירמיה ענדמא לם יסמעו כ֗טאב אללה ולם ימתת֗לו אומרה: מי יתנני במדבר מלון אורחים וג׳ (ירמ׳ 9:1). וקיל אן מעני חברים מקשיבים לקולך (ש״הש 8:13) הו אשארה למג֗י אלמשיח וסרור ישראל בה וקולהם אלשירות, כמא קיל שירו ליוי שיר חדש (יש 42:10). וקיל ביום ההוא יושר השיר הזה (יש׳ 26:1). פקאל זידו מן אלתסאביח ועט֗מו מא אסתטעתם למן אג֗את֗כם ואפרג ענכם. ומעני ברח דודי (ש״הש 8:14) קול ללמשיח מן ישראל באן יכ֗רג מן אלכ֗פא אלד֗י הו אלאן מכ֗פי ויט֗הר פי אלעאלם כט֗הור אלאיאיל פי אלבראריִ ואלג֗באל, ויתם וצולה אלי בלאד ישראל וג֗באלהא אלשאהקה אלמרתפעה אלתי ענאיה אללה מתצלה בהא עלי אלדואם כמא קיל: עיני יוי אלהיך בה וג׳ (דב׳ 11:12). והי הרי בשמים (ש״הש 8:14), והי הררי ציון וירושלם, כמא קיל ירושלם הרים סביב לה ויוי סבב לעמו (תה׳ 125:2). וקיל על הררי ציון כי שם צוה יוי את הברכה חיים עד העולם (תה׳ 133:3). פכאן אולא מנקטע ענהם מתבאעד מנהם על הרי בתר (ש״הש 2:17). וצאר אלאן מתצל בהם מדבר להם קאים באמר אללה בינהם. נטיב נפס מנהם וקוה מנה, מסתג֗רקין פי אלאנואר

אלאלאהיה מאידין באלסעאדה אלחקיקיה, קאימין באלכמאלאת אלנפסאניה, מתצלין באללד׳את אלסרמדיה ואלחיאה אלחקיקיה באלאדראכאת אלעקליה על הרי בשמים (ש״הש 8:14).

נעוד ללמעני אלאול מן מקאם אלנפס ענד אסתג׳ראקהא פי נהאיה אלמקאם אלאול מן מקאמאתהא אלאלאהיה. ואקסמת עלי מן דונהא מן אלמראתב באן לא יקהרהא וינבהו[ו]הא מן תלך אלסכ׳רה אלעקליה ואללד׳ה אלחקיקיה ואלנשוה אלרוחאניה. פקאלת אנהא פי ד׳לך אלמקאם לם תרי מחבובהא ראיא חקיקי. לכן סמעת צותה. חסב ומע ד׳לך אן מבדא נהוט׳ה מן גבאל עאליה, אי אלעאלם אלעקלי. ת׳ם בעד ד׳לך מן יפאע מרתפעה לכנהא ליס כארתפאע אלגבאל והו אלעאלם אלפלכי. פקאלת

2:8

קֹ֣ול דֹּודִ֔י הִנֵּה־זֶ֖ה בָּ֑א מְדַלֵּג֙ עַל־הֶ֣הָרִ֔ים מְקַפֵּ֖ץ עַל־הַגְּבָעֹֽות׃

אלהרים אעלי מן אלגבעות וארפע. ומדלג ומקפץ (ע׳ ש״הש 2:8) מענאהמא מתקארב כתקארב הרים וגבעות פי אלמעני ותרג׳ לנתר בהן על הארץ לקצפצא בהון. והו אלנט ואלות׳וב. ומקפץ, אלקפז והו אקוי מן אלנט יסיר.

2:9

דֹּומֶ֤ה דֹודִי֙ לִצְבִ֔י אֹ֖ו לְעֹ֣פֶר הָֽאַיָּלִ֑ים
הִנֵּה־זֶ֤ה עֹומֵד֙ אַחַ֣ר כָּתְלֵ֔נוּ מַשְׁגִּ֙יחַ֙ מִן־הַ֣חַלֹּנֹ֔ות מֵצִ֖יץ מִן־הַחֲרַכִּֽים׃

דומה דודי לצבי או לעפר האילים (ש״הש 2:9). צבי (ע׳ ש״הש 2:9) משתרך מן צבאות כמא תקדם ומן אלמשיה ואלאראדה, די הוה צבא הוה קטל. ומנה וצבא גדול (דניאל 10:1). אלמראד עט׳ים. ואיל (ע׳ ש״הש 2:9) מן מעני כגבר אין איל (תה׳ 88:5), קוה ועט׳מה וגלאלה: אילי מואב (שמ׳ 15:15), אגלאהם ואעט׳מהם. פקאלת אן מן צפאתה אנה ד׳ו משיה מטלקה וארادה קאטעה, ליס ראד לה עמא יפעלה ולא מא יכ׳תארה, לאן כמאלה באלפעל אלמטלק ולא נקץ ילחקה בוגה מן אלוגוה. ואיצ׳א אן פי הד׳ה אלחיואנאת אללטאפה ואלט׳ראפה ואלנצ׳אפה וחסן אלמנט׳ר ועדם אלשר ואלאד׳א. והד׳ה כלהא מן צפאת אלעקול.

הנה זה עומד אחר כתלנו (ש״הש 2:9). כותל מן לגה אלמשנה, והו כת׳יר אלאסתעמאל ענדהם והו אלחאיט. ופי אלסריאני בקירות הבית, כתלו ביתא על קיר המזבח, כותל מדבחא. ואלמעני, לא תקולו ג׳יבתה ען אדראכנא לבעדה ענא באלמכאן ליס אלאמר כד׳לך. לכנה חאצ׳ר מענא חית׳ כנא. ואנמא בינא ובינה חגאב מא ימנענא ראיתה. והו אלחאיט אלמרכב מן אלטין ואללבן, אעני אלגסם. ולא תט׳ן אנה לא ינט׳רהא[15] כמא אנא לא ננט׳רה, ליס כד׳לך. בל הו מטלע עלינא נאט׳ר לנא. לכן אשתג׳אלה בנא אשתג׳אל ג׳יר ד׳אתי. פליס הו נאט׳ר אלינא בכליה נט׳רה לאנה משתג׳ל במא הו אגל וארפע. פלד׳לך אדראכה אלגסמאניאת אנמא הו בתוסט אמור דקיקה, והי אלאנפס ואלקוי אלרוחאניה וד׳לך לשרפיתה וכ׳סה אדראך אלמחסוסאת באלד׳את.

[15] ינט׳רהא Ms.

משגיח מן החלנות מציץ מן החרכים (ש״הש 2:9). משגיח (ש״הש 2:9) מתטלע, מתלפת מת̇ל ממכון שבתו השגיח (תה׳ 33:14). ומציץ (ש״הש 2:9) מת̇לה פי אלמעני, לדלך כרר בה. כמא אן חלנות וחרכים (ע׳ ש״הש 2:9) ואחד, תרג̇ וישקף אבימלך ... בעד החלון (בר׳ 26:8) מן חרכא. פיכון מציץ (ש״הש 2:9), נאט̇ר בעיניה. וקיל מן ציץ ויציצו כל פועלי און (תה׳ 92:8), צץ [המטה פרח] הזדון (יח׳ 7:10). אי ט̇הר ונמא. ומעני מציץ (ש״הש 2:9) עלי הד̇א מתט̇אהר עלינא, מתטלע לנא.

2:10

עָנָ֥ה דוֹדִ֖י וְאָ֣מַר לִ֑י ק֥וּמִי לָ֛ךְ רַעְיָתִ֥י יָפָתִ֖י וּלְכִי־לָֽךְ׃

אד̇ וצלתי[16] אלי מרתבה סמאע כלאמי ועלמך אני חאצ̇ר מעך ואני מתטלע אליך פמא יג̇ב לך אן תנקטעי עני, פאתבעיני.

2:11

כִּֽי־הִנֵּ֥ה (הַסְּתָו) [הַסְּתָ֖יו] עָבָ֑ר הַגֶּ֕שֶׁם חָלַ֖ף הָלַ֥ךְ לֽוֹ׃

כי הנה הסתו עבר (ש״הש 2:11) אלשתא. תרג̇ קיץ וחורף, קיטא וסתוא. הגשם חלף הלך לו (ש״הש 2:11), ג̇אז ומצ̇א, מת̇ל חלפו עם אניות אבה (איוב 9:26) ופיה מעני אלקטע. מת̇ל והאלילים כליל יחלף (יש׳ 2:18). ומנה אסמיה בני חלוף (משלי 31:8) לאהל אלכון ואלפסאד. אי מנקטעין מתחללין. ואלמעני אן אלמואנע ואלקואטע ואלחג̇ב קד עדמת ומא בקי לך מאנע מן אלאתחאד בי אן עמלתי עלי תמאם ד̇לך.

2:12

הַנִּצָּנִים֙ נִרְא֣וּ בָאָ֔רֶץ עֵ֥ת הַזָּמִ֖יר הִגִּ֑יעַ וְק֥וֹל הַתּ֖וֹר נִשְׁמַ֥ע בְּאַרְצֵֽנוּ׃

הנצנים נראו בארץ (ש״הש 2:12), אלנואר ואלזהר, מת̇ל עלתה נצה (בר׳ 40:10). ומת̇לה איצ̇א מן אצל אכ̇ר, ויץ ציץ, ויציצו כל פועלי און (תה׳ 92:8). עת הזמיר הגיע (ש״הש 2:12), תג̇ריד אלטיור. אי זמאן אלאעתדאל אלרביעי ועדם אלתצ̇אד אלמהלך אלמצ̇ר אלקאטע. מן זמר (?). וקיל אנה מן לא תזמור כרמך (ע׳ ויק׳ 25:4). ומן הד̇ה ענד אלמפסרין זמיר עריצים יענה (יש׳ 25:5). אי אן אללה ינאדי בקטע אלמתמרדין אלאוקאח. והד̇א לא יואפק מעני אלמכאן לאן וקת ט̇הור אלאזהאר הו בדו אלכון וליס הו וקת אלקטע ואלקטאף. ואיצ̇א קו̇ וקול התור נשמע בארצינו (ש״הש 2:12) ידל אנה יריד תג̇ריד אלטיור. פהו זמאן אלרביע, ואלקטאף אנמא יכון פי אלכ̇ריף. ואלמעני אן אנואר אלעלום קד ט̇הרת ואלאדראכאת אלחקיקיה קד לאחת ואלדלאיל אליקיניה קד חצלת. ישתק תור פי מעני אלדליל מן לתור לכם מקום לחנותכם (דב׳ 1:33).

2:13

הַתְּאֵנָה֙ חָנְטָ֣ה פַגֶּ֔יהָ וְהַגְּפָנִ֥ים ׀ סְמָדַ֖ר נָ֣תְנוּ רֵ֑יחַ
ק֥וּמִי (לְכִי) [לָ֛ךְ] רַעְיָתִ֥י יָפָתִ֖י וּלְכִי־לָֽךְ׃ ס

[16] Ms. יתלצוו

התאנה חנטה פגיה (ש״הש 2:13) אול טׄהור אלת̇מאר. ואלפגים הי אלפג מן אלת̇מאר אלג̇יר נצ̇יג ופגאגתה וג̇צ̇וצ̇תה לכון אלארצ̇יה עליה בעד קויה ולם תנצ̇גה אלחרארה נצ̇[ו]ג כאפי. ומן הד̇א תקול אלאואיל אילן שחטו פירותיו קודם חמשה עשר בשבט. וקיל אנה מעני אצלאח ואדהאן כי ינצ̇ג סריע לאן כדלך יפעל באלת̇מאר, תדהן באלזית ליקוי תאת̇יר חרארה אלשמס פיהא בסבב מעונה אלזית פי ד̇לך. ואשתקאקה מן ויחנטו הרופאים (בר׳ 50:2). וכאן אלאול אליק פי אלמעני לקו̇ והגפנים סמדר (ש״הש 2:13) והו פקאח אלכרם, אי אלזהר, קבל יעקד. ותרג̇ גומל יהיה נצר בוסרא מיניה סמדר. פאד̇א נצה וסמדר (ש״הש 2:13) ואחד והו אלזהר אלד̇י יט̇הר אולא ת̇ם יעקד ויתכון חצרם. וכד̇לך תסמי אלערב גור אלכרם פקאחא. וקאלוא לה ראיחה אריגה, כמא קאל נתנו ריח (ש״הש 2:13) פת̇בת אן נצנים (ע׳ ש״הש 2:13) ען אלאשגאר אלתי תסבק באלנור כאללוז ואלתפאח ואלמשמש. וחנטה (ש״הש 2:13), מבאדי אלתין אול מא יט̇הר חב צגאר. פגי וסמדר (ע׳ ש״הש 2:13), זהר אלכרם כ̇ציץ. פאלגמיע פי אלבדאיה כמא קלנא, לא פי אלנהאיה. או יכון מעני הנצנים (ש״הש 2:12) עלי אלתאויל, אלעלום אלטביעיה, והגפנים מסדר (ש״הש 2:13) אלעלום אלאלאהיה. פנפס וצלת הד̇ה אלמנזלה אסתחקת אן תתצל באלעקל ותתבעה פי אדראכאתה. קומי לכי רעיתי יפתי ולכי לך (ש״הש 2:13), לאן מעני ולכי לך (ש״הש 2:13) מת̇ל לך אתנו (ע׳ שמ״ב 13:26 משלי 1:11).

2:14

יוֹנָתִ֞י בְּחַגְוֵ֣י הַסֶּ֗לַע בְּסֵ֙תֶר֙ הַמַּדְרֵגָ֔ה הַרְאִ֙ינִי֙ אֶת־מַרְאַ֔יִךְ הַשְׁמִיעִ֖נִי אֶת־קוֹלֵ֑ךְ
כִּֽי־קוֹלֵ֥ךְ עָרֵ֖ב וּמַרְאֵ֥יךְ נָאוֶֽה׃ ס

פסר פי חגוי הסלע (ש״הש 2:14) שקוק אלצכ̇ור. וקיל פיה אלמוצ̇ע אלמתספל אלמנחגב. והד̇א והם אוקע פיה קולה בסתר המדרגה (ש״הש 2:14). ואנמא יריד בחגוי הסלע (ש״הש 2:14) אעלא מוצ̇ע פי אלגבל וארפעה. אי חדבתה אלטאלעה מנה אלמרתפעה מן חוג הארץ אלד̇י הו כריתהא ומחיטהא, לאן וסט אלכרה אעלא מן גואנבהא. ואלדליל אנה עלו הו קו̇ ען אדום שוכני בחגוי סלע מרום שבתו וג׳ אומר בלבו מי יורידני ארץ (עובדיה 3). ומן הד̇ה אסמי אלברכאר אלד̇י תכ̇ט בה אלדואיר מחוגה. פצח אן חגוי הסלע (ע׳ ש״הש 2:14) הו מכאן עאל מרתפע. ואמא בסתר המדרגה (ש״הש 2:14) פהו נאקץ ואו אלעטף. לד̇לך ט̇ן אנה מתצל בה ואנהמא ואחד מת̇ל שמש ירח, אי וירח. פהו יריד הנא ובסתר המדרגה (ע׳ ש״הש 2:14) יעני אנהא תארה מרתפעה ותארה מנכ̇פצ̇ה. והד̇א חאל ישׂראל כמא קלנא אנהם אד̇א כאנו עלי אלצלאח כאנו מרתפעין אלמנזלה עט̇ימין אלשאן שדידין אלענאיה מן אללה. ואד̇א תרכו אלשריעה וכ̇אלפוא אואמר אללה ולם יקומו בכמאלהם אלמטלוב פסד חאלהם ואנחטת מרתבתהם ועדמת סעאדתהם כמא קיל להם ענד אלמכ̇אלפה הגר אשר בקרבך יעלה עליך וג׳ (דב׳ 28:43). וענד אלצלאח, ונתנך יוי אלהיך עליון על כל גויי הארץ (דב׳ 28:1). וכד̇לך איצ̇א חאל אלנפס עלי אלשרח אלת̇אני לאנהא מן עאלם רפיע עלי אלרתבה שריף אלמנזלה. והי אלאן חאלה פי אלגסם אלמתספל אלמנחט פי ג̇איה אלספל באלמרתבה ואלמכאן. ורבמא כאן תקדירה הכ̇ד̇א יונתי בחגוי הסלע אשר היא בסתר המדרגה (ע׳ ש״הש 2:14) לאן אלמים ואלבא מן אחרף בומף ותבתדל בעצ̇הא בבעץ̇, מת̇ל והנותר בבשׂר ובלחם (ויק׳ 8:32). וכד̇לך יצ̇מר

אשר, מתׄל לכל יבוא גבורתיך (תה׳ 71:18) פתח הבית לאלישע (מל״ב 5:9) לכל העיר האלהים את רוחו (עזרא 1:5).
הראיני את מראיך (ש״הש 2:14), גמע. יעני עלי אי חאל כנתי לא תתגהי לגׄירי. קיל אן דׄלך לכון אלנפס להא קותין: קוה עלמיה וקוה עמליה. פלהא מנטׄר באשתגׄאלהא באצלאח אכׄלאקהא ותהדׄיב צפאתהא ותנקיה אוסאכׄהא ותצפיה אכדארהא. תׄם להא מנטׄר תׄאני במא תכתסבה מן אלצור אלעלמיה ואלחקאיק אלנטׄריה ואלחכם אלחקיקיה אליקיניה. פאלעקל יקצד מנהא הדׄין אלכמאלין, בהמא סעאדתהא ואתצאלהא בה. ואמא אלנטק פואחד, פקאל השמיעני את קולך (ש״הש 2:14). וכדׄלך בעד אכתסאב אלנפס אלחקאיק ואצלאח אלאכׄלאק ותצור אלגמיע פי דׄאתהא ואתצאפהא באלפצׄאיל אלנטקיה ואלפצׄאיל אלכׄלקיה באלפעל. פלא יבקא פיהא תעדד בל שי ואחד בסיט. פקאל כי קולך ערב ומראיך נאוה (ש״הש 2:14), בלפטׄ אלפראד. ומעני ערב (ש״הש 2:14) לדׄיד. מתׄל ערב לאיש לחם שקר (משלי 20:17) וערבה ליוי (מלאכי 3:4). ונאוה (ע׳ ש״הש 2:14), חסן. ואלואו אצל, ואלאלף פא אלפעל, ואלנון ללאנפעאל. ואלאצל אוה, לאן אלשי אלחסן הו אלמשתהי. ולדׄלך קיל אן תאות אדם חסדו (משלי 19:22) מן מעני אלחסן, אי גמאל אלאנסאן וחסנה פצׄילתה. ומתׄלה לא נוה[17] לכסיל תעגוג (משלי 19:10), אי לא יליק לה ולא יחסן. ומתׄלה נאוו לחייך (ש״הש 1:10). ותארה תטׄהר אלאלף מע נון אלאנפעאל עלי אלאצל, נאוה קדש (תה׳ 93:5).

2:15
אֱחֱזוּ־לָנוּ֙ שֽׁוּעָלִ֔ים שֽׁוּעָלִ֥ים קְטַנִּ֖ים מְחַבְּלִ֣ים כְּרָמִ֑ים וּכְרָמֵ֖ינוּ סְמָדַֽר׃
אדׄא תמכנת אלפצׄאיל מן אלנפס וצארת להא מלכה באלאעתיאד לא תעוד אלקוי אלוהמיה ואלכׄיאליה תעיקהא עו כמאלאתהא ואדראכאתהא לאנה קד חצל פיהא קוה תקהר בהא אעדאהא. ועלם דׄלך מנהא פאנכסרת אלאעדא ואנקמת בין ידיהא. ולא תחתאג בעד דׄלך מגאהדה, בל תפעל אלכׄיראת ואלפצׄאיל מן גׄיר ממאנע. לדׄלך אמר במסך הדה אלקוי אלכׄיאליה אלוהמיה ואלשהואניה ושבההא וצׄבטהא באלמגאהדה ואלריאצׄה פי אלמבאדי, לאנהא חיניד קויה ואדׄיתהא חאצלה לאנהא תפעל באלטבע. ואלטבע מלך קוי חאכם, וכׄאצה מע אלאלף. לדׄלך עין וקאל וכרמינו סמדר (ש״הש 2:15). אי אן עלומהא בעד צׄעיפה ופצׄאילהא פי אלמבאדי ומא אסתמכן מנהא אלעקל תמכן ימנע ענה הדה אלשועלים אלמפסדה אלכרום אלעלמיה ואלכׄלקיה. ומחבלים (ש״הש 2:15) תרגׄ משחיתים. ומנה וחבל את מעשה ידיך (קהלת 5:5). ואלחכמׄ עׄ סׄ דרשוה עלי אלתלאמידׄ אלצׄגאר אלדׄי לם יכמל עלמהם ולם יצלו מן אלכמאל אלי מרתבה יעלמו גׄירהם. תׄם אנהם יתעאגבון באיסיר מא יערפונה ויחמלהם אלעגב ואלטׄן אלי אן יתכלמו ולו פימא לא עלם להם בשי מנה. פיודׄו אלנאס בפתאויהם ועקאידהם, אלתי לם תתחדׄר עלי אלואגב, וכׄאצה ללצביאן ואלמבתדיין אלדׄין יצדקו כלמא יקאל מן גׄיר דליל ולא קיאם. לדׄלך קאל וכרמינו סמדר (ש״הש 2:15).

[17] נאוה .M.T

2:16

דּוֹדִ֥י לִי֙ וַאֲנִ֣י ל֔וֹ הָרֹעֶ֖ה בַּשּׁוֹשַׁנִּֽים׃

אד̇א מסכת תלך אלשועלים וצ̇בטת הד̇ה אלקוי אלמד̇כורה באלריצ̇ה ואלמגאהדה ואלנט̇ר אלעלמי ות̇באת אלפכר ואשתג̇לת בתחציל אלחקאיק פאתחדת באלעקל אלד̇י הו אלמחבוב וצארת לה והו להא ולא פרקה בינהם חיניד̇. לכן הד̇ה מרתבה עלמיה וליס הי דאימה דואם אתצאל, בל פי וקת דון וקת לאנה פי אלמבאדי כמא קלנא. לד̇לך געל הד̇ה אלמרתבה והד̇א אלאתצאל מתקטע על הרי בתר (ש״הש 2:17), מן ויבתר אותם (בר׳ 15:10). ואמא אלמרתבה אלאכ̇ירה אלחאצלה באלפעל באלשוק אלכת̇יר ואלמחבה אלמפרטה ואלמלאזמה אלמסתמרה פתציר חיניד̇ על הרי בשמים (ש״הש 8:14) כמא סיבין. ווצפהא לה הרועה בשושנים (ש״הש 2:16) אי אנה מדבר סאיר אלנפוס אלפלכיה ואלאנסאניה. לאן כמאל אלנפס אנמא הו במא יצלהא מן תדביא אלעקל ופיצ̇ה עליהא כל מנהם חסב מרתבתה אלתי הי חאלה פיהא וקרבהא מנה או בעדהא. לד̇לך כאנת אלאנפס אלפלכיה אשרף מרתבה ואגל מנזלה. ונפס אלאנסאן דון ד̇לך בחסב מרתבתה. והי תכון באלקוה תארה ובאלפעל תארה. ואמא נפס אלפלך פכמאלהא ואצל אליהא מן אלעקל באלפעל עלי אלדואם. ואלנפס אלחיואניה פמרתבה אכ̇רי ת̇אלת̇ה בעידה מן אלעקל. לכן פיהא בעץ̇ אדראך באלחואס אלבאטנה. ואלנפס אלטביעה אבעד פלא אדראך להא אצלא באלחס, פצ̇לא ען ג̇ירה, לכן פיהא אלאג̇תד̇א ואלנמו. ואמא אלקוה אלמעדניה, אי אלפאיצ̇ה לתכוין אלמעאדן, פאבעד אלמראתב ען אלעקל. לד̇לך לם יכן פיהא נמו, פצ̇לא ען אדראך. ואמא אלאסתקסאת, פאגסאם מיתה באלאטלאק לא חרכה להא אלא באלקסר או במדא טביעי פיהא. אד̇א כ̇רגת ען מכאנהא באלקסר עאדת אליה באלטבע. וענד וצולהא אליה תסתקר ותסכן וד̇לך לבעד מרתבתהא ען [אל]מראתב אלעקליה. ולד̇לך וצפתה הרועה בשושנים (ש״הש 2:16) לאן קד תקדם וצפהא כשושנה בין החורים (ש״הש 2:2). ואיצ̇א שושנת העמקים (ש״הש 2:1) עלי מא תבין. וקולה

2:17

עַ֤ד שֶׁיָּפ֙וּחַ֙ הַיּ֔וֹם וְנָ֖סוּ הַצְּלָלִ֑ים

סֹב֩ דְּמֵה־לְךָ֨ דוֹדִ֜י לִצְבִ֗י א֛וֹ לְעֹ֥פֶר הָאַיָּלִ֖ים עַל־הָ֥רֵי בָֽתֶר׃ ס

עד שיפוח היום (ש״הש 2:17), יריד רוח היום, כמא קיל וישמעו את קול יוי אלהים מתהלך בגן לרוח היום (בר׳ 3:8), אי חין יהב נסים אלנהאר. וד̇לך יכון פי אלנצף אלאכ̇יר מן אלנהאר, כמא קאל ונסו הצללים (ש״הש 2:17. 4:6). אן אלשמס תמיל ויזול אלצ̇ל מנהא עלי אלארץ̇. ואלמעני אן לא יחצל ללנפס אסתקראר ואטלאע עלי אלעקל ואלמיל אלי אלתקרב מנה ואמתת̇אל אואמרה או אלעלם בהא אלא פי אכ̇ר אלעמר, בעד פרוג̇ סן אלשביבה אלד̇י הו נצף אלעמר. לאן חיניד̇ תכ̇מד שעלה אלנשו ותצ̇עף אלחרארה אלג̇ריזיה אלמחרכה ללאמור אלטביעיה, אלמוגבה לזיאדה אלשהואת. וחיניד̇ תבתדי אלנפס אן תקצד אלאגתמאע באלחביב אלאצלי ואלצאחב אלעקלי ותגד עליה מעאונה או עדם ממאנעה מן אלקוי אלטביעיה או צ̇עף ממאנעה וקלה מבאלאה בהא חסב שרפיה אלנפס וקוה אסתעדאדהא ללפצ̇איל או בעדהא ענהא. סוב דמה לך (ש״הש 2:17). מן ד̇ואת אלמת̇לין, אצלה סבוב מת̇ל דום מן דסם. וקד תקדם פי משלי ופי הד̇א אלספר לם

ימת׳ל באיל וצבי ואילהו ויעלה ויונים ומא שאבה ד׳לך. ואנה יקצד אשתראך אלאסם פי מעאני. ויקצד חסן הד׳ה אלחיואנאת ונצ׳אפתהא וצ׳רפהא איצ׳א, זיאדה עלי מעאני אסמאוהא.

3:1

עַל־מִשְׁכָּבִי֙ בַּלֵּיל֔וֹת בִּקַּ֕שְׁתִּי אֵ֥ת שֶׁאָהֲבָ֖ה נַפְשִׁ֑י
בִּקַּשְׁתִּ֖יו וְלֹ֥א מְצָאתִֽיו׃

על משכבי בלילות (ש״הש 3:1) נומה אלנפס פי אלגסם אלמשבה באלליל פי אלכת׳אפה ואלאט׳לאם ועדם אלצ׳יא או אלשפוף. בקשתיו ולא מצאתיו (ש״הש 3:1), לאנה מא דאם אלנפס לא תתגרד ען אלגסם ומאלופאתה ושהואתה ותפנן אראדתה פלא תרי אלעקל, לאן ד׳לך צ׳דין ולא יגתמעאן.

3:2

אָק֨וּמָה נָּ֜א וַאֲסוֹבְבָ֣ה בָעִ֗יר בַּשְּׁוָקִים֙ וּבָ֣רְחֹב֔וֹת אֲבַקְשָׁ֕ה אֵ֥ת שֶׁאָהֲבָ֖ה נַפְשִׁ֑י
בִּקַּשְׁתִּ֖יו וְלֹ֥א מְצָאתִֽיו׃

אקומה נא ואסובבה בעיר (ש״הש 3:2) יחתאג אצ׳מאר: אמרתי אקומה נא. אי אני למא לם אגדה מעי פי אלמרקד פקלת אקום ואטלבה כ׳ארג עני, הו קו׳ בשוקים וברחבות (ש״הש 3:2). תרג׳ וינם החוצה ונפק לשוקא. וכד׳לך מחוץ האופנים סוק אלכבאזין. בקשתיו ולא מצאתיו (ש״הש 3:2) לאן ד׳לך ממתנע.

3:3

מְצָא֙וּנִי֙ הַשֹּׁ֣מְרִ֔ים הַסֹּבְבִ֖ים בָּעִ֑יר אֵ֛ת שֶׁאָהֲבָ֥ה נַפְשִׁ֖י רְאִיתֶֽם׃

מצאוני השומרים הסובבים בעיר (ש״הש 3:3) אלקוי אלבדניה אלד׳י אסמאהם אולא שועלים (ש״הש 2:15). את שאהבה נפשי ראיתם (ש״הש 3:3). אי דמת ותאמלת הל להם בה שעור או עלם בשי מן אמרה, פלם אגד ד׳לך ענדהם. פתרכתהם וטלב[ת] מרתבה ארפע מן מחלהם. חיניד׳ לאזמת אלכ׳רוג ענהם ואלתגאוז ען אואמרהם חתי צאדפת מחבובי.

3:4

כִּמְעַט֙ שֶׁעָבַ֣רְתִּי מֵהֶ֔ם עַ֥ד שֶׁמָּצָ֔אתִי אֵ֖ת שֶׁאָהֲבָ֣ה נַפְשִׁ֑י
אֲחַזְתִּיו֙ וְלֹ֣א אַרְפֶּ֔נּוּ עַד־שֶׁהֲבֵיאתִיו֙ אֶל־בֵּ֣ית אִמִּ֔י וְאֶל־חֶ֖דֶר הוֹרָתִֽי׃

כמעט שעברתי מהם (ש״הש 3:4). אלשין מכאן אשר. מתל שככה השבעתנו (ש״הש 5:9) שלמה אהיה כעוטיה (ש״הש 1:7). והד׳א תביין אן אלנפס לא תגתמע מע מחבובהא אלעקלי ולא תגדה אלא באן תקטע אלמאלופאת אלגסמאניה ואלשהואת אלטביעיה ואלכראמאת אלכ׳יאליה ואלתשוקאת אלוהמיה. לאן האולא גמיעהם כ׳דאם אלגסם וחאפט׳ינה מן אלתחלל. והם שומרי העיר (ש״הש 3:3) כמא יבין פי קהלת, פי שרח עיר קטנה ואנשים בה מעט (קהלת 9:14). אחזתיו ולא ארפינו (ש״הש 3:4) תמסכת בה תמסך אלמחב ללמחבוב ולם אתרכה. עד שהביאתיו אל בית אמי (ש״הש 3:4). יריד אשר הבאתיו. ומענאה אלאתחאד, לאן אלאכ׳ון אצלהמא ואחד ולו אפתרקא באלאעראץ׳ פלא

ימכן אפתראק אצלהמא, פלם יזאלא ואחד. וקולה אל בית אמי (ש״הש 3:4) ולם יקל אבי לאן אלאגתמאע אלמדכור הנא פהו מע אלאקתראן באלמאדה לא באלאפתראק באלאטלאק. פכאנהא עלי אלמגאז קד גדבתה מן מרתבה אלעליא אלי אן כֿאלטהא פי אלגסם. לאנהא מא פארקת אלגסם, בל חאלה פיה כמא כאנת אולא, מא כֿלא אנהא כֿרגת ען אראדתה ותגרדת ען מאלופאתה חסב.

אל בית אמי ואל חדר הורתי (ש״הש 3:4), תכראר. יריד יולדתי, מתֿל ברכות הורי (בר׳ 49:26). וכדֿלך אמר הורה גבר (איוב 3:3), ולאדה לא חמל, כמא בינא פי איוב. ומתֿלה ותהר את מרים ואת שמי (דה״א 4:17) בדל ותלד. ולם תכן קבל וגודה מוגודה בדֿאתהא כמא הי אלאן לדֿלך עבר כאנהא ואלדה להא. פלמא חצל להא אלאגתמאע בה ואלאלתדֿאדֿ במחאדתֿתה כמא גרי פי אלכרה אלאולי פאכֿדֿת איצֿא אן תקסם עלי בנות ירושלם כמא אקסמת עליהם פי אלכרה אלאולי אן לא ינבהוהא ולא יסתגדֿבוהא ען מחבובהא ויפרקוהא ענה חתי תתמלא בה ותכתפי מנה. פקאלת

3:5

הִשְׁבַּ֨עְתִּי אֶתְכֶ֜ם בְּנ֤וֹת יְרוּשָׁלִַ֙ם֙ בִּצְבָא֔וֹת א֖וֹ בְּאַיְל֣וֹת הַשָּׂדֶ֑ה
אִם־תָּעִ֧ירוּ ׀ וְֽאִם־תְּעֽוֹרְר֛וּ אֶת־הָאַהֲבָ֖ה עַ֥ד שֶׁתֶּחְפָּֽץ׃ ס

השבעתי אתכם בנות ירושלם וג׳ (ש״הש 3:5). והדֿא תֿאני מקאם מן מקאמאת אלאתצאל, והו בלא שך אקוא מן אלמקאם אלאול ואשד אסתגֿראק ואטול מדה.

3:6

מִ֣י זֹ֗את עֹלָה֙ מִן־הַמִּדְבָּ֔ר כְּתִֽימֲר֖וֹת עָשָׁ֑ן
מְקֻטֶּ֤רֶת מוֹר֙ וּלְבוֹנָ֔ה מִכֹּ֖ל אַבְקַ֥ת רוֹכֵֽל׃

מי זאת עולה מן המדבר (ש״הש 3:6), מתֿל ומדבריך נאוה (ש״הש 4:3). אי מן הי הדֿה אלתי חצלת להא הדֿה אלטלעה אלעטֿימה ואלארתקא אלשריף מן גהה אלנטק. אי אן אלעלם אלתי חצלתה ואלנטק אלבאטן אלדֿי קותה אוגב להא הדֿה אלרפעה. כתימרות עשן (ש״הש 3:6) משבה אלי תומר, וקבל אלאצֿאפה תימורות. אי אן דֿכֿאן דֿלך אלבכֿור אסתוא פי צעודה כאסתוא אלנכֿלה וארתפאעהא. ומתֿל דֿלך באלנכֿל לאנה אעלא אלאשגאר ואכתֿרהא אסתוא מע עלוהא. מקטרת מור ולבונה (ש״הש 3:6), יריד במור מתֿל זכרה ירושלם ימי עניה ומרודיה (איכה 1:7), הנמצאים בית יוי (מל״ב 14:14), והו אלמסך כמא נבין. מכל אבקת רוכל (ש״הש 3:6), יריד וכל אבקת רוכל, עטף עלי מור ולבונה (ש״הש 3:6). ואבקת (ש״הש 3:6) מן מעני אבק אלדֿי הו אלגבאר אלנאעם ויריד בה דֿריה אלעטאר. וקיל מגמע אלעטאר. ורוכל (ש״הש 3:6) מן מעני דוראנה וסעיה פי אלבלד, מן לא תלך רכיל (ויק׳ 19:16), אלדֿי הו אלסעי ואלנמימה. ואצלה מן מעני לרגל את הארץ (יהושע 14:7), מן רגל מן חרוף גֿיכֿק. וקיל תאגר, ומתֿלה המה רוכליך (יח׳ 27:24), קיל תגאר. וקיל אן רוכל מן מעני אלעטר אלדֿי מעה תפוח ראיחתה ותנם עליה, פלא יכֿאד יכֿתפי כמא קאל אלשאער: וחאמל אלמסך לא יכֿלו מן אלעבק. פיכון פי אלתמתֿיל תימרות עשן (ע׳ ש״הש 3:6) אלחרארה אלעארצֿה מן קבל שדה אלפכר וקותה. ומקטרת מור (ש״הש 3:6), פאץֿ עליה מן גהה אלעקל אלמעאני אלמגרדה מן

אלגסמאניה. ולבונה (ש״הש 3:6) אלואצל אלי אלכׄיאל מן אלפיץ׳ אלפאיץ׳ מן אלנאטקה, לאן דׄלך טביעה הדׄא אלפיץ׳ אלואצל אלי אלאנביא מן אלעקל אלי אלקוה אלנאטקה, אלי אלפכר, אלי אלכׄיאל, אלי אלחס אלמשתרך. פחינידׄ ירי אלשכׄץ כאן דׄלך אלדׄי יראה מן כׄארג לא שך ענדה פיה, בל חכמה ענדה, חכם אלאמור אלמחסוסה אלתי יראהא מן גהה אלחס. וכדׄלך אלאמור אלתי תדרך מן כׄארג תרתקי מן אלחס אלי אלחס אלמשתרך, אלי אלכׄיאל, אלי אלפכר, אלי אלנאטקה, אלי אן תציר מעקולה מחצׄה. וקיל אן מקטרת מור (ש״הש 3:6) אשארה ללעלם אלאלאהי ולבונה (ש״הש 3:6) אלעלם אלטביעי. וכל אבקת רוכל (ע׳ ש״הש 3:6) בקיה אלעלום אלחכמיה אלמעטרה ללנפס אלמכסבה להא טיבה אלראיחה ולדׄאת אלטעם וחסן אלמנטׄר.

3:7
הִנֵּה מִטָּתוֹ֙ שֶׁלִּשְׁלֹמֹ֔ה שִׁשִּׁ֥ים גִּבֹּרִ֖ים סָבִ֣יב לָ֑הּ מִגִּבֹּרֵ֖י יִשְׂרָאֵֽל׃
כל שלמה ידׄכר פי הדׄא אלספר הו מתׄל מטרד עלי אלתמתׄיל אלממתׄל פי גמלה אלספר. ויריד בה אלכמאל אלמטלק אלדׄי כל כמאל מוגוד או משאר אליה פהו פאיץ׳ מן דׄלך אלכמאל. ואלסריר אלמשאר אליה הו אלנפס אלדׄי הי סריר ללעקל ומרכוב לה. פקאל אן אצול אלעלום ואלאדראכאת אלדׄי אדׄא חצלתהא אלנפס ותכיפת בהא וגעלתהא חולהא כׄלצתהא מן כל שר ומן כל מא יכׄשא מנה מן אלאמור אלגסמאניה, סתין. ואסמאהם גבורים (ע׳ ש״הש 3:7) לאן כל עלם מנהא יוגב ללנפס קוה ותׄבאת במא תדרכה מנה ותתרקא בה אלי מערפה מרתבה אעלא ואבסט ואשרף, והו אלדׄי סמאה אפריון (ש״הש 3:9). וכדׄלך קאל פי פסוק אכׄר ששים המה מלכות ושמנים פלגשים וג׳ (ש״הש 6:8). ותעדידה הדׄה אלסתין מנא עלי סביל אלחדס ליס עליה דליל, לכנא נעלם באלחדס אנהא תקאסים אלעלום אלאצליה. מתׄל אן יכון עלם אלאכׄלאק ואלסיאסה ארבעה אקסאם: אלסיאסה אלשכׄציה ואלמנזליה ואלמדניה ותדביר אלמלה, אעני סיאסה אלנבוה. ואלעלום אלריאצׄיה ארבעה, יתקסם כל קסם מנהא אלי אקסאם. וכדׄלך אלטביעי יתקסם אלי אקסאם, מנהא עלם אלאצול אלדׄי הו אלאסתקסאת. תׄם אלמגאז ואלחרכה ואלזמאן ואלמכאן ואלמאדה ואלצורה ואלאתׄאר אלעלויה ואלמעדן ואלנבאת ואלחיואן ואלאנסאן ומא ישבה דׄלך מן אלתפריע. וכדׄלך אלעלם אלאלאהי, והדׄא כלה עלי טריק אלחדס. וידכׄל פי דׄלך אלעלום אלשרעיה ומא יתבעהא. פהדׄא מא יטׄהר מן אללפטׄ אלנצי עלי מא ינאסב אלמכאן. ואמא חקיקה מראדה בששים (ע׳ ש״הש 3:7) פאמר כׄפי עליה דליל יתחקק בה גׄרצׄה. וקיל אנה יריד בה אלקוי אלמוגודה פי גסם אלאנסאן אלקאימה פי כׄדמה אלנפס ניאבה ענהא פי תדביר אלגסם, לתכן הי מתבריה ען מבאשרה אלגסם, לאן גׄיר גסם לא יבאשר גסם מבאשרה מלאמסה ולא אתצאל דׄאתי בינהמא. וקאלת אלחכמים עלי חכם אלדרש אנה אשארה לברכה כהנים, לאן אלתׄלתׄ פואסיק פיהא סתין חרף. וקד תקדם אן הדׄה אלתׄלתׄ פואסיק הי אשארה למראתב אלנפס ומקאמאתהא בחסב אלבדאיה ואלתוסט ואלנהאיה. וכדׄלך פצל תלך אלמקאמאת ואלאתצאלאת פי הדׄא אלספר עלי מא בינא. ונהאיה כל מקאם מנהא יקול השבעתי אתכם בנות ירושלם אם תעירו ואת תעררו (ש״הש 2:7. 3:5. 8:4).

3:8

כֻּלָּם֙ אֲחֻ֣זֵי חֶ֔רֶב מְלֻמְּדֵ֖י מִלְחָמָ֑ה
אִ֤ישׁ חַרְבּוֹ֙ עַל־יְרֵכ֔וֹ מִפַּ֖חַד בַּלֵּילֽוֹת׃ ס

כולם אחוזי חרב (ש״הש 3:8), יריד אוחזי, פגא פעול מכאן פועל. ומת̇לה לבוש הבדים (יח׳ 9:11). וקאלו אן לם יוגד להם ת̇אלת̇ פי אלמקרא עלי הד̇א אלוזן. וט̇הר לי אנא אן מת̇לה כת̇יר עלי מא בין פי צדר אלכתאב, אעני פי אלגז אלאול. וד̇לך מת̇ל זכור כי עפר אנחנו (תה׳ 103:14), חכמים נבונים וידועים (דב׳ 1:13). וכד̇לך איצ̇א ואפס עצור ועזוב (דב׳ 32:36 מל״ב 14:26), לאן מענאהא ענדי ואפס עוצר ואפס עוזב. לד̇לך אתבעהא פי מלכים ואין עוזר לישׂראל (מל״ב 14:26). לאן מעני עצור ענדי ״חאכם״ מן זה יעצור בעמי (שמ״א 9:17), מעוצר וממשפט לוקח (יש׳ 53:8). ועזוב, ״חאמל״, אי מדבר מן עזוב תעזוב עמו (שמ׳ 23:5). ופי איוב, ותעזוב אליו יגיעך (איוב 39:11), אי תחמל עליה מאלך ומכסבך. וקיל פי רפע אלצות ושילה עזבה עליו שיחי (איוב 10:1). פקאל כי יראה כי אזלת יד ואפס עצור ועזוב (דב׳ 32:36). אי אד̇א ראי אן קדרתהם קד עדמת ולם יבק פיהם חאכם וליס להם מדבר פיקול אי אלהימו צור חסיו בו (דב׳ 32:37). ולד̇לך תמם אלמעני פי מלכים וקאל ואפס עזור ואפס עזוב ואין עוזר לישׂראל (מל״ב 14:26). וכד̇לך לחפור פורות ולעטלפים (יש׳ 2:20) מת̇ל לחפור פירות , צפה לטאיר לאנה ינקר פי אלפואכה ואלאשג̇אר.

מלומדי מלחמה (ש״הש 3:8), מעודין אלחרב, מן לג̇ה אלמשנה: אם היו למודין לבוא אצלו. יעני אן כאנו מעודין. וכד̇לך ותהי יראתם אותי מצות אנשים מלומדה (יש׳ 29:13). יעני אן כ̇ופהם מן אללה ועבאדאתהם אמור אעתיאדיה, לא אן פי באטנהם מן ד̇לך את̇ר ולא אליה שוק ורג̇בה. ומן ד̇לך אסמי אלמנכאס אלד̇י תנכס בה אלבקר ליעתאדו אלמשי מלמד הבקר. וקיל אן קצדה פי ד̇כר מטת שלמה ואלגבורים (ע׳ ש״הש 3:7) תמת̇יל ותעלים אן לא יתהאון אלאנסאן באלאמור אלממכנה ויהמל אמרה אמן מנה אן ד̇לך לא יקע. וד̇לך אן מתי חצל ללאנסאן פצ̇ילה מן בעץ̇ אלפצ̇איל לא יאמן ויקול קד חצלת ויהמל אמרהא ויתרך אלדואם עליהא ואלמחאפט̇ה להא. לאנה אן תכ̇לא ענהא ולם יאכ̇ד̇ עלי נפסה באלאחתיאט עדמת אלפצ̇איל ללג̇פלאת אלתי הי כ̇אלליל ועאד עוצ̇הא רד̇איל. לאנך תרי שלמה מע מלכה וחכמתה ועט̇מתה יגעל אלחרס חואילה דאים מן ג̇יר פתור ולא אהמאל ולא אמן, וד̇לך פי אכ̇לאקה וצפאתה ופצ̇אילה אלנפסאניה אנה יראקבהא עלי אלדואם ולא יחמלה אלאמן מן חצולהא אנה לא יתחפט̇ באמרהא ויתפקדהא דאימא. וכד̇לך אלאמר פי מלכה אלט̇אהר איצ̇א לא יתהאון פי אמרה ויהמל חסן אלסיאסה ואלתדביר פידכ̇ל עליה אלדכ̇יל והו ג̇אפל ולא ישער בה כמא גרי לאבנה רחבעם חין תרך עצ̇ת הזקנים אלעארפין באחכאם אלסיאסה ולטף אלתדביר. וקבל עצ̇ת הילדים אלעדימין אלחכמה, אלג̇יר כ̇בירין באלמחאפט̇ה וחסן אלסיאסה ולא יפכרו פי אלעואקב, בל יחכמו באלכ̇יאל אלחאצ̇ר ואלט̇ן אלוקתי. ולמא כאנת מחאפט̇ה שלמה הד̇ה אלמחאפט̇ה והו דאים אלכ̇שיה ואלכ̇וף מן אלג̇פלה ואלנקץ̇ פואגב לה ד̇לך אלארתקא ואלארתפאע ואלתזיד. לד̇לך אנתקל מן אלמטה אלמתספלה ועמל לה אפריון (ש״הש 3:9) והו אלהודג אלעאלי אלרפיע אלמרתבה אלשריף אלמנזלה פקאל

3:9

אַפִּרְיוֹן עָשָׂה לוֹ הַמֶּלֶךְ שְׁלֹמֹה מֵעֲצֵי הַלְּבָנוֹן:

לפטׄה מפרדה ופסר פיה הודג. ואכתׄר אללגׄוין ירו אן אלאלף מזידה ואנה מן פרות יוסף, ותארכנה פארותיו (יח׳ 31:5). אי אנה עמל הדׄה אלהודג או אלמחפה מן אלקצבאן ואלאשגׄאר כמא קיל פיה מעצי הלבנון (ש״הש 3:9). וכונה מן ויתחפש באפר (מל״א 20:38) אחסן, והו אלמגׄפר, אעני אלברקע אלדׄי יגׄטי בה אלוגה. פיכון מענאה רואק או מחפה יחתגב פיהא ען אן תצל אליה אלעואם ונחוהם. פיכון מעני אפריון (ש״הש 3:9) שי יחתגב פיה.

3:10

עַמּוּדָיו עָשָׂה כֶסֶף רְפִידָתוֹ זָהָב מֶרְכָּבוֹ אַרְגָּמָן
תּוֹכוֹ רָצוּף אַהֲבָה מִבְּנוֹת יְרוּשָׁלָםִ:

עמודיו עשׂו כסף (ש״הש 3:10) אולה אלקוה אלמתכׄילה אלמשבהה פי אלפצׄה באלביאץׄ, ואלרטובה אלמשבה איצׄא באלקמר אלדׄי הו כדׄלך יזיד פי רטובתה דׄואת אלרטובה ולונה אלי אלביאץׄ. וכדׄלך צפאת אלמתכׄילה. ורפידתו זהב (ש״הש 3:10) פרשתה מן דׄהב מן ירפד חרוץ עלי טיט (איוב 41:22). והדׄא ידל עלי אן אפריון (ש״הש 3:9) שבה סריר לה אעמדה וקואים ודאירה סתאראת וחגב תחגבה עמן לא ישתהי ראיאה לה כמא תפעל אלמלוך ואלעטׄמא. כמא אן אלאמור אלמעקולה ואלמעאני אלאלאהיה מחגובה ען אלאשכׄאץ אלמשתגׄלין באלכתׄאפה אלגסמאניה. ולה פרש מן אלואח יגׄלס עליהא. לכנה פי אלתמתׄיל יריד בפרש אלדׄהב אלקוה אלפכריה אלתי הי תארה יאבסה, מתׄל אלדׄהב, וכדׄלך אלשמס איצׄא ימתׄלו בהא אלפכר כמא ימתׄלו בהא אלדׄהב לאנה בטבעהא ולונהא עלי ראיא אלעין. לאן לא לון ללאפלאך ואלכואכב עלי אלחקיקה, לאן הדׄה אלאלואן אלמשהורה ענדנא תאבעה ללכיפיאת אלתי חצלת פי אלאמתזאג מן אלאצול אלארבעה, אעני אלאסתקסאת. פמן אלחכמא מן ירי אן אצול אלאלואן הי אלביאץׄ ואלסואד אלמשבהין באלנהאר ואלליל. ובאקי אלאלואן תתרכב מן הדׄה. כמא תתרכב סאיר אלאזמאן ואלשהור ואלסנין מן אלנהאר ואלליל והי תאבעה ללברודה ואלחרארה. פתכׄתלף אלאלואן בחסב גׄלבה אחד הדׄה אללונין עלי אלאכׄר. ומנהם מן ירי אן אצול אלאלואן ארבעה בחסב אלתרכיב ואלאמתזאג מן אלאסתקסאת. ואלארבעה שביה באלאכׄלאט אלתי הי בנאתהא. פמנהא אלאחמר ואלאצפר ואלאסוד ואלאביץׄ. פהדׄה אצול ואלבקיה מרכבה מן הדׄה בחסב אלתרכיב ואלאמתזאג. ולדׄלך כאנת הדׄה אלארבעה אלואן הי אלתי תרי פי קוס קזח אלדׄי הו מקאבלה שעאע אלשמס ללבכׄאר אלרטב אלמאיי עלי מא הו מדׄכור פי אלעלום אלטביעיה. ולדׄלך מתׄל בה יחזקאל אלפיץׄ אלאלאהי אלוארד מן אלעקל אלי אלנפס אלי אלקוה אלפכריה. פיצדר ענהא אשעה תפיץׄ עלי אלקוה אלמתכׄילה. פקאל ען הדׄא כמראה הקשת אשר יהיה בענן ביום הגשם כן מראה הנוגה סביב וג׳ (יח׳ 1:28). כדׄלך קאל הנא ען דׄלך עמודיו עשׂו כסף (ש״הש 3:10) והי אלקוה אלמתכׄילה. ורפידתו זהב (ש״הש 3:10), אלקוה אלמפכרה. וקאל ען אלמעני אלמתוסט בינהמא אלדׄי הו שביה באלשעאע מרכבו ארגמן (ש״הש 3:10) והו לון מרכב מן אלחמרה ואלצפרה ואלזרקה ואלביץׄ. ואן כאן אלחמרה אגׄלב, לכנה ליס נאצע

אלחמרה. פמת̇ל מראה הקשת (ע׳ יח׳ 1:28) עלי טריק אלמקארבה ואלמג̇אז פי אלתמת̇יל. והד̇ה אלחאלה לא תחצל אלא למן אסתג̇רק פי מחבה ד̇לך אלג̇נאב ואשתג̇ל בה ען כל מא סואה. פקאל תוכו רצוף אהבה מבנות ירושלם (ש״הש 3:10). וקד תקדם אנה ישיר בבנות ירושלם (ע׳ ש״הש 1:5. 2:7. 3:5. 3:10) אלי קוי אלנפס אלאדראכיה אלמדברה אלד̇י מחלהא אלדמאג̇, והי הד̇ה אלמד̇כורה. פוצול אלאנסאן אלי הד̇ה אלמרתבה וארתקאה עלי הד̇א אלאפריון הו ג̇איה סעאדתה ונהאיה כמאלה ועט̇ם מסרתה ולד̇תה. והו תאגה אלאעט̇ם ושרפה אלארפע אלד̇י כ̇לק מסתעד לאן יתחוג בה בצלם אלהים עשה את האדם (ע׳ בר׳ 1:27). וקיל פי וצפה בד̇לך אלמעני ותביין הד̇ה אלשרפיה: ותחסרהו מעט מאלהים וכבוד והדר תעטרהו (תה׳ 8:6). פקאל הנא

3:11

צְאֶ֣ינָה ׀ וּֽרְאֶ֛ינָה בְּנ֥וֹת צִיּ֖וֹן בַּמֶּ֣לֶךְ שְׁלֹמֹ֑ה

בָּעֲטָרָ֗ה שֶׁעִטְּרָה־לּ֤וֹ אִמּוֹ֙ בְּי֣וֹם חֲתֻנָּת֔וֹ וּבְי֖וֹם שִׂמְחַ֥ת לִבּֽוֹ׃ ס

חתונתו (ש״הש 3:11), אג̇תמאע אלנפס באלעקל ותתוג̇הא בה באלאדראך אלד̇אתי. ושמחת לבו (ש״הש 3:11), אללד̇ה אלמסרה אלחאצלה מן ד̇לך אלאג̇תמאע. והד̇א הו מעני קול אלאואיל ז״ל צדיקים יושבים ועטרותיהם בראשיהם ונהנין מזיו השכינה. ואמא קולה רצוף אהבה (ש״הש 3:10) פקיל פי שרחה מרצוף אלמחבה, אי מרצע בהא במעני מסתג̇רק פיהא. והו מקתצ̇ב מן אלאסם אלד̇י הו על הרצפה (דה״ב 7:3), על רצפת בהט ושש (אסתר 1:6). וקיל אנה מן עוגת רצפים (מל״א 19:6), ובידו רצפה במלקחים (יש׳ 6:6) והו אלג̇מר. פמעני רצוף (ש״הש 3:10) עלי הד̇א חריק אלודאי מחתרק בנאר אלמחבה ושדתהא. וקולה רפידתו זהב מרכבו ארגמן (ש״הש 3:10) ידל אן אלג̇רץ̇ באלג̇מיע בסט ופרש ותרציע. בעטרה שעטרה לו אמו (ש״הש 3:11) אלתאג̇ אלד̇י תוג̇תה בה, וקד תקדם מענאה.

4:1

הִנָּ֨ךְ יָפָ֤ה רַעְיָתִי֙ הִנָּ֣ךְ יָפָ֔ה עֵינַ֣יִךְ יוֹנִ֔ים מִבַּ֖עַד לְצַמָּתֵ֑ךְ

שַׂעְרֵךְ֙ כְּעֵ֣דֶר הָֽעִזִּ֔ים שֶׁגָּלְשׁ֖וּ מֵהַ֥ר גִּלְעָֽד׃

הנך יפה רעיתי הנך יפה (ש״הש 4:1) במעני אנך חסנה בד̇תך פי ג̇איה אלחסן ת̇ם באתצאלך בי וצחבתך לי קד זאד עלי חסנך חסן ועלי צ̇יאך נור. ת̇ם אכ̇ד̇ אן יוצף אוצאף אלחסן עלי אלמעלום ענדנא מן ד̇לך ועלי אכ̇תלאף אלאעצ̇א פי אלחסן. לאנה בעצ̇הא חסנה אלחמרה כאלשפתין, ובעצ̇הא אלסואד כאלשער, ובעצ̇הא אלביאץ̇ אלסאטע כאלאסנאן, ובעצ̇הא באלסואד אלמחיט בה אלביאץ̇. כאלעינין, וכד̇לך סאיר אלאעצ̇א. ואלג̇מיע תמת̇יל ללאכ̇לאק וצפאתהא אלחסנה וכון כל כ̇לק מנהא לה צפה כ̇ציצה בה דון ג̇ירה. ואן כל כ̇לק קד חצל עלי מקתצ̇א כמאלה ואעתדאלה וחסנה אללאיק בה. כמא אן אלאעצ̇א חצל לכל עצ̇ו מנהא חסנה וג̇מאלה אללאיק בה. ואלג̇מיע תאבע לצחה אלג̇סם ואעתדאל אלמזאג̇ ותנאסב אלאעצ̇א פי אלמקדאר ואלוצ̇ע ואלאעתדאל פי אלכמיה ואלכיפיה. ואלאכ̇לאק תאבעה ללמזאג̇ באלאמר אלטביעי. לד̇לך אכ̇ד̇ פי תפציל אלוצף ללחסן אלט̇אהר ותפנינה ליסתדל בד̇לך עלי כמאל אלחסן אלבאטן. עיניך יונים (ש״הש

(4:1). קד תקדם ד׳כר אלסבב אלד׳י לה מת׳ל עיניהא בעיני אטיאר אלחמאם, או באלחמאם. ואנה איצ׳א יחסן פי יונים (ש״הש 4:1) אן יכון הנא צפה, מן לא תונו (ויק׳ 19:33). אי עיניך תג׳בן מן יראהא לשדה חסנהא. מבעד לצמתיך (ש״הש 4:1), מן דון אלנקאב אי מן דאכ׳לה. מת׳ל הבעד ערפל (איוב 22:13), ישכון בעד החלון (ע׳ בר׳ 26:8). שעריך כעדר העזים (ש״הש 4:1), פי מעני אסודאדה. שגלשו מהר גלעד (ש״הש 4:1). לפט׳ה ג׳ריבה לא אשתקאק להא. ופסר פיה ג׳לסת, באלג׳ין. אי גאת פי אלג׳לס לאן ד׳לך אשד סואד. וזאד בקולה מן הגלעד (ע׳ ש״הש 4:1). מע אלסואד, טולה וכת׳רתה. לאן אלג׳נם, אד׳א כאנת פי אלסהל תמשי מלתפה בעצ׳הא לג׳אנב בעץ׳ פלא יכון פי תרתיב משיהא טול כת׳יר, בל תכון אלי אלתרביע אקרב. ואמא ענד נזולהא מן מכאן מרתפע, מת׳ל גבל או נחוה, פיכון אולהא פי אספל אלגבל ונהאיתהא בעד פי ראס אלגבל. פמת׳ל אלשער בד׳לך אנה מן פרקהא אלי קדמהא, טול וכת׳רה וסואד. וקיל אן אללאם פיה מזידה ואצלה גשו. פפסר קדמת מן אלגרש. ות׳ם מן געלה מן מעני קרח הוא אלד׳י תרגומה גלוש, אי מעטת, במעני אכ׳ד׳ת או אקתלעת.

4:2

שִׁנַּיִךְ כְּעֵדֶר הַקְּצוּבוֹת שֶׁעָלוּ מִן־הָרַחְצָה
שֶׁכֻּלָּם מַתְאִימוֹת וְשַׁכֻּלָה אֵין בָּהֶם:

שניך בעדר הקצובות (ש״הש 4:2). ד׳כר אלצפה וחד׳ף אלמוצוף והו יריד הרחלים הקצובות. והו נסבה לחסן אלקד וכונהא מתקארבה ג׳יר מתבאעדה. כאנהא תקטיע ואחד מן וקצב אחד לכולהנה (ע׳ מל״א 7:37). שעלו מן הרחצה (ש״הש 4:2) מן אלמגסל, וד׳לך זיאדה פי נקאהא וביאצ׳הא. ומת׳ל בה נקא אלסנאן ושדה ביאצ׳הא. שכלאם מתאימות (ש״הש 4:2), צפה ללג׳נם. אי אנהא ולדת גמיעהא אתואם. פעל משתק מן תאומי צביה (ש״הש 7:4), והנה תאומים בבטנה (בר׳ 38:27). והו עלי בניה אלת׳קיל. [....]אלהא ידל עליה פתח אלמים: זנה משליכות (?) מַצְמִיחַ חָצִיר (תה״ 104:14) מַשְׁמִיעַ שָׁלוֹם (יש״ 52:7). ואלשין פי שעלו (ש״הש 4:2) ופי שכולם (ש״הש 4:2) במעני אשר. פמת׳ל בד׳לך אלאסנאן, אנהא גמיעהא מנתט׳מה מזדוגה ולא סאקט ולא כ׳לל פיהא. ורבינו חיי ז׳ל קאל פי אלחאוי אנה צפה ללאסנאן נפסהא לא ללג׳נם. אי אן אלאסנאן מנתט׳מה סאלמה מן אלסקוט ואלכ׳לל והו מחתמל ואלמעני ואחד. לכן אללפט׳ כונה ען אלג׳נם אט׳הר לקו׳ ושכולה אין בהם (ש״הש 4:2) והו מונת׳ כדוב שכול (שמ״ב 17:8). במעני אנהא ליס פיהא שי קד את׳כל ולדה מת׳ל לא תהיה משכלה (שמ׳ 23:26). ואלאסם שכול ואלמון (יש׳ 47:9).

4:3

כְּחוּט הַשָּׁנִי שִׂפְתֹתַיִךְ וּמִדְבָּרֵיךְ נָאוֶה
כְּפֶלַח הָרִמּוֹן רַקָּתֵךְ מִבַּעַד לְצַמָּתֵךְ:

בחוט השני שפתותיך (ש״הש 4:3) גמע אלרקה ואלחמרה ואללין. ואצלה שנים, מת׳ל אם יהיו חטאיכם כשנים (יש׳ 1:18). פחד׳פת אלמים כמא חד׳פת מן הרודד עמי תחתי (תה״ 144:2) וג׳ירה. וכד׳לך כל תולעת שני (שמ׳ 28:6 במד׳ 4:8.) מחד׳וף. ומדבריך נאוה

(ש״הש 4:3) נטקך מת̇ל דברך. וקד קיל אן מת̇לה אלה הם האלהים המכים את מצרים בכל מכה במדבר (שמ״א 4:8) כמא בינא פי מכאנה, יריד בקול משה כה אמר יוי (שמ״ 5:1). וקיל אן מדברך (ע׳ ש״הש 4:3) אסם מתראדף ללפם. פהו עלי הד̇א מכ̇טב, לא כ̇טאב. כפלח הרמון רקתך (ש״הש 4:3), צדג̇ך, והו מן ד̇ואת אלמת̇לין. ואלמנקלבה תא לתאנית̇ אלאסם. ולא יתצרף מנה פעל. ופלח (ע׳ ש״הש 4:3) שקה אלרמאן ענד נצ̇גה וקוה אלשמס עליה מן כמו פולח ובוקע (תה׳ 141:7). ומנה סמי שקה אלרחאה פלח העליון ופלח התחתון. וקיל אנה אלזהר אלד̇י יתסאקט מן אלאזראר ענדמא תנשק ותתפתח, והו שדיד אלחמרה. מבעד לצמתך (ש״הש 4:3). קד תקדם אנה מן דון אלנקאב. ות̇ם מן קאל אנה מסאיח אלשער אלתי תעמל עלי אלצדג̇ין ליבקי עלי זואיא אלוגה, ימנה ויסרי, אסוד או אחמר, עלי ביאץ̇ אלוגה. וקיל אן מת̇לה גלי צמתך (יש׳ 47:2). ומן ד̇לך אסמו מגמע אלערוק אלד̇י שביה בגמע אלשער. ובסטה עלי מא קלנא צומת הגידים (?).

4:4

כְּמִגְדַּ֤ל דָּוִיד֙ צַוָּארֵ֔ךְ בָּנ֖וּי לְתַלְפִּיּ֑וֹת
אֶ֤לֶף הַמָּגֵן֙ תָּל֣וּי עָלָ֔יו כֹּ֖ל שִׁלְטֵ֥י הַגִּבּוֹרִֽים׃

כמגדל דויד צוארך (ש״הש 4:4), עאל, שאהק. בנוי לתלפיות (ש״הש 4:4), צפה ללמגדל, ויריד אשר הוא בנוי לתלפיות (ש״הש 4:4). וקיל אן אלתא פי תלפיות (ע׳ ש״הש 4:4) מכאן אלף. אי אנה עאל, יסתדל בה מארה אלטרק מן בעד. תרג̇ והוריתיך אשר תדבר (שמ׳ 4:12) ואלפינך. וקיל מלפניו מבהמות ארץ (איוב 35:11) בחד̇ף אלאלף. פתכון אלתא זאידה, מת̇ל תא תלבושת (י׳ 59:17) ואלאף מחד̇ופה. וקיל פי לתלפיות (ש״הש 4:4) אנה מרכבה מן כלמתין לתלות החרבות. כמא קיל חדה כחרב פיות (משלי 5:4). אלמעני אנה עאלי רפיע יעלק עליה אלסלאח ואלסיוף ואלתראס. אלף המגן תלוי עליו (ש״הש 4:4), עלק עליה אלתראס אלכת̇יר. כל שלטי הגבורים (ש״הש 4:4). יריד וכל שלטי. ופסר פיה סלאח אלגבאברה, מת̇ל שלח (דה״ב 32:5), ואיש שלחו בידו (דה״ב 23:10). וקיל געב אלנשאב. וכד̇לך קיל פי מלאו השלטים (ירמ׳ 51:11) אמלו אלגעב סהאם. וקיל אגמעו אלסלאח, מן הארץ ומלואה (יש׳ 34:1 תה׳ 24:1). וגמעוהא מלאו וקראו, אחשרו ונאדו. וקיל אעדו אלסלאח וכמלוהא. ומת̇לה שלטי הזהב (שמ״ב 8:7 דה״א 18:7). וקיל אנהא תראס מצפחה באלד̇הב. וקד תכון געב ללסהאם כד̇לך.

4:5

שְׁנֵ֥י שָׁדַ֛יִךְ כִּשְׁנֵ֥י עֳפָרִ֖ים תְּאוֹמֵ֣י צְבִיָּ֑ה הָרוֹעִ֖ים בַּשּׁוֹשַׁנִּֽים׃

שני שדיך (ש״הש 4:5), נהוד. כשני עפרים (ש״הש 4:5), כצג̇אר אלצ̇בא. תאומי צביה (ש״הש 4:5), מתנאסבי אלקד. וחקה לאגל תאמי אלאצ̇אפה. הרועים בשושנים (ש״הש 4:5), יכתסבו מן ד̇לך חסן אלראיחה. ולמא ד̇כר סאיר אלצפאת אלכ̇לקיה כמא תקדם מא ד̇כר שי מנהא רועה ולא שושנים. ולמא ד̇כר אלשדים אלד̇ין המא מת̇ל אלפיץ̇, פמת̇ל אדראך אלנפס ומא יפיץ̇ עליהא מן גהה אלעקל. פקאל אן ד̇לך בחסב מא חצל להא מן תלך אלצ̇בא אלעקליה אלמדברין ללנפוס ענהם, אלהין אלכמאלאת, כמא תקדם פי שרח דודי לי ואני לו הרועה בשושנים (ש״הש 2:16) אן שושנה קד מת̇ל בהא אלנפס פי קו

כשושנה בין החוחים (ש״הש 2:2). תֿם ערף אן הדֿא אלכמאל אלאכֿיר אלדֿי הו אלאדראך ואלפיץׄ אלאלאהי לא יתצל באלנפס עלי אלאכתֿר אלא פי אואכֿר אלעמר, בעד כֿמוד נאר אלאכֿלאט ואסתכנאן גֿלבה אלשהואת ובעד אצלאח סאיר אלאכֿלאק ואלצפאת אלמתקדמה. פקאל

4:6

עַ֤ד שֶׁיָּפ֙וּחַ֙ הַיּ֔וֹם וְנָ֖סוּ הַצְּלָלִ֑ים

אֵ֤לֶךְ לִי֙ אֶל־הַ֣ר הַמּ֔וֹר וְאֶל־גִּבְעַ֖ת הַלְּבוֹנָֽה׃

עד שיפוח היום ונסו הצללים (ש״הש 4:6) כמא תקדם שרחה פימא מצׄא. ובינא אן הר המור (ש״הש 4:6) הו אלעלם אלאלאהי ואלאדראך אלעקלי. וגבעת הלבונה (ש״הש 4:6), אדראך אלנפס ואחואלהא וצפאתהא אלדֿי דֿלך נהאיה אלעלם אלטביעי אלדֿי קד אתצל בבדאיה אלעלם אלאלאהי. וענדמא תציר אדראכאתהא באלפעל ותתחד במבדאהא ותכֿלא מע מחבובהא חיניד̇ תכון מן נהאיאת אלעלם אלאלאהי ומן גֿאיאתה. ודֿלך גֿאיה סעאדה ואתצאל חיותהא. פתציר כלהא חסן ויפוק גמאלהא כל גמאל ותציר כֿמאלאתהא באלפעל בעד כונהא באלקוה. פלא נקץ יבקא פיהא אצלא ולא עיב לחקהא, פקאל

4:7

כֻּלָּ֤ךְ יָפָה֙ רַעְיָתִ֔י וּמ֖וּם אֵ֥ין בָּֽךְ׃ ס

תֿם קאל בלסאן אלחאל אן הדֿא אלכמאל חצל לך והדֿא אלסעד שמלך בכונך ארתקיתי מן עאלם אלספל וקטעתי מראתב אלחיואנאת אלצֿאריה אלוקחה כאלאסוד ונחוהא וסרתי נחוי בתֿבאת ואסתמכאן ואסתקראר.

4:8

אִתִּ֤י מִלְּבָנוֹן֙ כַּלָּ֔ה אִתִּ֖י מִלְּבָנ֣וֹן תָּב֑וֹאִי

תָּשׁ֣וּרִי ׀ מֵרֹ֣אשׁ אֲמָנָ֗ה מֵרֹ֤אשׁ שְׂנִיר֙ וְחֶרְמ֔וֹן מִמְּעֹנ֣וֹת אֲרָי֔וֹת מֵהַרְרֵ֖י נְמֵרִֽים׃

אתי מלבנון כלה אתי מלבנון תבואי תשורי מראש אמנה (ש״הש 4:8). אמנה (ש״הש 4:8) אסם נהר אמנה ופרפר נהרות דמשק (מל״ב 5:12). ואנמא אסתעיר הנא מן מעני ויהי אומן את הדסה (אסתר 2:7). אי למא דֿכרתי מבדאך אלתי כנתי מחצונה מתֿל באמנה אתו (אסתר 2:20). ומראש (ש״הש 4:8) הו אלמבדא אלאול. ושׂניר וחרמון (ש״הש 4:8) ואחד, והו גבל עלי רפיע יכון עליה אלתֿלג דאים, ציף ושתא. פמתֿל בה אלעאלם אלעקלי. ומעני תשורי (ש״הש 4:8) תלמחי, מן אשורנו ולא קרוב (במד׳ 24:17). וקיל אן מענאה קדמתי לי הדיה, מן ותשורה אין להביא לאיש האלהים (שמ״א 9:7). וקיל אן מתֿלה ותשורי למלך בשמן (יש׳ 57:9). אי כנת תרסלי אלהדאיא ללמלוך לעלהם ינגדוך ויעינוך. וקיל אנה במעני ספר, אנך כנתי תסאפרי אלי אלבלאד ואלי אלממאלך באלמתאגר אלכֿתירה אלתי כֿציתי בהא פי בלאדך זית שמן ודבש (דבר׳ 8:8). פיכון תשורי (ש״הש 4:8) הנא עלי הדֿא סאפרתי נחוי וגיתי אלי. ממעונות אריות ומהררי נמרים (ש״הש 4:8). אי עוץׄ מא כנתי קבל הדֿא מקימה פי אלגסם בין אלקוי אלחיואניה כאלאסדיה ואלשהואניה.

4:9

לִבַּבְתִּנִי אֲחֹתִי כַלָּה

לִבַּבְתִּינִי (בְּאַחַד) [בְּאַחַת] מֵעֵינַיִךְ בְּאַחַד עֲנָק מִצַּוְּרֹנָיִךְ׃

לבבתינו אחותי כלה (ש״הש 4:9) במעני סלבתי קלבי. פעל מקתצב מן לב, מת̇ל ושרשך (תה׳ 52:7) מן ושורש (יש׳ 40:24). לא תזמ̇ור (ויק׳ 25:4), מן זמורה (במד׳ 13:23). מסעף פארה (ע׳ יש׳ 10:33) מן סעיפים אלד̇י הו אלאג̇צאן. וכד̇לך פארות אג̇צאן. פכאנה קיל יקטע אלסעפים ואלפארות. ומנה קאלת אלאואיל עורות לבובין, אי מקלועי אלקלוב. ואלערב תקול ראסתה, במעני צ̇רבת ראסה.

לבבתיני באחד מעיניך (ש״הש 4:9), לאן קד תקדם אן אלנפס להא נט̇ר אלי אלמאדה ואלקוי תפידהא. פכמאלהא ושרפהא אנמא הו בנט̇רהא אלי מא תסתפיד מנה, ולד̇תהא אלעט̇מי אנמא הי במא תקבלה מן מחבובהא. לא במא תעטיה לג̇ירהא, כמא אן אלמראה אד̇א קבלת מן בעלהא מא תקבלה אכ̇ד̇תה בלד̇ה וטיבה ופרח ואנבסאט. ואד̇א כאן חין אלולאדה, חין תברז מא קבלתה אלי אלוגוד אלכ̇ארג ען ד̇אתהא יחצל להא אלאלאם ואלאוגאע ואלהם ואלג̇ם. ומע ד̇לך שוקהא לם ינקטע ען בעלהא ומחבתהא לה לם תנתקץ, בל רבמא תזאידת, כמא קאל בעצב תלדי בנים (בר׳ 3:16). ומע ד̇לך אל אישך תשוקתך וג׳ (בר׳ 3:16). ולד̇לך געל ללנפס שתי עינים ושני ענקי צוארים. לכנה לם ימדחהא ויקרבהא אלא באחדהמא. באחת מעיניך באחת ענק מצורוניך (ש״הש 4:9). וענק (ש״הש 4:9) הו עקד אלגוהר, וענקים ללגרגרותיך (משלי 1:9) ויעני בה אלאדראך אלחקיקי אלד̇י הו ד̇אתהא אלגוהריה, לא שי כ̇ארג ען ד̇אתהא.

4:10

מַה־יָּפוּ דֹדַיִךְ אֲחֹתִי כַלָּה

מַה־טֹּבוּ דֹדַיִךְ מִיַּיִן וְרֵיחַ שְׁמָנַיִךְ מִכָּל־בְּשָׂמִים׃

מה יפו דודיך [אחותי] כלה (ש״הש 4:10). מא אחסן ודך ומא אחלא מחבתך. טובו דודיך מיין (ש״הש 4:10), אכת̇ר מן נשוה אלכ̇מר ובסטהא ותפריחהא, כמא קאלת לה אולא כי טובים דודיך מיין (ש״הש 1:2), לריח שמניך טובים (ש״הש 1:3). במעני אן אלצפאת אלתי כנת אנא אוצף בהא ואנתי בעידה מנהא ותשתאקין אליהא קד וצלתי למת̇להא ושארכתיני פיהא באתצאלך בי. וריח שמניך מכל בשׂמים (ש״הש 4:10). ראיחה טיבך אלד̇ ואטיב מן כל ראיחה. במעני אן קד צאר לך לד̇את ד̇וקיה ד̇אתיה פאח מנהא אריאח עטרה ד̇כיה שארכתי בהא אלמוגודאת אלעלויה. ומן תלך אלאדראכאת פאץ̇ נטק אלד̇ ואחלא ואעד̇ב ואדסם מן כל לדיד וכל חלו.

4:11

נֹפֶת תִּטֹּפְנָה שִׂפְתוֹתַיִךְ כַּלָּה

דְּבַשׁ וְחָלָב תַּחַת לְשׁוֹנֵךְ וְרֵיחַ שַׂלְמֹתַיִךְ כְּרֵיחַ לְבָנוֹן׃ ס

נפת תטופנה שׂפתותיך (ש״הש 4:11). אלנון מנדמגה פי אלטא, מת̇ל יטפו ההרים עסיס (יואל 4:18). ומענאה אלקטר מן נטף. דבש וחלב תחת לשונך (ש״הש 4:11). גמע אלחלאוה ואלדסם תחת לסאנהא, אי פי ד̇אתהא, ואמא פימא יצדר ענהא ללג̇יר פחלאוה

חסב נפת תטופנה שפתותיך (ש״הש 4:11). וריח שלמותיך כריח לבנון (ש״הש 4:11). יריד הר הלבנון.

4:12

גַּ֣ן ׀ נָע֖וּל אֲחֹתִ֣י כַלָּ֑ה גַּ֥ל נָע֖וּל מַעְיָ֥ן חָתֽוּם׃

גן נעלו אחותי כלה (ש״הש 4:12) יחתאג כאף אלתשביה. גל נעול מעין חתום (ש״הש 4:12). גל ומעין (ש״הש 4:12) ואחד והו גדול וסאקיה. ומתׄלה גולות מים (יהושע 15:19 שופטים 1:15) גולות עליות (יהושע 15:19). וקולה נעול וחתום (ע׳ ש״הש 4:12) אי מא לא יסע שי, מתׄל אלבית אלמגלק ואלצנדוק אלמכׄתום אלדׄי לא ימכן אן יוצׄע פיה שי. וקאל אבו אלוליד אבן גנאח אן גן נעול (ש״הש 4:12) מתׄל גל נעול (ש״הש 4:12) באבדאל אלנון באללאם מן חרוף דׄטׄלנׄתׄ. וכדׄלך מעין גנים (ש״הש 4:15) יריד גלים. אי מעין (ש״הש 4:15) תגרי מנה סואקי וגדאול לגזארה מאוה.[18] ושרח דׄלך וקאל באר מים חיים (בר׳ 26:19). ומא יבעד אן יכון גן נעול (ש״הש 4:12) עלי וגהה וישיר אלי אלחצאנה. אי אנה ממא לם יסתטרק, בל הו מקפול מגלק.

4:13

שְׁלָחַ֙יִךְ֙ פַּרְדֵּ֣ס רִמּוֹנִ֔ים עִ֖ם פְּרִ֣י מְגָדִ֑ים כְּפָרִ֖ים עִם־נְרָדִֽים׃

שלחיך פרדס רמונים (ש״הש 4:13) יריד מא אמתד מן אגׄצאנהא ואנבסט מן פרועהא, כמא קיל תשלח קציריה עד ים (תה׳ 80:12). וקיל אן אלבטאיח אלמגׄרוסה באנואע אלאשגאר, והי אלבסאתין ואלגנאין. וקיל אן שלחיך (ש״הש 4:13) ישיר בה אלי סואקי אלמא ומגאריה אלמדכורה פי גל נעול מעין חתום (ש״הש 4:12) מן מי שילוח (יש׳ 8:6). וכדׄלך ברכת השלח לגן המלך (נחמיה 3:15) עלי מעני ואת תעלותיה שלחה אל כל עצי השדה (יח׳ 31:4). ופרדס אסם אלגנאן מן אי אלשגר כאנת מגׄרוסה לא יכׄתץ ברומונים (ש״הש 4:13) דון גׄירה. וענד אלערב אלפרדוס הו אלגנאן. וקיל אן אלפרק בין פרדס וגן אן אלפרדס יכון פיה נוע ואחד מן אלאשגאר, וגן יכון פיה אנואע כתׄירה. ותם מן ירי אן פרדוס מכׄצוץ באשגאר אלרמאן. לכן וגדנא פי עזרא (?) נץ ידל עלי כׄלאף הדׄא, הו קוׄ ואגרת אל אסף שומר הפרדס אשר למלך אשר יתן לי עצים לקרות בהם (?) (נחמיה 2:8). פדׄלך אן פרדס אסם יקע עלי מוצׄע פיה אשגאר כתׄירה תצלח ללתסקיף, ואלרמאן לא יצלח לדׄלך.

כפרים עם נרדים (ש״הש 4:13) גמע כופר והו אלחנא, ויריד בה תׄמר אלחנא. מתׄל אשכול הכופר (ש״הש 1:14) וחקה צׄם אלכאף בקמץ. מתׄל חמרים מן חומר, חדשים מן חודש, קדשים מן קודש. פגא מתׄל בקרים, אמרים מן בוקר ואומר. אכתׄר הדׄא אלבאב בקמץ בדל אלחולם אלא אליסיר, כמא בינא פי אלאצול אללגׄויה. ופרי מגדים (ש״הש 4:13) אלאתׄמאר אללדׄידׄה אלטעם, מתׄל מעדנות כימה (איוב 38:31). וענה קיל וממגד תבואות שמש (דב׳ 33:14). ונרדים (ש״הש 4:13) ונרד שרח פיהא אלורס. ומא אטׄן ללורס ראיחה יעתאד בהא מע אלאטיאב אלמדׄכורה. וקיל ניל ופר. וקיל נד ואלנד ליס הו נבאת יכון פי אלפרדס, לאנה מצנוע. ולעלה נבאת אריג אלראיחה עטר, ותארה אצׄאפה

[18] For the more correct ل غزارة مائه

מע כרכום, והו אלזעפראן. לכנא נראה ד̇כר מור מע אלנבאתאת והו אלמסך, וליס הו נבאת, מע סאיר אצנאף אלאטיאב, כמא קאל עם כל ראשי בשמים (ש״הש 4:14). תם ד̇כר מר דרור (שמ׳ 30:23) והו אלמסך. וד̇כר נבאתאת והי קנמון (שמ׳ 30:23) וקדה (שמ׳ 30:24) וקנה בשם (שמ׳ 30:23).

4:14

נֵ֣רְדְּ׀ וְכַרְכֹּ֗ם קָנֶה֙ וְקִנָּמ֔וֹן עִ֖ם כָּל־עֲצֵ֣י לְבוֹנָ֑ה
מֹ֚ר וַאֲהָל֔וֹת עִ֖ם כָּל־רָאשֵׁ֥י בְשָׂמִֽים׃

קנה וקנמון (ש״הש 4:14) קצב אלד̇רירה ועוד אלטיב. עם כל עצי לבונה (ש״הש 4:14). אלמשהור מן לבונה (ש״הש 4:14) אנה אללבאן. לכנה הנא יריד בה כלמא יבכ̇ר בה מן אלצמוג̇ ואלבכ̇וראת ואלאעשאב וכ̇אץ ללבאן. מור (ש״הש 4:14) מסך, מת̇ל מר דרור (שמ׳ 30:23). וקד יכון אסם נבאת מת̇ל אריתי מורי (ש״הש 5:1) לאן אלמסך לא יג̇נא, כמא נבין. וקיל אנה נסרין.

4:15

מַעְיַ֣ן גַּנִּ֔ים בְּאֵ֖ר מַ֣יִם חַיִּ֑ים וְנֹזְלִ֖ים מִן־לְבָנֽוֹן׃

מעין גנים (ש״הש 4:15). קד תקדם אנה ענד אבו אלוליד מת̇ל גלים (מל״ב 19:25 יש׳ 37:26 יכריה 10:11) מת̇ל גן (בר׳ 2:8 ש״הש 4:12) וגל (בר׳ 31:46 איוב 8:17 ש״הש 4:12). במעני אנה מעין (ש״הש 4:15) כת̇יר אלמא תמתד מנה סואקי וגדאול וכ̇לג̇אן. ואן כאן עלי וג̇הה פלא יצ̇ר, במעני אנה מעין (ש״הש 4:15) יסקי מנה אלג̇נאת ואלבסתין לג̇זרתה וכת̇רה מיאה.[19] באר מים חיים (ש״הש 4:15) ביר מא נאבע. ואסם באר (ש״הש 4:15) אבדא לא יכון אלא ללנאבע. מת̇ל וימצאו שם באר מים חיים (בר׳ 26:19). ובור אלצהריג אל[מג̇ת]מע פיה אלמא מן כ̇ארג. כמא קיל אך מעין ובור מקוה מים (ויק׳ 11:36). ואלואו פי ובור (ויק׳ 11:36) בדל או. מת̇ל ומכה אביו ואמו (שמ׳ 21:15), והתעמר בו ומכרו (דב׳ 24:7). ונזלים מן לבנון (ש״הש 4:15). צפה למים חיים (בר׳ 26:19), אנה מע כונה נבע ליס הו צאעד מן אספל, עלי ג̇ארי אלעאדה פי אלאבאר ואלאעין. בל האטל מן אלעלו מן הר הלבנון, והו אשארה ללעאלם אלאלאהי אלשריף. ולד̇לך אסתעיר ללמקדש ההר הטוב הזה והלבנון (דב׳ 3:25). אלמקדש הו מת̇יל אלעאלם אלעקלי פי עאלם אלספל.

4:16

ע֤וּרִי צָפוֹן֙ וּב֣וֹאִי תֵימָ֔ן הָפִ֥יחִי גַנִּ֖י יִזְּל֣וּ בְשָׂמָ֑יו
יָבֹ֤א דוֹדִי֙ לְגַנּ֔וֹ וְיֹאכַ֖ל פְּרִ֥י מְגָדָֽיו׃

עורי צפון ובואי תימן (ש״הש 4:16) אשארה אלי ריחי[20] התין אלג̇התין אנהא תהב עליה כי תפוח מנה אלאריאח. פהו יריד רוח צפון ורוח תימן. ועורי (ש״הש 4:16) יריד בה אלחרכה ואלהז, מת̇ל והו עורר את חניתו (שמ״ב 23:18 דה״א 11:20). ומת̇לה עורה

[19] For the more correct מיאהה
[20] For the more correct ارياح

הנבל וכנור (תה׳ 57:9. 108:3). הפיחי גני (ש״הש 4:16) יריד על גני. אי הבי עלי גנאני פתעבק אריאח טיבהא ותהטל לד̇אתהא. ורבמא קצד בה אלתחריך איצ̇א. מן יפיחו קריה (משלי 29:3) אלד̇י מענאה ינפכ̇ון פיהא, במעני יהרבו אהלהא. וקיל יתרכוהא כ̇איבה, מן ותוקתם מפח נפש (איוב 11:20). לאן אצל גמיע הד̇ה אלמעאני הו אלנפך̇. ואצלה מן ד̇ואת אלנון, ויפח באפיו (בר׳ 2:7) נפח באש פחם (יש׳ 54:16). ואסתעיר ללפראג̇ ואלכ̇יבה נפחה נפשה (ירמ׳ 15:9), מפח נפש (איוב 11:20). ואסתעיר איצ̇א למא קרב מן מענאה לפט̇ קריב מן לפט̇ה ואן כאן מן אצול אכ̇ר. מנהא מעתל אלעין ומנאהא מעתל אלפא. פקיל ללהבוב ואלתחריך הפיחי גני (ש״הש 4:16) ללנטק ואלכלאם איצ̇א אלד̇י אצלה כ̇רוג אלהוא, ויפח חמס (תה׳ 27:12), ויפיח כזבים (משלי 14:5,25; 19:5,9). מענאה תפוח באלבאטל וללהזו ואלאזדרא: כל צרוריו יפיח בהם (תה׳ 10:5). יזלו בשׂמיו (ש״הש 4:16) מגאז ואסתעארה, לאן אלהטל לא יכון אלא למאיע. ורבמא כאן פיה אצ̇מאר: יזלו טלי בשׂמיו. ויאכל פרי מגדיו (ש״הש 4:16), את̇מארה אללד̇ידה, כמא תקדם עם פרי מגדים (ש״הש 4:13). והד̇א אלנץ, אעני עורי צפון (ש״הש 4:16) הו קול אלמחבובה. אי אנהא אסתעדת ללקיא מחבובהא וחלולה ענדהא בהד̇ה אלאסתעדאדאת אלחסנה, אללד̇ידה אלמטעם, אלנזהה, אלמנט̇ר, אלטיבה אלראיחה. פגאובהא אלמחבוב.

5:1
בָּ֣אתִי לְגַנִּי֮ אֲחֹתִ֣י כַלָּה֒ אָרִ֤יתִי מוֹרִי֙ עִם־בְּשָׂמִ֔י אָכַ֤לְתִּי יַעְרִי֙ עִם־דִּבְשִׁ֔י שָׁתִ֥יתִי יֵינִ֖י עִם־חֲלָבִ֑י אִכְל֣וּ
רֵעִ֔ים שְׁת֥וּ וְשִׁכְר֖וּ דּוֹדִֽים׃ ס

באתי לגני אחותי כלה (ש״הש 5:1). אי אלאהתמאם אלד̇י אהתממתי בה קד וצלני וחצ̇רת פי דעותך ואכלת מן ת̇מרהא ותמתעת בהא ותלדד̇ת בלד̇תהא. וכד̇לך ארגו לכל ראג̇ב פי הד̇א אלשאן, מחב להד̇א אלטעאם, ראג̇ב פי הד̇א אלמדאם, דאכ̇ל פי הד̇א אלמקאם. אכלו רעים שתו ושכרו דודים (ש״הש 5:1). וקולה אריתי מורי (ש״הש 5:1), קד בינא פימא תקדם אן מור משתרך ללמסך ולנבאת אריג̇ אלראיחה. פהו הנא נבאת לקו̇ אריתי (ש״הש 5:1) ולא יג̇ני אלא ת̇מר אלנבאת, וכ̇אצה לאצ̇אפתה ללבשׂמים אריתי מורי עם בשׂמי (ש״הש 5:1) וימכן אן יקאל אנה צפה ללבשׂמים מתקדמה עליהא. ויריד בה אלטיב אלמסאוי פי אלעטריה וטיב אלראיחה ללמסך. פכאנה למא גני אלטיב גנא מעה מסך. וימכן אן יקאל אנה קאל אריתי (ש״הש 5:1) ללמסך מגאז כמא קלנא פי יזלו בשׂמיו (ש״הש 4:16). פגעל שם אלראיחה כאנה שי קד גני ואכ̇ד̇ מן אצלה. ות̇ם מן שרח מורי (ש״הש 5:1) הנא אלנסרין כמא תקדם. וליס בשׂמי (ש״הש 5:1) הנא מן בניה בושׂם. לאנה לוכאן כד̇לך לכאן בשׂמי (ש״הש 5:1) בקמץ תחת אלבא ואסכן אלסין. מת̇ל חדשי (דה״א 27:1), גרני (יש׳ 21:10), קדשי (ויק׳ 20:3), עמרי (מל״א 16:16). וליס הו איצ̇א מן וקנמן בשׂם (שמ׳ 30:23), זנה [תהיה ה]ארץ (הושע 1:2), שמן (שופטים 3:29), קבר (בר׳ 23:9). לאנה לו כאן מנה כאן פתח, מת̇ל שמני (הושע 2:7), ארצי (בר׳ 20:15), או בחרק זנה (?) קברי (ירמ׳ 20:17). ואמא בשׂמי (ש״הש 5:1) פהו זנה דברי (במד 11:23), שללי זהבי בקרי מן דבר, שלל זהב, בקר. פאצלה אד̇א בשׂם, בקמצין, מן באב זהב, שלל. וקד תקדם אן מורי (ש״הש 5:1) פיה אשתראך מן מעני מורה צדק, אשר הורהו יהוידע הכהן (מל״ב 12:3). פי מעני אלתעלים ואלדלאלה. וישיר בה ללפיץ̇ אלעקלי אלפאיץ̇ עלי

אלנפס, אלד̇י יחצל בה אלכמאל ואלמערפה ואדראך חקאיק אלאמור ואלאסתדלאל עלי אלג̇איב ענהא מן אלחאצ̇ר. והו אלתעלים אלחכמי אלד̇י תנאלה מן כ̇ארג. לד̇לך געלה גנא מן ג̇ירה עלי מא קאל פי משלי שתה מים מבורך (משלי 5:15) והו אלצהריג אלד̇י יגמע פיה אלמא מן כ̇ארג. ובעדה אלפיץ̇ מן אלבאטן, ונוזלים מתך בארך (משלי 5:15). לאן אלבאר פי אלעבראני הו אלביר אלנאבע, וימצאו שם באר מים חיים (בר׳ 26:19). ת̇ם בעד ד̇לך אלתעלים ללג̇יר ואפאצ̇ה מא חצל מן אלכמאל למן כאן מסתעד. לד̇לך צאלח לה תשבה באלמבדא אלאול אלד̇י הו מפיץ̇ אלכמאל עלי כל קאבל חסב אסתחקאקה. פקאל יפוצ̇ו מעינותיך חוצה וג׳ (משלי 5:16), עלי מא סנבסט מעאני הד̇ה אלנצוץ̇ פי משלי. פכד̇לך קאל הנא אולא אריתי מורי עם בשמי (ש״הש 5:1) והו אלעלום אלתי תסתפאד מן אלכ̇ארג באלאסתדלאל ואלבחת̇ ואלנט̇ר. ת̇ם בעד ד̇לך אלאסתנתאג אלעקלי מן ד̇לך אלמתחצל מן כ̇ארג במא פיהא מן אלאסתעדאד אלטביעי להא באלד̇את פקאל אכלתי יערי עם דבשי (ש״הש 5:1). ויערי (ש״הש 5:1) הו אלשהד, אעני אלעסל בשמעה, לאנה אלשי אלטביעי מן ג̇יר ממארסה צנאעה. ומנה יסתכ̇רג אלעסל באלצנאעה. וענה יקול משלי דבש מצאת אכול דיך וג׳ (משלי 25:16) אלד̇י מענאה מת̇ל קולה פי קהלת ואל תתחכם יותר (קהלת 7:16) עלי מא יבין מן מעאניהא פי אמאכנהא. פקאל בעד תחציל אלנפס אלעלם מן כ̇ארג באלתעלם ואלאסתדלאל יחצל להא כמאל אזיד ד̇אתי, והו אכ̇ראג מא ענדהא מן אלכמאל, מן אלקוה אלי אלפעל. פתציר חקאיק אלמוגודאת מתצורה פי ד̇אתהא בחית̇ לא תטלב לה אסתדלאל מן אלכ̇ארג, או תעלים מן כתאב או ג̇יר כתאב. פאד̇א צארת בהד̇ה אלמרתבה חצלת פי סכר אלמחבה ולד̇ה אלעשק בחקיקה נפס אלשי אלפאיץ̇ עליהא אלד̇י הו חיניד̇ חקיקה צורתהא, לא שי ג̇ירהא. פקאל ען אלסכר שתיתי ייני (ש״הש 5:1), וען אלאלתד̇אד בד̇לך אלסכר ואלנשוה ואלדסומה אלחאצלה פי אלנפס עם חלבי (ש״הש 5:1). כמא קאל [...] כמו חלב ודשן תשבע נפשי (תה׳ 63:6). וען ישעיה ובלא מחייר יין וחלב (יש׳ 55:1).

אכלתי יערי עם דבשי (ש״הש 5:1). יערי (ש״הש 5:1) זנה שמני (הושע 2:7), ארצי (בר׳ 20:15). פדל אן יער זנה ארץ ושמן. ואנמא פתח לאגל אלחרף אלחלקי. ושרח פי יערי (ש״הש 5:1) קצב אלסכר, מן תרג̇ ותשם בסוף (שמ׳ 2:3), ושויאת ביערא. ואלט̇אהר אן אלקצב אלחלו לם יכן פי ד̇לך אלזמאן מערוף, לאנא נרי גאלינוס ומן בעדה מן אלאטבא בעד שלמה בקריב אלאלף סנה ולם יערפו סכר ולא קצב. בל סאיר שרבתהם בעסל אלנחל. ואמא סוף (ע׳ שמ׳ 2:3) אלד̇י תרגם יערא אלד̇י פיהא אנואע כת̇יר מן אלנבאתאת, קצב ודיס ואשגאר וג̇ירהא, מת̇ל את רעיהו ביער (דב׳ 19:5). ולד̇לך אסמי בה אלבסתאן אלד̇י ירבא פיה אלאשגאר אלג̇יר מת̇מרה, כאלאכ̇שאב אלד̇י תצלח ללעמאיר ושבההא יער צומח עצים (קהלת 2:6). ואמא יערי (ש״הש 5:1) פהו כמא קלנא, שהדה אלעסל, מת̇ל ביערת הדבש (שמ״א 14:27). והו קוי אלחלאוה שדיד אללד̇אד̇ה לכונה אלאמר אלטביעי כמא קלנא. פלמא ד̇כר הד̇א אלוצול ואלאתחאד וצף מת̇ל הד̇ה אלד̇את קאל אתמנא לסאיר אלאצחאב מת̇ל הד̇א ואלגמיע טאלבין אלכמאל אן יסכרו בהד̇א אלסכר וידוקו מן הד̇א אלטעאם ליעלמו לד̇תה, אכלו רעים שתו ושכרו דודים (ש״הש 5:1). פצאר גמלה מעני הד̇א אלפצל פי אלתמת̇יל אנה אשאר בקו̇ גן נעול אחותי כלה גל נעול מעין חתום (ש״הש 4:12) אלי מא להא מן אלכמאלאת ואלאדראכאת

באלקוה. פהי פיהא כֿפיה גֿיר טאהרה. וקו̇ שלחיך פרדס רמונים (ש״הש 4:13) אשארה למא טֿהר באלפעל מן אלכמאלאת ואלפצֿאיל ואלאדראכאת אלרפיעה אלמנזלה אלשריפה אלמרתבה אלתי תפוח אריאחהא עלי אלנפס פתשם ראיחה עלמהא אלאלאהי ומחלהא אלאצלי. פיחל להא אלשוק אלעטֿים ללאנכֿלאע מן עאלם אלגסמאניה ולהגה אללדֿאת אלחיואניה ואלאסתגֿראק פי אלאנואר אלאלאהיה ואללדֿאת אלעקליה. פקאל עם פרי מגדים (ש״הש 4:13), סאיר אללדֿאת מגמועה פי טיה. כפרים עם נרדים (ש״הש 4:13), סאיר אנואע אלאריאח. תֿם פצל וקאל נרד וכרכם (ש״הש 4:14), עם כל ראשי בשמים וג׳ (ש״הש 4:14) לאן הדֿה אלכמאלאת אלמתצלה בהא הי אצול כל סעאדה ולדֿה כל לדֿה ונהאיה כל מקצוד וגֿאיה כל כמאל. ומנהא כל בדאיה ואליהא תנתהי גֿאיה כל גֿאיה. ולכונהא פי אלחקיקה לא מתֿאל להא ולא תשביה יצֿאהיהא קאל ען הדֿא אלפיץ̇ אנה שביה באלמעין אלנאבע אלדֿי תפיץ̇ מנה ינאביע אלחיאה והואטלה מן אעלא אלגבאל וארפע אלמנאזל ואגלהא: מעין גנים באר מים חיים ונזלים מן לבנון (ש״הש 4:15). תקדירה מן הר לבנון (ע׳ ש״הש 4:15) עלי אלתמתֿיל לאנה אחסן אלגבאל ואעלאהא פי ארץ ישראל ואעטֿמהא כֿיראת ואכתֿרהא ברכאת. ולדֿלך מתֿל בה בית המקדש, ההר הטוב הזה והלבנון (דב׳ 3:25). לאן מא לא יוגד לה מתֿאל חקיקי לשרפיתה פי מתֿל עלי אלי אלמגאז באחסן מא ענדנא מן אלמנאטֿר ואלאריאח ואלמטאעם ובאעלי אלמוגודאת אלחסיה ובאשרף אלמכֿלוקאת אלמשאהדה. פוצף מן דלך אחסן מא אמכן עלי אלמגאז ואלאסתעארה לא עלי גהה קרע באב אלחקיקה. פלמא ראת אלנפס מא אל אמרהא אליה מן אללדֿה ואלסעאדה ותחקקת אן סבב טֿהור דלך עליהא וכֿרוגה מן טֿלאם אלקוה ואלאמכאן ואלכֿפא אלי צֿיא אלפעל ואלטֿהור ואלוגוד הו אגתמאעהא בדֿלך אלמחבוב אלשריף אלעטֿים אלשאן ותערפהא בה פקצדת זיאדה אלאתחאד וקוה אלאסתגֿראק ואלאשתראך מעה פי לדֿה ואחדה או מתקארבה. פקאלת עורי צפון וג׳ (ש״הש 4:16), יבאו דודי לגנו ויאכל פרי מגדיו (ע׳ ש״הש 4:16). יעני אלדֿי הו כאן אלסבב פי חצול מא חצל מנהא. פקאל להא בלסאן אלחאל קד חצל מא תמניתיה ושארכתך באלאתחאד פי אלגנאן, ואלמנסוב לי לא לך. באתי לגני אחותי כלה אריתי מורי עם בשמי וג׳ (ש״הש 5:1) תרתיב אלמראתב כמא תקדם. תֿם קאל חאתֿ עלי קבול אלכמאל אלדֿי לא ישיר אלעקל בגֿירה: תמתֿלו יא אצחאב ותשבהו יא מחבין לתנאלו מא נאלת הדֿה: אכלו רעים שתו ושכרו דודים (ש״הש 5:1).

5:2

אֲנִי יְשֵׁנָה וְלִבִּי עֵר קוֹל ׀ דּוֹדִי דוֹפֵק פִּתְחִי־לִי אֲחֹתִי רַעְיָתִי יוֹנָתִי תַמָּתִי שֶׁרֹּאשִׁי נִמְלָא־טָל קְוֻצּוֹתַי רְסִיסֵי לָיְלָה׃

אני ישנה ולבי ער (ש״הש 5:2) אשארה אנהא למא וצלת הדֿה אלמרתבה ושרפת הדֿה אלמנזלה צאר פיהא מן אלקוה אן תכון משתגֿלה בתדביר אלגסם אלדֿי הו כאלנום להא. והי מע דלך מטלעה עלי גהתהא אלעאליה מתגהה אלי מחבובהא. פתכון באלטֿאהר מע אלגסם ותדביר צֿרוריאתה,[21] ובאלבאטן משתגֿלה במחבובהא וסמאע כֿטאבה ואואמרה. קול דודי דופק (ש״הש 5:2) יטרק אלבאב. וצֿמיר דופק (ש״הש 5:2) ען אלדוד, לא ען

[21] טֿרוריאתה Ms

אלקול. אחתי (ש״הש 5:2) בכונהא מן עאלמה. רעיתי (ש״הש 5:2) בחסב אלמצאחבה אלמתגרדה בעד אלתג̇רב ואלנסיאן. יונתי (ש״הש 5:2) בחסב תד̇כרהא לה ועודהא אלי וטנהא אלאצלי ולם תנסאהא לטול מדה אלג̇יבה שביה בצפה אלחמאם פי ד̇לך כמא תקדם. תמתי (ש״הש 5:2) בכון אן כמאלהא מנסוב אליה חסב אשראק נורה עליהא. ומעני פתחי לי (ש״הש 5:2) אסתעדי ללקיא מא יפיץ̇ עליך מן גהתי ממא תלקיתה ממא פאץ̇ עלי מן מרתבה אעלא מן מרתבתי אלתי נסבתי אליהא נסבתך אלי. וען ד̇לך אלפיץ̇ קאל שראשי נמלא טל (ש״הש 5:2). והד̇א הו אלד̇י קאלת אלחכמא ז״ל וטל שעתיד להיות בו מתים. קוצותי רסיסי לילה (ש״הש 5:2) אטראף אלשער ויעני בה אלאלצ̇פאיר. והו תכראר למעני ראשי נמלא טל (ע׳ ש״הש 5:2) לאן אלשער יסמי באלראס: ויגז את ראשו (איוב 1:20) מכאן שערו. ורסיסי לילה (ש״הש 5:2) מת̇ל טל (ש״הש 5:2). ומנה קיל לרוס את הסולת (יח׳ 46:14). אי ירשה ויבלה. ותרג̇ וכרביבים על עשב (מיכה 5:6) וכרסיסי מלקושא דעל עשבה. פצאר אלמעני מתכרר מת̇ל אשירה ליוי בחיי, אזמרה לאלהי בעודי (תה׳ 104:33), בסודם אל תבא נפשי בקהלם אל תחד כבודי (בר׳ 49:6).

5:3

פָּשַׁ֨טְתִּי֙ אֶת־כֻּתָּנְתִּ֔י אֵיכָ֖כָה אֶלְבָּשֶׁ֑נָּה
רָחַ֥צְתִּי אֶת־רַגְלַ֖י אֵיכָ֥כָה אֲטַנְּפֵֽם׃

פשטתי את כותנתי איככה אלבשנה (ש״הש 5:3). קאלת לה בלסאן אלחאל: לא תכ̇שא אני אעוד אתרך צחבתך וארגע לחאלי אלאול ולבאס כת̇אפה אלגסמאניה ואחתמאל קד̇ארה אלאפעאל ואתסאך̇ אלאסבאב ורדאה אלאכ̇לאק, פאני קד תגרדת ען ד̇לך תגרד חקיקי, פלא רגעה לי אליה ולא שוק ילחקני לה ולא אסף עלי פרקתה. איככה אטנפם (ש״הש 5:3), כיף אוסכהם. והד̇ה אללג̇ה משהורה פי כלאם אלאואיל כת̇יר טינוף ומטנפין את הפירות ואת הידים . וקיל אן חנף ותחניפו מת̇לה באבדאל אלחא בטא מן נט̇אם אחרף אלמעגם.

5:4

דּוֹדִ֗י שָׁלַ֤ח יָדוֹ֙ מִן־הַחֹ֔ר וּמֵעַ֖י הָמ֥וּ עָלָֽיו׃

דודי שלח ידו מן החור (ש״הש 5:4), תקב מת̇ל ויקב חור בדלתו (מל״ב 12:10). ומענאה מד לי וחיה ואדראכה מן אלסר אלבאטן. ומעי המו עליו (ש״הש 5:4). אנזעג באטנהא ואחתרק קלבהא. לאן מעים כ̇אץ̇ באלאמעא ועאם לסאיר אלבאטן, מת̇ל בטן וכליות עלי מא בינא פי ספר איוב ותהלים.

5:5

קַ֥מְתִּֽי אֲנִ֖י לִפְתֹּ֣חַ לְדוֹדִ֑י
וְיָדַ֣י נָֽטְפוּ־מ֗וֹר וְאֶצְבְּעֹתַי֙ מ֣וֹר עֹבֵ֔ר עַ֖ל כַּפּ֥וֹת הַמַּנְעֽוּל׃

וידי נטפו מור (ש״הש 5:5), אלמסך. ואצבעתיו מור עבר (ש״הש 5:5). מסך כ̇אלץ מת̇ל מר דרור (שמ׳ 30:23). והו יריד שמן מור (אסתר 2:12) כמא תקדם. ועבר (ש״הש 5:5) פאיח מתעדי. על כפות המנעול (ש״הש 5:5), אלמג̇לק, מן קו̇ ננעלו הדלתות וכפות.

אלרזאת אלתי תעבר אלמג̇אלק פיהא. ומעני קמתי אני לפתוח לדודי (ש"הש 5:5) בדו
אלריאצ̇ה ואלתהיי לקבול אלפיץ̇ אלעקלי באצלאח אלאכ̇לאק ותהד̇יב אלבאטן ואלאכ̇ד̇
פי מבאדי אלעלום. פחצל אלשוק אלקוי אלחאת̇ עלי אלתגרד ואלכ̇רוג ען אלגסמאניה,
כמא יגרי לכל אחד חין אלבדאיה לקלה אלת̇באת וצ̇עף אלקוה. פיחצל אלטיש ואלקלק
ועדם אלצבר. ואלתת̇בת שביה באלסכר אלחאצל בג̇תה מן כ̇מר קוי ג̇יר מאלוף. פאד̇א
אלפתה אלאעצ̇א ואלדמאג̇ אסתכן ד̇לך אלסכר וקוי אלאנסאן עלי אחתמאלה ואלת̇באת
עליה. והד̇ה אלמרתבה קבל אלתי תקדמת, לאן הד̇ה בדאיה ותלך בעדהא. ואנמא אלנצוץ
לם תקצד פי ד̇לך נט̇אם, בל מעאני מפצלה חסב. לד̇לך קאלת בעד ד̇לך

5:6

פָּתַחְתִּי אֲנִי לְדוֹדִי וְדוֹדִי חָמַק עָבָר
נַפְשִׁי יָצְאָה בְדַבְּרוֹ בִּקַּשְׁתִּיהוּ וְלֹא מְצָאתִיהוּ קְרָאתִיו וְלֹא עָנָנִי׃

פתחתי אני לדודי ודודי חמק וג' בקשתיהו ולא מצאתיהו קראתיו ולא ענני (ש"הש 5:6), לאן מרתבתהא בעד פיהא בעד. וקותהא צ̇עיפה ען ד̇לך לכונהא פי בדאיה אלריאצ̇ה ואול אלעלם. ולד̇לך תעיקהא אלקוי אלגסמאניה אלתי הי שומר החומות (ש"הש 5:7) ותמנעהא כמאלהא אלחקיקי וסתרתהא אלמוקיה לה אלתי מת̇לתה בקולהא נשאו את רדידי מעלי שמרי החמות (ש"הש 5:7). אי אלמאנעין ען אלצעוד אליהא, מת̇ל לשמור את דרך עץ החיים (בר' 3:24), עלי מא תקדם ביאנה. ת̇ם אן תעריפהא למחבובהא אנמא הו בצפאת לאחקה לה בחסב אלאפעאל לא בחסב תעריף אלד̇את כמא יבין. ומעני חמק (ש"הש 5:6) אסתדאר. ומנה קיל חמוקי ירכיך (ש"הש 7:2), אסתדארה אלאעכאן שבה אלכ̇רז, כמו חלאים (ש"הש 7:2), עד מתי תתחמקין (ירמ' 31:22), תסתדירין ותתרדדין. וקו̇ חמק עבר (ש"הש 5:6) יחתאג ואו עטף. מת̇ל אדם שת אנוש (דה"א 1:1) שמש ירח וג' (חבקוק 3:11). ותקדירה ודודי חמק ועבר (ע' ש"הש 5:6), לאן פעלין לא ינתט̇ם מנהם קצ̇יה יט̇הר להא מעני. פלולא אלאסם אלדוד אלמתקדם לם יפהם לחמק עבר מעני. וכד̇לך כרע נפל שכב (שופטים 5:27) תחתאג ואו עטף.

5:7

מְצָאֻנִי הַשֹּׁמְרִים הַסֹּבְבִים בָּעִיר הִכּוּנִי פְצָעוּנִי
נָשְׂאוּ אֶת־רְדִידִי מֵעָלַי שֹׁמְרֵי הַחֹמוֹת׃

מצאוני השומרים (ש"הש 5:7), אלקוה אלבדניה אלחאפט̇ה ללגסם אלמחיטה בה פי סאיר צ̇רוריאתה ומנאפעה. הסבבים בעיר (ש"הש 5:7). ומעני הכוני פצעוני (ש"הש 5:7) ואחד מן פעל למי פצעים חנם (משלי 23:29) . ואלמעני אנהם אצ̇עפוהא ען אן תגתמע באלמעשוק או תראה. חיניד̇ נשאו את רדידי (ש"הש 5:7). גמעה והרדידים (יש' 3:23) והו אלרדא אלד̇י יתג̇טא בה מן פוק אלת̇יאב גמיעהא.

5:8

הִשְׁבַּעְתִּי אֶתְכֶם בְּנוֹת יְרוּשָׁלִָם
אִם־תִּמְצְאוּ אֶת־דּוֹדִי מַה־תַּגִּידוּ לוֹ שֶׁחוֹלַת אַהֲבָה אָנִי׃

השבעתי אתכם בנות ירושלם (ש״הש 5:8). קד תקדם אנה אשארה ללקוי אלמדברה אלמדרכה אלתי מחלהא אלדמאג̇ וסאיר אלחואס אלט̇אהרה. מה תגידו לו (ש״הש 5:8). אלא אכ̇ברתוה מא ט̇הר לכם מן שוקי אליה ותמרצ̇י לפראקה ושדה אפראט מחבתה. שחולת אהבה אני (ש״הש 5:8). ומעני הד̇א אלקול להם תביין אשתג̇אלהא ושג̇פהא ללמעקולאת ואלמיל אלי ד̇לך בכליתהא. ואנקטאע מילהא אלי אלחואס ואלמחסוסאת שביה באלעאשק אלולהאן אלד̇י לא ישער באלמחסוסאת לשדה אשתג̇אל פכרה במעשוקה. ולד̇לך יציר כאלמבהות אלג̇איב.

5:9

מַה־דּוֹדֵךְ מִדּוֹד הַיָּפָה בַּנָּשִׁים
מַה־דּוֹדֵךְ מִדּוֹד שֶׁכָּכָה הִשְׁבַּעְתָּנוּ:

מה דודיך מדוד היפה בנשים (ש״הש 5:9). אלהא ללנדא, מענאהא יא אחסן אלנסא ואג̇מלהן. מה דודיך מדוד שככה השבעתנו (ש״הש 5:9). אלשין בדל אשר. יענו אי שי צפתה ואי שי הו פנחן לא עלם לנא בה ולא בשי מן אחואלה. ת̇ם אי מנזלה מנזלתה חתי תסתחלפינא ענה. מת̇ל הד̇ה אלאימאן אלעט̇ימה אלדאלה עלי עט̇ים אלשוק וג̇לאלה אלמרתבה. פאכ̇ד̇ת אן תצף צפאת אלבסאטה ועדם אלכת̇אפה ואלתרכיב ושדה אלקוה פי אלאדראך ואלת̇באת פי אלבקא עלי מא סבק תפצילה פי אלשרח אלט̇אהר.

5:10

דּוֹדִי צַח וְאָדוֹם דָּגוּל מֵרְבָבָה:

דודי צח (ש״הש 5:10), צאפי, נקי מת̇ל צחו מחלב (איכה 4:7). ואדום (ש״הש 5:10), צאפי שפאף מת̇ל אליאקות. מת̇ל אדמו עצם מפנינים ספיר גזרתם (איכה 4:7). ומענאה אלבסאטה ועדם אלצור ואלאשכאל ואלאלואן אלג̇סמאניה. דגול מרבבה (ש״הש 5:10), אעלי וארפע מן כל רפיע ואג̇ל מן כל ג̇ליל. מן דגל אלד̇י הו אלבנד אלעאלי ואלעלם אלמרתפע. ומנה קיל ובשם אלהינו נדגול (תה׳ 20:6). ורבבה (ע׳ ש״הש 5:10), כת̇רה אלעדד. אי רבוה והי עשרה אלאף, וכונהא מתצ̇אעף מן רב. וקד יכון כת̇רה עדד מת̇ל עם רב (בר״ 50:20). וקד יכון עט̇מה מנזלה: על כל רב ביתו (אסתר 1:8) ורבי המלך (ירמ׳ 41:1) מת̇ל גדולי המלך. לאן רב הו תרג̇ גדול ופיה איצ̇א הד̇א אלאשתראך פי הד̇ין אלמעניין. פלד̇לך קאלת אן דגול מרבבה (ש״הש 5:10) אעט̇ם מן כל עט̇ים ואג̇ל מן כל כביר וג̇ליל.

5:11

רֹאשׁוֹ כֶּתֶם פָּז קְוֻצּוֹתָיו תַּלְתַּלִּים שְׁחֹרוֹת כָּעוֹרֵב:

ראשו כתם פז (ש״הש 5:11) יריד ככתם. וקיל אנה אסם ללדהב. וקיל פצוץ גוהר עזיז. קוצותיו תלתלים (ש״הש 5:11), דואיבה, כמא תקדם פי שרח קוצותי רסיסי לילה (ש״הש 5:2). ותלתלים (ש״הש 5:11) פסר פיה ״מתראכמה עאליה״. מת̇ל על הר גבוה ותלתול (יח׳ 17:22). אי עאלי מתראכם בעצ̇ה עלי בעץ̇, כאנה מעלק פי אלג̇ו.

5:12

עֵינָ֕יו כְּיוֹנִ֖ים עַל־אֲפִ֣יקֵי מָ֑יִם רֹֽחֲצוֹת֙ בֶּֽחָלָ֔ב יֹשְׁב֖וֹת עַל־מִלֵּֽאת׃

עיניו כיונים על אפיקי מים (ש״הש 5:12), גֿדראן אלמא. ואלמא מן בעד יבאן לונה אזרק ואלחמאם ביץֹ מחיטה בדֿלך אלגֿדיר. פשבה דֿלך באלביאץֹ אלדֿי פי אלעין מחיט באלסואד. ותעני בדֿלך שדה צפא אדראכאתה ועטֿים לטאפתהא ובסאטתהא כאלמא אלצאפי אלשפאק ולטף אלחמאם וטֿראפתהא ודֿכאהא פי מערפה אלטרק אלמקצודה. רחצות בחלב (ש״הש 5:12) ישיר אלי שדה ביאץֹ אלחמאם ועטֿים צפא אלביאץֹ פי אלעין וצפא אלאדראך ודואם פיצֹה, כאללבן מן אלתֿדי. ישבות על מלאת (ש״הש 5:12), גֿאלסאת עלי נטֿאם ואעתדאל, מן גֿיר זיאדה ולא נקץ. ויריד בדֿלך כמאל אלעינין ואעתדאלהמא. ורבמא אראד בה אלתרציע מן ומלאת בו מלואת אבן (שמ׳ 28:17) וישיר אלי תרציע אלסואד פי וסט אלביאץֹ ונטֿמהם כנטֿאם אלעקוד אלתי תעמל מן אלואן מכֿתלפה. או תרציע אלאראצֿי באלואן מכֿתלפה מן אלאחגֿאר. ואן כאן טֿאהר אלקול וצף ללאטיאר פי אנתטֿאם גֿלוסהם פמענאה כמאל אלאדראך אלעקלי ואנתטֿאמה עלי אצח מעני ואתֿבת חאל בשדה צפא וקוה תֿבאת.

5:13

לְחָיָו֙ כַּעֲרוּגַ֣ת הַבֹּ֔שֶׂם מִגְדְּל֖וֹת מֶרְקָחִ֑ים
שִׂפְתוֹתָיו֙ שֽׁוֹשַׁנִּ֔ים נֹטְפ֖וֹת מ֥וֹר עֹבֵֽר׃

לחיו כערוגת הבושם (ש״הש 5:13), אלמוצֿע אלדֿי יעמל כאלחוץֹ פי אלבסתאן. ויזרע פיה מא יריד זרעה אחואץֹ אחואץֹ לאגֿל אן יתֿבת פיה אלמא חין סקיה. ותסמי מצֿארב[22] ותסמי מסאכב. מגדלות מרקחים (ש״הש 5:13), מנאבת אלאטיאב אלעטרה, אי מוצֿע מרבאהא. וקיל תרביה אלעטר ואלטיב. אי אן דֿלך אלשער אלמשבה באלטיב פי אלמצֿארב נבת מן גֿיר חנה. אי אסרע נבאתה כתֿרה אסתעמאל אלטיב עלי טריק אלתמתֿיל. וקיל כאבראג אלטיב מן מגדל. שׂפתותיו שושנים (ש״הש 5:13) הו אלורד לא מחאלה. פשבה בה אלשפתין וגמע פי אלוצף אלחמרה ואלרקה ואלנעומה. ואלמראד בשׂפתותיו (ע׳ ש״הש 5:13) נטקה. לדֿלך קאל נטפות מור עבר (ש״הש 5:13). אי תקטר אלמעארף ואלאדראכאת בנטק תפוח מנה אריאח טיבה ותתעדא אלאקטאר.

5:14

יָדָיו֙ גְּלִילֵ֣י זָהָ֔ב מְמֻלָּאִ֖ים בַּתַּרְשִׁ֑ישׁ
מֵעָיו֙ עֶ֣שֶׁת שֵׁ֔ן מְעֻלֶּ֖פֶת סַפִּירִֽים׃

ידיו גלילי זהב (ש״הש 5:14). אגלה מן דֿהב, אי אעמדה. ומתֿלה על גלילי כסף (אסתר 1:6). ופסר פיה בכראת דֿהב, ואלאול אצח. ממלאים בתרשיש (ש״הש 5:14), מרצעה באליאקות אלאזרק. ואסמי בה אלסמא לכונה ירי ען אלבעד אזרק. וכדֿלך אלבחר איצֿא אסמי תרשיש (ע׳ ש״הש 5:14) לזרקתה פי ראיא אלעין, לאגֿל שפוף אלמא כשפוף אלפלך. וקד קלנא פי דֿלך אלשרח אלמתקדם אן הדֿה צפתה בחסב מא יצל מן אלפיץֹ

Ms. מטארב Two lines later Tanchuma writes the same word correctly. [22]

אלעקלי אלי עאלם אלאפלאך. כמא קיל וידי אדם מתחת כנפיהם (יח׳ 1:8). וען דלך קיל ידיו גלילי זהב ממלאים בתרשיש (ש״הש 5:14). לאנה אבתדא באעלא אלכמאל ואלצפא ואלבסאטה ואלעטֿמה כמא קלנא פי דגול מרבבה (ש״הש 5:10). תֿם מא דונה מן אלמכֿלוקאת אלשריפיה ראשו כתם פז (ש״הש 5:11), אלעקל אלאול. קוצותיו תלתלים שחורות כעורב (ש״הש 5:11), אלפלך אלאטלס עלי עטֿמתה ושפופה ורפעתה. לכנה אסוד כתֿיף מטֿלם באלנסבה לעאלם אלעקול אלערי ען אלגסמאניה, כמא שרחנא פי איוב, פי קול אליפז הן בקדושיו לא יאמין ושמים לא זכו בעיניו (איוב 15:15). וכדלך במלאכיו ישים תהלה (איוב 4:18) אן מענאה כתֿאפה וגלטֿ ואטֿלאם , צֿד ותהלתו מלאה הארץ (חבקוק 3:3) אלדי הו צֿיא ולמיע מן עטישותיו תהלה אור (איוב 41:10) בהלו נרו עלי (איוב 29:3) [עלי] מעני והארץ האירה בכבודו (יח׳ 43:2). פקאל ען דלך שחורות (ש״הש 5:11) באלנסבה לצפא אלעקול ונורהם. וען דלך יקול אלנץ ענן וערפל סביביו (תה׳ 97:2). וכדלך ישת חשך סתרו (תה׳ 18:12). תֿם דכר מא יצדר להא מן גהתהא מן אלאדראכאת ואלאנואר עיניו כיונים על אפיקי מים (ש״הש 5:12). תֿם אלכואכב פי אלפלך אלתֿאמן ואלברוג אלמרצעה דאירה בה לחיו כערוגת הבושֿם (ש״הש 5:13). ומא יפיץֿ מן דלך לתדביר עאלם אלאספל בואסטה חרכאתה ואאכֿתלאף אלאזמאן ואלתאתֿיראת ואלפצול אלמתגֿירה בחסב תנקל הדֿה אלברוג מקאבלה אלשמש לכל ואחד מנהא. וען דלך קאל שֿפתותיו שושנים נטפות מור עבר (ש״הש 5:13). תֿם בקיה אלאפלאך: ידיו גלילי זהב ממלאים בתרשיש (ש״הש 5:14). תֿם אכֿתלאף חרכאתהא באלסרעה ואלאבטא ואלגהה ואכֿתלאף אלתאתֿיר אלצאדר ענהא: מעיו עשת שן מעולפת ספירים (ש״הש 5:14). ואלאשארה בקולה ממלאים בתרשיש (ש״הש 5:14) וכדלך מעולפת ספירים (ש״הש 5:14) אלי תרציע אלכואכב פי אלאפלאך. תֿם דכר עאלם אלספל ואבתדא מן אשרף אלאסתקסאת אלמתצלה באלאפלאך פקאל

5:15

שׁוֹקָיו֙ עַמּ֣וּדֵי שֵׁ֔שׁ מְיֻסָּדִ֖ים עַל־אַדְנֵי־פָ֑ז
מַרְאֵ֙הוּ֙ כַּלְּבָנ֔וֹן בָּח֖וּר כָּאֲרָזִֽים׃

שוקיו עמודי שש (ש״הש 5:15) והי אלנאר ואלהוי לצפאהם ושפופהם. מיוסדים על אדני פז (ש״הש 5:15), אלמא ואלארץֿ, מתֿל על מה אדניה הטבעו (איוב 38:6). ואיצֿא איפיה היית ביסדי [ארץ] (איוב 38:4). מראהו כלבנון (ש״הש 5:15), אלמעדניאת. בחור כארזים (ש״הש 5:15), אלנבאתאת.

5:16

חִכּוֹ֙ מַֽמְתַקִּ֔ים וְכֻלּ֖וֹ מַחֲמַדִּ֑ים
זֶ֤ה דוֹדִי֙ וְזֶ֣ה רֵעִ֔י בְּנ֖וֹת יְרוּשָׁלִָֽם׃

חכו ממתקים (ש״הש 5:16), אצנאף אלחיואן אלדי וגד פיה אלחואס ואדראך אללדֿה ואלחלאוה ואלאלם וסאיר אלטעום. וכלו מחמדים (ש״הש 5:16), אלנוע אלאנסאני ואלנפס אלנאטקה. זה דודי וזה רעי (ש״הש 5:16), אלעקל אלחאצל באלפעל והו אלמסתפאד באשראק אלעקל אלדי יסמי באלפעל לכונה יכֿרג אלנפס אלנאטקה מן

אלקוה אלי אלפעל, עלי מא בינא פי קהלת ענד קולה והחוט המשולש לא במהרה ינתק (קהלת 4:12). וקד תקדמת הדה אלמעאני פי אלשרח אלאכר אלדי עלי לסאן כנסת ישראל באבסט מן הדה אלקול ובתגייר עבארה ישראל. לדלך אכתצרנאה הנא. פאכשפה מן תם ואקרן בה מא קיל הנא פיטהר לך אלמעני ען אכרה. ופיה איצא הנא תגייר יסיר ען דלך אלמכאן בחסב תקדים ותאכיר, לכן אלמעני בגמלתה ואחד. פנעוד אלי שרח אללפטה ואשתקאקהא.

מעיו עשת שן (ש״הש 5:14) יריד כעשת, אי כצפא אלעאג וצקאלתה, מן שמנו עשתו (ירמ׳ 5:28). אי צקלוא וסמנוא וצפא לונהם. וכדלך ברזל עשות (יח׳ 27:19) צקיל והו צפה ללברזל. ושן (ש״הש 5:14) הו אלעאג. מתל בתי השן (עמוס 3:15) והו בית עמלה אחאב מן עאג. מעולפת ספירים (ש״הש 5:14), מגשאה באלמהא. מן ותכס בצעיף ותתעלף (בר׳ 38:14). ואלתלפע ענד אלערב אן ישתמל אללאבס באלתוב, והו מקלוב מן הדא אללפט אלעבראני. עמודי שש (ש״הש 5:15), רכאם, ואליא לינה פיה לאן אלאצל שיש, ואבני שיש לרוב (דה״א 29:2). מיוסדים על אדני פז (ש״הש 5:15), מואססין עלי קואעד מן דהב. ופז הו אעלא אלדהב ואפכרה. לדלך יוצף בה אלדהב לידל אנה דהב פאיק עאל, כקו׳ זהב מופז (מל״א 10:18). כמא תקול אלערב ליל אליל, אי קוי אלטלמה. ותם מן שרח פז (ש״הש 5:15). ומתלה כתם פז (ש״הש 5:11), קיל פצוץ מן גוהר. פאן כאן כדלך פיכון כתם ופז משתרך ללדהב וללפצוץ אלגוהריה. מתל איכה יועם זהב ישנא הכתם הטוב (איכה 4:1). תם קאל תשתפכנה אבני קודש (איכה 4:1). מראהו כלבנון (ש״הש 5:15). יריד כהר הלבנון, אי אנה פי אלחרמה ואלעטמה וגמע אלכצאל אלמחמודה מן אלאראיח ואלמאכולאת וסאיר אלמנאפע שביה בגבל אללבנאן. בחור כארזים (ש״הש 5:15). מכתאר כאלארז פי אלאסתעלא ואלקוה ואלתבאת. כמא שבהת קוה ישראל וענאיתהם אלואצלה להם מן אלעאלם אלאלאהי כארזים עלי ימים (במד׳ 24:6). חכו ממתקים (ש״הש 5:16), חנכה. ויריד בה חלאוה אלנטק. וכלו מחמדים (ש״הש 5:16). אי תוגד פיה סאיר אלמשתהאת ואלמנאת ואלמחאסן. כמא שבהה בהר הלבנון אלדי וגד פיה כל משתהי. ודלך באן כל צורה חסנה וכל מעני יוגד פי הדא אלעאלם אלחסי פהו כיאל ומחאכאה ללצור אלעקליה אלחאצלה פי עאלם אלעקל באלפעל. ומן תלך אלצור תוגד כל צורה פי הדא אלעאלם לכונהא תם חקיקיה דאתיה דאימה גיר מתחללה. והי הנא מתלאשיה מתחללה מנתקלה מתגירה בתגיר אלחאמל להא. ולדלך כלמא יחב הנא ויתמנא וישתהא פהו הנאך בנוע אעלא ואשרף ואגל וארפע ואתבת, בל לא נסבה בין אלחקיקיה ואלתשביה ואלמתאל. כמא אן לא נסבה בין שכץ אלאנסאן אלחי אלנאטק ובין צורה אלאנסאן אלמשכלה פי אלחאיט מע כונהא מאכודה מנהא מנקולה עלי מחאכאתהא. וקיל אן מחמדים (ש״הש 5:16) מפאכר. מתל איש חמודות (דניאל 10:11.19), בחורי חמד (יח׳ 23:6.12), בנה [הגדול] החמודות (בר׳ 27:15). זה דודי וזה רעי (ש״הש 5:16). הדה צפאת מחבובי אלאן וצאחבי אלקדים מן אול אלדהר.

6:1

אָנָה הָלַךְ דּוֹדֵךְ הַיָּפָה בַּנָּשִׁים אָנָה פָּנָה דוֹדֵךְ וּנְבַקְשֶׁנּוּ עִמָּךְ׃

אנה הלך דודך וג׳ (ש״הש 6:1), אנה פנה דודך (ש״הש 6:1) הל לה גהה יקצד פיהא או יטלב מנהא עלי אלאמר אלמתעארף פי אלעאלם אלגסמאני? באן כלמא יטלב ויקצד לא בד ואן יטלב פי גהה מן אלגהאת, פי מכאן וזמאן. פקאלת בלסאן אלחאל אן ליס לה גהה עלי אלחקיקה ולא יחויה מכאן ולא וצול אלי מרתבתה למן הו דונה. לכן לה גנאן מתדבר בכרים פיצֿה וכמאל מנזלתה בחסב מא יצדר מן כמאלה למן דונה כרם וכֿיר מנה תשבה במדבאה. פאדֿא אתגה אלי תדביר דֿלך אלגנאן חצל ללנפוס מנה פיץֿ כרים וסעאדה מתצלה, הו קו׳

6:2

דּוֹדִי֙ יָרַ֣ד לְגַנּ֔וֹ לַעֲרוּג֖וֹת הַבֹּ֑שֶׂם לִרְעוֹת֙ בַּגַּנִּ֔ים וְלִלְקֹ֖ט שׁוֹשַׁנִּֽים׃

קד תקדם פי צפאת אלנפס כשושנה בין החוחים (ש״הש 2:2) עלי מא שרחנאה. פיכון צֿמיר לרעות בגנים (ש״הש 6:2) עאיד עליה: אנה ידבר אלעאלם בכרמה ופיץֿ כמאלה. וצֿמיר ללקט שושנים (ע׳ ש״הש 6:2) ען קבול אלנפוס מא תקבלה מן דֿלך אלפיץֿ ותתכמל בה מן דֿלך אלכמאל פיחצל אלאתחאד ואלאצטחאב. לדֿלך אכֿתם אלקול

6:3

אֲנִ֤י לְדוֹדִי֙ וְדוֹדִ֣י לִ֔י הָרֹעֶ֖ה בַּשּׁוֹשַׁנִּֽים׃ ס

אני לדודי ודודי לי (ש״הש 6:3). אי אנא צרנא ואחד. תֿם וצפתה אתמאם ללמעני ותביין לסרה: הרועה בשושנים (ש״הש 6:3). אי אלמדבר [ל]לנפוס.

6:4

יָפָ֨ה אַ֤תְּ רַעְיָתִי֙ כְּתִרְצָ֔ה נָאוָ֖ה כִּירוּשָׁלָ֑͏ִם אֲיֻמָּ֖ה כַּנִּדְגָּלֽוֹת׃

יפה את רעיתי כתרצה (ש״הש 6:4), אסם בלד. לא שך אנהא כאנת חיניד אחסן אלמדן ואצֿרפהא. והי מדֿכורה פי קצה אחאב, והי כאנת כרסי ממלכת מלכי ישראל, מתֿל ירושלם למלכי יהודה. ופי אלאסם מע דֿלך אשתראך למעני אלרצֿא, ורציתי אתכם (יח׳ 43:27), רצון יראיו יעשה (תה׳ 145:19). מתֿל חזון, מן חזה. ודֿלך אנהא למא וצלת אלי אלמקאם אלמדֿכור קבל הדֿא מן אלאסתגֿראק פי מחבה אלמחבוב ואלמיל אלי אלכמאל אלעקלי בכליתהא חצל להא אלרצֿא אלמטלק. ואן חסנהא מרצֿי ענד כל אחד ולא נקץ ילחקהא לתכרה בסבבה כמא וצפתה. אי אנה מני כל מתמני ושהוה כל משתהי. נאוה כירושלם (ש״הש 6:4). קד עלמת אן ירושלם כאן אסמהא אולא שלם, כמא קיל מלכי סדק מלכי שלם (בר׳ 14:18). ואלדליל אנהא ירושלם קו׳ ויהי בשלם סוכו ומעונתו בציון (תה׳ 76:3). והדֿה אללגֿה תדל עלי אלכמאל איצֿא. וללנסבה אליהא קאל שובי שובי השלומית (ש״הש 7:1) כמא סנבין. ומעלום אן אברהם ע׳ ה׳ לקבהא בחסב מא ראי פיהא מן אלכמאל וחצל לה מן אלוחי אלנבוי ואלכֿטאב אלאלאהי יוי יראה (ע׳ בר׳ 22:8). ועלל דֿלך בכונה תגלי לה אלחק בדֿלך אלגבל בהר יוי יראה (בר׳ 22:14). פרכבת תסמיה אברהם מע אלאסם אלמתקדם פצאר ירושלם. ויכתבוהא בלא יא ללתנביה עלי אלאסם אלצלי אלדֿי הו שלם. וכתבו בדל אלף יראה ואו וצאר כאנהא אמר מן מעני אלכֿוף. מתֿל יראו את יוי קדושיו (תה׳ 34:10). כאנה ישיר כפו ממן אחל נורה פי הדֿא אלמכאן

אלשריף. פתרכב אסם ירושלם מן מעני אלכמאל ומן מעני אלאדראך אלאלאהי יוי יראה (ע׳ בר׳ 22:8) ומן מעני אלהיבה ואלכ̇וף מן בין ידי אלגנאב אלאלאהי. ולהד̇ה אלמעאני מת̇ל בתרצה ובירושלם, לאן הד̇ה אלצפאת ילזם אן תוגד פי אלמלה אלמתכלם בלסאן חאלהא ופי אלנפס אלד̇י אלתמת̇יל פי צפאתהא. פקאל אן הד̇ה אלמלה אלממת̇לה באלמראה אלחסנה אלמחבובה ואלנפס אלמשאר אליהא מרצ̇יה באעט̇ם אלרצ̇א וחסנה פי ג̇איה אלחסן. פינבג̇י אן יכון כמאלהא מנאסב לחסנהא לישבה אלבאטן מנהא ללט̇אהר ותנאסב אלצורה אלד̇אתיה אלבאטנה פי אלחסן ואלרצ̇א ואלכמאל ללצורה אלט̇אהרה. איומה כנדגלות (ש״הש 6:4). היובה רפיעה אלשאן כאלבנוד אלעאליה ואלאעלאם אלרפיעה, מן דגל (ש״הש 5:10). ואיומה (ש״הש 6:4) מונה איום ונורא (חבקוק 1:7) . והו צפה, אי היוב מכ̇וף.

6:5

הָסֵבִּי עֵינַיִךְ מִנֶּגְדִּי שֶׁהֵם הִרְהִיבֻנִי שַׂעְרֵךְ כְּעֵדֶר הָעִזִּים שֶׁגָּלְשׁוּ מִן־הַגִּלְעָד׃

6:6

שִׁנַּיִךְ כְּעֵדֶר הָרְחֵלִים שֶׁעָלוּ מִן־הָרַחְצָה שֶׁכֻּלָּם מַתְאִימוֹת וְשַׁכֻּלָה אֵין בָּהֶם׃

6:7

כְּפֶלַח הָרִמּוֹן רַקָּתֵךְ מִבַּעַד לְצַמָּתֵךְ׃

הסבי עיניך מנגדי שהם הרהיבני (ש״הש 6:5), אפתנתני בשדה חסנהא. ואצל אלכלמה מן מעני אלרהבה ואלכ̇וף ואלעט̇מה, מן המחצבת רהב (יש׳ 51:9). כאנה יקול: אזאלו היבתי ועט̇מתי ואד̇לוני. ואלמעני אנה כאן בעיד אלמראה צעב אלאדראך עסר אלתערף ולא יעלם לה ד̇את ולא צפה טאלמא כאנת אלנפס מנחרפה ען אלאלתפאת אליה. ולמא אלתגאת אליה ותערפת ט̇הר מנה מא כאן כ̇פי וערף מא כאן מגהול מן צפאתה ואפעאלה. פקאל בלסאן אלחאל עלי טריק אלכ̇טאבה ואלמגאז: אלתפאתך אלי ותטלעך לגנאבי אזאל עט̇מתי, פאדירי וגהך עני. במעני תדלל עלי מחבובתה וצורה אנבסאט בינהם עלי אלאמר אלמתעארף בין אלנאס פי ד̇לך. עלי חכם דברה תורה כלשון בני אדם. והסבי (ש״הש 6:5) מן דואת אלמת̇לין. מת̇קל באלהא לאנה מתעדי אלי אלעינין. וזנה הפעילי, השליכי, השמימי, הסביבי. שגלשו מן הגלעד (ש״הש 6:5). תקדם אלנץ ושרחה. וכד̇לך שעלו מן הרחצה ומתאימות ושכלה (ש״הש 6:6). וכד̇לך כפלח הרמון רקתך מבעד לצמתך (ש״הש 6:7). אלגמיע מכרר וקד שרח פימא תקדם. וקלנא אן רקתך (ש״הש 6:7) צדג̇ך, וצמתך (ע׳ ש״הש 6:7) נקבך. וקיל שערך אלד̇י פוק אלגבין אלמסמי מסאיח, מן צומת הגידים (?) עלי מא סבק.

6:8

שִׁשִּׁים הֵמָּה מְלָכוֹת וּשְׁמֹנִים פִּילַגְשִׁים וַעֲלָמוֹת אֵין מִסְפָּר׃

ששים המה מלכות (ש״הש 6:8). סבק שרחה מע ששים גבורים סביב לה וג׳ (ש״שה 3:7). וקיל איצ̇א פי מענאה אן פי אלעאלם מן אלקוי אלטביעיה אלקאימה פי תדביר

אלעאלם ואלקיאם בסאיר אלחרכאת ואלתכוינאת וטׄהור אלאת׳אר אלעלויה ואנבאת אלנבאת ותולד אלחיואן ותואלדה ואלקיאם בצ׳רוריאתהא ומנאפעהא סתין קוי הי כאלאצול ולהא פרוע כאלכ׳ואדם ואלאתבאע ת׳מאנין. מת׳אלה אלקוה אלג׳אד׳יה[23] אצל ולהא ארבע פרוע כ׳ואדם והי אלגאד׳בה ואלמאסכה ואלהאצ׳מה ואלדאפעה. וכד׳לך אלקוה אלמולדה אצל ולהא כ׳ואדם כאלפרוע. והי קוה אלאנעאץ׳[24] ואלקוה אלגאד׳בה ללמני מן אלאתיין ואלדאפעה לה מן אלד׳כר ואלשהוה אלמקתרנה בה ליקצדה אלחיואן ומא ישבה הד׳א פי כל פעל מן אלאפעאל אלכליה פי אלעאלם ואלגזיה פי אלחיואן. ומן ארזקה אללה אלעקל אלת׳אבת ואלד׳הן אלת׳אקב מע אלבחת׳ ואלתפתיש רבמא תחרר לה ד׳לך ואנחצר עלי מא חצרה שלמה. ואמא פרוע אלפרוע וגזאיאת[25] תקאסים אלאפעאל ואסתמראר תג׳ייראת גזאיאת[26] אלכון ואלפסאד פקאל אנה אמר כ׳פי ען אן ידרך וכ׳תיר אן יחצא, הו קו׳ ועלמות אין מספר (ש״הש 6:8). כמא קאל פי אול אלספר על כן עלמות אהבוך (ש״הש 1:3).

6:9

אַחַת הִיא יוֹנָתִי תַמָּתִי אַחַת הִיא לְאִמָּהּ בָּרָה הִיא לְיוֹלַדְתָּהּ
רָאוּהָ בָנוֹת וַיְאַשְּׁרוּהָ מְלָכוֹת וּפִילַגְשִׁים וַיְהַלְלוּהָ׃ ס

אחת היא יונתי תמתי (ש״הש 6:9). אי מע כת׳רה הד׳ה אלקוי אלפאעלאת[27] אלקאימה באמר נט׳אם אלוגוד ואסתמראר חרכאתה ודואם ת׳באתה ואיגאד צ׳רוריאת כל גז וגז מן גזיאתה[28] עלי אלוגה אלנאפע לה אלמואפק למא אריד מנה פליס אלשרפיה ואלחכמיה עליהם ואלארתקא ואסתילא עלי גמיע סוי לואחדה והי אלמחבובה אלחסנה אלכאמלה אלמעאני אלנקיה אלד׳את אלמזהרה כאלשמס נקא וצפא. והי אלנפס אלכ׳אלצה אלנקיה מן אלאדראן, אלצאפיה מן אוסאך אלמואד וקד׳ארה אלשהואת. פהי אלרייסה אלחאכמה עלי סאיר מא דונהא מן אלמוגודאת. וד׳לך באתצאלהא במא פוקהא, לאן מן אתצל באלמלך וכ׳דמה כאן רייס עלי סאיר אלרעיה ואסתכ׳דמהם. וקד תבין אן נסבה תמתי (ש״הש 6:9) אליה ולם יקל תמה תביין אן כמאלהא מכתסב מנה. וכל מן אכתסב שימא מן ג׳ירה וקאם בד׳לך אלכסב וערף בה נסב אלי אלד׳י אכתסב מנה. ולד׳לך תסמי תלאמיד אלאנביא בני הנביאים, לאן כמאלהם אנמא הו מסתפאד מנהם. פהם אולאדהם אלנפסאניין כמא אנהם אולאד לאבויהם אלגסמאניין. לאן אולאיך סבבו פי איגאד מאדתהם וגסמאניתהם ואלאנביא ואלחכמא סבבו פי איגאד נפוסהם ורוחאניתהם אלבאקיה, אלת׳אבתה אלתי לא תמות ולא תפסד ולא תעדם מע עדם אלגסם.
ברה היא ליולדתה (ש״הש 6:9), כ׳אלצה נקיה מנתכ׳בה, מת׳ל ברה כחמה (ש״הש 6:10). וחקה אלתשדיד, מת׳ל זכה לולא מכאן אלרא, לאנה מן ד׳ואת אלמת׳לין, ברור מללו (איוב

[23] אלגד׳איה / الغذائيه Instead of the correct
[24] אנעאט׳ / انـ عاظ Instead of the correct
[25] اجزاء / אגזאא Probable mistake for גזאיאת
[26] اجزاء / אגזאא Probable mistake for גזאיאת
[27] الفاعله Instead of the correct
[28] اجزائه / אגזאאה Probable mistake for גזאיאתה

33:3) ובר לבב (תה״ 24:4) מת֗ל זך (איוב 33:9). בנות ויאשרוה (ש״הש 6:9), מדחוהא. מן באשרי כי אשרוני בנות (בר׳ 30:13). וקיל אן אצלה מן שיר פי אלמעני, ואן לם יכן מן אצלה. וקיל מן אשרי האיש (תה״ 1:1). אי יקולו טובא מן כאנת הד֗ה צפאתה. מלכות ופילגשים ויהללוה (ש״הש 6:9). תכראר פי אלמעני, מת֗ל ויאשרוה (ש״הש 6:9). ואלמעני פי הד֗א באן כל פעל יצדר ען סאיר אלקוי אלטביעיה ויקאל אנה פי ג֗איה אלחכמה ואלאתקאן ועלי אכמל אנחא אלנפע, כמא יקאל אלטביעה חכימה וכלמא תפעלה מחכם פי ג֗איה אלכמאל, פלא תמדח עליה תלך אלקוה אלטביעיה ולא תחמד אלטביעה לאנהא לא תעקל ד֗לך אלפעל ולא תקצדה במערפה ואדראך, ואנמא הי מסכ֗רה פי פעלה. וג֗ירהא הו אלפאעל בהא באלחקיקה, כמא אן לא ימדח אלפאס עלי אצלאח אלכ֗שב, ולא אלטין עלי עמל אלאלאת ואלאואני אלחסנה, מע כונה הו אלפאעל אלקריב ואלמאדה ללפעל. ואנמא ימדח אלצאנע אלפאעל בהד֗ה אלאלאת פי הד֗ה אלמואד ואלצאנע אלפאעל באלטביעה אלד֗י יסכ֗רהא פי אלאפעאל והיא לה אלאלאת אלמואפקה אלנאפכה פי תלך אלאפעאל, אעני אלקוי ואלארואח ואלאעצ֗א, הו אלנפס. לד֗לך צארת סאיר אלקוי אלחיואניה ואלטביעיה ואלנפסאניה אלמדרכה ואלחואס מאדחין ללנפס מעלנין באוצאפהא וכמאלאתהא בלסאן אלחאל, אצפח מן לסאן אלמקאל. פהו קו֗ מלכות ופילגשים ויהללוה (ש״הש 6:9). וקד תבין הד֗א איצ֗א פי אכ֗ר משלי.

6:10

מִי־זֹ֥את הַנִּשְׁקָפָ֖ה כְּמוֹ־שָׁ֑חַר יָפָ֣ה כַלְּבָנָ֗ה בָּרָה֙ כַּֽחַמָּ֔ה אֲיֻמָּ֖ה כַּנִּדְגָּלֽוֹת׃ ס

מי זאת הנשקפה כמו שחר (ש״הש 6:10). סואל עמא תקדם במעני מן הי הד֗ה אלתי הד֗ה אלצפאת צפאתהא והד֗ה אלמדאיח מדאיחהא. פכאן אלג֗ואב הי אלתי לאח צ֗יאהא כאלצבח בעד [אן] כאנת פי ט֗לאם אלליל וג֗לס אלדג֗א. ברה כחמה (ש״הש 6:10). אי אנהא פי ד֗אתהא כאלקמר אלד֗י הו צקיל עדים אלצ֗יא. פאד֗א קאבל נור אלשמס אשרק ולמע פי צקאלתה פחאכא כרסי אלשמס וג֗לס עלי כרסי אלניאבה פי מג֗לס אלוזארה וחכם חכם אלסלטנה כמא קאל אלכתאב ויברא אלהים את שני המאורות הגדולים (ע׳ בר׳ 1:16) בכון כל ואחד חאכם פי וקתה. ת֗ם פצל וקאל אן אחדהמא חאכם מסתולי פי אלנהאר, ואן אלת֗אני נאיב לה ווזיר חאכם מסתולי פי אלליל. פמת֗ל אלנפס באלקמר פי אלאסתעדאד ואלבסאטה ולטאפה לכונהא עדימה אלצ֗יא בד֗אתהא באלפעל. וענד מקאבלה נור אלעקל לצפאהא ולטפתהא אשרק פיהא אלצ֗יא ולמעת כנור אלפג֗ר אולא. נשקפה כמו שחר (ע׳ ש״הש 6:10). ת֗ם אנהא תקוא ותתזאיד אול באול חתי תצ֗י ותשרק כאלשמס נפסה ותחכם חכמה עלי כרסי אלוזארה. בל רבמא אגתמע חכם אלמלך ואתחד מע חכם אלוזיר לשדה אלמקאבלה ועט֗ים אלתלאזם פיעט֗ם שאנה וירתפע סלטאנה ותקוי היבתה. פקאל אכירא אימה כנדגלות (ש״הש 6:10). פצאר אלפסוק גמיה כאנה ג֗ואב לקול מי זאת (ש״הש 6:10). ואתצאל אלאלחאן פי אנפצאלהא לא ימנע [...] אלמעאני לאנהא לא תנצ֗בט פי מואצ֗ע כת֗ירה מע אלמעאני אלט֗אהרה אללפט֗יה. פכיף פי אלרמוז ואלאשאראת ואלתמת֗ילאת אלד֗י כאן אלקצד בהא אלכפא ואלתמת֗יל ואלכ֗טאבה ואלאסתעארה אללפט֗יה.

6:11

אֶל־גִּנַּת אֱגוֹז יָרַדְתִּי לִרְאוֹת בְּאִבֵּי הַנָּחַל לִרְאוֹת הֲפָרְחָה הַגֶּפֶן הֵנֵצוּ הָרִמֹּנִים׃

אל גנת אגוז ירדתי (ש״הש 6:11), גנאן אלגוז. והו ואד יערף אלי אלאן בורד אלגוז, כ̇ארג ירושלם. לא שך אנה כאן חיניד גנאת ובסאתין ופיה מע ד̇לך אסתעארה למעני אלקטע ואלגז לגזוז את צאנו (בר׳ 31:19), אלד̇י מנה אבני גזית (מ״א 5:31) מקטועה, מנהדמה. וכד̇לך נגזוז ועבר (נאחום 1:12), אנקטעו ואנקרצ̇ו ועדמו. ותרג̇ וצלחו הירדן (שמ״ב 19:18) וגזוית ירדנא. ומנה כמטר על גז (תה׳ 72:6), אלזרע אלד̇י קצל וקטע והו צג̇יר כי יעוד ינבת וינמו. פכאנה ישיר בהד̇א אלי אול עבורה באלנפס והי פי חאל אלאנקטאע ואלעדם קבל אלאתצאל בה. והו קול אלמחבובה אנהא אול מא כ̇טר בבאלהא אלאתג̇אה אלי עאלמהא לעלהא תרי את̇אר לאיחה תסתדל בהא עלי חאלה סעד או אמכאן צלאח אם לא לאנהא אסתג̇רבת ואסתנכרת אן יכון להא עודה אלי מחלהא בעד הד̇א אלאנקטאע ואלבעד. כמא קיסת נפוס אלמלה וצ̇עפת ען חצול פרג לכ̇תרת טול אלגלות כמא קאל יחזקאל הנה אומרים יבשו עצמותינו ואבדה תקותינו נגזרנו לנו (יח׳ 37:11). פען ד̇לך קאל לראות הפרחה הגפן הנצו הרמנים (ש״הש 6:11), אי לאנט̇ר וא[ע]תבר הל ת̇ם דליל אסתדל אן כאן ירגא לי צלאח, ואן כאן ד̇לך קריב סהל או צעב בעיד. ושרח פי אבי הנחל (ע׳ ש״הש 6:11) נבת אלואדי, אי אלאשגאר. וקיל אנה מת̇ל פרי הנחל, מן לג̇ה אלסריאן, אנביה ש̇גיא. ותרג̇ לא יתום פריו (יח׳ 47:12) לא יפסוק אביה. וקיל אנה אסם מוצ̇ע מנבת אלאשגאר ואלעשב, כמא קיל עודנו באבו לא יקטף (איוב 8:12), מוצ̇ע מנבתה. פהד̇א אלאסם וקע עלי אלכ̇לא ואלעשב. וכד̇לך פי אללג̇ה אלערביה יקאל אבד״ ללכ̇לא ואלעשב וכד̇לך ללמכאן אלד̇י פיה אלמרעי. ואמא פי הד̇א אלפסוק פכון אבי הנחל (ע׳ ש״הש 6:11) מכאן אלנבאת אקרב לקו̇ אם פרחה הגפן (ש״הש 7:13). לאן מן ישך הל טלע אלנואר ואלזהר אם לא פלא יטלב אלת̇מר אלד̇י לא יחצל אלא בעד ד̇לך במדה. ואמא עלי ט̇אהר אלנץ̇ פקולהא אל גנת אגוז ירדתי (ש״הש 6:11) הו גואב לקו̇ מי זאת הנשקפה (ש״הש 6:10). אי אנה למא ראהא ושג̇ף בחסנהא קאל: מן הי הד̇ה אלד̇י אפתנתני גמאלהא וצ̇יאהא. פקאלת לה מגאובה: אנא מחבובתך, ואנמא חרכני לל̇כרוג אלי הד̇ה אלואד לאנט̇ר אן כאנת אלאשגאר אזהרת לאדעוך אליה ואכ̇תלי בודך וצחבתך, ולם אעלם אנך הנא, בל וקעת לי בג̇תה יא אשרף אלקום ואכרם אלכ̇לק:

6:12

לֹא יָדַעְתִּי נַפְשִׁי שָׂמַתְנִי מַרְכְּבוֹת עַמִּי־נָדִיב׃

פקאל להא

7:1

שׁוּבִי שׁוּבִי הַשּׁוּלַמִּית שׁוּבִי שׁוּבִי וְנֶחֱזֶה־בָּךְ

מַה־תֶּחֱזוּ בַּשּׁוּלַמִּית כִּמְחֹלַת הַמַּחֲנָיִם׃

שובי שובי השולמית שובי שובי ונחזה בך (ש״הש 7:1). אי לא תעגלי באלד̇האב, בל אסתקרי ואת̇בתי לעלי אתמלא מנך באלנט̇ר לאני לא אעלם מתי אעוד אגתמע בך לאנך ליס פי חכמיתי חסב לאכון מתי טלבתך וגדתך. לאנך בין חכמיתין כמחולת המחנים

(ש״הש 7:1). פרבמא אד̇א טלבתך ואשתקת אליך תכוני פי חכמיה מן ימנעך אלוצול אלי, פדעיני אתמלא אלאן בנט̇רך. ודלך אן נזול אלנפס וחלול מרתבה וגודהא בין אלמעקולאת ובין אלגסמאניאת. פכאנהא כאלברזך אלחאגז בין אלבחרין או כלטליעה אלמשרפה[29] בין עסכרין.

וקיל אן לא ידעתי (ש״הש 6:12) מענאה לו מת̇ל לא יש בינינו מוכיח (איוב 9:33) אלד̇י מענאה מת̇ל לו עמי שמע לי (תה׳ 81:14). ואלמעני אנהא קאלת לה: מא אוגב בעדי מנך חתי צרת תנכרני ולא תערף מן אנא ואנא אגהל מאואך ומחל סכנך, סוי גהלי בד̇אתי. פלו כנת אעלם נפסי ואדרך ד̇אתי פלעלמת מחלך וחקיקתך וכנת אנת איצ̇א תערפני ולא תנכרני. פקאל להא: אד̇ ואלאמר כד̇לך פאבתדי עלי מא אנתי פיה אלאן מן אלאעתראף בי וארגעי אלי ד̇אתך פתרגעין אלי ואלי אצחאבי אלעקליין פתצירי מנא ואלינא, פננט̇רך ותנט̇רינא עלי אלדואם ולא יחצל ביננא אפתראק ולא תג̇רב. פקאלת לה: כיף אקדר עלי ד̇לך ואנא ליס מנפרדה כאנפראדך בל מקתרנה בגהתין, חאלה בין עסכרין. תעני אנהא בין אלעאלם אלעקלי ובין אלעאלם אלגסמאני. והי מקתרנה מרתבטה באלגסם אלמרכב, והי חאלה פיה. פכיף ימכנהא אן תכ̇לט מן ליס במאדה, בל מפארק פריד לא תרכיב פיה.

ואמא שרח אלאלפאט̇, פקו̇ הפרחה הגפן (ש״הש 6:11) הו אכ̇ראג אללבאיב, אי תפריע אלאג̇צאן, מת̇ל ויוצא פרח (במד׳ 17:23). הנצו הרמנים (ש״הש 6:11), כ̇רוג אלזהר ואלנור מת̇ל ויצץ ציץ (במד׳ 17:23), עלתה נצה (בר׳ 40:10). לא ידעתי נפשי ש̇מתני (ש״הש 6:12), מא שערת בנפסי. מת̇ל המעתיק הרים ולא ידעו (איוב 9:5). מרכבות עמי נדיב (ש״הש 6:12). אליא מזידה. מת̇ל היושבי בשמים (תה׳ 123:1), להושיבי עם נדיבים (שמ״א 2:8). פמעני עמי נדיב (ש״הש 6:12) עם נדיב. יעני אג̇לא אלקום ועט̇מאהם, מת̇ל נדיבי עמים נאספו (תה׳ 47:10). וכד̇לך להושיבי עם נדיבים (שמ״א 2:8). יעני ענדמא אנתבהת מן ג̇פלתהא יסיר והי קד לאח להא יסיר מן אלצ̇יא, פביאנהא טאלבה סבבה וכיף ט̇הורה, ואן כאן חאן וקתה אם לא. פלם תשער בנפסהא אלא וקד קוי עליהא ד̇לך אלצ̇יא וג̇דבהא אלי אן צארת מצ̇יה נבלא אלקום ואשראפהם. ואנתקלת מן תדביר אלטביעה ואלשהואת אלחיואניה אלמט̇למה אלי אן צארת מתדברה באלעקול מסתנירה בצ̇יאהם חתי קצדו צחבתהא ומלאחט̇אתהא. פקאלו להא שובי שובי השולמית וג׳ (ש״הש 7:1). שובי (ש״הש 7:1) אלואחדה במעני רגוע, אי ארגעי אלינא בכליתך ולא תפארקינא. ושובי (ש״הש 7:1) אלת̇ניה במעני ת̇באת ואסתקראר, מן בשובה ונחת תושעון (יש׳ 30:15), שובה יוי רבבות אלפי ישראל (במד׳ 10:36), אקרהם ו[א]ת̇בתהם. אי עודי אלינא פיחצל לך אלת̇באת ואלאסתקראר ולא תעודי תכ̇שי פסאד ולא אצ̇מחלאל, לאנא לם נזל נאט̇רין אליך. שובי שובי ונחזה בך (ש״הש 7:1). וקיל אן מעני לא ידעתי (ש״הש 6:12) במעני לא למדתי. אי אן הד̇ה אלצפאת אלשריפה ואלאכלאק אלכרימה לם תחצל עליהא בתכ̇לף תעלימי ואכתסאב מגאהדה, לאן ד̇לך רבמא מלתה אלנפס ואסתת̇קלתה ועאדת ענה. בל ד̇לך לה באלטבע אלד̇י לא יתכ̇לף אמרה, בל יכרה נקיצ̇ה ויתכלפה. פקאל אנה לם יתעלם הד̇א אלכ̇לק אלכרים, בל נפסה סאקתה נחוה בטבעהא חתי צאר טאעה ללכראם ומרכבה ללאכ̇יאר. ושלומית קד ד̇כרנא פימא תקדם אנהא מנסובה אלי שלם, כאנה קאל הירושלמית. לכן שולמית מנסוב איצ̇א אלי אלכמאל. וכד̇לך שלמה, פי אסמה

29 الم شرف Ms

הד̇א אלמעני, מן ותשלם כל המלאכה (מל״א 7:51) ושלמו ימי אבלך (יש׳ 60:20). לד̇לך מת̇ל הנא פי הד̇א אלתמת̇יל באסמיה שלמה ללמחבוב אלכאמל. ת̇ם מת̇ל בה מחבובתה אלתי תכמלת בנסבתהא אליה, פצארת מנסובה אלי אלבלד שלם ואלי מלכהא אלחכים אלכאמל ואלי מא חצל להא מן אלכמאל מן גהה מחבובהא ומעשוקהא אלתי אסמאהא יונתי תמתי (ש״הש 6:9) באלאנתסאב אליה כמא תקדם.

כמחולת המחנים (ש״הש 7:1), ברזך̇ בין עסכרין. והו מן תוף ומחול (ע׳ תה׳ 150:4), לאן אלטבול יסתדלו בהא אהל אלעסאכר ויעלם אלמתפרד מנהם אי גהה יקצד ליתכ̇לץ מן עדוה. כד̇לך אלנפס, כאלברזך̇ בין עסכר אלגסם וקואה באכ̇תלאף אג̇ראצ̇ה ושהואתה, ובין עסכר עאלם אלעקול ומא יפיץ̇ ענהם מן אלתדביר לעאלם אלספל בואסטתהא. פתקבל מן אלאעלא ותפיץ̇ עלי אלאספל. ולהד̇א למא אטלע יעקב ע̇ ה̇ עלי סר אלוגוד וטביעה אלפיץ̇ אלוארד עלי אלנפס וראי תדביר אלנפס לעאלם אלספל ועלם שריפתהא פי ד̇אתהא וראי כמאלהא ללגהתין וחפט̇הא ללרתבתין קאל ויקרא שם המקום ההוא מחנים (בר׳ 32:2). וכד̇לך כאן וקוף יש̇ראל על הר סיני ומשה ע̇ ה̇ יקבל אלפיץ̇ ואלוחי מן אללה תע̇ ויפיצ̇ה עלי יש̇ראל כק̇ אנכי עומד בין יוי וביניכם להגיד לכם וגו׳ (דב׳ 5:5). וכד̇לך כאן עומד אש וענן (שמ׳ 14:24) פאצל בין עסכר יש̇ראל ועסכר אלמצריין ענד אלכ̇רוג מן מצרים, ואיצ̇א עלי ים סוף (ע׳ במד׳ 33:10). ות̇ם מן קאל כמחולת המחנים (ש״הש 7:1), אנה מן על ראש רשעים יחולו (ע׳ ירמ׳ 23:19. 30:23) יש רעה חולה (קהלת 5:12), אי אלחאלה בין אלעסכרין. ואלמעני ואחד, ואנמא אלאכ̇תלאף פי אשתקאק אלכלמה.

7:2

מַה־יָּפ֧וּ פְעָמַ֛יִךְ בַּנְּעָלִ֖ים בַּת־נָדִ֑יב
חַמּוּקֵ֣י יְרֵכַ֔יִךְ כְּמ֣וֹ חֲלָאִ֔ים מַעֲשֵׂ֖ה יְדֵ֥י אָמָּֽן׃

מה יפו פעמיך (ש״הש 7:2) כ̇טואתך. מת̇ל פעמי מרכבותיו (שופטים 5:28). ואלמעני, מא אלד̇ סלוכך ומא אחסן תכ̇ריגך אלד̇י אוצלך אלי הד̇ה אלחסן ואלסעד ואלכמאל. וקיל ״אקדאמך״. ומת̇לה פעמי דלים (יש׳ 26:6) וד̇לך לקולה בנעלים (ש״הש 7:2) ואלמעני סוי. אנה יריד בה אסתקאמה אלסלוך, מת̇ל אל תאשר בדרך רעים (משלי 4:14), פעל מאכ̇וד̇ מן אם תטה אשורי מני הדרך (איוב 31:7) אלד̇י הו אסם אלקדם איצ̇א ומענאה לא תסלך פי טרק אלאשראר, לאן אלמשי ואלסיר ואלסלוך אנמא יכון באלרגלין ואלקדמין. פאקתצ̇ב מנהא אסם ידל עליה. ויתאול פעמיך (ש״הש 7:2) מן מעני על ארבע פעמותיו (שמ׳ 25:12. 37:3) אי גהאתה וזואיאה. וד̇לך עאיד עלי קולהא ען נפסהא כמחולת המחנים (ש״הש 7:1). אי אנהא מרתהנה בין עסכרין פי גהתין. פקאל להא מא אחסן סלוכך ותדאבירך פי תלך אלגהתין. במעני אנך בחסן אלסיאסה ואלתדביר ולטף אלתדריג תעטי לכל גהה חקהא ותוצלי כל חק למסתחקה ולא תקטעי באחד מנהמא ולא תמנעיה ואגבה, לאן הד̇א ראי אלחכמה עלי מעני טוב אשר תאחוז בזה וגם מזה אל תנח ידיך (קהלת 7:18). ועלל ד̇לך אנה פעל אלצאלחין אלכ̇איפין מן אללה אלמכמלין אראדתה פי אלוגוד ולא יעצוה ולא יכ̇אלפוה, לא באלפעל ולא באלאעתקאד. פקאל כי ירא אלהים יצא את כולם (קהלת 7:18).

חמוקי יריכיך (ש״הש 7:2) אסתדארתהא וכריתהא[30] כמא שרחנא פי חמק עבר (ש״הש 5:6) אן מענאה אסתדאר. ומת̇לה עד מתי תתחמקין (ירמ׳ 31:22) תתרדדין ותסתדירין מן אלצאלח אלי אלשר ומן אלשר אלי אלצאלח ולא תת̇בתין. כמא תמם אלמעני בקו̇ הבת השובבה (ירמ׳ 31:22). והו יריד הנא בחמוקי יריכיך (ש״הש 7:2) אסתדארה אלעכן אלתי פי אלאוראך שביה באלכ̇רז. כמא קאל כמו חלאים מעשה ידי אמן (ש״הש 7:2). חלאים (ש״הש 7:2) כ̇רז, גמע חוליה. ומנה איצ̇א וחלי כתם (משלי 25:12) כ̇רז מן גוהר. שבה אסתדארה אלעכן כאסתדארה[31] אלכ̇רז. ואמן (ש״הש 7:2) צאנע, ויריד בה כ̇ראט. והי פי אלמקרא מפרדה. ואמא פי לג̇ה אלמשנה פכת̇יר. והו ענדהם אסם אלצאנע מן אי צנאעה כאן. ויסמו בה איצ̇א אלגראיחי רופא ואומן. ויסמי אי צנאעה כאנת אומנות.

7:3

שָׁרְרֵךְ֙ אַגַּ֣ן הַסַּ֔הַר אַל־יֶחְסַ֖ר הַמָּ֑זֶג בִּטְנֵךְ֙ עֲרֵמַ֣ת חִטִּ֔ים סוּגָ֖ה בַּשּׁוֹשַׁנִּֽים׃

שררך אגן הסהר (ש״הש 7:3). סרתך כאסתדארה אלקמר. תרג̇ יריח, סיהרא ומנה אסמית אלאהלה ואת השהרונים (שופטים 8:21). ואגן (ש״הש 7:3) אלה מת̇ל קדח או מא ישבהה, מן וישם באגנות (שמ׳ 24:6). והי אלזרקות אלתי כאן ירש בהא אלדם, כמא קאל אלתרג̇ ושוי במזרקיא. אל יחסר המזג (ש״הש 7:3) מת̇ל מסך, מסכה יינה (משלי 9:2) מן ג̇יכ̇ק. ויריד בה אנה ממלואה טיב מן סאיר אצנאפה ואכ̇לאטה. כאלכ̇מר אלממזוג אלמטיב. וצאחב רסאיל אלרפאק געל סהר (ש״הש 7:3) הנא מן קול אלאולין דיר אוסהר למוצ̇ע מחבס אלבקר ואלג̇נם. והד̇א אקבח מא יכון מן אלתשביה סרה אלגאריה בזריבה אלבקר. לאן ר̇ שלמה הקטן גבירול תעגב מן חכמה שלמה, כיף שבה אנסאן מחבובתה בקטיע אלג̇נם, אעני קו̇ שניך כעדר הקצובות (ש״הש 4:2). קאל ואתמה משלמה המדמה פנינים לעדרים. פנאהיך לו סמע תשביה אלסרה באלזריבה. בטנך ערמת חטים (ש״הש 7:3). אי עאל נאתי, וד̇לך מן אלסמן ואלשחם. והד̇א צ̇ד אסתחסאן אלערב ומדחהם פי אשעארהם אן יכון אלבטן כ̇מיצה ממשוק.[32] ורבמא כאן תשביהה באלערמה לכונהא מן תחת אג̇לץ̇ ומן פוק ארק. סוגה בשושנים (ש״הש 7:3). מסיגה באלורד. זנה על פי אבשלום היתה שומה (ש״ב 13:32) מפעולה. ואבדלת אלגים בכאף פי משוכת חדק (משלי 15:19). ומנה קאלו ועשו̇ סייג לתוראה, סיאג כאלערבי.

7:4

שְׁנֵ֥י שָׁדַ֛יִךְ כִּשְׁנֵ֥י עֳפָרִ֖ים תָּאֳמֵ֥י צְבִיָּֽה׃

[30] كرويتها / כרויתהא Instead of the more correct

[31] باستداره / באסתדארה Instead of the more correct

[32] بطن In classical Arabic is either masculine (minority usage) or feminie femine (majority usage). In his sentence Tanchuma uses both gendre: The verb يكون is masculine, while the first adj. خميصه and the second ممشوق masculine

7:5

צַוָּארֵ֖ךְ כְּמִגְדַּ֣ל הַשֵּׁ֑ן
עֵינַ֜יִךְ בְּרֵכ֣וֹת בְּחֶשְׁבּ֗וֹן עַל־שַׁ֙עַר֙ בַּת־רַבִּ֔ים אַפֵּךְ֙ כְּמִגְדַּ֣ל הַלְּבָנ֔וֹן צוֹפֶ֖ה פְּנֵ֥י דַמָּֽשֶׂק׃

צוארך כמגדל השן (ש״הש 7:5) כברג מן עאג. אי עלי ביאץ̇ צאפי. עיניך ברכות בחשבון (ש״הש 7:5). יריד כברכות. אי עיניך צאפיה חסנה אלמנט̇ר, נזהה כברך אלמא אלד̇י פי חסבאן אסם בלד. יושך אן כאן עליהא חיניד̇ ברך מן מא כת̇ירה אלתנזה, חסנה אלמנט̇ר, תגתמע אלנאס ויתפרגו ויתנזהו ענדהא. לד̇לך קאל על שער בת רבים (ש״הש 7:5) פי טריק מעבר אלגמוע אלכת̇ירה. ופי אסמיה חשבון (ע׳ ש״הש 7:5) מעני אלתפכר באלאשתראך. אי אן אדראכאתך ליס[33] אדראכאת מחסוסה ולא מן קבל אדראכאת אלכ̇יאל ותשכילאתה אלכת̇ירה כמא [הי] אדראכאת אלאכת̇רין. בל אדראכאתה באטנה כאנת אואילהא ומבאדיהא ען תפכר ואעתבאר ובחת̇. ולמא כאנת אלמבאדי רוחאניה, פכריה אלת אלנהאיה וצארת עקליה. אפך כמגדל הלבנון (ש״הש 7:5). אנפך פי אלאסתקאמה ועדם אלאעוגאג וחסן אלראיחה כגבל אללבנאן. ולעלה יריד בה ריח אפך כמא קאל וריח אפך כתפוחים (ש״הש 7:9). לאנה פימא תקדם נסב סאיר אלאטיאב ואלאראיח[34] להר הלבנון. והו יריד בה קוה אלאדראך וצחתה מן ג̇יר אכתלאף ולא תשכיך, מת̇ל אלשי אלאביץ̇ אלנקי אלד̇י אד̇א כתב עליה שי פלא יכ̇תלט ולא יפסד ען כנהה ולא יתשבה בג̇ירה בכ̇לאף מא אד̇א כתב עלי שי מכ̇תלט אלאלואן. פאלביאץ̇ הו אבסט אלאלואן והו קאבל לסאירהא, בכ̇לאף בקיתהא. ולבנון פיה אשתראך למעני אלביאץ̇. ולד̇לך מת̇לת אלאכ̇לאק אלמעתדלה ואלאפעאל אלנקיה באלביאץ̇ פי קול שלמה בכל עת יהיו בגדיך לבנים (קהלת 9:8) עלי מא יבין פי קהלת עלי אחד אלשרוח. צופה פני דמשק (ש״הש 7:5). צפה למגדל הלבנון (ש״הש 7:5). אי אלד̇י לארתפאעה יטלע וישרף אלי קבאלה דמשק, תקדירה אשר הוא צופה. ואלמעני אן אדראכאתך ליס פי אלארץ̇ אלמקדסה חסב אלתי הי נט̇יר אלעאלם אלעקלי. בל ולך מע ד̇לך מן אלמקדרה אן תדרכי אלמחסוסאת אלכ̇ארגה ען אלמעקולאת. במעני אן אלעקל במגרדה ידרך אלעקליאת אלמגרדה בד̇אתך ותדרכי אלמחסוסאת בכ̇דאמך ונואיבך והי אלחואס ואלקוי אלבדניה.

7:6

רֹאשֵׁ֤ךְ עָלַ֙יִךְ֙ כַּכַּרְמֶ֔ל וְדַלַּ֥ת רֹאשֵׁ֖ךְ כָּֽאַרְגָּמָ֑ן מֶ֖לֶךְ אָס֥וּר בָּרְהָטִֽים׃

ראשך עליך ככרמל (ש״הש 7:6) יריד שערך. מת̇ל ויגז את ראשו (איוב 1:20). וכרמל לון אסוד ומת̇לה קו̇ וארגמן וכרמיל ובוץ (דה״ב 3:14). ות̇ם מן שרח כרמל (ש״הש 7:6) מת̇ל הר הכרמל (מל״א 18:19.20). ויריד בה עלו אלקאמה ואעתדאלהא ואשראפהא. מת̇ל עלו גבל אלכרמל ואעתדאלה. כמא מת̇ל בהר הלבנון (שופטים 3:3) ומגדל דויד (ע׳ ש״הש 4:4) , לכן אלאול אצח לקו̇ ודלת ראשך כארגמן (ש״הש 7:6), והו לון איצ̇א אחמר. מלך אסור ברהטים (ש״הש 7:6), אחואץ̇. מת̇ל ברהטים בשקתות המים (בר׳ 30:38). ומנה קאל רהיטנו ברותים (ש״הש 1:17) כמא תקדם. פשבה אסתטאלה אלשער

[33] Instead of the correct ليست
[34] Instead of the correct الأرياح

ואלטׄפאיר כאלאחואץׄ פי טולהא וגׄלטׄהא ותרביע טׄפרהא. תׄם קאל אן אלמלך אלמדׄכור אסיר תלך אלאחואץׄ, אי אנה מתים בהא. ישיר בדׄלך אלי נפסה, אנה אסיר ודהא ומתים בחסן צפאתהא. ותאוילה אן אלאחואץׄ הי מגאמע אלמא אלדׄי יסכב ויפיץׄ מן אלינבוע ואלנפס. פהי אלדׄי יצל אליהא פיץׄ אלמפארק. ויגתמע פיהא תקאסים אלאמיאה תׄם תוזעה ותסקי מנה מא דונהא מן אלמוגודאת כמא תשרב אלאגׄנאם מן אלמא אלדׄי פי אלאחואץׄ אלתי וצל אליהא מן אלעיון או אלאבאר אלנאבעה, אמא בגריאן טביעי ואמא באסתקא ונשל. ואלעקל פהו אלמלך אלחאכם עלי אלגמיע אלמעטי לכל מוגוד כמאלה אללאיק בה. פקאל אן הדׄא אלמלך אסיר חב הדׄה אלאחואץׄ, מוכל בהא ליוצל להא אלמא מן אלינבוע אלאצלי ומבדא אלנהר אלאול אלכׄארג מן עדן. תׄם יקסמה ויפצלה עלי אלמוגודאת ויסקי גמיע אלבסאתין וסאיר אלאשגאר אלמוגודה פי אלגנאן, אלדׄי הו עבארה עלי גמלה אלעאלם, ואלמוגודאת פהי אלאשגאר. לכן אצול תקאסים הדׄא אלנהר פי אול אלאמר עלי ארבעה אקסאם כמא קאל אלנץ: והיה לארבעה ראשים (בר׳ 2:10). תׄם הדׄה אלארבעה, אתׄנין מנהא ליס להא אנתקאל, בל תדבירהא תדביר אחאטה מן אלחאוי ללמחתוי. פקאל פיהא הסובב את כל ארץ החוילה אשר שם הזהב (בר׳ 2:11) והשוהם והבדולח (ע׳ בר׳ 2:12) ונחוהא מן סאיר אלמעאדן. ואלתׄאני הו הסובב את כל ארץ כוש (בר׳ 2:13), מחל אלנבאתאת ואלאעשאב אלגׄריבה ואלאשגאר אלעזיזה ופיה אטׄלאם וכתׄאפה, מע כונה אשרף מן אלמתקדם. לדׄלך וצף בארץ כוש (בר׳ 2:13). ואמא אלתׄאלתׄ, פאעטי מן דׄלך אלתקסים חרכה נקלה ואדראך. פקיל ענה הוא ההולך קדמת אשור (בר׳ 2:14). ופיה אשתראך למעני אללמח ואלנטׄר, מן אשורנו ולא [קרוב] (במד׳ 24:17). ואמא אלראבע פגׄיר מחיז במכאן ולא מנסוב לגהה ולא מוצוף בחרכה. בל אכׄד פי אלזיאדה מע אלדואם מן גׄיר קטע ולא נהאיה: הרביעי הוא פרת (בר׳ 2:14) והו אשארה ללנפס אלנאטקה אלמוגודה ללנוע אלאנסאני. תׄם הדׄה אלנפס תקסם הדׄא אלתקסים בעינה עלי גסם אלאנסאן, עלי ארבע קוי. אלקוה אלתׄוריה לגמע אלמאל ומחבתה, כאלקוה אלמעדניה. ואלקוה אלנסריה ללשהואת ומחבתהא, כאלנבאתיה. ואלקוה אלאסדיה ללנזוע ואלגׄצׄב ואלתראוס כאלחיואניה. ואלנפס אלנפסאניה אלכׄציצה באלאנסאן, אעני אלעקל. וכדׄלך וצף אלנבי פי אלמרכבה פני אריה ופני שור ופני נשר ופני אדם (ע׳ יח׳ 1:10). וקד תקדמת אשארות כתׄירה פי ספר איוב ופי אול משלי מן הדׄה אלמאעני כאפיה. וקלנא תׄם אן דׄלך גמיעה מקדמאת לשיר השירים. פתׄבת אן אלמלך אבדא אסיר פי תדביר אלרעיה ותקסים תלך אלתקאסים אלוארדה אלי אלאחואץׄ, אלי גהאת אסתחקאקהא חסב אלמשיה אלאלאהיה והאלהים יבקש את נרדף (קהלת 3:15) עלי מא יבין פי קהלת. וכדׄלך משה רבינו הו מלך ישראל: ויהי בישורון מלך (דב׳ 33:5). וכאן אסיר פי תדביר ישראל ויצאל כל די חק למסתחקה ופי מראחלהם ומנאזלהם. ואן אלדגלים כאנת עלי נטׄאם תדביר הדׄא אלפיץׄ אלאלאהי: ארבעה דגלים. ועלי דגל ראובן מצור דמות אדם, מבקש דודאים. ועלי דגל יהודה, דמות אריה. ועלי דגל יוסף דמות שור בכור שורו, ויצבר יוסף בר כחול הים (בר׳ 41:49), וילקט את כל הכסף הנמצא בארץ מצרים ובארץ כנען (בר׳ 47:14). ועלי דגל דן דמות נחש ונשר. וקד עלמת אנה מאסף

לכל המחנות, לאן אלשהואת ואלשרה הי אלאסבאב אלאכת̇ריה פי סאיר אלאמראץ̇ ואלעלאל[35] ואלמות אלגסמאני ואלנפסאני. פצח אן תדבירה ללמלה הו תדביר אלעקל ללמוגודאת בעינה. ולד̇לך אמר בעמל אלמשכן עלי נסכ̇ה אלעאלם אלאכ̇ר והיאתה. והו בעינה נסכ̇ה אלעאלם אלאצג̇ר והיאתה ואכ̇תלאף אעצ̇אה ומנאפעהא, והו אלאנסאן. פצאר אלמשכן עאלם מתוסט בין אלאכבר ואלאצג̇ר. וכד̇לך קאלת אלאואיל ז̇ ל̇ אן אלמשכן עולם בינוני. וכד̇לך כאן בחת̇ יוסף ותפתישה בגדול החל ובקטון כלה (בר״ 44:12) תשביה במבדאה גל ועז חסב אלמקדרה אלבשריה. וכד̇לך תמת̇יל משה ע̇ ה̇. ועמל עלי אלתשבה באמר אללה תע̇ חסב אלמקדרה חתי שאבה חתי פי איגאד עאלם ואקאמתה ותדבירה.

7:7

מַה־יָּפִית֙ וּמַה־נָּעַ֔מְתְּ אַהֲבָ֖ה בַּתַּעֲנוּגִֽים׃

מא אחסן מחבתך ומא אלד̇הא ואעד̇בהא. ולג̇ה נעים (ע׳ ש״הש 7:7) עלי אלאכת̇ר אנמא תסתעמל פי מעני אללד̇את אלבאטנה אלרוחאניה או אלעקליה: ויהי כי נועם יוי (תה׳ 90:17), כי נעים כי תשמרם בבטניך (משלי 22:18) מת̇ל בלביך, כמא בינא פי מכאנה, נעימות בימינך נצח (תה׳ 16:11), דרכיה דרכי נעם (משלי 3:17). ולד̇לך קאל הנא מה יפת ומה נעמת (ש״הש 7:7). ותענג (ע׳ ש״הש 7:7) הו אלתדלל ואלתלד̇ד̇.

7:8

זֹ֤את קֽוֹמָתֵךְ֙ דָּֽמְתָ֣ה לְתָמָ֔ר וְשָׁדַ֖יִךְ לְאַשְׁכֹּלֽוֹת׃

זאת קומתך דמתה לתמר (ש״הש 7:8). שבה קאמתהא פי אלאעתדאל ואלאסתקאמה ואלטול ללנכ̇ל אלד̇י הו אעלא אלאשגאר ואעדלהא, לאן אסם תמר (ע׳ ש״הש 7:8) יעם אלחב ואלשגר נפסה. וכד̇לך תפוח (ע׳ ש״הש 7:9) אמם אלת̇מר ואסם אלשגר, וכד̇לך סאיר אלאשגאר. ושדיך לאשכולות (ש״הש 7:8). קיל אנה עראגין אלתמר לכונה מד̇כור מע אלנכ̇לה. וליס כד̇לך, לאנה שרח ד̇לך פי אלפסוק אלאכ̇ר וקאל ויהיו נא שדיך כאשכלות הגפן (ש״הש 7:9). פצח אן אשכולות[36] (ע׳ ש״הש 7:8) יריד בה ענקוד אלענב, לאן אלנהד ישבהה. ואמא ערגון אלתמר פכביר ען אן ישבה בה אלנהד, לאן ד̇לך קביח, שניע. פשבה קאמתהא ללנכ̇ל ונהודהא לענאקיד אלענב פי אלתדויר ואלצלאבה.

7:9

אָמַ֙רְתִּי֙ אֶעֱלֶ֣ה בְתָמָ֔ר אֹחֲזָ֖ה בְּסַנְסִנָּ֑יו
וְיִֽהְיוּ־נָ֤א שָׁדַ֙יִךְ֙ כְּאֶשְׁכְּל֣וֹת הַגֶּ֔פֶן וְרֵ֥יחַ אַפֵּ֖ךְ כַּתַּפּוּחִֽים׃

אמרתי אעלה בתמר אחזה בסנסניו (ש״הש 7:9). קיל אנה אלעראגין, ויענו בה נהודהא אלד̇י קאל ושדיך לאשכולות (ש״הש 7:8) עלי מא קלנא אנהם שרחוא אשכולות (ע׳ ש״הש 7:8) עראגין אלנכ̇ל. וקד בינא אן ד̇לך גלט ווהם. ואנמא סנסניו (ע׳ ש״הש 7:9) שטבה, והי אלסעף אלאכ̇צ̇ר. אי אלאג̇צאן אלעאליה אלרפיעה אלתי פיהא אלתמר. והי

[35] ع لل/ עלל Instead of the correct

[36] אשכלות Instead of the correct

לפטׄה רבאעיה פרידה ען אלאהליה ואלשבהיה פי אלמקרא. ויהיו נא שדיך כאשכלות הגפן (ש״הש 7:9). אי יצירו לי וענדי עוץׄ אלענאקיד ואלקטוף. וריח אפיך כתפוחים (ש״הש 7:9). ואתעוץׄ בשם ראיחתך ען ראיחה אלתפאח.

7:10

וְחִכֵּ֕ךְ כְּיֵ֥ין הַטּ֛וֹב הוֹלֵ֥ךְ לְדוֹדִ֖י לְמֵישָׁרִ֑ים דּוֹבֵ֖ב שִׂפְתֵ֥י יְשֵׁנִֽים׃

וחכך כיין הטוב (ש״הש 7:10) וחנכך כאלכׄמר אלסלס. אי נטקך לדיד, לין כלדׄאדׄה אלכׄמר וטיבתה. הולך לדודי למישרים (ש״הש 7:10). קד סבק פי אול אלפסוק אן הדׄא צפה ללכׄמר לליונתה ולדׄאדׄתה וסלוכה פי אלפם באסתקאמה מן גׄיר תכרה ואשמזאז. דובב שפתי ישנים (ש״הש 7:10). יחרך שפתיהם, אי יגעלהם ינטקו והם ניאם. והו מן דׄואת אלמתׄלין ומנה מוציא דבה (ע׳ משלי 10:18) ויבא יוסף את דבתם (בר׳ 37:2). ואלמעני אן אלכׄמר ינם עלי מן שרבה ויערף בה ולו לם ינטק ולו כאן נאים. ומעני הדׄה אלפואסיק אנה למא מדח צפאתהא באלאגמאל וקאל מה יפת ומה נעמת וג׳ (ש״הש 7:7) אכׄד אן יפצל. פקאל ודלך מנזלתך קד עלית ורפעת גדא חתי צארת כאעלא אלשגאר ואחסנהא תׄמר, והו אלנכׄל, ואן אדראכאתך ואלפיץׄ אלואצל אליך צאר כאנה ענאקיד אלענב אלדׄי הו חלו לדיד פי וקתה. תׄם יזול אמרה אלי אן יפיץׄ מנה שי יסכר ויחצל לה נשוה עטׄימה מא לא יוגד ענהא עוץׄ בגׄירהא, שביה במא יחצל ען אלכׄמר אלפאיץׄ ען אלענב מן אלבסטה ואלתפריח ואללדׄה מא לא יוגד פי סאיר אלמפרחאת מא יעוץׄ ענה פי מעני אלתפריח ואללדׄה ואלנשוה. פמן הם אן יתעלק בך וירתקי פי בעץׄ מדארגך לידׄוק אתׄמארך פסירגא לה מא לך באנה תציר לה אדראכאתך ומא יפיץׄ עליה מנך כענאקיד אלענב אללדׄידׄה פי אלעאגל אלמפרח פי אלגל, ויגד פי ראיחך ראיחה פיץׄ אלעקל ולדׄה אלאמור אלמפארקה ללגסמאניה אלדׄי מתׄלתה בהא פי קולהא כתפוח בעצי היער כן דודי וגו׳ (ש״הש 2:3). וקאלת ענד אלאתצאל סמכוני באשישות רפדוני בתפוחים וג׳ (ש״הש 2:5) למא כאן תשביהה באלתפאח פי חסן אלמנטׄר ואלטעם ואלראיחה כמא תקדם. פקאל להא אן הדׄה אלצפאת אלתי וצפתיני בהא ווגדתיהא ענדי חין אתצלתי בי קד אנתקלת אליך גמיעהא ואתצפתי בהא. פמן אתצל בך וגדהא ענדך כמא כנתי וגדתיהא אנתי ענדי ווצפתיני בהא, וחיניד̈ יחצל לה מן אלסכר ואללדׄה ואלעשק ואלמחבה ואלבסטה מא חצל לך. במעני אנך צרתי פי מרתבתי וצרתי אצל יסתנד אליך ויוגד ענדך כל כמאל ולדׄה וטיבה וסרור ויצירו נאטקין בנטקך בעד [אן] כאנו כאלניאם אלדׄי לא נטק להם ולא אדראך: דובב שפתי ישנים (ש״הש 7:10).

7:11

אֲנִ֣י לְדוֹדִ֔י וְעָלַ֖י תְּשׁוּקָתֽוֹ׃ ס

אי לו צאר לי מן אלעטׄמה מא צאר ולו וצפת ואתצפת באעטׄם אלצפאת ליס אנא שי סוי במחבובי, אי מן הו ימדחני פלא כׄרוג לי ענך בל בך אתצאלי ואליך אנקיאדי ולא אכׄרג ען אמרך ולא יציר לי וגוד בסואך. מתׄל ואליך תשוקתו (ש״הש 7:11) אנקיאדה[א]. וקיל מן מעני אלשוק אי לא ינקטע שוקי אליך ומחבתי, פלדלך געלת כליתי לך ולא אכׄרג ענך. ומן וצל הדׄה אלמרתבה מן אלאתצאל באלמעקולאת ואלאסתגׄראק פי מחבה

אלרוחאניאת פמא יסעה סוי אלכ̇רוג ען אלגסמאניאת ואלתגרד ען אלמאלופאת ליחצל לה דואם אלאתחאד וטול אלאצטחאב לעדם אלעואיק ובעד אלמואנע. פקאלת

7:12
לְכָ֤ה דוֹדִי֙ נֵצֵ֣א הַשָּׂדֶ֔ה נָלִ֖ינָה בַּכְּפָרִֽים׃
אשרה ללכרוג ען אלגסמאניה ואלתרכיב.

7:13
נַשְׁכִּ֙ימָה֙ לַכְּרָמִ֔ים נִרְאֶ֞ה אִם פָּֽרְחָ֤ה הַגֶּ֙פֶן֙ פִּתַּ֣ח הַסְּמָדַ֔ר הֵנֵ֖צוּ הָרִמּוֹנִ֑ים
שָׁ֛ם אֶתֵּ֥ן אֶת־דֹּדַ֖י לָֽךְ׃
נשכימה לכרמים (ש״הש 7:13). נבאדר אלי ינבוע אללד̇את ואצל אלמסראת אלתי יוגד פיהא אלענאקיד אלענב אלמתקדמה פי קו̇ ויהיו נא שדיך כאשכלות הגפן (ש״הש 7:9). וען הד̇ה אלכרום קאלת אולא כרמי שלי לא נטרתי (ש״הש 1:6). והי אדראכאת אלעאלם אלעקלי אלד̇אתיה אלג̇יר מתעלקה ולא מחיזה במכאן ולא תחתאג אלה ולא תד̇כ̇ל תחת זמאן. פתח הסמדר (ש״הש 7:13) הד̇א ידל אן אלנור אלד̇י יטלב מנה אלתפתיח לא אלת̇מר נפסה. ט̇ן בעץ̇ אלשארחין שם אתן את דודי לך (ש״הש 7:13) חב ווד̇אד. וקיל אנה אסם אללעאב אלגארי מן אלפם תחת אללסאן לתרטיבה. ועלי אלשרחין לם יוגד להד̇א אלג̇מע פראד מת̇ל נעורים ובתולים וזקונים ונחוהא. ואלמעני אד̇א אשרקת אנואר עלומי ואצ̇[אא]ת אדראכאתי ואנארת עקליאתי חיניד̇ תצח מחבתי ותת̇בת עלי אלאתחאד אלדאים אלג̇יר מנקטע ואללד̇ה אלמסתמרה.

7:14
הַֽדּוּדָאִ֣ים נָֽתְנוּ־רֵ֗יחַ וְעַל־פְּתָחֵ֙ינוּ֙ כָּל־מְגָדִ֔ים חֲדָשִׁ֖ים גַּם־יְשָׁנִ֑ים דּוֹדִ֖י צָפַ֥נְתִּי לָֽךְ׃
קריב אלתגאנס ללפט̇ שם אתן את דודי לך (ש״הש 7:13). לכן הדודאים (ש״הש 7:14) אסם אליברוח. ויקאל לה אללפאח. והו יכון מנה שי ערקה אלתי פי אלארץ̇. אעני אצלה צנמי אלשכל בצורה אנסאן. לד̇לך צורה עלי עלם ראובן מע פני אדם כמא תקדם. והו אלאשארה באלקול ען ראובן וימצא דודאים (בר׳ 30:14). פקאל הנא אן אלצורה אלאנסאניה אלתי הי פני אדם קד תכמלת וכ̇רג מא כאן באלקוה אלי אלפעל ופאחת ראיחתה לאן הד̇א אלת̇מר לה ראיחה אריגה ד̇כיה. ועל פתחנו כל מגדים (ש״הש 7:14). אלאבואב אלתי כאנת מנג̇לקה ביננא פלא ימכנך אלוצול אלי ולא ימכנני [אן] אראך קד פתחת: נפתחו השמים ואראה מראות אלהים (יח׳ 1:1). וען הד̇ה אלמנאט̇ר אלאלאהיה ואלאדראכאת אלעקליה קאל כל מגדים (ש״הש 7:14). אי אגתמענא עלי כל לד̇ה וצארת חאצלה עלי אבואב אדראכאת מן ג̇יר טלב ולא בחת̇ ולא תפתיש. בל פיץ̇ מן חקחיקה אלינבוע אלאצלי. חדשים גם ישנים (ש״הש 7:14). אלחדשים הי אלאדראכאת אלמתגדדה ללנפס בעד אגתמאעהא במחבובהא, לאן כאן ד̇לך מעדום ענהא באלפעל. ואלישנים הי חקיקה לד̇את אלאמור אלעקליה אלתי הי ד̇אתיה, לא מכתסבה ולא מסתעארה ולא כאנת קט פי אלקוה, בל לם תזל באלפעל. ויריד בה פי אללפט̇ אלפאכהה אלרטבה ואליאבסה, גדידה וקדימה. דודי צפנתי לך (ש״הש 7:14), אי ד̇כ̇רת ואכ̇בית לך

מן כל צנף מנהא אחסנה ואעדׄבה ואלדה. פמא בקי מאנע ען אלאגתמאע אלחקיקי ואלאתצאל אלדׄאתי אלדׄי לא פראק בעדה ולא נקץ יעתריני ולא עיב ילחקני בעד דׄלך. פלית דׄלך חאצל לי מן אוליה אלחאל חתי כנת אנא ואנת וגדנא גמיע ולא כאן בינגא פרקה תֹם טלבנא תעב ועמל עלי אלאגתמאע.

8:1

מִי יִתֶּנְךָ כְּאָח לִי יוֹנֵק שְׁדֵי אִמִּי
אֶמְצָאֲךָ בַחוּץ אֶשָּׁקְךָ גַּם לֹא־יָבוּזוּ לִי:

מי יתנך כאח לי יונק שדי אמי (ש״הש 8:1). יריד אשר יונק שדי אמי. מתֹל ופרעה חולם (בר׳ 41:1) במעני חלם לאנה אכׄבאר. ואלמעני לית אדראכי ואדראכך ולדׄתי ולדׄתך בדׄלך אלאדראך ואחד מע אוליה חאלי. אמצאתך נחוץ אשקך (ש״הש 8:1). אי כנת אכון מעך כׄארג ען אלגסמאניה ואנא מתחדה בך מתלדׄדׄה בתקביל פמך. כמא קאלת אולא ישקני מנשיקות פיהו כי טובים דודיך מיין (ש״הש 1:2). פאכׄתמת אלקול אכׄירא אנהא נאלת מא כאנת תמנתה אולא ווצלת אלי [מא ת]אמלתה תֹם תנדמת עלי מא פאת מן סאבק אלמדה אלתי לם תכן מעה ותאספת עליהא. גם לא יבוזו לי (ש״הש 8:1). אי כנת כׄלצת מן אלנקץ ואלאזדרא אלדׄי לחקני ואצאבני בבעדי מנך וכׄדמתי ללגסם פי לדׄאתה ושהואתה.

8:2

אֶנְהָגֲךָ אֲבִיאֲךָ אֶל־בֵּית אִמִּי תְּלַמְּדֵנִי
אַשְׁקְךָ מִיַּיִן הָרֶקַח מֵעֲסִיס רִמֹּנִי:

לו כנת דאימא פי צחבתך פזת בתעלימך ואתחדת בך פי וטני ומחלי ולא כנת תגׄרבת מנה הדׄה אלמדה. אשקך מיין הרקח (ש״הש 8:2), אלכׄמר אלמעטר. ואתי מע אלאצׄאפה כמא כאן קבלהא וחקה מבית לחם יהודה (שופטים 17:7). אלא אן כאן מעני הרקח (ש״הש 8:2) מתֹל הרקוח. פיכון חיניד גׄיר מצׄאף, מתֹל מבית ומחוץ (בר׳ 6:14). מעסיס רמוני (ש״הש 8:2) יריד רמונים. מתֹל מריבי עמי (שמ״ב 22:44), הרודד עמי תחתי (תה׳ 144:2), מכן עמים מחדוף אלמים, ושרחה עציר אלרמאן. וקיל אנה וצף ללכׄמר פי לונה, אי אנה רמאני אללון, יעני אחמר משרק. ואמא מענאה, פאן יין הרקח (ע׳ ש״הש 8:2) אשרף ואעלא נסבה ואקוי נסבה מן עציר אלרמאן. פמתֹלת בה אלאדראכאת אלעקליה ואללדׄאת אלמלכותיה אלעלויה אלדׄאתיה אלאצליה. ועסיס (ע׳ ש״הש 8:2) דון דׄלך פי אלשרפיה ואלקוה. פמתֹלת בה אלאדראכאת אלנפסאניה. פקאלת לו כאן אלאתחאד מע אוליה אלחאל פכנא משתרכין פי הדׄין אלקסמין וכאן אלגמיע ואחד מן גׄיר תכתֹיר ולא תנקיץ. והדׄא אכׄר אלמקאם אלתֹאלתֹ והו אעלא מן אלמקדמה ואשרף ואכתֹר וצול ואשד אסתגׄראק כמא תקדם מן דׄכר אלתֹלאתֹה מקאמאת ואכׄתלאף מראתבהא. ואכׄתם פי הדׄא כמא אכׄתם פי אולאיך אלאתֹנין בקול

8:3

שְׂמֹאלוֹ תַּחַת רֹאשִׁי וִימִינוֹ תְּחַבְּקֵנִי:

אלד̇י מענאה אלתעאנק ואלתלאזם ואלאתחאד ואלאתצאל. ת̇ם אקסמת עלי גואריהא וכ̇דאמהא אלא ינבהוהא מן הד̇א אלאגתמאע ולא יפרקוהא מן הד̇ה אלצחבה, פקאלת

8:4

הִשְׁבַּ֥עְתִּי אֶתְכֶ֖ם בְּנ֣וֹת יְרוּשָׁלָ֑͏ִם
מַה־תָּעִ֧ירוּ ׀ וּֽמַה־תְּעֹֽרְר֛וּ אֶת־הָאַהֲבָ֖ה עַ֥ד שֶׁתֶּחְפָּֽץ׃ ס
השבעתי אתכם בנות ירושלם וג׳ (ש״הש 8:4) אם תעירו ואם תעררו וג׳ (ע׳ ש״הש 8:4) עלי מא תקדם מן שרח הד̇ין אלפסוקין ומענאהמא. פיכשף מן ת̇ם

8:5

מִ֣י זֹ֗את עֹלָה֙ מִן־הַמִּדְבָּ֔ר מִתְרַפֶּ֖קֶת עַל־דּוֹדָ֑הּ
תַּ֤חַת הַתַּפּ֙וּחַ֙ עֽוֹרַרְתִּ֔יךָ שָׁ֚מָּה חִבְּלַ֣תְךָ אִמֶּ֔ךָ שָׁ֖מָּה חִבְּלָ֥ה יְלָדַֽתְךָ׃
מי זאת עולה מן המדבר (ש״הש 8:5) אלד̇י קיל ענה לכה דודי נצא השדה (ש״הש 7:12). ושרח פיה איצ̇א אלנטק כמא תקדם פי אלנץ̇ אלאכ̇ר. מתרפקת על דודה (ש״הש 8:5). מתרפקה בחביבהא, אי מתלטפה בה. וקיל אן אלרא בדל דאל. מת̇ל דודנים ורודנים, דאה וראה. ומענאה טאלבה לה, טארקה אלאבואב עלי אלתפתיש עליה. וקיל מתדללה. תחת התפוח עוררתיך (ש״הש 8:5). קיל נבהתני, מן ויעירני (זכריה 4:1). וקיל תרכתך ות̇ורתך, מן נעור ממעון קדשו (זכריה 2:17), מי אכזר כי יעירנו (ע׳ איוב 41:2), ליס שגאע אן ית̇ירה או יחרכה. וערף בד̇לך אן מרתבה וגודה[א] דון מרתבת מחבובהא אלד̇י מת̇ל כתפוח בעצי היער (ש״הש 2:3). שמה חבלתך אמך (ש״הש 8:5), טלקת בך. מן חבלי יולדה (הושע 13:13). וקיל אנה במעני עלקת בך, כמא קיל עלי אלמגאז הנה יחבל און (תה׳ 7:15) אלד̇י הו מת̇ל הרא עמל וילד שקר (תה׳ 7:15). וקד יכון יחבל און (תה׳ 7:15) איצ̇א מן מעני אלטלק, מת̇ל וילד שקר (תה׳ 7:15), ויכון הרא עמל (תה׳ 7:15) אלבדאיה ללקולין ואלתעליל להמא. שמה חבלה ילדתך (ש״הש 8:5) תכראר פצאחה ותראדף. ויחתאג אצ̇מאר אשר ילדתך, או יכון מת̇ל יולדתיך.

8:6

שִׂימֵ֨נִי כַֽחוֹתָ֜ם עַל־לִבֶּ֗ךָ כַּֽחוֹתָם֙ עַל־זְרוֹעֶ֔ךָ כִּֽי־עַזָּ֤ה כַמָּ֙וֶת֙ אַהֲבָ֔ה קָשָׁ֥ה כִשְׁא֖וֹל קִנְאָ֑ה
רְשָׁפֶ֕יהָ רִשְׁפֵּ֕י אֵ֖שׁ שַׁלְהֶ֥בֶתְיָֽה׃
כחותם על לבך (ש״הש 8:6), אן תת̇בת מחבתהא ולא תנסא. כחותם על זרועך (ש״הש 8:6), ליכון מתאמל להא עלי אלדואם, ג̇יר מערץ̇ ענהא ולא משתג̇ל בשג̇ל ג̇ירהא. עלי מעני כתבם על לוח לבך קשרם על גרגרותיך (משלי 3:3). ועלי הד̇א אלמעני אצל פרץ̇ אלתפלין ואלמזוזה לילא נג̇פל ולא ננסא ולא נהמל. כי עזה כמות אהבה (ש״הש 8:6), קויה צעבה. קשה כשאול קנאה (ש״הש 8:6), אי לא אקדר עלי אחתמאל אלג̇ירה אד̇א ראיתך משתג̇ל בג̇ירי. פאן ד̇לך יוול בי ללמות ויחדרני ללת̇רי. רשפיה רשפי אש (ש״הש 8:6). יריד כרשפי אש והו אלשראר. ואסתעיר ללסהאם לתשאבה נכאיתהא לנכאיה שראר אלנאר שמה שבר רשפי קשת (תה׳ 76:4). ואסמי בה אלצואעק, ומקניהם לרשפים (תה׳ 78:48). והו מעני ואש מתלקחת בתוך הברד (שמ׳ 9:24). ואמא ובני רשף יגביהו עוף

(איוב 5:7) פת̇ם מן ירי אנה שראר אלנאר, עלי ט̇אהרה, ות̇ם מן ירי אנה אסתעארה ללג̇ארח מן אלטאיר לנכ̇איתה אלטיור ואד̇אה להא כאלסהאם או כאלנאר. ומת̇לה ולחומי רשף (דב׳ 32:24), קאל אלתרג̇ ואכ̇ילי עוף. ומת̇ל הנא אלמחבה ושעלה נארהא פי אלקלב ואלם אלג̇ירה וחרקתהא כחריק אלנאר ולהיבה. שלהבתיה (ש״הש 8:6). אלשין בדל אשר, מת̇ל שיוי אלהינו שככה לו (תה׳ 144:15) שככה השבעתנו (ש״הש 5:9). פהו אד̇ן צפה לרשפי אש (ש״הש 8:6). תקדירה אשר הם להבתיה. וקיל אנהא אצל מת̇ל להבת שלהבת (יח׳ 21:3). ואצ̇יף לאסם אללה עלי סביל אלתעט̇ים ואלתנאיי[37]. וכד̇לך עאדה אללג̇ה פי כלמא יראד אלתגאיי פי תעט̇ימה, ותהי לחרדת אלהים (שמ״א 14:15) ויהי חתת אלהים (בר׳ 35:5). וגא אלהא מן יה בכ̇פי, מת̇ל ויקרא לה נבח (במד׳ 32:42), ושערה הפך לבן (ויק׳ 13:20) והי קבל אלאצ̇אפה פתח קטן תחת אללאם, להבה תלהט רשעים (תה׳ 106:18).

8:7

מַ֣יִם רַבִּ֗ים לֹ֤א יֽוּכְלוּ֙ לְכַבּ֣וֹת אֶת־הָֽאַהֲבָ֔ה וּנְהָר֖וֹת לֹ֣א יִשְׁטְפ֑וּהָ

אִם־יִתֵּ֨ן אִ֜ישׁ אֶת־כָּל־ה֤וֹן בֵּיתוֹ֙ בָּֽאַהֲבָ֔ה בּ֖וֹז יָב֥וּזוּ לֽוֹ׃ ס

מים רבים לא יוכלו לכבות את האהבה (ש״הש 8:7). יקול לא תט̇ן אני למא מת̇לת אלמחבה ושבהתהא בשראר אלנאר ולהיבהא אן אלנאר אקוי מנהא ואעט̇ם, ולד̇לך מת̇לת בהא בל אלמחבה אקוי מן אלנאר ואלג̇ירה אשד מן אללהיב. וד̇לך אן אלנאר ימכן אן תטפי באלמא ויתלאחק צ̇ררהא, ואמא אלמחבה פלא יטפי אלמא והגהא. ונהרות לא ישטפוה (ש״הש 8:7). תכראר ללמעני ופיה מע ד̇לך זיאדה מעני באן אלנהרות מת̇אל ללשדאיד ואלאעדא אלמעאנדין. יעני אן אלמחב לא ינקץ מחבתה מא ינאלה מן אלאלאם ומא יחצל לה מן אלשצ̇ף[38] ומן מכאידה אלאעדא פי חק מעשוקה. בל רבמא תזאידת אלמחבה ותאכדת לאן כל אלם ינאלה והו מסתג̇רק פי מחבה מחבובה לא ישער בה ולא יג̇עלה בבאל באזא לד̇ה אלמחבה. כמא אן סאיר אללד̇את לא תואזיהא ולא תואזנהא לאן ליס ללד̇תהא עוץ̇ ולא קימה תקום בהא. בל לו אבד̇ל אלאנסאן מגהודה ואעטא גמיע מא ימלכה וט̇ן אנה בדל ענהא קימתהא או קריב מנהא פחקה אן יהזא בה ויזדרא בעקלה פימא ט̇נה, הו קו̇ אם יתן איש את כל הון ביתו באהבה בוז יבוז לו (ש״הש 8:7). ואלמעני פי ד̇לך אן אלמחבה אלאלאהיה ואללד̇ה אלעקליה אלחאצלה ללנפס ענהא ענד אטלאעהא עלי גנאבה אלמעט̇ם לא יואזנהא ולא ישאבההא שי מן אללד̇את אלחסיה ואלסעאדאת אלגסמאניה, ולא להא מת̇אל ולא תשביה חקיקי, בל עלי טריק אלאסתעארה או אלמגאז. ואמא באלחקיקה פלא תקום בגמלה מא פי אלוגוד אלגסמאני כמא קיל לא תסולה בכתם אופיר בשוהם יקר וספיר לא יערכנה זהב וזכוכית וג׳ (איוב 28:16-17). ואיצ̇א וכל חפצים לא ישוו בה (משלי 8:11) עלי מא שרחנא מענאה פי משלי.

8:8

אָח֥וֹת לָ֙נוּ֙ קְטַנָּ֔ה וְשָׁדַ֖יִם אֵ֣ין לָ֑הּ

[37] אלתגאיי / التغائي Written

[38] الشظف / אלשט̇ף Instead of the correct

מַה־נַּעֲשֶׂה֙ לַאֲחֹתֵ֔נוּ בַּיּ֖וֹם שֶׁיְּדֻבַּר־בָּֽהּ׃
אחות לנו קטנה ושדים אין לה (ש״הש 8:8). בעד אן כֿתם אלתֿלאתֿ מקאמאת אלתי הי אול ותוסט ונהאיה. תֿם דֿכר אלמחבה ואלעשק אלדֿי אנתהת אלנפס אליה ודֿכר מקדאר תלך אלמחבה ועטֿים לדֿתהא ודֿכר צפאת אלמחבין וכיפיה מרתבה אלמחבה ומרתבה אלעשק אלדֿי הו אפראט אלמחבה ואלאסתגֿראק פיהא אלי אן לא ילחטֿ גֿיר אלמחבוב ולא ישער בסואה ויסתהין בכל מא פי אלוגוד גֿיר אלאתצאל במחבובה. פדֿכר חאל אלנפס באלאכֿתצאר מן מבדאהא, והי עדימה הדֿא אלחאל, ואלי נהאיה אמרהא כמא אבתדא ענד אלתפציל. פקאל אל תראוני שאני שחרחורת וג׳, בני אמי נחרו בי (ש״הש 1:6). וסלסל אלאמר אלי אן אנתהת מן אלכמאל ושדה אלאתצאל למא אתצלת אליה. פקאל עלי טריק אלתמתֿיל אחות לנו קטנה (ש״הש 8:8). אי אנהא אכֿתנא מן אלעאלם אלעקלי וליס הי גֿריבה מנא. ושדים אין לה (ש״הש 8:8). לאנהא קטנה (ש״הש 8:8) לם תבלגֿ חד יציר להא נהוד מתֿל שדים נכונו ושערך צמח (יח׳ 16:7). ואלמעני אנהא בעד עדימה אלאדראך ואלפיץֿ באלפעל. פהי מתֿל אלבנת אלמסתעדה באלקוה באן יציר להא אתֿדאד[39] ויפיץֿ מנהא אללבן, ומע כונהא אלאן עדימתהא. מה נעשה לאחותינו ביום שידבר בה (ש״הש 8:8), חין תכֿטב ללזיגה. ואלמעני כיף תכון מן עאלמנא ומחסובה מן [א]כֿואתנא ואקראבנא והי בעידה ענא הדֿא אלבעד חתי אנהא לא תשער בואטנהא ולא שי מן אחואל אהלהא. והי לא בד מא תסתדעא ללחצור ענדנא.

8:9
אִם־חוֹמָ֣ה הִ֔יא נִבְנֶ֥ה עָלֶ֖יהָ טִ֣ירַת כָּ֑סֶף
וְאִם־דֶּ֣לֶת הִ֔יא נָצ֥וּר עָלֶ֖יהָ ל֥וּחַ אָֽרֶז׃
אם חומה היא (ש״הש 8:9). מענאה אלטֿאהר אן כאנת חצנת נפסהא וחפטֿת מא יגב עליהא חפטֿה באנהא לם תסלם נפסהא למן תמתע בהא וגלב עליהא עאר ועלי אהלהא. ואם דלת היא (ש״הש 8:9). אן כאנ[ת] כאלבאב אלמסתטרק. אלקצד בה אן כאנת לם תמכן[40] אלקוי אלגסמאניה עלי נפסהא חתי צארת דֿאת בעל מנהם וכֿרגת ען שרפיה בכורתהא חתי בעדת בדלך ען בית אביהא ותגֿרבת ען אהלהא אלאצליין ואכֿואנהא אלעקליין וצארת פי חכם גֿירהם מאילה אלי סואהם. פאן כאנת פי הדֿה אלחצאנה וכאן פיהא מתֿל הדֿא אלקול עלי חפץֿ נפסהא פתסתחק אן יבנא חולהא קצר חצין שריף תזדאד בה קוה ושרפיה. פקאל אם חומה היא נבנה עליה טירת (ש״הש 8:9), קצר מן פצֿה. ומעני עליה (ש״הש 8:9) חולהא. מתֿל שֿרפים עומדים ממעללו (יש׳ 6:2). ואם דלת היא (ש״הש 8:9) יריד ואם שער או פתח, לאן דלת (ש״הש 8:9) הו אלבאב אלדֿי יגֿלק ושער הו אלבאב אלדֿי ינצב עליה אלדלת. לכנה קאל דלת (ש״הש 8:9) מכאן שער לאגל אשתראך דלותי (תה״ 116:6 ; 142:7) מן דל אלדֿי הו אלצֿעף ואלמרץֿ. פקאבל פיה חומה (ש״הש 8:9) אלדֿי מענאה אלקוה ואלתחצין. פמעני אלקול אן כאן גנאבהא מחצן ען אלאסתגֿראקאת ללשהואת וקותהא, כאפיה ען אן לא תכון פי חכמיתהם. פקד בני להא קצר עלי רפיע פי אעלא עליין ואזדאדת בה קוה וצלאח. ואן כאן פיהא צֿעף ובאבהא

[39] اثداء / אתֿדא Instead of the correct
[40] تمكّن

מסתטרק ללשהואת ואג̇ראץ̇ אלחיואנאת פתחתאג אלי אלריאצ̇ה ואלתחצין וסד הד̇א אלבאב ותחצינה באלואח אלארז אלקויה אלמאנעה אן יריד ידכ̇ל אלי ד̇לך אלבאב מן ג̇יר אהלה, או מן יכ̇שא מן צ̇ררה ועדאותה מן אלאכ̇לאק אלרדיה ואלצפאת אלחיואניה ואלקוי אלשהואניה. וקולה אם חומה, ואם דלת (ש״הש 8:9) יחתאג אלי כאף אלתשביה. וכד̇לך אני חומה (ש״הש 8:10). כמא קאל ושדי כמדגלות (ש״הש 8:10). ומעני נצור עליה (ש״הש 8:10) נחצן. אי נגעל חולהא חפאט̇ יחפט̇הא מן אלאעדא. והו מעתל אלעין, מן ויבן ערי מצורה ביהודה (דה״ב 14:5) ואתיצבה על מצור (חבקוק 2:1). והו אלחצן, ומנה כעיר נצורה (יש׳ 1:8), מחצנה מחפוט̇ה. אי מחאצרה עלי אחד אלארא פיה, והו אן יכון אנפעאל מעתל אלעין. ואמא אד̇א געלת אלנון אצליה פוזנה פעולה ואצלה מן נוצר תאנה (משלי 27:18) אלד̇י הו מת̇ל שומר, ונוטר, עלי מא יקאל נתן את הכרם[41] לנוטרים (ש״הש 8:11). פקאלת לה בלסאן אלחאל אן אמרי אלאן בכ̇לאף מא תעהדה, וד̇לך אן קותי עט̇ימה ות̇באתי שדיד ואני כאלסור אלעט̇ים אלד̇י לם יתמכן אחד מן אלאעדא מן אלוצול אליה, הו קולה

8:10

אֲנִ֣י חוֹמָ֔ה וְשָׁדַ֖י כַּמִּגְדָּל֑וֹת אָ֛ז הָיִ֥יתִי בְעֵינָ֖יו כְּמוֹצְאֵ֥ת שָׁלֽוֹם׃ פ

אני חומה (ש״הש 8:10). והד̇א הו אלחכמה אלעמליה. אי אצלאח אלאכ̇לאק וט̇בט אלנפס ען אלשהואת ואלעאדאת לתצפא ותניר לינתקש פיהא אלחקאיק. ושדי כמגדלות (ש״הש 8:10) יעני ואני ליס קאנעה בתהד̇יב אלאכ̇לאק ותצפיתהא חסב. ואלקוה עלי קטע אלשהואת מן ג̇יר נטקיאת ואדראכאת, בל לי מע ד̇לך אדראכאת עאליה ומעארף רפיעה שביה באלאברג אלעאליה ואלחצון אלרפיעה, ובד̇לך אסתחקית אן אכון ואגדה אלחט̇ ענד מחבובי אולא ת̇ם ענד כל מן ראני, פוגדת בד̇לך אלכמאל ואלסעד ונלת אלסלאמה מן אלעטב וחצלת לי אלג̇איה אלמקצודה ללכאמלין, הו קו׳ אז הייתי בעיניו כמוצאת שלום (ש״הש 8:10). אלמעני אן אלנפס אד̇א חצלת[42] אלכ̇לקיאת וקוית עליהא ותצפת מן אלאכדאר ונקית מן אלאוסאכ̇ וסלמת מן תג̇לב אלמואד ושהואתהא אלחיואניה עליהא, ת̇ם בעד ד̇לך חצלת אלנטקיאת ותצחחת אלארא ואלאעתקאדאת ותצורת חקאיק אלמוגודאת פקד נאלת טרפי אלכמאל וחאזת אצנאף אלחכם ות̇בתת בוגודהא אלד̇אתי ואתצלת במחבובהא אלאצלי ומעדנהא אלאולי. פהד̇ה הי ג̇איה כל סעאדה ונהאיה כל פצ̇ילה ואלוצול אלי מחץ̇ אלסלאמה כמא תבין פי איוב ופי משלי ופי הד̇א אלספר פי מואצ̇ע כת̇ירה מנה. ועלי מא יתבין בקיה שרחה ותפצילה פי אול קהלת, לאן הד̇ה הי סאיר אקסאם אלחכם ואלמעארף ואלעלום אלחכמיה. ומגדלות (ע׳ ש״הש 8:10) גמע מגדל באלתאנית̇. וקד גמע באלתד̇כיר, סופר את המגדלים (יש׳ 33:18).

8:11

כֶּ֣רֶם הָיָ֤ה לִשְׁלֹמֹה֙ בְּבַ֣עַל הָמ֔וֹן נָתַ֥ן אֶת־הַכֶּ֖רֶם לַנֹּטְרִ֑ים אִ֚ישׁ יָבִ֣א בְּפִרְי֔וֹ אֶ֖לֶף כָּֽסֶף׃

[41] Ms: הכסף
[42] حصّلت

8:12

כַּרְמִ֥י שֶׁלִּ֖י לְפָנָ֑י הָאֶ֤לֶף לְךָ֙ שְׁלֹמֹ֔ה וּמָאתַ֖יִם לְנֹטְרִ֥ים אֶת־פִּרְיֽוֹ׃[43]

קד תקדם תשביה אלפיץ̇ אלעקלי באלכ̇מר ואלאלתד̇אד̇ בה. ותשביההא אלאת̇דא אלד̇י הו מחל פיץ̇ אללבן אלד̇י ישבה פיץ̇ אלמא מן אלמנבע בה איצ̇א. ולד̇לך מת̇ל אלעלם באלמא הוי כל צמא לכו למים (יש׳ 55:1), ובאלכ̇מר ובאללבן ובלא מחיר יין וחלב (יש׳ 55:1). ווצף אללה תע׳ אלד̇י הו מבדא כל כמאל ואצל כל פיץ̇ וחכמה, מקור מים חיים (ירמ׳ 2:13). ולמא כאנת אלאת̇דא תפיץ̇ אללבן שבהת באלעין אלנאבעה. פמת̇ל בהא כל עלם וכל אדראך: ושדיך לאשכולות (ש״הש 7:8), ויהיו נא שדיך כאשכלות הגפן (ש״הש 7:9), ושדי כמגדלות (ש״הש 8:10). ומת̇ל איצ̇א אלפיץ̇ ואלאדראך באלכ̇מר ללד̇תה ובסטתה ללנפס וכונה מוגב לכל סרור ופרח, שביה באדראך אלעקל למן[44] ידרכה. ואלכ̇מר אנמא אצלה אלכרם אלד̇י יתכון פיה אלענב, ואלענב יכ̇רג מנה אלכ̇מר. פשבה אלעאלם אלעקלי אלד̇י הו אצל לכל אדראך וסבב לכל כמאל באלכ̇מר. וקד תקדם אן אסם שלמה מן מעני אלכמאל. וקד קאלת אלאואיל ז׳ ל׳ כל שלמה אומר בשיר השירים קדש. פקד נבהו עלי אלמעני למן יפהם. ומעני בבעל המון (ש״הש 8:11) ד̇את אלגמהור. יעני פי מכאן מעבר אלכ̇לאיק ואגתמאעהם, אי פי אלמשרע[45] חית̇ אלגמוע אלכת̇ירה. והו אשארה לסאיר אלמוגודאת ואלמתכונאת אלתי תדבירהא וצורהא וכמאלאתהא תצל אליהא מן קבל אלעאלם אלעקלי. וקיל אן אלהא פי המון (ש״הש 8:11) בדל אלאלף ואהיה אצלו אמון (משלי 8:30), באמנה אתו (אסתר 2:20). אי אנה כרם מחצ̇ון ענדה חאצל בין ידיה כמא יקול כרמי שלי לפני (ש״הש 8:12). אפאץ̇ מנה עלי אלחראס, מת̇ל כצאתי את העיר (שמ׳ 9:29), במעני מן [...]. ויעני באלחראס עאלם אלאפלאך אלד̇י הי מדברה עאלם אלאספל וחארסה לנט̇אמה באמר אללה תע׳ חסב מא וצלהא מן אלפיץ̇ אלעקלי אלכרים מן ד̇לך אלכרם אלעזיז אלשריף, כמא יקול ענהא פי קהלת כי גבוה מעל גבוה שומר וגבוהים עליהם (קהלת 5:7) עלי מא נשרח פי מכאנה. פען ד̇לך קאל נתן את הכרם לנוטרים (ש״הש 8:11) וקד קלנא אן מענאה מן הכרם. איש יביא בפריו אלף כסף (ש״הש 8:11). אי אן תדביר ד̇לך אלכרם ופיצ̇ה יתקסם עלי מרתבתין. אלמרתבה אלאולי עשרה אקסאם והי מראתב אלעקול אלעשרה. ואלמרתבה אלת̇אניה תנקסם מרתבתין, אלואחדה עלי אלאפלאך ואלת̇אניה עאלם אלאסתקסאת. פמרתבה אלעקול קאל ענהא איש יביא בפריו אלף כסף (ש״הש 8:11). ואלמרתבתין אלגסמאניה ומאתים לנטרים את פריו (ש״הש 8:12). ואלאפלאך פהי קסמין. מנהא אלאול אלמחיט באלכל, והו ג̇יר מכוכב. ומנהא בקיתהא והי מכוכבה, וען ד̇לך קאל אלנץ השמים ושמי השמים (דב׳ 10:14 מל״א 8:27 דה״ב 2:5). פרבמא ענהא אשאר בנטרים (ש״הש 8:12). ואלפרי הו סאיר אלמוגודאת, והי אלאשגאר ואלאת̇מאר אלמגרוסה פי אלגן: ויטע יוי אלהים גן בעדן וגו׳ (בר׳ 2:8). אלעדן הו אלכרם צאחב אללד̇את אלג̇ריבה ואלמסראת אלעט̇ימה. ואלגן הו אלמוגודאת אלצאדרה מנה אלתי מן גמלתהא אדם אלד̇י כ̇לק מן אלאדמה.

[43] Cf. the footnote after Song 8:11 for the reason to have one interrupted commentary on two verses.

[44] Ms: למא

[45] Instead of the correct שארע/ شارع

פתקסמת אלמוגודאת אלמדברה אלמפיצ֗ה עלי מא דונהא את֗ני עשר קסם. מנהא עשרה עקליה בסיטה וקסמין גסמאניה, כמספר שבטי ישראל, כמא קאל יצב גבולות עמים למספר בני ישראל (דב׳ 32:8). והי פי אלעקוד אלף ומאתין, לכן קאל אן אלכרם נפסה חאצ֗ר בין ידי אללה עלי אלדואם וענאיתה מתצלה בה לשדה קרבה מנה. כרמי של לפני (ש״הש 8:12), ותקאסימה ומנאפעה ואת֗ארה אלצאדרה, פעלי אקסאם. מנהא עשרה פי ג֗איה אלכמאל ואלבסאטה ועדם אלגסמאניה. האלף לך שלמה (ש״הש 8:12). ומנהא קסמין דון ד֗לך פי אלשרפיה ואלקרב והי אלמדברה לבקיה אלגן וסאיר אשגארה וג֗רוסה ואת֗מארה בחרכאתהא ונט֗אמהא. וענהא קאל ומאתים לנטרים את פריו (ש״הש 8:12). ולד֗לך כאן תקסים אלפלך איצ֗א פי אדוארה ואכ֗תלאף את֗ארה עלי את֗ני עשר ברג. פתתקסם בחסבהא אשהר אלסנה וסאעאת אלנהאר ואלליל. ואן הד֗ה אלאת֗ני עשר אבדא מקסומה קסמין, סתה פוק אלארץ֗ וסתה קבאלתהא תחת אלארץ֗. כיף מא דארת אלאדואר וכיף מא כאנת אלחרכאת לא יכ֗תל אן תכון סתה ט֗אהרה וסתה כ֗פיה. וכד֗לך וצ֗ע לחם הפנים על השולחן הטהור לפני יוי שתים מערכות שש המערכות (ע׳ ויק׳ 24:6), אלכל ישהד ללגז ואלגז מתצל באלכל. פהד֗ה את֗אר אלעקול וגזאיאת אפעאלהא. לכן להם פי ד֗לך ואסטה אן תקבל מנהם ותפיץ֗ עלי מא דונהם, שביה באלתרגמאן אלד֗י[46] יסמע כ֗טאב אלמלך ויוצלה ללעואם, לאן אלמלך תגל מרתבתה ען מבאשרה אלעואם או מכ֗אטבתהם. ולד֗לך אלתרגמאן אלמבלג֗ הו אלנפס לאנהא הי אלמקימה פי אלבסתאן ואלגנאן אלד֗י כ֗לקה אללה בוסט[47] עדן, כמא תקדם. פקאל

8:13

היושבת בגנים חברים מקשיבים לקולך השמיעני:

אלהא ללנדא, יא איהא אלמקימה פי אלבסאתין אלתי תסקיהא ממא תסתמדה מן אלכרסא למתקדם. מקשיבים לקולך השמיעני (ש״הש 8:13). אנתי כאלנאטק אלמתכלם וסאיר אלמוגודאת כאלמסתמעין מנך, פאפיצ֗י תדבירך ואוצלי כמאלך עלי מא אנתי מאהלה לה מן ד֗לך, ולא תקטעי פיצ֗ך עמן הו מסתעד לקבולה, לאן אלגמיע רפאקך ואצחאבך ומחתאגין אליך. כאנה יקול אן אלאצחאב משתאקין מנצתין לסמאע אקואלך וכ֗טאבך. פאסמעיהם איאהא ועלמיהם פצ֗אילך.

8:14

ברח דודי ודמה־לך לצבי או לעפר האילים על הרי בשמים:

ברח דודי ודמה לך לצבי וג׳ (ש״הש 8:14). כאנהא תקול, אני ואן כאן הד֗ה[48] מנזלתי והד֗א אלאמר מסלם אלי מכ֗אל לי פאני לם יכן לי פי ד֗לך קצד ואן צדר עני פאנמא הו באלערץ֗ ובאלקצד אלת֗אני. ואנמא חקיקה מקצדי הו מלאזמתך ואתבאעך ואלאתחאד בך, ולא שג֗ל בסואך ולא מחבה ולא ארادה לי אלא פי גנאבך אלמעט֗ם ואלאסתג֗ראק פי בחר מחבתך ואלאתצאף באוצאפך לאחט֗א במלאחצ֗תך וידום סרורי בצחבתך, לאני אלי

[46] אלתי .Ms

[47] בוסטה .Ms

[48] הד֗א .Ms

אלאן מרגופה מן אלאנקטאע אלאול ואלאפתראק מנך על הרי בתר (ש״הש 2:17), פאכ̇שא אן אשתג̇ל בג̇ירך לאדברה פיגרי לי מא גרי אולא מן אלפרקה ואלאנקטאע אלד̇י מא רגעת אליך ווגדתך ותמסכת בערוה מחבתך אלות̇קא אלא בעד אלהלאך ואלגהד ואלמגאהדה, פלאן אד̇ וצלת[49] אלי הד̇ה אלסעאדה פאצרפני ען אלאקואל ואלאלפאט̇ ואלתדאביר אלגסמאניה ואגד̇בני אלי אעאלי גבאל אלאטיאב אלד̇י אצל הד̇ה אלרואיח אלד̇י לאחת עלי חתי רדת לי רועי ואנצלח בהא חאלי וזאל מא כאן חצל לי מן אלאסודאד ואשרק עלי נור אלאהי מא פאץ̇ עלי בואסטתך מנהא, פאקצדך אן תדימיני עלי ד̇לך לתזדאד קותי ותעט̇ם לד̇תי ותפוח ראיחתי זיאדה עלי מא הי עליה, פיכון כמא נקלתני מן הרי בתר (ש״הש 2:17) אלד̇י הו אלתקטע ואלפראק, פאוצלני אלי גבאל אלטיב אלאעט̇ם אלד̇י לא אנקטאע לראיחתה ולא נקץ ללד̇תה עלי הרי בשמים (ש״הש 8:14). כמא תקדם קולהא פי אול מכ̇אטבתהא פי אול אלספר משכני אחריך נרוצה הביאני המלך חדריו נגילה ונשׂמחה בך וג׳ (ש״הש 1:4). בריך רחמנא דסייען אמן.

[49] Ms. וצלת

The English Translation of Tanchum Yerushalmi's Two Commentaries on the Song of Songs

The First Commentary
A

This is not a direct translation of The Masoretic Text of The Song of Songs. Tanchum did not translate The Hebrew text; he directly commented on the text. The translation of The Hebrew Text is founded on Tanchum's commentary and may diverge, *sometimes significantly,* from modern understanding and translations.

English text written in standard letters translates Judeo-Arabic text. English text written in *italic* letters translates Hebrew text.

The First Commentary of Tanchum of Jerusalem
On the Song of Songs
Chapter 1 A

[...] As to the metaphorical discourse addressed to the beloved woman, some people think that [the text] refers to Wisdom, according to what it is written in the Book of Proverbs: *A loving hind and graceful mountain goat, let her breasts satisfy you at all time* (Pr 5:19).[1] It is also said in her name: *I am counsel and stability,[2] understanding belongs to me and courage is in me, through me kings reign and rulers give right laws, through me princes rule, noble men and all the righteous judges. I love those who love me and those who look for me will find me* (Pr 8:14-16); *to give existence to those who love me and to fill their treasures* (Pr. 8:21). It is also written: *The Lord created me at the* beginning of *his way; he had chosen me from eternity; at the beginning... He fashioned me while there was no depth* (Pr 8:22-24); *I was there when He gave form to the heavens* (Pr. 8:27). It was also said in the name of Wisdom:[3] *With him I was an architect,[4] his delight, day after day, rejoicing before him at all times* (Pr. 8:30) according to the meanings that we have explained in their passages.

[handwritten margin note: Woman as Wisdom ?]

---

1 In its obvious meaning Pr 5:19 describes the "wife of the youth." Yet, in context of Pr 5 it may also apply to Wisdom. Saadia Gaon, after mentioning the obvious interpretation, applies it to the teaching of the masters.

2 In Pirk. R. El. (Ch.III) תושיה rendered here by "stability", is presented as the name of the Law that God consulted about the creation of the world.

3 Literally: "in her name" which may indicate either the wisdom or the beloved woman.

4 The meaning of the Heb. אמון is uncertain. Saadia Gaon renders it by the Arabic جمهور which means "crowd, multitude." Yet in his commentary Tanchum gives אמון the meaning of an "architect."

Some people believe that the author means[5] *the assembly of Israel,* in other words, their multitude. According to their interpretation the Israelites in Egypt were in a distressful condition and excessive humiliation. So God, the most high,[6] aware of their great nostalgia for him, their quest and their desire to reach him, brought them [from there] and established them in a place near him. He brought them closer to his noble presence and positioned them in the *designated meeting place on Mount Sinai.* He made them drink the wine of his affection, eat the delightful food of his Law and communicated to them his decrees. He walked them in the desert, protected by *the cloud* as it is said: *Who is she that comes up out of the wilderness, surrounded by cloud, perfumed with myrrh and frankincense from all the powders of the merchant (Song 3:6).* It forms the contents of the Lord's expression: *The one who walks you in the great wilderness* (Dt 8:15) *without surety.* Then He accomplished for them the promises he previously gave them and their fathers, according to what the Bible says: *Not a single word has failed from his good promise* (1Kgs 8:56). Then, whenever there was a veil that, later, separated them from Him, because of their preference for something he forbade, they put a distance between them and his Law and cut themselves from his protection, as it is said: *On the distant mountains.*[7] This meaning maybe symbolized by the thickness [of the mountain], its density and its compactness [on one hand] and by its lightness and flexibility [on the other hand]. He details these meanings, rendered by different expressions, illustrating what they imply by different examples. Its narration is fluid, exciting, rejoicing hearts with chosen words and poetical expressions corresponding to all the nuances of meaning. It is

---

5   The Arabic verb يشير rendered here by "points to" is masculine imperfect. Its subject may be God, the author of the Song of Songs or the Bible. This ambiguity will continue throughout the commentary.

6   אלחק תע which could be translated as "the Just, may He be elevated."

7   "Distant mountains" is a translation according to the meaning that Tanchum gives to this part of Song 2:17. R. Saadia rendered it by جبال التصطر (probable mistake for التسطر) that could be translated by "the delineated mountains." To be noticed that the Hebrew expression for this kind of mountains is הרי בתר contains the word בתר that in Hebrew is also a verb that means "to cut, to separate."

similar to what Ezekiel had said: *then I passed by you and saw you downtrodden in your blood, so I said to you, in your blood, live...* (Ez 16:6)[8] and *I passed, I saw you and, behold, you have reached love time* (Ez 16:8) indicating the time of deliverance. [Then he added]: *I spread my robe over you and covered your nakedness* (Ez 16:8). He saved them from the humiliation of captivity and the taunt of enslavement. *I entered into covenant with you* (Ez 16:8) on the summit of Mount Sinai. *He took the record of the covenant and read it aloud to the people* (Ex 24:7). It appears to me that their expression: *We will accomplish and obey* (Ex 24:7) describes their excellent food, their silken clothes, their prosperity, their possession of the country that hand them its advantages. Therefore he said: *Flower, honey [and oil] you will eat and you will become very beautiful, ready for royalty* (Ez 16:13). Then your name will be great, your reign expand, your commands obeyed *and you will make a name because of your beauty* (Ez 16:14). He also describes in the narration the construction of the Tabernacle[9] in their midst and the dwelling of the *Shekinah* in it as well as the extension of the [divine] providence through it. This is designated by his expression: *I will cloth you with an embroidered garment, shod you with leather sandals, bound you with linen and cover you with silk* (Ez 16:10), *I decked you with finery* (Ez 16:11) *and you decked yourself with gold and silver* (Ez 16:13). These are the materials of which the Tabernacle was made. There are fifteen different elements contributing to the [building of] The Tabernacle. They are *gold, silver, copper, purple-blue wool, purple garment* and the total of what is mentioned. Plus, *the stones of Shoham and stones to be set for [the ephod]* (Ex 39:9). Likewise is the kind of things he graciously handed them through Ezekiel. In such way he enumerates many things, using comparisons, with the help of stimulating words and discourses, in a poetical style, since it is the most beautiful of discourse, the closest to the soul and the most exalting for the heart.

8   It is probable that Tanchum does not understand "blood" in this context as reference to the violence inflicted upon Israel, but as a mark of menstruation and the woman's readiness for the act of love.

9   משכן

Others explained this book as the longing of the wise and logical soul in her request for intellectual greatness that constitutes her principle, her initial universe and her original matter. It is also to make known that darkness and opacity that appear to belong to her are foreign to her essence and do not pertain to her substantial aspects. They are accidental aspects and material conditions she acquired while being close to the corporal forces and following their arrangement in the time of the union [with bodily elements]. This happens in order that the body survives in accord with divine wisdom and the Lord's wish. As to her essence, it is extremely beautiful and spotless: *I am dark yet beautiful* (Song 1:5); *don't look at me because I am dark; the sun stared at me. My mother's sons are angry with me; they made of me a vineyards guard* (Song 1:6). Her longing is great, her regrets for being separated from such high honor are numerous and her pain is full. The Intellect, which is her principle, her nature and the one who bestows upon her his light once he acknowledges the truthfulness of her intents, illumines her by his splendid light, the invincible brightness and the shining radiance, in keeping with her initial capacity then, gradually, she will increasingly receive from him perfection, discernment and illumination. Because whoever settles in a dark place cannot suddenly stare at the bright light. Therefore he proceeds step by step till [he reaches a degree of] improved capacity to see by the accumulation and the merger with him of radiance and light. Indeed, the relation of intellect to soul is similar to that of sun light to eyesight. For when eyesight is dissociated from sun light it is potency[10] that it sees. But when sun light dawns on eyesight it is by act[11] that it sees. Likewise, the relation between intellect and perception of the soul: It is either in potency or in act. This meaning will appear clearer in the book of Qohelet in a saying more easily understood than this one. So he explains in this book that intellect never cease to transfer and move her from one stage to the next, allowing her to approach him steadily and to be near him. But once she inhaled the gasp of her own world, perceived her homeland that she forsook, tasted some

---

10   بالقوة
11   بالفعل

of its fruit, enjoyed the perfumes of his illumination and lights, found delight in the beauty of its scenery and landscape, remembered what she had forgotten, and started to distaste what became familiar to her, she then started to live after being put to death and found the way back after having been lost.[12] At that moment she started to look, to be illumined. The veil that covered her was taken away so she began to shine and glow. At that moment she also knew that she is like a dove between a peacock over her, that she cannot see, but he can see her and crow under her whom she can see while he continues courting her. She befriended him, fell in love with him, spent time with him and associated herself with him. Her feathers became dark because of his characteristic and his muddiness. She totally devoted herself to his service, reserving herself to him alone, enjoying him even while he eats from the dirt and busies himself with useless things. So she took off the beauty of her garment, the jewelry and the clothes. Because of her deep infatuation with him she did not pay attention to herself and much less to what is above her. One day, however, she looked at herself and noticed, suspended at her neck, a brilliant ring, skillfully made. Amazed, she thought that such splendid print is unlike the prints of her infamous friend and the renowned companion that she befriended and became his acquaintance. The amazement pushed her to investigate and meditate upon the reason for the ring [surrounding her neck] and the beauty of its radiance and brilliance. She inquired and, behold! The radiance is a suggestion of the peacock's brilliance and his beauty. Then she understood that her perfection and beauty come from him; that he is the reason for her deliverance and her life; that by maintaining the relation with him her gladness will

---

12 Truly unattractive example of سجع or poetic prose usually made of a long series of principles, not subordinate, sentences, having the same musical ending or قافية yet without the poetical meter or وزن proper to the poetry. It may have a rhetorical effect in a speech; yet, it is to be avoided in a prose that is not destined to be proclaimed. The redundancy characteristic of such style led to its disappearance. It is also a style that requires an exhaustive knowledge of the vocabulary, since the essence of سجع is to repeat the same idea by synonymous words. Reading Tanchum's passages marked by the سجع it is difficult to conclude that he mastered such style. Mercifully, he will use it much less during his commentary.

increase. Therefore she became taken by his beauty and looked to serve him and to follow him. His companionship suited her and she found his friendship pleasant. She also hated the friendship of the crow and regretted her previous companionship to him. She understood what she had lost by being his friend. His imperfection and defects became obvious to her and his deception and cheating gradually became clear to her. She then tried to cut herself from him little by little. Each step she put between herself and the crow's friendship is a step closer to the peacock. Each time she looks to be closer to the peacock he himself comes closer, and each time she puts distance between herself and the crow he move himself farther. While she continues her involvement in his friendship, pursuing her attraction toward him, looking to acquire his qualities and to be like him, even as her desire for him increases, she ended by a safe union with him and a promising relationship. So she confirmed who he is and recognized him. She remembered what she had forgotten and understood that he is her father; that she comes from him; that he is her origin from whom she was taken and that she got her nature from him. She became certain that his discontinuation to the relationship with her and his apparent refusal of her is due to the fact that she has chosen, instead of him, the crow who exploited her and that she was satisfied to be nourished from the dirt that constitutes his food. So she put more distance between her and the crow and remembered him no more. Once she had left him completely because of being certain of his deception, she realized that he was an enemy in the form of a friend, a harmful being vested as benefactor, looking to do evil under the pretext of counseling for the good. So she directed her attention to the true council and to the eternal and solid profit, whose benefit is guaranteed and whose promise will be realized sooner or later. Therefore she gave herself totally to his love and her desire to be with him intensified. Her sorrow and her pain of being separated from him and being involved with another increased too.[13] Her desire led her to the fount of life, the pure light, the incessant pleasure, the continual happiness, the illumination that will not be followed by darkness and the

---

13   A lacuna in the manuscript: ... increased too [....] truly.

presence that will know no absence. It is for all this that the soul in this book was compared to the dove and to the dove's eyes: *Your eyes are doves* (Song 1:15; 4:1); *like doves on the stream side* (Song 5:12); *my dove in the clefts of the rock* (Song 2:14); *my dove my perfect one* (Song 5:2) according to what will be fully explained in its place.

Solomon continued to invest in this theme and meanings through different expressions, refined qualities, comparisons and repeated and delicate intentions according to its many purposes. Therefore, he sometimes speaks in the name of the soul and it's longing. Some other times he speaks about the intellect, its praiseworthy and noble aspects and explains the different degree of achievement,[14] the reasons that hinder from [such achievement] and the others that make it impossible. [this is accomplished] through a harmonious discourse, exciting, stimulating, more than what is usually heard and composed in the delicate universe of poetry and rhetorical comparisons that excite and stir up desire, whether [such desire] is stimulating, motivating, inspiring what is good or bad to be rejected, which what he will repeat at any occasion. Because no comparison could be set up or analogy to be established, or anything to be contrasted without reference to an acknowledged, well known and recognized element and not unrecognized element, whose essence remains indefinite, its identity unidentified and its existence unnoticed. Such [comparison] will rise to make known something existent through something that does not exist, or something known by what is unknown, or something hidden by another more hidden than the first and less imaginable. This is not how wise men proceed. But due to the difficulty of theses meanings, their ambiguity and their unfamiliarity for simple men, since these elements are different from what they usually know[15]... for the material realities are different from the spiritual ones. For this reason the observable crowd refuses such meanings, despises what leads to them and declares insane and senseless anyone who is familiar with them. Don't they say about the Prophet: *Why did this crazy man come to*

---

14 الوصول the act of arriving, of reaching a point, of attainment. It may mean here: the act of understanding.

15 Tanchum's sentence does not have a normal end.

you? (1 Kgs 9:11). He answered them saying: *You know the man and his chattering* (1 Kgs 9:11). As to the meanings pertaining to the intellect, they are proper to those who are perfect. Indeed, these meanings are not understood and their benefit is not fully evaluated except by unclouded spirit; untouched by what is trivial. For this [purpose] they used metaphor and sought refuge in riddles and symbols. They had to use allusions, comparisons, images and metaphors in order to explain them. We referred to these meanings globally and uncovered their goal in a broad way, without insisting on the details, even if detailing them is an easy task, once they were mentioned in their totality. Yet, it is our task to explain the difficult words, their etymology and their declinations. In fact this is the first goal of writing this book. It is imperative to speak in these two commentaries [16] about what pertain to this purpose. Otherwise the discourse will be incomplete. Therefore, with God's help we say:

1:1

Song of Songs by Solomon.[17]

This word, שיר *song*, has a vowel in its midst: ... *that he sung* שר *to the Lord* (Ps 7:1). The noun is שרים and שרות.[18] The heavy [form] is like in: *Then Moses sang* ישיר (Ex 15:1) whose origin is יהשיר.[19] The past is השיר. The past is השיר as in *it enlightens* והאיר *its front side* (Ex 25:37).[20] The future is יאיר as in *the seven lamps will illumine* יאירו*the nightstand* (Nm 8:2). The origin is יהאירו.[21] This form has

16 For the first time that Tanchum acknowledges that he is commenting the Song of Songs in two different commentaries.

17 Tanchuma does not translate the Hebrew text into Judeo-Arabic. This will be his method throughout his two commentaries. This may be because the text of the Song is well known, but more so because of Tanchum's method that makes the translation into Judeo – Arabic an almost impossible task. Indeed, the different meanings, attributed to different masters, by which Tanchum explains the Hebrew text and his hesitation to choose between them, makes the translation of the verses into one coherent text very difficult.

18 In other words, the term שיר may have either masculine or feminine plural.

19 An Aramaic form: *Hafʾel.* No such form is found in the Hebrew Bible.

20 Tanchum takes the verb אור here *hifil*, as a parallel to שיר. Needless to say that the verbs have two verbs have two different meanings and grammatical functions.

21 An Aramaic form: *Hafʾel.* No such form is found in the Hebrew Bible.

the meaning of *a hymn.*[22] [For example:] *Then Deborah sang* (Jgs 5:1), *then Israel sang* (Nm 21:17). Another meaning is *glorification*:[23] *Glorify God* (Ex 15:21; Is 42:10; Ps 96:1, 2; 98:1; 149:1; 1Chr 16:23). Praise and description[24] are also meanings that are close to its original [sense]: *Women will consider me happy* (Gn 30:13).[25] A derivative from [the same meaning] is: *Happy are those who dwell in your house* (Ps 84:5); happy are you Israel (Dt 33:29). In the same way: *Women will consider me happy*(Gn 30:13). Which means they will say about me that *I am happy* אשירה.[26]

1:2
May he kiss me with his mouth kisses
Your love is sweeter than wine.
If the word נשיקה *kissing* occurs without the letter ל it is from the mouth. But when it passes to its compliment through the intermediary of a letter therefore it concerns the hand, the shoulder or the face.[27] Example: *and Orpah kissed her mother-in law* (Rt 1:14);[28] *let me kiss my father and my mother* (1Kgs 19:20);[29] *and Jacob kissed Rachel* (Gn 29:11).[30] If this is the case therefore his expression: *He kissed him and they cried* (Gn 33:4)[31] was from mouth to mouth.[32] As to the specific mention of the

22 نشيد
23 تسبيح
24 مدح ووصف The "description" وصف is to be understood as enumeration of the good quality or aspects of a person.
25 There is confusion between אָשַׁר and שיר.
26 There is confusion in all this paragraph between אָשַׁר *to go straight, to go on, to advance* and אֶשֶׁר or אָשֶׁר*happiness, blessedness* and שיר *to sing*.
27 They are three Middle Eastern greeting ways among men: Shaking hands, touching shoulder by the opposite shoulder and kissing cheeks. The example that Tanchum gives (Rt 1:14) is an indication that such greeting forms were also known by Israelite women, which may not be the case of other populations in the Middle East.
28 ותשק ערפה לחמותה
29 אשרה לאבי ולאמי
30 וישק יעקב לרחל
31 וישקהו ויבכו
32 في الفم literally: "...was in the mouth."

mouth it was unnecessary.33 The sentence [of Song 1:2] should be understood as: *"kiss me by kisses from your mouth"* because the whole chapter is [written in an] imperative form, indicating request and demand.

Your love is sweeter than wine (Song 1:2) means that the elation and the delight that invade the soul because of your love are greater and sweeter than the delight of wine.34 And the מ in מיין *than wine* has the meaning of "more than that." Similar to [the expression:] ... *oil of gladness more than your peers* (Ps 45:8). Because in certain cases [the מ] designates compactness and partition. 35 [For example:] ... *and I hid [a hundred] of the prophets of the Lord* (1Kgs 18:13); ... *of the flour and of the oil* (Lev 2:2). As to the explanation of *your love* דודיך it is similar to ودك *your love* in Arabic. It was also said that it designates the saliva in the mouth. Also: *Come, let us take our fill of love* (Pr 7:18). Similarly: *There I will give my love to you* (Song 7:13). This meaning,36 [דודי], has no singular and never comes in other form than the plural.37 Like *old age, youth and virginity.*38 Similar also to *water* and *heaven.*39 They are plural in the form, but singular in the meaning.40 As to: *Or his uncle, or his uncle's son...* (Lev 25:59) there is in it plural and singular.41

1:3
The fragrance of your ointments is good,
Your name is flowing oil

---

33   This explanation applies to Gn 33:4.

34   بسطة (extension, size) is a dialect usage for انبساط (delight).

35   للتقليل والتجزية

36   هذه اللغه literally: This language.

37   When דוד means "love" it is always in plural. When it is singular, it means "loved one, beloved," as in Is 5:1, or "uncle" as in Lev 10:4.

38   Three words having plural forms, but designating a singular reality: זקומים נעורים, בתולים.

39   מים, שמים.

40   Lit. they are their plural and their singular.

41   فيوجد فيه الجمع والفراد It is difficult to understand the meaning of the "plural" that Tanchum sees in this singular form of דוד. Tanchum will continue the commentary on Song 1:2 after his commentary on Song 1:4.

Therefore young women loved you.[42]
The ל [in לריח] is superfluous. Similar to the ל in *the clans* [למשפחות] *of the Kohathites* (Josh 21:26). But, it may also be a conjunction with the previous expression: *Your love is sweeter than wine* (Song 1:2). As if he had said: *And the fragrance of your ointments...*[43] A similar case is: ... *all* (לכל) *whose spirit was aroused by God* (Ezra 1:5) which means: ... *and all* (וכל) *whose spirit was aroused.* טובים (good) is a plural with a singular meaning[44] because it describes ריח (fragrance).[45] The reason for [this word] to be plural is because of its proximity to [the word] שמניך (ointments).[46] We have already explained in the introduction to the Bible[47] that such way of proceeding is familiar. [The verb תורק[48], feminine, in] *your name is flowing oil* (Song 1:3) should be understood as יורק [as masculine] because *oil* and *name* are masculine. The meaning is: "When your name is mentioned strong and sweet fragrance flows, as if perfumed oil was poured and spilled out. It is therefore right that for someone with such qualities to be loved and the relationship with him to be desired." *Young women* in *therefore young women loved you* (Song 1:3) is [to be understood] in a poetical manner, because passion and love occur mostly between men and women, the young among them in particular.[49] Usually and for the majority it is men who fell in love with women. But here, because of his great beauty and his rare perfection it is the young girls, inexperienced in life conditions that fell in love with him. The soul, object of this discourse and to

42 Who is the person that whom the "young women" love? The commentary of Tanchum suggests that the beloved woman, not the lover, is that person.

43 וריח שצמיך. Accordingly, the ל has the conjunctive function of a ו.

44 Lit. "Plural of singulars."

45 Lit. "Because what is hidden from it is fragrance." ضمير in this sentence is to be understood as "hidden, concealed" and not as "personal pronoun" as in ضمير of a verb.

46 טובים has a plural form, in spite of the fact that it describes a singular reality, because of its proximity for another word שמניך "ointments" that is in a plural form.

47 Lit. "...introduction to the book."

48 From ירק 'to put forth, to flower, to have leave."

49 In other words, it is impossible for Tanchum to understand it as young women loving a woman. His suggestion is either the lover is object of the young women love or the human soul, which has the advantage of being a feminine word.

which the pronouns refer is part of the women and handmaids [designated] by feminine words.[50] This is part of the hidden realities and well guarded secrets. As to the word עלמות "young women" implies participation as in *hidden* ונעלם *from him* (Lev 5:2) and *hidden* ונעלמה*from every living's eye* (Job 28:21).[51] That is why he has said עלמות and not נערות or another [word] similar in meaning.[52]

1:4
Make me follow you and we will run
The king introduced me into his chamber; we will rejoice and be glad in you; we remember that your love is sweeter than wine; that they love being enamored with you more than righteousness.[53]
The נ is for the glorification, not for the positive comparison.[54] Example: *Let us make* נעשה*the human being...* (Gn 1:26); *let us go down* נרדה (Gn 11:7). *The King introduced me into his chamber* (Song 1:4). [The form designates] the past. Yet with a meaning [that indicates] the future. Similar to: *I paid the price of the field* (Gn 23:13). It is a request and a supplication like: *You led the people by your love* (Ex 15:13). The ה in המלך is vocative.[55] Therefore הביאני must take *patach chatuf* under the הֲ and *seré*

50 Tanchum reflects on the fact that נפש is a feminine word, identifiable with the beloved woman and her young companions.

51 Unclear explanation of עלמות that Tanchum derives from the verb עלם. What appears the common point between עלמות and the verb עלם as used in the two examples cited by Tanchuma is the "hidden" aspect of the reality designated. This may strengthens his interpretation of עלמות as the "soul" hidden under the appearance of a body.

52 Like בתולות. Tanchum will continue the commentary on Song 1:3 after his commentary on Song 1:4.

53 The translation of Song 1:4 follows Tanchum's understanding. He will explain in his commentary to this verse that he understands ישרים as righteousness and the positive comparison with the wine extends to the righteousness.

54 للتكثير literally: "For the increase." As in "more than." The נ in question is found in נרוצה, נגילה, נשׂמחה. The "glorification" procedure is to use a plural form of the verb for a singular person.

55 للنداء

under the אֶ.[56] [The meaning is:] *Run and bring me after you.*[57] To be understood as: "Bring me, O noble king, after you and introduce me to your places and your chambers in order to be one with you, to be happy, to rejoice and to delight in your proximity." *We remember your love, sweeter than wine* (Song 1:4). We find delight in the knowledge of your love more than the delight we find in wine. She started by saying: *We remember* (Song 1:4) reference to the knowledge and the sweet-scented perfume. [A combined meaning] of *I remember* (Ps 42:5)[58] and *his scent like wine from Lebanon* (Hos 14:8).[59]

Your passion more than righteousness (Song 1:4). The מ in מיין *more than wine* (Song 1:4) serve both: *The wine*, in מיין, and *the righteousness*, in מישירים. Similar to: *Lord, rebuke me not in your anger, [neither] punish me in your wrath* (Ps 38:2).[60] Similarly, we have: ... *by the God of your fathers who helps you, the Shaddai who blesses you* (Gn 49:25). He means:... *and by* [*the Shaddai*]. The two sayings refer to what was said before: *By the hand of the Powerful of Jacob, from there, the Shepherd, the Rock of Israel* (Gn 49:24). He built unto it:... *and by the God of your fathers and by the Shaddai who blesses you*. But, for the sake of being brief, he suppressed the conjunction *and*[61] like in *the sun, the moon* (Hb 3:11); *Adam, Seth, Enosh* (1Ch 1:1) and others. As to our master Saadia[62] of blessed memory, he added a word that underlines the lacking letter. He rendered [Gn 49:24] as follow: *Ask from God from God your father to help you, from the Almighty to bless*

56 Here is the vocalization of the M.T. הֱבִיאַנִי הַמֶּלֶךְ
57 זנה והשיבני דבר
58 Also Ps 77:4, 7, 12.
59 The verb זכר here is giving the meaning of nostalgia for the past delights and (Ps 42; 77) and of a desire for the present sweetness (Hos 14:8).
60 תיסרני יוי אל בקצפך תוכיחני ובחמתך Tanchuma understands that the meaning suppose that אל is to be repeated, even if it is not mentioned in the text. He also establish a parallel between the מ in מיין, מישרים of Song 1:4 and the ב in בקצפך, בחמתך of Ps 38:2.
61 واو العطف
62 R. Saadia Gaon and R. Hayi, mentioned in the commentary of Song 1:13, are the only two rabbinical authorities mentioned by name in the commentary of Tanchum on the Song of Songs.

you.[63] Therefore *Powerful of Jacob, the Shepherd, the Rock of Israel* and *the God of your fathers and by the Shaddai who blesses you* are a repetition of the same meaning. Similar to: *Let not my soul enter into their council and my glory in their assembly* (Gn 49:6). Such style is also common in the prophets' discourse. Much the same is the expression: *we remember that your love is sweeter than wine* (Song 1:4). He meant: *and being enamored with you more than the righteousness.*[64] In this case *righteousness* becomes a quality of the wine, describing its right passage in the mouth and its delight, without being unpleasant or distasteful, which the case if the wine is strong and carrying intense sourness. On the contrary, this is the most delicate of wines and the most refined of liquors; the softest and the sweetest in the mouth. In spite of all that, the love [of her lover] is sweeter than the wine and more attractive to the soul. Such is also his aspect in the expression: *It suits my lover, more than the righteousness* (Song 7:10).[65] Also:... *and it passing nicely* [through the body] (Pr. 23:31).[66] The pronoun behind: *They love* [*your passion*] (Song 1:4) refers to the *young women* (Song 1:3) already mentioned.[67] Another possibility is that אהבוך is similar to אֲהָבֶיךָ representing דודיך. In this case we also have a repetition. Therefore the explanation of *we remember that your love is sweeter than wine; that they love being enamored with you more than righteousness* (Song 1:4) becomes: we delight in your love more than wine and by being enamored with you more than its smoothness[68] and its delights.

---

63 Thus, R. Saadia reads Gn 49:25 as follow: מאל אביך ויעזרך ו[מ]את שדי ויברכך

64 Tanchum adds a מ to מישרים and reads ממשרים. Yet, later in the commentary of this verse Tanchuma will go back to the traditional understanding of מישרים as "the righteous" applying the term to priests and Levites and guards אנשי משמר.

65 Tanchum, as usual, does not translate 7:10. Therefore the translation is taking into consideration what he intends by מישרים in Song 1:4.

66 Not having the translation of Proverbs by Tanchum, the closest to him, R. Saadia, translates this part of Pr. 23:31 by: ويسلك مستقيما which shows the same understanding as Tanchum of מישרים.

67 The pronoun of אהבוך is עלמות.

68 اكثر من استقامة سلوكه literally: "more that its smooth passing."

There is an association of meanings concerning the word מישרים. [It is to be understood] according to [its meaning in] Job 1:1 *the man was honest, upright and he feared God* and in Nm 23:10 *the death of the upright,* [69] because the root for both is ישר. מישרים is comparable to מפכלים and similar to משפטים. Because the י is the first letter of the verb [ישר],[70] but it is soft. The meaning is as follow: There is no one who loves you or desires to love other than the upright, the blameless, those who have abandoned their earthly occupation, their material purposes and directed their lives toward you through righteousness and vigorous belief. It is obvious that the totality of this chapter's discourse is the expression of the soul in her longing, the beginning of her perception and her intention to evolve from this earthly and dense to the high and delicate place in order to be enlightened [by her lover] and to savor his love, according to the signs brought in the metaphor that we have mentioned.

The meaning of: *May he kiss me with his mouth kisses* (Song 1:2) refers to her awareness because of him. Like two individuals who receive[71] each other and their mouths meet. This is also the custom of those in love, particularly at the beginning of their encounter. There is yet another interpretation that pertains to the beginning of the message that Moses, peace upon him, conveyed to the Israelites saying: *The Lord, God of your fathers, has sent me to you* (Ex 3:13). Once he mentioned His name to them they saw the light of salvation; they trusted and believed as it is said: *The people believed and they obeyed* (Ex 4:31). This designates the scents they inhaled at that moment, a reference [to the expression]: *The fragrance of your ointments* (Song 1:3). *Therefore young women loved you* (Song 1:3) [means that] the nations glorified you and are frightened by you with the kings and noble men, a meaning signified by: *And the Lord well disposed the people* [*to the eyes of the Egyptians*] (Ex 12:36); *furthermore,*

69 In one sense (Job 1:1) ישר is an adjective. In the other example (Nm 23:10) ישרים is a plural substantive. Both meanings reflect straightforwardness and uprightness.

70 Literally: "Because the י is the פ of the verb."

71 The verb used by Tanchum is يقبل "to accept, to welcome." It could also mean to kiss يقبّل in doubling the middle letter ب

Moses was very eminent (Ex 11:3). Therefore when they left a big crowd followed them: *Moreover, a mixed multitude went up with them* (Ex 12:38). The Egyptians gave them cloth material, jewelry and large amounts of money, because of the greatness and the glory that God bestowed on them: *They* [=the Egyptians] *answered their request and they stripped the Egyptians* (Ex 12:36). *Make me follow you and we will run* (Song 1:4) [refers to] *and the Lord went before them* (Ex 13:21). *The king introduced me into his chamber* (Song 1:4) [refers to] standing before the mount of Sinai. After that they were introduced to *the land of Israel. We will rejoice and be glad in you* (Song 1:4) [means] we will rejoice and be glad in *the Temple,* during *the festivals* and otherwise. *You will rejoice before the Lord your God* (Dt 12:18; 16: 11). *We remember that your love is sweeter than wine* (Song 1:4), [refers to the] *the libations, offerings* and what such likewise, of which it was said: [*The priest shall burn*] *the memorial part* [*upon the altar by fire*] *a pleasant fragrance* [*to God*] (Lev 2:2).[72] [The expression] *the righteous love you* (Song 1:4)[73] [designates] *the priests, the Levites* and *the guards,* [74] reserved for the worship of God, having been chosen to love and obey him. Their role is to be separated from earthly affairs, because God himself is their part: *God himself is his heritage* (Dt 10:9; 18:2).[75]

1:5

Dark I am, yet desirable,
The daughters of Jerusalem are like the tents of Kedar
Like the curtains of Solomon.
[נאוה] means "beautiful" and the נ is required by the form אנפעאל.[76]
Similarly [we have:] *Delight is not desirable for the fool* (Pr

---

72   An elliptic quotation אזכרתה ריח ניחוח

73   This new understanding of מישרים אהבוך requires new translation, unlike the translation of the lemma.

74   אנשי משמר a subdivision of priests and Levites who are in charge of the effective worship.

75   Dt 10: 9 applies to the Levite, while Dt 18:2 applies to priests and Levites.

76   والنون للا نفعال. In other words Tanchum does not consider that נאוה is an adjective derived from נאה "to be beautiful, suitable." But the *niph'al* of the verb אוה "to desire." In this case נאוה could mean "beautiful in the sense of being object of desire."

19:10).[77] In other words, it is neither suitable nor good for him. The א appears also in *holiness befits* נאוה *your house* (Ps 93:5).[78] Another similar case is: *Man's desires* תאות *are to attract kindness to himself* (Pr 19:22)[79] [which means that] his thinking and the beauty [he desires] refers to his kindness. [The expression]: *Like the tent of Kedar* (Song 1:5) [means they were] black, because they are made of hair.[80] *Like the curtains of Solomon* [means they were] white. The reference is to the tents that Solomon and his armies planted when he went out to the wilderness. Hence, he compares the inner beauty of the soul to whiteness and purity. As to the bodily powers that dwell in their midst[81] that govern them, they are compared to blackness, density and numbness.[82] Concerning the powers of governance and perception, I mean intellect, imagination and memory, he calls them *the daughters of Jerusalem* (Song 1:5) because they are close to simplicity, particularly the intellect, as it is higher and more delicate than all bodily powers. Hence [God] reserved it for human beings of all the animals.

1:6
Look not at me: The sun has stared at me.
My mother's sons were angry with me,
They made me guardian of the vineyard, but my own vineyard I did not guard.

This twofold form [seen in שחרחרת] speaks of the decrease in שחור *blackness*. In other words, she is brown, but not very dark. Also *reddish* אדמדם is from אדום *red*,[83] *greenish* ירקרק is from ירוק *green*. They[84] also have said that עף *to fly* is at the origin of עפעפים *eyelids*.

77 Pr 19:10 is usually understood as *delight is not suitable for the fool* with נאוה as an adjective that derives from the verb נאה "to be beautiful, suitable."
78 To be noticed that both נאה and אוה have א in their radical.
79 Uncertain meaning of the Hebrew text. The translation is a rendering of R. Saadia's translation of Pr. 19:22a: שהות כל אנסאן אלאחסאן אליה. Tanchum's commentary is in harmony with such translation.
80 Usually made out of goats' hair, which generally is black.
81 In the midst of the intellectual powers.
82 الخدورة "numbness" may also mean "seclusion."
83 The reason for giving the three following examples is שחרחרת.
84 "They" here means the masters in Judaism or the rabbinical authority.

Indeed, in its movement, the eyelid resembles the movement of the bird's wing while flying. Yet it is not truly a flying [movement]. That is why it was weakened. The elders have said היתה מעפעפת *she is almost flying*. In other words, her desire is to fly, but she is incapable, hence she cannot leave her place.

The sun has stared at me (Song 1:6) [means] it gazed and glanced at me. Similarly: *At which the vulture's eye did not stare* (Job 28:7).[85] *My mother's sons were angry with me* (Song 1:6) [refers] to bodily powers. For this reason they were not attributed to the father, but to the mother who symbolizes matter.[86] The animal soul too belongs to the animal [nature].[87] Indeed, all bodily powers, natural, animal and others are her daughters. It is well known, however, that some among them are nobler than others. The meaning of נחרו (Song 1:6) they were roused against me.[88] Similarly [we have]" ...*in order to inflame the conflict*.[89] The same meaning as in *its rust shall be burnt* (Ez 24:11). As to the נ [in נחרו] it is due to the form *niph'al* like in נלחמו *they fought* (Jgs 5:19, 20) means she keeps her quality.[90] Like the Aramaic שומרת[91] and [similar to] *his father kept this event in mind* (Gn 37:11) נטרית[92] פרגמא [in Aramaic]. Therefore *to keep* שומר, to *guard* נוטר and *to watch* נוצר have the same meaning.[93] For this reason the prison was called *prison compound* (Jer 32:8).[94] Another example: [He put them in the] ward משמר, in the house of the prince of the cooks

85 Both examples use the verb שזף.

86 Tanchum uses an Aristotelian terminology to state that the mother symbolizes the matter, while the father symbolizes the form. He is undoubtedly attributing to the father the noblest part of the human powers.

87 A probable meaning is that the human soul has a part that deal with the bodily powers. This part belongs to the animal nature.

88 "They were heated احترّوا against me." Tanchum is comparing the Hebrew verb חרר and the Arabic verb حرّ.

89 "Stir up" translates לחרחר inf. constr. pilpel of חרר. R. Saadia translates the end of Job 26:21 by "to rouse the fire of the conflict."

90 Literally: She keeps the quality حافظة صفه.

91 مثل שומרת תרג׳

92 Instead of נטרת

93 Lit. "Are one."

94 חצר המטרה. The expression "because of that" refers to the three verbs mentioned in the precedent sentence. In the expression: חצר המטרט the word המטרה derives from the verb מטר.

(Gn 40:3; 41:10).[95] Similarly, we have: ... *but my own vineyard I did not guard* (Song 1:6).

1:7
Tell me, you whom my soul loves,
Where do you graze? Where do you rest at noontime?
Why should I be languid[96]
Amongst the flock of your companions?

The ש has the meaning of אשר like in ששזפתני [*the sun*] *has stared at me* (Song 1:6) and in שקמתי *you arose, O Deborah* (Jgs 5:7) and also in ... *whose God is the Lord* שיוי (Ps 144:15). It is also the same case as in שלמה *why should I be ashamed* (Song 1:7). It should be vocalized by a *segol* (ֶ). But he started by a *patach*[97] in שַׁקַּמְתִּי *you arose, O Deborah* (Jgs 5:7). One example, however, makes an exception to the rule: ...*that it is you* שָׁאַתָּה *who are talking to me* (Jgs 6:17). The word שאהבה (Song 1:7) is vocative without the letter that indicates the vocative. In other words, [the meaning is]: "you whom my soul loves." [The expression]: איכה *how do you graze?* איכה *how de you rest* (Song 1:7) means איפה *where* ? Because איכה is a question about the manner, while what we have here is a question about the place. Like in: *Where* איפה *did you glean*? (Rt 2:19). Yet he said איכה since its hidden intention[98] is a question about the manner of governing, the overflow of care and the conveyance of forms to each and everyone trustworthy.[99] Indeed, this is an imperceptible intention; a cherished and high insightfulness. I mean how the material things accept the impact

95 The word משמר rendered here by "ward" refers to the verb שמר already mentioned.

96 In his commentary on כעטיה Tanchum will give his preference to the meaning "to faint, to be languid" over خجلانة "to be ashamed" or "to be intimidated."

97 The *big patach* פתח גדול. It is possible that Tanchum considers the *patach* as an immediate development of the *segol*. Otherwise, it seems incoherent to affirm that the *segol* is the right vowel for the ש then to give the example of שַׁקַּמְתִּי.

98 "Hidden intention" translates سر literally: "Secret."

99 This is prelude to the philosophical meaning that Tanchum will discuss in his second commentary on the Song.

of the separated one[100] and his governance. *Rest* (Song 1:7) to be understood [along with] *he crouches, rest* (Gn 49:9). This is something that pertains to the livestock that he pastors. His interrogation *why* (Song 1:7) means: "Why do you let me stray from my true intention toward you because I don't know where you reside? This compels me to set out in many directions, asking farmers[101] and shepherds about you." It was said that this is a meaning similar to the one [contained in the expression]: *and the troop rebounded on the spoil* (1Sm 14:32).[102] It was also said that the meaning is the same as in [the expression]: ... *leaping over the mountains* (Song 2:8), to leap[103] and to jump."[104] Others express the opinion that the meaning is "ashamed"[105] similar to its meaning [of the expression]: ... *his upper lip shall be covered* (Lev 13:45).[106] It was also said [that כעטיה means] "covered"[107] comparable to its meaning in *he wrapped me[108] in a robe of righteousness* (Is 61:10), *covered[109] with light as a garment* (Ps 104:2). Which means: I don't mingle with shepherds other than you. Yet, the first [interpretation] is more elegant and more suitable to the meaning.[110]

1:8

If you don't know, o beautiful amongst women
Follow the flock and graze your goats
In the shed of the shepherds' tents.

100 المفارق "the separated one" designates God who is infinitely separated from the material world.

101 قطعان literally means "flock"

102 The comparison is between כעטיה in Song 1:7 and ויעט in 1Sm 14:32. Both verbs are derivative from עטה "to cover, to wrap oneself up" but also "to faint, to be languid"

103 The Arabic نط close to the Hebrew נטה "to stretch out, to bend."

104 In this case, כעטיה is derivative from נטה "to stretch out, to go away, to depart."

105 خجلانة "to be ashamed, embarrassed."

106 The context of Lev 13:45 is that the leper covers his head, until his upper lip, and out of shame he cries "impure, impure."

107 مشتمله covered or wrapped up.

108 יעטני

109 עוטה

110 כעטיה meaning "astray."

Usually, the Hebrew language adds לך *for you*, and לי *for me* to the sentences.[111] Example: לך לך *leave your land* (Gn 12:1); לך לך *go to the land of Moriah* (Gn 22:2); *keep* לך *these words*;[112] *take over the right of redemption for yourself, I cannot redeem it for myself* (Ru 4:6);[113] *the redeemer said to Boaz take for yourself* (Rt 4:8);[114] *be* לך *like a gazelle* (Song 8:14); *I will go to mount Moriah* (Song 4:6). Similary, לך in Song 1:8 is an addition [115] and the sentence should be read: *If you don't know, o beautiful amongst women* (Song 1:8).[116] Likewise: *Follow* לך *the flock and graze your goats* (Song 1:8). What he meant by saying: *If you don't know* לך (Song 1:8) is that if you don't know who you are, until you reach a discernment of your identity directly and through you without intermediary, you have, first, to take advantage from outside and learn from scholars and wise men or from the prophets who had the experience in governance.[117]

Follow the flock (Song 1:8) means follow the sheep,[118] be at their back. It was also said [that the meaning is] to follow their tracks or the marks of their footsteps. Similar to: *Your tracks could not be seen* (Ps 77:20). The [real] meaning is to follow the traces of existing things; ponder upon them and meditate over them more and more,[119] a meditation that leads to the knowledge of the causes, the reasons and the principles. It reaches to knowledge of God, exalted be He, by meditating on his wisdom

111 Lit. "It is customary that the language adds לך ולי to the words. After giving a series of examples Tanchum will conclude that לך and לי are additions that have no effect on the meaning. That is the reason for the omission in the translation in the lemma.

112 A confusion between Ex 34: 11 שמר לך את אשר אנכי מצוך היום and Dt 12:28 שמר ושמעת את כל הדברים.

113 Tanchum does not quote Ru in order. However, לי and לך in Ru 4:6 appear to be a combination of the preposition ל and the suffix י and ך indicating the possession, and not an interjection.

114 In Ru 4:8 too לי seems to be the combination of the preposition ל and the suffix י indicating the possession.

115 Lit. "Similarly, לך here is an addition."

116 Lit. ... "and its origin is: If you don't know...". In other words, לך should have no influence on the meaning.

117 الأنبياء المدبرين

118 غنم may means sheep or small cattle.

119 اول في اول وجزيه جزيه literally: First in first and part in part.

manifested in the making of his creatures according to what we have partially explained in the margin to the Book of Job. It was also said that the ב in בעקבי *after* (Song 1:8)[120] is a replacement for a מ (*from*). Similar to: *And what is left over from the flesh*[121] (Lev 8:32). In other words: "leave the tracks of such material species and bodily forces whose management and achievement of their goal occupy you. They are the ones who stop you from being perfect, who prevent you from being happy and alienate you from knowing my place, my way of caring and supervision."[122] [As to the expression] *graze your goats in the shed of the shepherds' tents* (Song 1:8) constitutes a reference to orbits and stars. In other words, "if you stop busying yourself with material powers and bodily desires, your essence will be purified, your lights become brilliant and you escape the darkness. Therefore you have to meditate first upon the specifics of celestial bodies, how their supervision reaches this lowly world. Because this will be easier for you than to perceive the action of the separated one.[123] In fact the celestial bodies are precisely bodies. Hence, the perception of their effects on other [bodies] is easier, more familiar and constitute the first step toward what is more hidden than they.[124] He gave them the name of *Shepherds' tents* (Song 1:8) because in them reside spiritual people and Intelligence is in them, for them, by act.[125] As if she is living in them.[126] She represents *the shepherds* [who are responsible] for all beings. Indeed, God, exalted be He, entrusted them with this mission.[127] He confers upon them the [mission] of supervising the world, its preservation and its durability by the

120 Literally: In after. It is translated in the lemma as "following."

121 "From the flesh" translates בבשׂר where the preposition ב (originally meaning "in") has the meaning of a מ or "from."

122 Imaginative discourse, according to Tanchum, of God addressing the soul.

123 المفارق Rendered here by "the separated one" is no other than God.

124 אכפא could be the transliteration of the Arabic اخفاء "hidden" or اكفاء "more complete," since Tanchum systematically ignore writing the dot on the letters that require it.

125 بالفعل rendered here as "by act" is to be opposed to by to "potentially or in potency." We are here in a distinction that belongs to the Aristotelian philosophy.

126 "She" in this sentence represents the beloved. But also, the soul, according to the philosophical commentary of Tanchum.

127 Literally: "... entrusted them with that."

propagation and the permanence of what exist. This implies the maintenance of species and the continued alteration of individuals. Know as well that whenever גדי עזים is mentioned it specifically concerns goats. And whenever עזים is omitted it concerns what is small *the pure cattle.*[128] Similar to [the word] שׂה *lamb* that applies to the *small cattle* and to goats: *Lamb of sheep and lamb of goats*. The plural of גדי is always masculine. Yet here, גדיותך is a feminine plural.[129]

The meaning of this section[130] is that the soul expresses itself stating that "blackness and darkness in which I find myself are not essential to me. This happened to me accidentally because of my refusal to concern myself with what brings perfection to me and to act in what pertains to my soul in particular. Instead, I spent my time supervising others, while neglecting to watch over myself. What he means [is that she busied herself with] the body, the physical and natural powers, the sensual and animal. Then she asked her beloved whom she intends to join, to show her the straight path to reach him, so to avoid borrowing an exterior path. On the contrary, she becomes cognizant of the true principles[131] by herself, without the intermediary of the senses, the powers of thought and imagination and what is similar. The reason for his expression: [*Where*] *do you rest at noontime?* (Song 1:7) is that it is customary for the shepherds in the heat of the day, during the noon rest,[132] to lay down the cattle in a cool spot, in the shade, until the mid day heat passes. Also because the [sun] light is greater and stronger than the beginning or the ending of the day. As if she is saying to him: "I don't dare meeting you when your illumination occurs, because I am in a dark place. That is why I am longing for a way that allows me to perceive your essence, to be familiar with your light, with no obstruction or need for an intermediary that I ask for guidance or information about you. Yet,

128 בהמה טהורה

129 A slight confusion between גדי the small of the goats or sheep male and גדיה the small of the sheep or goats female. גדיות (plus feminine suffix יך) does not exist in the Bible elsewhere than Song 1:8.

130 الفصل that could be rendered by "section or chapter."

131 الحقائق plural of حقيقه literally: "truths."

132 القياله incorrect for القيلوله "the mid day rest."

it is possible that I, mistakenly, choose a place of another shepherd than you, believing that it is your place, which could be the reason of my separation from you." The answer she received for all that is: *If you don't know*... (Song 1:8) as I explained it.

As to the other interpretation, it is *the assembly of Israel*[133] who says: "If you see that I became black and dark because of the [golden] calf case and those who are unsatisfied[134] this is neither who I am, nor is it my characteristic. Due to the people who mixed with me, as it is said: *and a mixed multitude* ... (Ex 12:38) *and the rabble* ... (Nm 11:4)[135] and others. Likewise when they were in their country[136] at the time they became rebellious and worshiped idols. About this he said: "It is because I have intermingled with other nations, befriended them and acquired their way of life:"[137] *They mingled with the nations and acquired their way of life* (Ps 106:35).[138] Therefore he expressed himself saying: "I wish to know, in your anger against us, how to return truthfully to you and ask for your mercy, without being in need of an intermediary or asking other than you or wanting other than you, might it be a king or a star.[139] That is what you have told me in your promises [by saying]: [*The stars*] ... *that God, your God has measured* (Dt 4:19),[140] *to belong to him as a people of inheritance* (Dt 4:20)." Then his answer came [as follow]:[141] "If you don't know this by yourself, go in the footsteps of scholars, prophets and righteous; examine their behaviors and how they reached me; meditate on the care I took of them and come to me through the path they have chosen. After that you will find me present, prompt to respond; *for which great*

133 כנסת ישׂראל

134 אלמתאוים

135 The word "rabble" translates the Hebrew word ערב "arab" that may call to Tanchum's mind the Arabic population among which he was living, either in the Holy Land or in Egypt where he lived the last part of his life and died.

136 بلدهم "their country." It is unclear whether the country in question is Israel or the countries, outside Israel, where the Israelites were scattered. In other words, the pronoun هم "their" could represent the Israelites or the pagans.

137 واتصفت بصفاتهم Lit. "And I was known by their aspects."

138 Lit. "And learned their works."

139 'Kings and stars" were considered divinities in the Biblical time.

140 Dt 4:19 concerns the prohibition of worshiping stars.

141 Lit. "The answer came."

nation had God close to it as our God, as often as we call unto him? (Dt 4:7)."[142]

1:9
Like a mare amongst the chariots of Pharaoh
I have compared you, o my love.
The י is superfluous, not a sign of genitive. Comparable to:... *provided with windows* [143] (Jer 22:14);... *full* [144] *of justice* (Is 1:21);... *who dwells*[145] (Ps 123:1);... *who looks down*[146] (Ps 113:6); *he will tie*[147] [*his donkey*] *to the vine and his donkey's foal*[148] [*to its branch*] (Gn 49:11). דמיתיך רעיתי (Song 1:9) [means:] *I compared you and likened you*. [Similar to:] *To whom then will you liken* תדמיון *God* (Is 40:18). In other words, Pharaoh's horses had to be destroyed [because] they obeyed someone else [149] in his evil scheming. In spite of the fact that the horses were neither part of the scheming nor had they intended to do such a thing, yet by taking part with the Egyptians [in its realization] they had to sink with them. They could not escape. Likewise, don't say: "These material things will be destroyed because of the multiplicity of

142 The quotation of Dt 4:7 is more eloquent in the text where the Arabic word of the commentary قريب rendered here by "prompt" and the Hebrew word of Dt 4:7 קרובים rendered in the translation by "close," have the same Semitic root.

143 חלוני "windows." The final י is awkward. The more correct form would be either חלון "window" or חלונים "windows" as an absolute form of the masculine plural.

144 מלאתי "full" an awkward feminine singular, instead of the regular מלאה.

145 היושבי instead of the regular היושב. The י here could be to soften the encounter between two consonants: The ב of היושב and the ב of בשמים that follows. It is also possible that the true explanation is phonetic, in order to accommodate a poetical rhyme.

146 המשפילי instead of the regular המשפיל.

147 אוסרי גפן this is a frequent case of an participle (here אֹסֵר of אָסַר) before a noun taking a י and behaving as constructive noun.

148 בני אותנו with a paragogic י or liking י (*hireq paragonis*) attached to בן. There is an interesting correction *Barachot* 64a where בְּנִי "son" (+ the *hireq paragonis*) is read בֹּנֶי "builders" and אותנו is referred to האיתן "the Temple" in Ez 40:15. Which gives the expression בני אותנו the meaning of "builders of the Temple."

149 ל[ג]ירהא "someone else." Uncertain reading.

desires, the eating and drinking, which lead them to indigestion, diseases, pains and sufferings with death and destruction that follow. As to me I am I am safe and sound[150] [because] I was forced. Therefore, when these material things are destroyed and exterminated I remain unharmed, since I don't really need any of these things for myself. For that reason I will want nothing." No such thing will happen. On the contrary: "Whenever you complied with them in their occupations and their desires they perish and you with them by association[151] because you neglected to establish an autonomous existence that allows you to endure once you are separated from the matter. Your case becomes similar the case of the Egyptians' horses that perished by merely being with them. They could not escape or be saved: *All the horses of Pharaoh's chariots, his horsemen and his worriers [overtook them encamped by the sea]* (Ex 14:9).

1:10
Your cheeks are beautiful with the ornaments[152]
Your neck with strings of jewels.
[תורים] was rendered by necklace. It was also said that it means ornaments. Others have also said [153] [that the meaning is] ornamentation and beautification, deriving from תואר. This word[154] with this meaning does not exist in a book other than this one. Furthermore, it was said [that the meaning is] images, and also earrings, similar to *golden earrings* (Song 1:11); golden earrings adorned with drops of silver, like pearls. The wise mentioned it about the plant when they are planted in triangular form, like triangular earrings, *rectangular head.*[155] It was said, concerning *jewels* in: *Your neck with strings of jewels* (Song 1:10) that there is a kind of binder that adjusts the pearls and could be like fingers. Then these fingers are gathered harmoniously becoming like a

---

150 عاريه lit. "naked."
151 بالاشتراك "by association" means by being part of their evil action.
152 Tanchum mentions many possibilities of understanding the Hebrew word תורים. Yet he shows for one or the other of these possibilities.
153 Lit. "It was also said..."
154 תורים.
155 ראש אור. This may also mean the head of turtle-dove.

ligature tied to the neck. It is because of this [meaning] that they name versification חרוזים.[156] Because the words are like the pearls and the rhymes are composed and arranged through words like [pearls'] fingers. The complete strophe is like the binder made of [pearls'] fingers, put together. Therefore, the versification cannot be disturbed without [disturbing] the meter and measure. Likewise the pearls: They cannot be disturbed in their arrangement. They suffer neither increase nor decrease from one alignment to the other. He [157] designates by this the mental perceptions and the essential connections that follow an unalterable proportion and a harmony that accepts no attenuation, since the bodily powers and the physical senses are not in its midst.

1:11

We will make for you golden earrings
With inlaid silver points
This is [a verse] of lower rank in comparison to the precedent [verse]. For this reason he said in it: *We will make for you...* (Song 1:11). The first [verse] pertains to the essence,[158] without the mention of a "making," since your *cheeks, your neck* (Songs 1:10) [belong] naturally to the essence. Besides, they[159] always equate gold with the sun and intelligence with the gold, because it similarly is warm and dry. They also equate imagination with silver and with the moon, because it[160] is cold, wet, of frequent movements and displacements like silver. The intellect, on the contrary, is more stable and nobler than the imagination. So he said: your perceptions while coexisting with the body, which is created and made through an intermediary, are of the intellect and the imagination." He attributed one stable condition to the intellect, similar to the round earring, that no one can fathom its

---

156 The exactness of distributing syllables in a poem and versification is compared to the exactness of arranging pearls together in order to have a necklace.

157 "He" represents either the Book (= Song of Songs), the Bible, which in Arabic is masculine, Solomon or God, the One who inspires the Bible.

158 ذاتيه from ذات "essence" or "identity."

159 No indication is given to identity those who are represented by "they" here.

160 "It" here may refer to the imagination or to the moon.

beginning or its end. On the contrary, it is equally proportioned. As to the imagination: [it is] jerky, changeable, quick to move from one thing to its opposite, incoherent in its perceptions and with uneven harmony. That is the reason he declared it: *With inlaid silver points* (Song 1:11). What is intended is: white pearls adorned with gold, as was mentioned before.[161]

1:12
While the king is at the banquet table
My spiknard gave its fragrance.
[The meaning is]: As long as the king is on his seat.[162] The elders say, in the same vein: *They bend the knee.*[163] Another opinion about במסבו: [It pertains] to the tablecloth on which food is put.[164] This too is something about which the elders have a saying: *Israel's banquet, the nation's banquet.*[165] [Indicating] the place where people gather together to eat and to drink. It is about that that the Targum[166] of וישבו לאכל לחם is ואסחרו למיכל לחמה (Gn 37:25) *and they sat down to eat food*. The Targum of ויסבו like in נסבו על הבית is אסתחרו על ביתא *they surrounded the house* (Gn 19:4). It is the soul's discourse in response to the aspects already mentioned. In other words: "All the perfections, the perceptions and the good qualities I have are the result of your fondness of me, your support for me through the gift of perfection and your presence in my place. If this disappears, the good disappears and I will be unhappy.[167] [The expression]: *My nard gave its fragrance* (Song 1:12) indicates the arrival of his light[168] to her. The י in נרדי *fragrance* (Song 1:12) is superfluous, as it is the case in לסוסתי

161 According to Tanchum, the imagination is a mixture of unsteady harmony and intelligence.
162 موضع متكئيه lit. "Place with armrest." Although متكئيه is a deformation of اتكاء "the act of leaning, reclining."
163 הסבו אחד מברך.
164 Lit. "The table cloth in which the food is eaten."
165 מסבה של עוים מסבה של ישׂראל This is not a biblical reference.
166 Targum here means only Aramaic language.
167 Lit. "And all happiness will bypass me."
168 فيضه lit. "His emanation."

chariots (Song 1:9). It was also said that [נרדי] means incense.[169] Others have said it means swelling. But I don't know any perfume coming from swelling [or] it is something that escapes my knowledge.[170] It was added to the many aspects: *Spikenard and saffron, cane and cinnamon* (Song 4:14). It was also said that it concerns the tombs.[171]

1:13
My lover is like a flake of myrrh
Resting between my breasts.
[צרור *flake* (Song 1:13)] is in need of the comparative כ. It will be the same for [the expression]: ... *my lover is like a cluster of henna* (Song 1:14) and similar cases that we have already explained [in our commentary] on Proverbs. צרור המר (Song 1:13) was explained as a musk container. It was also said [that it means] ribbon of musk rose.[172] [The word] *myrrh* (Song 1:13) certainly has two meanings. The first is myrrh,[173] as it is explained in [the expression]: ...*pure myrrh* (Ex 30:23).[174] Likewise: [*his lips are*] (Song 5:13).[175] He means: *Dripping oil of myrrh*. In other words, consolidated oil like in [the expression]: ... *six months with oil of myrrh* (Est 2:12) or: she is overwhelmed by the oil of myrrh to the point that it drips from her hands out of the coquetry, righteousness and the readiness for the encounter with the lover. The other [meaning] is that myrrh indicates a plant, [as] in his expression: ... *I have harvested my myrrh with my spice* (Song 5:1), because nothing could be harvested other than plants. Like in [the expression]: ... *and all that comes from harvesting it* (Ps

169 Probably by reference to the Arabic ناردين that means spikenard. It is also probable that the English word "spikenard" has such Semitic origin.

170 الا ان كان لورقه ما اعلم "... only if it is in a leave that I don't know."

171 אלליונפר probable deformation of the rare Arabic word جنفر or جنفور designating ordinary tombs. In this case we are dealing with foul odor, which is far from the context of Song 1:12.

172 ربطه نسرين

173 مسك

174 المسك الخالص or "pure myrrh" is also R. Saadia's translation of the מר דרור.

175 In his commentary on Song 5:13 Tanchum understands the "lips" as the messengers angels sent to communicate God's orders to the prophets.

80:13).[176] Furthermore, there is the addition of the [word] *spice, which is a plant*.[177] Yet, there is an immaterial sign[178] pertaining to proof and instruction from *the right authority*:[179] *I will teach you[180] what you will say* (Ex 4:12) as we shall explain. Our master Hayi of blessed memory had said that the bag of myrrh (Song 1:13) belongs to the monks.[181] He said that it is a glue of sweet perfume.

Resting between my breasts (Song 1:3) means: "He embraces me" [which indicates] persistence in the relationship and the union. שדים (Song 1:13) [means] "breasts" which is [as if speaking of] torrent.[182] Besides, the milk contains purity, delight, oily matter. Its outpouring from no particular or confined place is comparable to the overflowing of the well's water as in his expression: *They have left the Lord, the fount of the living water* (Jer 17:13). By which he also suggests science and perception: *Ho all thirsty; come to the water* (Is 55:1). Then he compares it to the delight of being drunk from alcohol and the fat of the milk[183] saying: ... *wine and milk without cost* (Is 55:1).[184] [He also said] in this book: *I have drunk my wine and my milk* (Song 5:1) according the upcoming commentary. ילין *rest* (Song 1:13) is a heavy [verb] from לן. It is not intransitive and its meaning is "to pass the night." But here it means "to remain stable"[185] and [it indicates] "the permanent shelter" that allows no separation. Similar [to its meaning] in [the expression]: ... *and it shall dwell* ולנה *in the midst of his house* (Zec 5:4). Akin to its meaning as well

---

176 Both quotations, Song 5:1 and Ps 80:13, use the verb ארה (Song 5:1 אריתי and Ps 80:13 וארוה) "to pull, to pluck" translated here by "to harvest."

177 The addition of the word "spice," seeds collected from plants, to the word "myrrh" gives weight to the other meaning of "myrrh" as plant.

178 اشاره معنویه "immaterial sign" or "moral sign" by opposition to اشاره مادیه or "material sign."

179 מורה צדק.

180 והורתיך (M.T. והוריתיך) the *hifil* of ירה probably is quoted for the phonetic proximity with מור.

181 لبنی الرهبان. No reason given for such attribution.

182 فیض also means: emanation, effluence, streaming.

183 Redundancy: وشابه ... علی التشبیه "then he compares ... in comparison."

184 Being drunk from alcohol is a moment reserved to the big events in life, a feast that the poor could barely afford.

185 الأقامه "sojourn, dwelling, to stay stable in the place."

are [the expressions]: ... *who dwells* יתלונן *in the shadow of Shaddai* (Ps 91:1), a repetition of *he who resides* יושב*in the secret of the Most High* (Ps 91:1)[186] according to our commentary on the Psalms.

1:14
To me, my lover is a cluster of henna
In the vineyards of Ein Gedi.
What he means is "like a cluster of henna" following what has preceded.[187] It was said that אשכול means carnation flower. More exactly it is a henna cluster. They are clusters similar to raisin grapes.[188] They are only small seeds before they mature and become ripe.[189] Yet, there is an association with a spiritual meaning pertaining to ransom and redemption: *If ransom is imposed upon him...* (Ex 21:30); *I give Egypt as a ransom for you* (Is 43:3) as we will explain it. *In the vineyards of Ein Gedi* (Song 1:14) implies a hidden אשר: אשר בכרמי *that is in the vineyard.* Similar to: ... *and stayed at the house* [*that*] *belongs to Alisha* (2Kgs 5:9);[190] ... *all those* [*whose*] *spirit was stirred up by God* (Ezra 1:5);[191] ... *[proclaim] your omnipotence to all [who] are to come* (Ps 71:18).[192]

He added to the *cluster of henna* (Song 1:14) that it is situated in *Ein Gedi* (Song 1:14). A comparison [any comparison], undoubtedly, is established with the most known and most famous element in that time and place.[193] At that point in time Ein Gedi had many orchards, beautiful fruits and fragrant honeydews that

186 Tanchum gives the verb לין the same meaning as ישב "to reside to sojourn." In other words, he takes from the verb לין the specific meaning of "residing or dwelling during the night alone."
187 Tanchum adds כ to אשכול and reads כאשכול "like cluster of henna."
188 Tanchuma uses the same word عناقيد for both "cluster" and "grapes."
189 Lit. "Before they mature and finish."
190 With אשר substituted the sentence becomes: ... פתח הבית [אשר] לאלישע
191 With אשר substituted the sentence becomes: ... לכל [אשר] העיר האלהים את רוחו
192 With אשר substituted the sentence becomes: ... לכל [אשר] יבוא גבורתיך
193 Redundancy: "... the most famous in that time and place and in each time of times."

are splendid.[194] Therefore he started a comparison with them, similar to the comparison he established in: *Daughter of Tyre, the wealthiest of the people will court your face with gifts* (Ps 45:13). It is because according to the description of the Book of Isaiah[195] and the Book of Ezekiel, Tyre was a very happy [city], very prosperous, of great renown and with large a number of businesses.[196] Concerning *Ein Gedi* (Song 1:14) [the city was mentioned] because of the multiplicity of its advantages. This, as we have said, is an indication of another spiritual meaning. Indeed *Gedi* contains [meanings] that resemble meanings pertaining to thought and instruction: *He announces[197] his covenant to you* (Dt 4:13); *I recognize[198] this day before the Lord your God...* (Dt 26:3).[199] Therefore we have gathered in *bag of myrrh* (Song 1:13), *resting between my breasts* (Song 1:13) and *a cluster of henna* (Song 1:14) meanings others than the obvious ones[200] and constitute the intended intention. As if the soul appears to says: "this lover is the base of the well that gives me knowledge and reasoning; it is because of him that all perfection come to me, that I obtain every delight; by communicating with him I acquire life, constancy and durability. I will obtain by the same [communication] indemnity[201] and ransom [that will free me] from death, destruction, perdition and widowhood. Parallel to:

---

194 ‫ومشمومات اريجه في غاية الحسن ونهاية الرونق‬. Literally: "... with things that smells with fragrance which are very beautiful and utterly splendid" which, in the context, is unfitting, particularly after the collective locution "beautiful fruits." But it is highly probable that ‫مشمومات‬ is a deformation of ‫شمامات‬ "honeydew" that remains very prized in the Middle East for its beauty, perfume and sweet taste.

195 Cf. Is 23:5.8.

196 Cf. Ez 27:2-8.

197 "He announces..." ‫ויגד‬. There is a phonetic association with ‫גדי‬.

198 "I recognize..." ‫הגדתי‬. There is a phonetic association with ‫גדי‬.

199 The conclusion of Tanchum (that "Gedi" contains a spiritual meaning relative to thinking and instruction) reposes on the fact that the two examples (‫ויגד‬ and ‫הגדתי‬ both derivative from ‫נגד‬) he is giving contain verbs that are phonetically close to Gedi ‫גדי‬.

200 Lit. "The linguistic meanings..."

201 ‫ديه‬ the indemnity that someone must pay in order to be free from the punishment that he incurs following an unlawful act committed.

bereaved[202] *bear* (Pr 17:12), *loss of children*[203] *and widowhood* (Is 47:9)." The addition of א in אשכול *cluster* (Song 1:14) is similar to: *The rivers shall turn foul* והאזניחו (Is 19:6);[204] ... *my arm* ואזרעי(Jb 31:22);[205] ... *his young* ואפרחיו (Job 39:30);[206] carbuncle אקדח (Is 54:12).[207] "[I will obtain] deliverance from evil and be free from death, because of what I will learn from him: The advantageous truths, the authentic perceptions and the essential and absolute information for which I need no exterior help or proofs that fluctuate. Then I will reach truthful delight and the lovers' ecstasy, similar to the state of being drunk from wine and vineyard produce, the vineyard of Ein Gedi." Therefore, different meanings, dissimilar internally and externally, were found together in the same expression.

In another understanding he compares Israel, when she deviates from God's ordinances and runs for deceptive beauty, [when the Israelites] mingle with the nations, imitating their mode of thinking and their actions, to Pharaoh's horses that were destroyed by their guilt, by submission and alliance with the wicked. However, when they adhere to God's legislations contained in the Ark, made of wood but enrobed with gold... comparable to the body that is lifeless and without dignity, akin to

202 "Bereaved" translates the Hebrew word שכול.

203 "Loss of children" translates the Hebrew word שכול.

204 "Turn foul" והאזניחו from the verb זנח "to stink". The א is an addition to the usual hifil הזניחו.

205 Ms: ואזרוע. The usual form is זרוע. The only other form of אזרוע (ובאזרוע) found in the Bible is in Jer 32:21. The א is superfluous. It may well be the remaining of an archaic plural (compare, for example the Arabic اذرع as plural of ذراع).

206 Ms: ואפרח. Tanchum consider that the meaning of פרח ("sprout, bud, young," attested 17 times in the Bible) is the same as אפרח ("young ones, young of birds," attested in the Bible 4 times) the א being superfluous. It may well be the remaining of an archaic plural (compare, for example the Arabic افراخ as plural of فرخ). To be noticed that ואפרחיו is the Qoré of the Ketib אפרחו.

207 Is 54:12 אבן אקדח "carbuncle" or "precious stones" considered by Tanchum the same as קדח the א being superfluous. However, the Hebrew Bible does not seem to preserve a usage of קדח as noun. But only as a verb. Here ends the parenthesis about the superfluous א that Tanchum inserted in the middle of his attempt to express the feeling of the beloved woman or the human soul.

wood. Nonetheless,[208] with the noble and high spirit, it becomes as noble and precious as gold [...][209]lines written on tablets, he said: *Your cheeks are beautiful with ornaments* (Song 1:10).[210] What is to be understood is [the expressions]: *Your neck with strings of jewels* (Song 1:10); *with inlaid silver points* (Song 1:11) represent the hidden meanings of the Law and its inner truths. [The expression]: *With inlaid silver points* (Song 1:11) [indicate] the visible and useful commandments for all Israel. All have profit in silver; as gold pertains to the elite. *While the king is at the banquet table* (Song 1:12) [means] that there will be no happiness for Israel other than by the presence of God's light and the Shekinah in their midst. ... *like a flake of myrrh* (Song 1:13) [means] if the Temple is thriving with incessant worship then the proof of God's light in our midst and the fullness of his providence will be established [suggested by the expression]: *Resting between my breasts* (Song 1:13), *To me, my lover is a cluster of henna* (Song 1:14). He will find worship agreeable, forgive our sins and protect us from the enemy's evil doing. Forgiveness is to be understood as in *Aaron shall perform the rite of atonement* ... (Ex 30:10). For the protection and the veil[211] they are to be understood as in *the expiation ritual*[212] following the meaning of [the expression]: *And his people are to bring atonement to his world* (Dt 32:43). *His people* (Dt 32:43) means that God will preserve them from the plagues that will hit the nations as punishment and takes Israel's revenge against them. *In the vineyards of Ein Gedi* (Song 1:14) refers to the establishment of the Israelites in their country, secured and tranquil [when] *everyone is under his own vine and his own fig tree* (1Kgs 5:5). He also mentioned its goodness and its liberation.[213]

208 [פל[מא] Uncertain reading.

209 ן[... ...] in the Ms.

210 Uncertain meaning of the passage that starts by "however....with the ornaments." The corruption of two words in the middle of the Judeo-Arabic text makes it difficult to reach a coherent translation.

211 والحجاب من כפרת literally"...the veil from forgiveness."

212 כפרת.

213 احسانها وافراجها lit. "Its goodness and its release." It is unclear whether this applies to the Land or to the people of Israel.

1:15
Look how beautiful you are, o my friend!
How beautiful are your eyes!
Like the eyes of a dove.

There is need for a comparative כ. Similar to the case of [the expression]: *For the Lord your God is like consuming fire* (Dt 4:24).[214] In other words: *like the dove*. Or: *Like the eyes of the dove*. Surely the human eye is more beautiful than the dove eye. Yet, the one who compares wants to establish a link with something more beautiful than the compared reality. Therefore, he intends [new] meanings in mentioning the eyes of the dove. Among them: The friendliness of the dove, its cleanness and exquisiteness as we have explained it [while commenting on] *Proverbs*. Among these [new meanings] one is linguistic the other is spiritual. Concerning the linguistic aspect, the verb [ינה] is a ל"ה[215] as in *do not do evil* תונו (Lev 25:17); ... *have been wronged* הונו *in your midst* (Ez 22:7). Also: ... *from the oppressing* ביונה *sword* (Jer 46:17; 50:16).[216] There is another [example:] ... *the oppressing city* (Zeph 3:1).[217] In other words: Your eyes dupe[218] the one who looks at them, because of their extreme beauty. The spiritual [meaning] is that if the dove was raised up in place then taken away from it for another place, if put in a cage[219] or its feathers were cut it still remember its original homeland, the place where it grew up and from which it was taken, once its feathers develop or finds itself outside its cage. Which is something you cannot find in birds other than the dove. Therefore he compares the soul to the dove in this sense; that it leaves its place and is imprisoned in the cage of the body for a time and that its wings' [feathers] are cut by the scissors of concupiscence. Yet, whenever she remembers its country and considered her nature, she goes

214 Tanchum understands Dt 4:24 as follow: כי יוי אלהיך [כ]אש אוכלה.
215 معتل اللام Lit. "That its lam has a vowel. In other words, Tanchum considers that the verb ינה ends by a vowel.
216 Tanchum gives the example of Jer 46:17; 50:16 in Hbrew then he translates it. He translates the Hebrew expression by السيف الغابن. Lit. "The treacherous sword."
217 העיר היונה
218 تغبن lit. "Takes advantage of the one who gazes at them."
219 Lit. "... another place and prison."

back to her homeland and becomes passionate for such purpose, similar to what doves do. She ascends in her flight to a point where she can look at her place, her country then she pounces on it as it was said: [*Who are these that fly like clouds*], *like doves toward their cotes* (Is 60:8).

1:16

Look how beautiful you are, o my beloved!
Indeed delightful
Our bed is soft.

We have explained in [our commentary on the] *Proverbs* that the meaning [220] of *delightful* נעים (Song 1:16) mostly concerns intellectual delights and spiritual perceptions. [For example]: *It is delightful that you keep them inside you* (Pr 22:18);[221] *may the favor* נועם *of the Lord our God be upon us* (Ps 90:17); *delights* נעימות *are in your right hand* (Ps 16:11); *her ways are delightful ways* דרכי נועם (Pr 3:17). That is the reason why, when the soul was addressed [by the expression]: *Look how beautiful you are, o my friend!* (Song 1:15) she answered, explaining, that "if I am beautiful, my beauty is partially yours and my qualities are fragments of your qualities and what I succeeded to grasp of your beauty and prettiness. Furthermore, there is your inner delight and the truthful joy that you have in action.[222] Whenever I am united to you, becoming your companion, our bed softens[223] and through you I find freshness and grew closer to you, waiting to be united in truth, settling in the same rank [as you]. This is [the meaning] of his expression: *Our bed is soft* (Song 1:16). "Found freshness" means that I will be refreshed, satisfied[224] by my union with you on the unification bed. *Bed* ערש is feminine in Hebrew.[225] For

---

220 לغة נעים. Lit. "the language of נעים.

221 In other words: "It is delightful to keep the words of wisdom inside you."

222 The expression بالفعل "in action or in act" should be understood according to its Aristotelian meaning as "fullness" in opposition to the "in potency" or "in potentiality."

223 فتروى سريرنا Lit. "Our bed receives waters" as if to quench a thirst.

224 شبعانه "being full" usually used for someone who had enough food after being hungry.

225 في اللغه Lit. "In the language" which the usual way to designate Hebrew in the Judeo-Arabic literature. Not mentioning it by name is a reverential manner

example: *His bed is an iron bed and it is now in Rabbah of the Ammonites* (Dt 3:11).[226] As to [227]נעים it designates a flirtatious act or attitude,[228] enjoyment[229] and comfort.[230] This was her condition when she approached him. The intellect's qualities applied to her and she was infatuated with him: *How beautiful you are and how delightful, o love, with enjoyment* (Song 7:7). The meaning of רענן *succulent, moist, soft*, similar to: ... *every leafy tree* (1Kgs 14:23; 2Kgs 16:4; 17:10; Is 57:5; Jer 2:20; 3:6, 13; Ez 6:13; 2Ch 28:4).[231]

1:17
The beams of our house are cedar
And our panels are cypresses.
[The expression] *The beams of our house are cedar* (Song 1:17) refers to its strength, stability and the absence of any weakness. Comparable to what he says concerning the permanence of Israel's King, his strength and stability, that he is *like cedars beside water* (Nm 24:6). It was said that ברותים [in the expression]: *And the panels are cypresses* (Song 1:7) resemble ברושים which is a kind of cedar.[232] Similarly, there is [the expression]: ... *incised* חרות *on the tablets* (Ex 32:16) that has the same meaning as: ... *engraved* חרושה *on the tablet of their hearts* (Jer 17:1).[233] Concerning *the panels* (Song 1:17) it was said that it is the same as *the beams of our house* (Song 1:17). A simple repetition.[234] It was also said that [it means]

to talk about Hebrew, which distinguish it from other languages that usually are mentioned by name.

226 It is possible that Tanchum's remark was prompted by the fact that ערש has no feminine ending.

227 Rendered here by "delightful" following, among others, R. Saadia Gaon who translated by لذيذ.

228 التدلل could also be translated by coquettishness or coquettish behavior.

229 تلذذ could also be translated as "pleasure."

230 تنعم could also mean enjoyment.

231 It is almost impossible to maintain the same translation of רענן when it describes a tree or a person.

232 The usual explanation is that both words designate the cedar tree, ברותים in Aramaic (north Palestinian) and ברושים in Hebrew.

233 The examples given by Tanchum concerns words having the same meanings with interchangeable ת and ש.

234 Lit. "A repetition of the [same] meaning."

spots[235] surrounding the house, like small water spots, as [in the expression]: ... *in the gutter, in the water receptacle* (Gn 30:38). There is also: *He covered the house with spots and boards of cedar* (1Kgs 6:9). In other words: He covered the house and made his roof of troughs and water receptacles made of cedar wood. [The meaning is taken from] the Aramaic *arrangement of cedar.*[236] *The first column has cedar in front and* [...] *in its cisterns.*[237] [We have the same meaning of] trough [in the expression]: *They came to the cisterns and found no water* (Jer 14:3). רהיטנו *our panels* (Song 1:17) was understood as *our loop.*[238] Indeed, in some places, roofs are covered by *large size beams:*[239] the panels are dressed on walls' tops then the panels are linked to them, harmoniously, from the other side. Then nails are driven, which makes, from inside, similar to a boat and from above a big size loop.[240] As to the boat, it is like a loop, which gives us the following meaning for *the beams of our house* (Song 1:17): For the width, [the beams] are installed us usual.[241] *And our panels* (Song 1:17) [concerns] The horizontal installed [beams]. This form is called the *mukerbus* form (?).[242]

235 مناطق plural of منطقه lit. "Precisely defined land."

236 מערכה סידרא.

237 הטור האחד סדרא קדמה וגבים [...]רך It is not a biblical quotation.

238 عقودنا plural (plus suffix) of عقد "knot, loop, snarl."

239 גמלון it is truly difficult to envisage the procedure by which the roof is built at that time. The translation is literal.

240 معقود גמלון

241 Unclear sentence:عرض على المعتاد على الموضوع منها

242 المقربص a word inexistent as such in Arabic or Hebrew. Probably a derivative from قربوصor قربوس "Saddlebow."

The Song of Songs
Chapter 2 A

2:1

I am the rose of the plain[1]
The lily of the prairies.

חבצלת השרון [means] *the rose of the plain* (Song 2:1). שושנת העמקים [means] *the lily of the prairies* (Song 2:1). They both need a comparative כ: כחבצלת *like the rose*, כשושנת *like the lily*. Indeed, the soul says: "In spite of ascribing to me beauty, elegance[2] and perfection the fact remains that the beauty is not whole and the perfection is not complete, since I still reside in the lower universe represented by valleys and depraved regions in comparison to your elitist and high universe that can be represented by mountains, high and towering if weighed against valleys and plains." His answer to her was like this: "In spite of living in a gloomy world, in the midst of your evil peers, your rank[3] is similar to a rose in the midst of thorns that will not be ashamed by [her condition] once she is picked up from among them. On the contrary, she is precious, beloved and beautiful both in her smell and her spot; truly of great value."

2:2

Like lily in the midst of thorns
Such is my girlfriend[4] among the girls.

Know that [the word] שושנה means lily, in certain cases, like in [the expression]: *The lily of the prairies* (Song 2:1). It was said that it

---

1   R. Saadia Goan: "I am the Rose of the plains."
2   ضرافه a mistake for ظرافه
3   فمنزلته lit. "His rank."
4   صاحبتي lit. "My feminine companion."

was so called because it has six petals.[5] In other cases it means rose like in [the expression]: *His lips are roses* (Song 5:13) because they are as red as roses. In fact, the lily is not red. It is rather blue and does not properly describe lips, without suggesting defamation, attack, and sickness, not praise.

2:3

Like an apple among the sticks of the groves
So is my lover among young men
I find happiness and stability in his shadow
His fruit is sweet in my mouth.

She said in her answer: "Even if while being among the material things and the bodily energies I am still like a rose among thorns, enjoying a [beautiful] appearance and my fragrance can be smelt from afar, yet, from nearby I have no taste that witness to my truth. Furthermore, the excess of beauty ascribed to me is so because of my peers: It is in comparison to them that I am beautiful. Moreover, they have thorns, in other words, sensual and animal energies and young women representing incomplete bodily energy, as we have explained it in [the expression]: *Daughters of Jerusalem* (Song 1:5). They are the perceptive energies in charge of governance that reside in the brain and in the senses. They are nobler than the natural and sensual energies. "As to you, you are like the apple, good looking, fragrant, delicious and with many benefits." Yet he has to be measured by the young men, in other words, by intellects, orbital souls and astral energies[6] whose reach and knowledge constitute the only way for the human soul to be noble. So there is no comparison[7] between the acquired perfection of the soul that goes from potency to act and the inner perfection of the intellect that remains always in act. His expression: ... *among the sticks of the groves* (Song 2:3) does not mean among the hairs,[8] but among the groves, well planted, as he says: *I made*

---

5   No reason is given for the link between שושנה and the fact that it has six
    petals.
6   النفوس الفلكيه والقوا الكوكبيه
7   نسبه lit. "Proportion."
8   Tanchum refutes explicitly the interpretation of R. Saadia who translates
    Song 2:3a as follow: كالتفاح بين عيدان الشعرا a translation that R. Saadia does not
    comment.

for myself pools of water to irrigate a forest of growing trees (Eccl 2:6). תפוח (Song 2:3) means "apple tree." That is the reason for which he spoke about *the sticks of the groves* (Song 1:3). [The expression]: *I find happiness and stability in his shadow* (Song 2:3) [means] that I longed to sit with him, be united to him, and I obtained what I longed for. It was also said [that the meaning is]; "I find pride and greatness in being enlightened by him."[9] In other words, I obtained by that pride and greatness, becoming like *the precious man* (Dan 10:11) to whom glorious things were attributed, [like] *handsome young men* (Ez 23:6, 12) [who will wear] *the best clothes of her older son Esau* (Gn 27:15). [The expression]: *His fruit is sweet in my mouth* (Song 2:3) [means]: When I contacted him and tasted his fruit I found that their delight and sweetness are beyond any comparison with the delight and sweetness that are common to us. That is why his sweetness was inside me, in my mouth, something I cannot describe for the outside, since it is in my mouth. It is also because the high points in tasting the food are properly in the mouth and in the palate.

2:4
He introduced me to the house of wine
And the banner of his love is over me.
[The expression]: *He introduced me to the house of wine* (Song 2:4) [refers] to the elation of love ecstasy that is the result of being his companion and the taste of the fruit of his abundance. [His expression]: *And the banner of his love is over me* (Song 2:4) [means] that the banner of his love hovered over me. [This is to be understood] from [the meaning of] דגל *banner*.

2:5
Sustain me with wine flakes, spread apples around me
For I am sick with love.
סמכוני באשישות (Song 2:5) means "they sustained me by the wine flagons." In other words, "they increased my love[10] and strengthen

9 Lit. "... in being enlightened under his shadow." A "poetic" way to say that even his shadow is a source of light.
10 Lit. "They increasesed this love."

in me the joy and the fullness of excitement.[11] סמכוני is a verb without vowel[12] comparable to [the meaning of the expression]: Make us glad שמחנו *make us glad for as long as you have afflicted us* (Ps 90:15). The past is סמך[13] comparable to [the expression]: ... *give joy* שמח *to his wife* (Dt 24:5); the king Ahasuerus promoted גדלHaman... (Est 3:1).[14] רפדוני בתפוחים [means that] they scattered the apples [15] around me. In other words, they increased the companionship of those whom I compared to my lover [when I said]: *Like an apple among the sticks of the groves so is my lover* (Song 2:3). This too is a verb without vowel,[16] that has the same significance as *in spread out* ירפד *like gold on the mud* (Job 41:22);[17] *his resting place* רפידתו [*is made of*] *gold* (Song 3:10). It is the same as in *I spread* רפדתי *my bed* (Job 17:13).
For I am ill out of love (Song 2:5) [means that] "I am so taken by my love and desire for him that I became *sick with love* (Song 2:5)." This is the meaning of being infatuated. In fact, the physicians consider it a sickness of the brain and the thinking. These are matters that require healing of the soul for those who are deeply infatuated: They should be comforted and brought to a state of quietness by similar thoughts that take over their thinking and imagination and alleviate their longings and worries.

2:6
His left hand under my head
And his right hand holds me close.
He wants to say: *Put* שימו *his left hand* [under my head]. In other words, "the kind of remedy that will benefit me is no other than being united with my lover; being one with him on a bed bedecked

11 وقوا علي تلك النشوه واستغراق اسكر فيها lit. "They strengthen over me this sensual sensation and the drunkenness in it."
12 Lit. "... Is from a heavy language."
13 Ms. סימך
14 The common point for the three verbs is the absence of vowel in their roots. Although שמח has the particularity of a guttural third letter. The meanings may be comparable as well. In this case גדל should be understood as promoting Haman which gives him reason for joy."
15 Lit. "Scattered them..."
16 وهو من الثقيل lit. "it is from the heavy kind."
17 חרוץ in Job 41:22 is understood as "gold' in harmony with Pr 3: 14. Such is also the interpretation of R. Saadia of Job 41:22.

with grape leaves coming from him,[18] made of the flowers of his abundance, fragrant with perfume of his fruits, satisfying because of the perception of his truth. For that reason I become one with him, with no separation threatening us." This indeed is the character of those who embrace each other, who are united by love and infatuation. Undoubtedly, they are accustomed to represent thoughts by the right hand, because of their noble nature, their movements and the multiplicity of life manifested in them. As to the material things and the animal aspects, they are represented by the left hand because of their opacity, their lowness and scarcity of life manifestations in them, if compared with what the right hand [represents]. [For this reason that] we have the saying: *The wise man's heart is toward his right hand, the foolish, toward his left hand* (Eccl 10:2). David also has said: *I am always mindful of the Lord's presence.* (Ps 16:8). He justifies this by stating that he did not leave the thinking direction neither did He forget it: *He is at my right hand, I shall never be shaken* (Ps 16:8). He pursued saying: *Therefore my heart rejoices...* (Ps 16:9) according to what [we] have explained there. It is well known that the soul has two directions. They are not directions pertaining to place. Rather [one direction] concerns the advantage the soul receives from the side of the intellect and [the other direction that] relates to the benefit she provides in governing what is material.[19] He expressed her profit to what is lower than her by governing what is material and bodily energies [saying]: *His left hand under my head* (Song 2:6). As to what she benefits from perfection and what she grasps from the emanation and the perception that give her the truthful life [this was expressed saying]: *And his right hand holds me close* (Song 2:6).

---

18   بكرمه allows two possible readings. Either كرم means to the "vine plant" or it means "generosity."

19   Yet these are two "special" directions: One from above, what the soul receives from the intellect and the other that is below or what she provides to those she governs.

2:7

I adjure you, daughters of Jerusalem, by the gazelles or by the deer of the fields, don't wake up[20] *or stir the love, until she pleases.*

I adjure you, daughters of Jerusalem, by the gazelles בצבאות (Song 2:7). The א replaces the י in צביה. The plural is צבאות. Similar to תלואים and תלוים, פתאים and פתים. The singular [of אילות] is איל and [the singular of צבאות] is צבי. They are the gazelle[21] and the deer. Concerning the *gazelles* (Song 2:7), there is an association of meanings [given the similarity of] words.[22] Among them are those we have already mentioned. But there is also the will, as in *great will to understand* ... (Dn 10:1).[23] What is meant is "great" form the Aramaic: *Who became great, who killed.*[24] It means among [other things] *armies, the heavenly armies.*[25] For example: ... *and the heavenly army*[26] *prostrated themselves before you* (Neh 9:6). That is why we have the expression: *God of armies* (Hos 12:6).[27] Similarly, one can say: *God of heavens* (Gn 24:3).[28] The word צבי also had a masculine use: ... *like gazelles* כצבאים *over the mountains* (1Ch 12:8). [In the expression]: ... *or by the deer* באילות *of the fields* (Song 2:7) represent a conjunction to the *gazelles.* They are the deer that can be found in a masculine form as in: ... *their leaders were like deer* כאילים (Lam 1:6). Here too we have an association [of words] that hints to a meaning of strength as in [the expression]: ... *I became a man deprived of any strength*[29] (Ps 88:5).[30] In other words, it is an expression that contains many meanings.[31] Because the word signifying strength contains the

20 The translation of Saadia Gaon: "Don't appear."

21 الضبي a mistake for الظبي

22 اشتراك معاني في الالفاض lit. "There is meanings association in words."

23 וצבא גדול

24 די הוא צבא די הוא קטל

25 סבאות השמים

26 וצבא השמים

27 אלהי הצבאות

28 אלהי השמים

29 אין איל.

30 יש לאל ידי.

31 An ambiguous sentence: فبان ضمير اليمين بلفض واحد جمع معاني كثيره lit. "Then appears what is hidden in the right [hand] by one word containing many meanings."

absolute strength that could not be either symbolized, nor modified. It includes the intellectual, psychological, animal, natural and astronomical strength. As if the text[32] distinctively has placed each part before the one who has will and power and who gives appropriately to each part according to what that part deserves of this grace.[33]

[In the expression]: *Don't wake up* אם תעירו (Song 2:7) the verb has a vowel as its second letter[34] that has the same meaning as in: *He woke me as a man wakened* יעור ... (Zec 4:1), which is a verb without vowel.[35] [Like] *has roused* העיר (Is 41:2; Jer 51:11; 2Ch 36:22 (2); Ezra 4:1); *I have aroused* העירותי (Is 41:25).[36] *Don't wake up* אם תעירו (Song 2:7) is [a verb] of a repeated [letter ערר][37] with the meaning of stirring up, likeness,[38] similar to [its meaning in the expression]: *How long will you attack* תהותתו *a man* (Ps 62:4).[39] *[Don't wake up or stir up] the love, until she pleases* (Song 2:7) means that once she has described the intensity of [her] infatuation, the greatness of [her] love and the immersion in the incomparable desire,[40] remembering her union and commitment to [her] lover to the point that she neglected material planning... as if she feared that the bodily energies attract her through her nature, bringing her back to their planning which [she wanted to escape and which] became the original reason for her union [with her lover].[41] Otherwise the [bodily energy] will destroy in her the

32 Lit. "As if he distinctively has placed..."

33 A complicated sentence, because among other things, that the third person masculine pronouns apply to more than one person: فكانه اقسم على كل قسم منها بصاحب المشيئه والقدره الذي افاض عللى كل صنف منها كماله الخصيص به بحسب استحقاقه وخصه بهذه النعمه.

34 Or a ע"י verb.

35 وهو من الثقيل lit. "It is part of the heavy [verbs]"

36 The verb עור/ערר is translated, following the context, by "wake up" or "arouse."

37 It is a ע"ע verb.

38 تجانس

39 I suspect that the verb התת (Pilel in Ps 62:4) is taken as an example of a verb ע"ע which makes it similar to ערר.

40 اللذه التي ليس لها مثال ولا شبيه تمثل به lit. "The desire that has neither comparison nor anything that is comparable to it."

41 Escaping the association with the bodily energies was the reason for her to look for the union with her lover who represents the intellectual and spiritual energies.

enchantment and take her away from the complete[42] delight that she experiences. That is why she[43] attributed to [bodily] energies the perfection proper to each one of them, and comes from the giver of forms,[44] [asking] theses energies to leave her alone and not to wake her up from her state of rapture or interrupt her pleasure until the coming of a divine order authorizing such thing. Because the return [of her lover] to her is a necessity [and will happen] when her companionship with natural principles reaches the limits assigned to it, according to [her] disposition to receive such force and form. "If such is the case don't try to take me away from the one I love and with whom I am united, because I have no certainty until now that I will find him whenever I want. Therefore I am in full communication with him and not to be interrupted." This is the first assessment[45] of the soul and it happens at the beginning of the union. It is about it that [that we have] the expression: *May the Lord bless you and protect you* (Nm 6:24). Indeed, the soul is still weak and deprived of a strong and firm conviction that she will remain determined and never leave him. That is why she needs protection and providence from God that shields her from the deception of these energies and their seduction.

The second rank is higher[46] in which the soul will find divine light that dissipate the doubts she felt at the beginning and shield her against those who want to take her back [to the time when] she used to be absorbed by illusions and imaginary elements. Therefore [in this second rank] she finds more serenity and stability than in the previous rank. [This is what was meant] by his expression: *May God make his face shine upon you and be gracious to you* (Nm 6:25). Come then the rank of the unquestionable truth, the peace that remains impervious to any defect and the real union that suffers no separation. It is about

---

42 بالفعل lit. "In act" by opposition to in potency.
43 In other words, the human soul.
44 واهب الصور "the giver of forms" is one of many expressions attributed to God in the Aristotelian philosophy.
45 مقام lit. "Place, dwelling, spot" but also "dignity, rank prestige."
46 The first rank implies doubt concerning the union with the lover of the soul and absence of certainty to find him again if the soul is detached from him for a moment.

[such union] that the expression: *May God turn his face unto you and upon you place peace* (Nm 6:26). this is why the book is divided in three parts: The Book reserved to God which deals with the asceticism, spiritual exercises, and efforts; a Book with God that deals with worship, fasting and continual inquiry about God and a book about God, pertaining to those who are absorbed by the love of God, which is the case of those who are truly knowledgeable. [This means] that no trace of existing reality subsists in the soul anymore, nothing other than being absorbed by his love. This is real peace that suffers neither diminution nor alteration: ... *and upon you he places peace* (Nm 6:26). He also has said at the end of the ranks and stages: ... *at that moment I became for him like someone who found wholeness* (Song 8:10).

As [to the reason for] ascribing this action to Israel, according to what was advanced, it is by his declaration that no happiness [is possible] other than by the presence of the *Shekinah* in their midst and by their dwelling on the noble land that God had bestowed on them through the covenant with their trustworthy fathers who, in his presence, were shown to be creditable. He had already said: *Look how beautiful you are, o my friend! How beautiful are your eyes! Like the eyes of a dove* (Song 1:15). The meaning is: "Your beauty is great in comparison to the nations; your perceptions and unions are authentic, they suffer no imperfection; in your midst are the authentic and dependable prophets who completely and accurately convey my orders to you. Furthermore, they make known to you the way to reach me." We have found that the prophets were compared to two eyes [as] in Isaiah's expression: *For the Lord had poured out upon you the spirit of deep sleep and has shut your eyes, the prophets, and covered your heads, the seers* (Is 29:10). In other words, "he took away from your prophets the prophetic instruction and hid it, making his perception impossible to them because of your sins." In the sense that *"Her prophets,*[47] *too, did not receive vision from the Lord"* (Lam 2:10). He also called them *heads*[48] because the prophets guided the people toward good and justice in the way the head guides the body, thanks to spiritual energies founded for such guidance.

47   "Her prophets" = the prophets of Zion.
48   Cf. Is 29:10.

Senses and movement belong to the head, which constitute the meaning of life. In it, exist inner perceptions, as well as thinking, imagination, illusions, sensation [49] and cleverness. As if the Israelites had said: "Our beauty resides in you, our perfection is by our continuous knowledge of you and by the providence of your mercy that enjoined us to build the Temple, where your glory resides in our midst and through which your light's set up over us, because it is comparable to the soul in the body. Without the soul the body bears no beauty or attractive appearance, or movement, or perception. There are no particular attentions attached to it.
[The expression]: *Look how beautiful you are, o my beloved!*
Our bed is soft (Song 1:16) designates the Temple to which the Shekinah arrives. In it the meeting and the union happen to them: *And there I will meet the Israelites* (Ex 29:43). He made known that he built it, prepared it, set it up and raised it by cedar trees[50]: *The beams of our house are cedar* (Song 1:17). This became the reason of our pride and the greatness of our rank in the world: *I am the rose of the Valley* (Song 2:1). They were told: "As long as you remain obedient you are like a rose among the nations, *like lily in the midst of thorns* (Song 2:2). But once you become disobedient you will be exiled from your regions, foreign to your land and scattered in all the nations: *Such is my girlfriend among the girls* (Song 2:2). At that moment you will begin to say: "How we were happy while we were obedient, docile to God's precepts, living among the prophets, the righteous, the Sanhedrin, *the priests*, proud in being under the shadow of his mercy. Today we hope [to receive] part of the fruit of his provision." *[Like an apple among the sticks of the groves] so is my lover among young men* (Song 2:3); *he introduced me to the house of wine* (Song 2:4) [refers to the time] when his love was visible to me and his providence covered me, surrounding me from every side. *Sustain me with wine flake* (Song 2:5) [means that] today we feel regrets, nostalgia and pain because of the enemies' victory, our weakness[51] and our meager power. In spite of all, we are not hopeless concerning God's mercy. On the contrary, we are always expecting

49 الحس المشترك
50 ورفعه بشجر الارز ونحوها lit. "He raises it by the cedar trees and its surrounding."
51 خمول اليد lit. "The lethargy of the hand."

[the realization] of his promises. Some of them were made by prophets, posterior to Moses. [As it is written]: *His left hand under my head* (Song 2:6).[52] Others are contained in the Law; made by Moses. What is before that [were promised made] to the early fathers:[53] *And his right hand embraces me.* (Song 2:6).[54] Then he added: "Beware, o Israelites, of being distressed because of the long exile,[55] of despairing of God's mercy[56] so that you start to move in directions that, you think, will grant you salvation. But the time may not be right and you may perish. God forbid! On the contrary, persevere, wait for his mercy and inquire about the authentic character of his promises, indubitably they will arrive: ... *though it is slow to arrive, wait for it, because it will surely come and not delay* (Hb 2:3). It is about this same meaning that he said: *I adjure you, daughters of Jerusalem, Don't wake up or stir the love, until she pleases* (Song 2:7). Then he added: "This will be quick, in spite of its long appearance for you."[57] He designates the happening of the exile and the coming of deliverance.[58]

2:8

Here is the voice of my beloved coming,
Melodic[59] *on the mountains, bouncing on the hills.*[60]

52 It remains problematic how the left hand refers to prophets posterior to Moses. Tanchum's commentary on Song 2:6 does nothing to help the reason for such comparison.

53 In other words, the promises that God had made to the Patriarchs.

54 The symbolism of the hands continues: While the left hand represents the posterior prophets the right hand, here, represents the Patriarchs.

55 واياك يا اسرائيل تضيق نفوسكم lit. "Beware (singular), o Israel, of being distressed (plural)." Often the word "Israel" is addressed in singular form with verbs that are in plural. It is a collective noun with verbs that varies between singular and plural.

56 تيأسوا من الرحمه lit. "Despair from the mercy."

57 Uncertain meaning. עמכם[...] that I read מעמכם

58 Until now Tanchum's commentary mixed philological and philosophical elements. With few exceptions, from now on the commentary will be shorter and the philosophical elements will be discussed in his second commentary.

59 R. Saadia rends the Hebrew מדלג by the Arabic مضفر "tightly interwoven, tightly connected" (not to be confused with مظفر "victorious"). Applied to the "voice" it seems appropriate to translate by "melodic."

60 All the difficulties of this verse that Tanchum neither translates nor comments in his two commentaries, consists on identifying the subjects of the Hebrew verbs דלג and קפץ usually translated by "to leap" and "to bounce."

Yet she did not say how this will happen. She finds herself foreign to him with all this great distance.[61]

2:9

My lover resembles a gazelle or a young deer[62]
Here he is standing behind our wall
Looking from the windows
Observing from the lattice.

"Don't say that between us there are many veils. Because he is looking at us and is present to us: *Looking from the windows* (Song 2:9). When he saw me dispirited, not believing that these difficulties happened to me, God most High suddenly called me and said: "*Advance toward me" and they advanced*" (Gn 45:4).[63]

2:10

My lover answered me saying stand up my friend, my beautiful and come forward.[64]

2:11

For this winter is over
The rain took its way and passed.

The distress[65] and the time of cold pain, humiliation departed and ended: ... *that her service is ended* (Is 40:2). Its time come to an end.

Who is leaping and bouncing? Is it the voice of the lover, or the lover himself? While traditionally it is the lover is the one leaping and bouncing, at the translation of R. Saadia allows to ask the question. The difficulty is underlined by R. Saadia's usage of a traditional Arabic expression showing uncertainty and doubt: الله اعلم lit. "God knows better."

61   An enigmatic two sentence commentary on a no less enigmatic verse. The probable meaning is that the beloved woman does not know how and when her lover will come, since the long distance between them made them strangers one to each other.

62   R. Saadia renders עפר האילים by غفر الايائل or young deer.

63   It is Joseph, in the context of Gn 45:4 who asks his brothers to advance toward him.

64   R. Saadia renders ולכי לך by وانطلقي لك : "And hurry by yourself." Tanchum does not translate or comment this verse.

65   الضايقه incorrect for the correct الضيق "distress."

2:12
The flowers appear upon earth[66] *the time of singing is near, and*
the voice of the turtledove is heard in our land.
The flowers appear upon earth (Song 2:12) [designates] the
righteous who appear in the middle of the nation. *The time of*
singing (Song 2:12) [suggests] praises and thanksgiving presented
to God. [The expression]: *The voice of the turtledove* (Song 2:12)
[refers] to the appearance of the prophets' prophecy, the
understanding of their discourse, the discovery of their secrets,
hidden to us before that time. [It is also time for] the meanings of
their discourses to become obvious, the secrets of their riddles
revealed, and their perceptions exude its fragrance.

2:13
The fig on the fig tree is ripe, flowers of the vineyard give
fragrance, rise up and go, o my friend, my beautiful,
And rush for your sake.[67]

2:14
O my turtledove in the clefts of the rock, in the covert of steps,
Show me your appearance; make me hear your voice,
For sweet is your voice and your appearance is beautiful.
O my turtledove in the clefts of the rock (Song 2:14) who was in
noblest of mansions. *In the covert of the steps* (Song 2:14) [points
out] to her present time in *exile* where she is in the lowest of the
ranks and the darkest of the steps. *Show me your appearance,*
make me hear your voice (Song 2:14) [means that] in spite of
being in *exile* and being oppressed don't interrupt your request for
God and your effort toward him. Because he doesn't dislike seeing
Israelites[68] and never ignores their supplication: *Even when they*
are in the land of their enemy I will not reject them ... (Lev 26:44)
because your voice is sweet (Song 2:14).

2:15
Catch foxes for us, little foxes destroying the vineyard

66   R. Saadia: "The flowers looks at the earth."
67   Tanchum neither translates nor directly comment Song 2:13.
68   Lit. "He doesn't dislike looking at them."

And our vineyard is blooming.
This is a reference to the wicked in Israel, *those who put them in jail* and dominate them, who try to hurt them, or hurt individuals among them in order to be closer to the world's nations. The time is near when God brings deliverance to Israel and those wicked won't be present and won't benefit from it. The righteous, on the contrary, will witness the happy opportunity, be part of the deliverance and look at their king and master. He becomes their portion and they become his portion.

2:16
My lover is for me and I am for him
Who pastures among the lilies.
He is the one who will govern[69] the true nation; the one who was promised by the prophets according to the expression: *I will raise up a single shepherd over them to tend them* (Ez 34:23). He called the nation[70] *roses* (Song 2:16) parallel to what he has already said: *Like a lily in the midst of thorns* (Song 2:2). He also said: *I am the rose of the Valley, the lily of the prairies* (Song 2:1).

2:17
Until the day reaches its limit and shadows disappear,
Turn, my lover and be like a gazelle or a fawn
On the aligned mountains.[71]
Until the day reaches its limit (Song 2:17) [means]: Until the time reaches its end. [The expression]: ... *and shadows disappear* (Song 2:17) [designates] barriers and interruptions that constitute obstacles in the way a shadow constitutes obstacle between the sight and the sun. *Turn, my lover and be like a gazelle ... on the aligned mountains* (Song 2:17) [means] that "even if you proceed in order to appear and be successful in a different time this will never happen to you. Turn, therefore, and be patient until the appointed time, because today we find ourselves behind the

69 مدبر lit. "The one who organizes, arranges, establishes plan..."
70 The nation or Israel.
71 הרי בתר is rendered by R. Saadia as جبال التصطر as "the aligned mountains" instead of the "perfumed mountains."

mountains of interruption and separation.[72] In other words, we cannot be united to you but in the time decided by God's will: *I, the Lord will hasten it in due time* (Is 60:22)."

---

72 The word בתר which is the name of the mountain is also a verb that means, to cut to put aside.

The Song of Songs
Chapter 3 A

3:1
On my bed at nights I looked for the one my soul loves,
I looked for him but could not find him.
[The meaning is]: "I could never find my lover when I looked [for him] while in the obscurity of *exile* and the veil of sin. Every time I started to look for him, to inquire, or to mention him I was beaten, humiliated and paid a price."

3:2
Now I will go up to the city,
In the market place and the broad ways,
Looking for the one whom my soul loves.
I looked for him but could not find him.[1]

3:3
The guards who go round the city ran into me
Did you see the one whom my soul loves?
The meaning summarized here is completed by him[2] in another text. It pertains to the expression: ... *they beat me, tormented me and ripped my clothe*[3] (Song 5:7).

---

1   Unlike the case of his second commentary Tanchum does not comment Song 3:2 in his first commentary.
2   It is unclear whether "him" refers to the Bible writer who develops the meaning of Song 3:3 in another biblical passage, or that Tanchum himself, in a different commentary, develop the explanation of the same meaning.
3   Ms. דודי instead of רדידי.

3:4

No sooner had I passed them when I found the one my soul loves,
I held him tight and wouldn't let him go,
Until I introduced him to my mother's house,
To the room of the one who gave me birth.

Once she overcame their humiliation and tolerated suffering, because of her love and the constancy of her desire for him "he suddenly came to me, so I grabbed him, held him and stayed with him in the town promised to my fathers." [In the expression]: ... *until I introduced him to my mother's house, to the room of the one who gave me birth* (Song 3:4), *my mother's house* (Song 3:4) [means] *the land of Israel*. [The expression]: *the room of the one who gave me birth* (Song 3:4) [designates] Jerusalem and the Temple. This being said, "don't start to move before his appointed time,"[4] as it was [said] before.

3:5

I adjure you, o daughters of Jerusalem,
By the gazelle or by the deer of the field,
Don't waken and stir the love, until she pleases.

Daughters of Jerusalem (Song 3:5) are the Israelites.[5] The mother represents the entirety of Israel. It is also called Jerusalem as in: ... *and Jerusalem shall continue in its site, on Jerusalem* (Zec 12:6). Again, it was said about that: *Where is your mother's bill of divorce of* (Is 50:1) and: *Declare the abominations of Jerusalem to her* (Ez 16:2). Then he started from the time when Israel was in Egypt and continued till the end, progressively through metaphor. That is exactly what Solomon did in this Book as explained in the commentary.

3:6

Who is this woman who comes from the desert,
Like a column of smoke, perfumed by incense and frankincense,
of every merchant's powder?

---

4   لا تتحركو (instead of لا تتحركوا) "Don't move" addressed to a group and not to one person.

5   هم اسرائيل lit. "They are Israel".

[His expresion]: *Who is this woman who comes from the desert*
(Song 3:6) means that all these qualities belong to the nation that
came from the desert, or Israel. *Like a column of smoke* (Song 3:6)
[indicates] that they were surrounded by *smoke. Perfumed by
incense and frankincense* (Song 3:6) [designates] the reputation
that runs in the world about [God's] care for them and the
miracles accomplished in their favor to the point of filling with
emotion the heart of all those who hear about them.[6] It was said in
[this sense]: *We have heard about it and we lost heart* (Josh 2:11)
... *and all the inhabitants of the land are shaken before you* (Josh
2:9). [His expresion]: ... *of all the merchant powder* (Song 3:6)
[means] that because of the providence surrounding them already
when they were in the desert there was nothing out of their reach
or lacking during that long period: ... *the Lord God was with you,
you were lacking nothing* (Dt 2:7).[7]

3:7
Here is Solomon's bed, surrounded by sixty heroes;
Heroes from Israel.
This is the nation who represented by the bed of perfection; in
which the Shekinah dwells, over which the divine light reposes. *Its
number is sixty.* I mean *six hundreds thousands* (Nm 11:12).[8] They
are the *sixty heroes surrounding it* (Song 3:7).

3.8
They all are sword handlers, expert in war,
Each having his sword on his thigh,
Because of the night's terror.
They all are sword handlers, expert in war (Song 3:8) because the
number [refers] to *those who are twenty years old [and over],* all

---

6   قطع قلب كل من سمع شيئ من اخبارهم the translation supposes that "those who hear
their news" are friends and allies. The same sentence could also be
translated as "He filled with bitterness everyone who heard their news."
Literally: "He broke the heart of everyone who heard their news." According
to the last interpretation, those "who hear their news" are their enemies.
7   The context of Dt 2:7 concerns the staying of the Israelites in Sinai.
8   It is the number that Moses communicates to the Lord when he was
interceding for food.

those who are capable to bear arms (Nm 1:20),[9] *each having his sword on his thigh, because of the night terror* (Song 3:8). Their heads, leaders and prophets, are continuously interceding, imploring God in their activities and in their rest, because of their great fear of the exile, I mean *the first exile* [10] and this [second] long exile: *Woe to me that I live in Meshech,*[11] *[that I dwell among the tents of Kedar]* [12] (Ps 120:5) and other references. [13] Furthermore the Israelites continue to intercede, imploring God to forgive their sins that, like the night, darken their souls, as it is already attested: *Look not at me, the sun has darkened me* (Song 1:6).[14]

3:9
The king Solomon had made a palanquin for himself
From the wood of Lebanon.
They made me a sanctuary (Ex 25:8).[15]

3:10
He made his pillars of silver, his beams of gold,
The seat is purple,
Its middle is bedecked with love from Jerusalem's daughters.
He made his pillars of silver, his beams of Gold, the seat is purple (Song 3:10) are matters from which the Temple was made, all its utensils, its partitions, the priests' vestments and the like. *Its middle is bedecked with love* (Song 3:10) [refers] to Priests and

---

9   Nm 1:20 identifies the warriors as male.
10 It concerns the three earliest deportations of the population from Jerusalem to Babylon: 598-97; 587; 582-581.
11 Meshech, son of Japheth and ancestor of the Arians (Greek, Persian...) invaders of the Holy Land.
12 Kedar is the traditional Jewish name given to the Arabs. While Kedar is not mentioned, the quotation of the first part of the verse, addressed to people knowledgeable about the Bible, presupposes a full understanding of the listeners.
13 وغير ذالك lit "and other than that." The reference is either to other exiles or to other biblical references parallel to Ps 120:5.
14 Tanchum translates Song 1:6 as follow: "Look not at me :The sun has stared at me."
15 The quotation of Ex 25:8 is the only "commentary" that Tanchum has for Song 3:9.

Levites. *From Jerusalem's daughters* (Song 3:10) [refers] to the whole of Israel, called Jerusalem: ... *and Jerusalem shall continue in its site, Jerusalem* (Zec 12:6). It is from there that he took all the money, already mentioned, concerning the building of the Temple: ... *and these are the donation that you will take from them* (Ex 25:3).

3:11
Get out and admire, o daughters of Jerusalem,
The king Solomon,
Look at the crown by which his mother crowned him,
The days of his wedding, the day of his heart rejoicing.
The days of his wedding (Song 3:11) [refers] *to the scene of Mount Sinai. The day of his heart rejoicing* (Song 3:11) [refers] *to the dedication of the Temple.*[16] *The crown* (Song 3:11) is the Torah by which they were crowned at that place.

The Song of Songs
Chapter 4 A

4:1
How beautiful you are my friend, how beautiful you are,
Your eyes are like doves[1] from behind the veil
Your hair resembles a flock of goats
Coming down from Mount Gilead.

[The expression]: *How beautiful you are, your eyes are like a dove* (Song 4:1) [refers to] the prophets and the Sanhedrin as explained earlier. *From behind the veil* (Song 4:1) [means] that the word reaches them from behind *the curtain* [2] that separates between the Temple and the Holy of Holies. It is similar to the heart curtain that separates, on one hand, the heart and, on the other hand, the liver and the intestines.[3] There is also *the cover*[4] that envelops the heart itself. The heart represents the Ark and the lung that by its wings, covers the heart from outside the curtain: ... *a shielding cover of their wings* (Ex 25:20; 37:9). As to the liver, it has always the *frontal bread*[5] (Ex 35:13; 39:36), as it is from there that all the limbs receive their nourishment. [Concerning] the brain, the senses, the perceptive and enlightening energies, [it was said]: *[Make its seven lamps] ... to give light across its front side* (Ex 25:37). Because there are seven [openings] in front: Two eyes, two ears, two nostrils, plus the mouth. The *altar of burnt offering* is the stomach and *the altar of incense* is the intellect[6] that does

---

1   Saadia: "Like the eyes of a dove."
2   פרוכה
3   The beginning of a comparison with the human body that mixes body terminology with Temple elements.
4   כפורה
5   לחם הפנים
6   الفكر

support neither pervert desire nor *burnt offering* for your spirit, nor bodily gift like *the incense offering*.[7] It does not busy itself by material and composite or mixed matter: *You will not pour a libation on it* (Ex 30:9). With the exception of subtle *fragrant offering*[8] that rises up from a subtle and fragrant matter. *The high priest's chest plate*[9] [represents] the imagination energy. The *ephod* [represents] the common sensation.[10] They are bedecked by precious stones because of their clarity,[11] their purity and their transparence. [The expression]: *The full precious stones*[12] is [mentioned] because they reached the stage of the intellectual perfection that suffers no association.[13] As to the soul, [it represents] *The High Priest* who speaks by *The Holy Spirit*, by means of *lights and flames*.[14] The ensemble of energies [represented] the remaining priests and the Levites. The ensemble of the limbs [represents] the remaining Israelites. When the *priest sins by himself*, he sins for his house, which is no other than the remaining priests. Furthermore, after them sin will touch all the Israelites. In parallel to the community of Israel that is made of priests, Levites and simples Israelites, the energies also are psychological, animal and natural. Same thing as the pitcher to pour the water in order to wash the hands, the feet and the daily offerings, morning and evening. There must also be in the middle of the day *musk, offerings, vows and donations'*. Because such is the classification of food, mostly by kind.

What we have mentioned can be a measure of what we have not mentioned, so that everything could be explained. *Your hair like*

7 אש זרה ולא עולה על רוחכם ולא מנחה גסמאניה מתֿל נזבח העולה

8 קטרת ריח ניחוח

9 (חושן) חשן

10 الحس المشترك

11 Uncertain meaning: מרצעין באבני שהם מן אלצפא

12 Uncertain meaning: אבני מלואים

13 In other words: That is pure and simple, made of one matter, not composed of two elements.

14 אורים ותומים "lights and flames" are qualities of The High Priest's breast plate. It is an image to say that The High Priest gives clear decisions. Probably in opposition to the "oracle" that allows many interpretations.

the flock of goats (Song 4:1) [speaks of] *priests and those who are consecrated.*[15]

4:2

Your teeth are like a flock of ewes of similar stature,
That come up from the washing,
That all are paired and no imperfection found in them.

[The expression]: *Your teeth are like flock of ewes of similar stature* (Song 4:2) [designates] the individuals who come to the Temple to worship. The wash out their sins and become free from impurity and filth. *And no imperfection found in them* (Song 4:2) [means] that there will be no sin in them that entails punishment.

4:3

Your lips are like a crimson thread,
Your mouth is beautiful,
Your brow like a split in pomegranate,
From behind your veil.

[The expression]: *Your lips are like a crimson thread* (Song 4:3) [designates] the blood to be sprinkled over the altar. [The expression]: *Your mouth is beautiful* (Song 4:3) [refers] to the song that the Levites sing over the offerings in the Temple. [The expression]: *Your brow*[16] *like a split in pomegranate* (Song 4:3) [designates] *the altar of incense.* [The expression]: *From behind your veil* (Song 4:3) [speaking of] what is behind [or] close to *the curtain.*

4:4

Your neck is like David's tower, built in order to observe,
Where a thousand shields are suspended,
All the mighty men's lamps.[17]

---

15 כהונה ואלנזירים there is no clear explanation about the hair as representation of the priests and the consecrated persons. It is possible that the similarity resides in the fact that the hair is the highest element in the human body, parallel to priests and consecrated persons in an Israelite society.

16 In his second commentary Tanchum will translate רקתך by صدغك or "your temple."

17 قنديل الجبابره following R. Saadia Goan's understanding.

[The expression]: *Your neck is like David's tower* (Song 4:4)
[designates] *The Ark*. [The expression]: *Where a thousand shields
are suspended, all the mighty men's lamps* (Song 4:4) [means]
that duties, prohibitions and precepts, which form the righteous'
arms, are recorded in it.

4:5
Your two breasts are like two fawns, gazelle twins,
Grazing in the midst of the lilies.
[The expression]: *Your two breasts* (Song 4:5) [designates] *the
two tablets of The Covenant.*

4:6
Until day establishes itself and shadows flee away,
I will run to the mountain of myrrh and to the hill
Of Perfumed oil.
[The expression]: *Until day establishes itself and shadows flee
away* (Song 4:6) means that the Presence[18] will stay in your midst,
moving from one place to the other until mid day; until the wind of
the other half [of the day] engage in motion. Then the Shekinah
will move to the Temple built on the *mount of myrrh*. This is
attested by [the expression]: *I will run to the mountain of myrrh
and to the hill of Perfumed oil* (Song 4:6). You also know that the
Temple was functioning for a period of four hundred and ten
years; that it was built four hundred and eighty years after the
Exodus of the Israelites from Egypt. Hence, the first half was
longer than the second half by seventy years. [19] It was said,
concerning this point:

4:7
You are totally beautiful, o my girlfriend,
And no imperfection can be found in you.

---

18   אלמשכן
19   It is probable that the lesson behind the numbers mentioned by Tanchum is
      of encouragement: the long period of the Israelites life without the Temple
      did not postpone its construction. Likewise, Tanchum's time, without a
      functioning Temple, should not lessen neither the desire to build it, nor the
      certainty that such reconstruction will take place.

[The expression]: *You are totally beautiful, o my girlfriend* (Song 4:7) [means that you are beautiful] during the time of the Divine Presence.[20] [The expression]: *And no imperfection can be found in you* [refers to her] for the duration of the Temple.[21]

4:8
Come with me from Lebanon, o bride,
Come with me from Lebanon,
You look[22] from the top of Amana,
From the top of Senir and Hermon,
From the den of lions,
From the mountains of leopards.
[The expression]: *Come with me from Lebanon, o bride, come with me from Lebanon* (Song 4:8) [designates] *the rising feet,[23]* those who come for the pilgrimage.

4:9
You captured my heart, o my sister, o bride,
You captured my heart by one of your eyes,
By one link of your necklace.
[The expression]: *You captured my heart, o my sister, o bride* (Song 4:9) [means] that "you behaved according to my heart's intention; that you accomplished what I really want." [The expression]: *By one of your eyes* (Song 4:9) [means by] one of the prophets; the one who brought Israel to repentance, to obedience and who killed the *idolaters.[24]* [The expression]: ... *by one link of your necklace* (Song 4:9) [means by] one of the tribes, which is the tribe of Levi who never disobeyed God and never gave in to the practice of *idolatry.*

4:10
How beautiful is your love, o my sister, o bride!

---

20   אלמשכן
21   אלמקדש
22   "To look, to glance" and not the usual "to appear." Tanchum will explain his understanding of תשורי in his second commentary of Song 4:8.
23   עולי רגלים
24   עובדי ע[בודה] ז[רה]

How more beautiful your love than wine
The fragrance of your ointments than what is perfumed!
[The expression]: *How beautiful is your love* (Song 4:10)
[designates] *the daily offering, morning and evening.* [The
expression]: *How more beautiful your love than wine* (Song 4:10)
[points to] the libation of wine with daily prayers. [The
expression]: *your ointments than what is perfumed* (Song 4:10)
[designates] *the burn offering of incense.*

4:11
Your lips drip honey, o bride,
Honey and milk are under your tongue,
As the perfume of Lebanon is the odor of your clothes.
[The expression]: *Your lips drip honey* (Song 4:11) [denotes]
prayers, intercessions and praise. [The expression]: *Honey and
milk are under your tongue* (Song 4:11) [indicates] the reading of
the Torah. [The expression]: *As the perfume of Lebanon is the
odor of your clothes* (Song 4:11) [speaks of] gracious and beautiful
actions, acts of goodness and the practice of the precepts.

4:12
You are an enclosed garden, o my sister, o bride,
Brook and brooklet²⁵ well sealed.
[The expression]: *You are an enclosed garden, o my sister, o bride*
(Song 4:12) means that its perfections are hidden, internal; being
inner truths that suffer no ostentation, boasting or acclamations,
as other nations do when they reach some understanding.

4:13
Your field is a pomegranate garden with fruits from fruit trees
Henna²⁶ with saffron.

---

25 Tanchum's understanding of גל and נעים is complex as it will appear in his
    second commentary on Song 4:12. In one way he understands the two words
    have the same meaning (جدول وساقيه brooks and brooklet) and in another: the
    spring from which brook and brooklet take their start.
26 כפרים is usually rendered by coronation. Yet, in his second commentary of
    Song 4:13 Tanchum will explain that it is a henna flower.

[The expression]: *Your field is a pomegranate* (Song 4:13) [designates] the divine sciences and prophetic secrets. [The expression]: ... *with fruit from fruit trees* (Song 4:13) [refers to] different kinds of sciences, knowledge and judgments.

4:14
Nard²⁷ and saffron, cane and cinnamon,
With all the fragrant Sticks, myrrh and aloes,
With the major spices.
[The expression]: ... *with the major spices* (Song 4:14) means that these [divine] sciences and judgments do not pertain exclusively to some of them. They are present in all their heads and those who are at the direction of their tribes, as he already said, describing them: *Wise and experienced men* (Dt 1:15).

4:15
Garden fountain, well of living waters,
Coming down from Lebanon.
[The expression]: *Garden fountain, living waters* (Song 4:15) [designates] the sciences that are not acquired from outside, but through illumination. The sciences they acquire are from within, like the springing well and the water that comes from above.

4:16
Direct your attention to the north then come to the south, Breath on my groves that its spice may flow out,
My lover comes to his garden and eats its fruit.
[The expression]: *Direct your attention to the north then come to the south* (Song 4:15) [means that] as long as they remain attentive, pondering upon the creatures, contemplating beings' secrets in all creation directions and its marvels, moving to worship God and to apply his Law, divine illumination will not cease to be bestowed on them and providence to cover them. He also hints at the return of the Israelites from both directions toward which they were scattered and exiled as it is said: *I will say to the north "give" and to the south "don't withhold."* (Is 43:6). In

---

27 R. Saadia renders נרד by ورس : A yellow fragrant matter.

mentioning the south, he designates Iraq and in the north, Syria.[28]
[The expression]: *breathe on my groves that its spice may flow
out* (Song 4:16) [means that] happy is anyone who is like this in
the presence of his lover. Who proceeds in such manner will
harvest the fruit of what he has planted and enjoy what he has
sowed. [The expression]: ... *my lover comes to his garden and
eats its fruit* (Song 4:16) [means that] "Israelites, you have to
know that it is necessary to meet the one you love, because you are
his garden and his grove. He will come to you, dwell in your midst,
be your help, secure victory for you, show your high rank and
prove to the whole world God's Providence over you. Rejoice, then,
and give thanks to the one who bestowed his love on you and kept
his covenant with you and with your fathers before you."

---

28   بلد الروم lit. "The country of the romans."

The Song of Songs
Chapter 5 A

5:1
I came to my garden, o my sister, o bride,
I have gathered my myrrh with my spice,
I have eaten my honey with my sweet,[1]
I drank my wine with my milk. Eat, o my friends,
Drink and become inebriated, o beloved.[2]

5:2
I sleep, but my heart is awake,
My companion's voice tinkles: open to me, o my sister,
My friend, my turtledove, my everything;
My head is covered with dew,
My curls with drops of the night.
[The expression]: *I sleep, but my heart is awake* (Song 5:2) [has the following meaning]: The assembly of Israel has said "we were heavily sleeping in the darkness of the exile. Yet our hearts continued to trust the Most High and always to think about him. While still in a kind of inattentiveness, we were surprised by the good news of deliverance coming from the direction of the beloved. The beloved woman cries out: Hasten to my encounter [with my lover] and announce my presence." [The expressions]:

---

1   شهد rendered here by "honey" and عسل rendered here by "sweet" are two names for the "honey" in Arabic. In his second commentary of Song 5:1 Tanchum will explain that יערי rendered here by "honey" is the juice of sugar cane. He found this interpretation in the phonetic connection to the Aramaic יערא "reeds." Yet, at the end, he seems admitting the traditional understanding of "honey."

2   Tanchum did not comment on Song 5:1 in his first commentary. Yet, the same verse will receive particular attention and a long explanation in his, second commentary.

My companion's voice tinkles; my head is covered with dew (Song 5:2) [means that] "I was illumined by the lights of mercy and moved because of your distress and much weeping in the anguish of the night, in other words, the exile [represented by the expression]: ... *my curls with the drops of the night* (Song 5:2)."

5:3
I have taken off my coat, how can I put it on again?
I have washed my feet, how can I dirty them again?
An Israelites expression [stating] that they repent to God from rebellious acts that led them to be punished; that they no longer practice such things again. Once they willingly espoused this attitude, lights of mercy begin to dawn upon them, as the time is near as they discover knowledge, the finding of a judgment and truth that remained hidden from them before this moment. As if appearance of inner glory is a sign that implies appearance of external glory. This is expressed by:

5:4
My lover extended his hand from the window
And my body stirred for him.
"Once I become convinced and strongly rooted in him he asks to open the door. Therefore the divine lights illumine me and the providence reaches me."

5:5
I rise to open for my lover and my hand drips myrrh
My fingers, pure myrrh, on the handles of the lock.
It is possible this alludes to the first return from Babylon and the beginning of the reconstruction of Jerusalem and the Temple. Then obstacles surged which hindered the construction for twenty years, until the right time for the unbroken realization at construction. As the first [attempt of construction], is understood by the expression: *My lover extended his hand from the window* (Song 5:4).

5:6

I opened for my lover, but he ignord me, passed over,
I almost died when he spoke, I looked for him,
Without finding him, I called him, but he did not answer me.

[The expression]: *I opened for my lover* (Song 5:6) [designates] the beginning of the reconstruction. [The expression]: ... *but he ignored me and passed over* (Song 5:6) [refers to] the halt in reconstruction. [The meaning is that] the lover was present then he left. [The expression]: *I almost died when he spoke* (Song 5:6) [means] that I rejoiced and was enchanted by the directive to return [to Jerusalem] and to rebuild the Temple. [The expression]: *I looked for him, without finding him* (Song 5:6) alludes to the halt in the reconstruction. [The expression]: *I called him, but he did not answer me* (Song 5:6) [means] that they were passionate and eager [to rebuild the Temple] but they did not find either help or success.

5:7

The guards, who surround the city, found me,
They hit me, they hurt me,
Those who guard the walls took off my mantle.

[The expression]: *The guards found me* (Song 5:7) [designates] the enemies, obstinate adversaries and the nations that victimized us. [The expression]: ... *they took off my mantle* (Song 5:7) [means] that they hindered the Israelites[3] from rebuilding the Temple, symbol of our protection, [our] defense, a beautiful monument, an ornament. There is also what happened during the religious persecution and imprisonment, from the ban on reading the Torah and the proscription from applying the precepts protecting them from evil acts and strengthening them against adversities.

5:8

I adjure you, daughters of Jerusalem, if you find my lover
Don't tell him that I am sick with love.

---

3   Literally: "Them."

[The expression]: ... *if you find my lover* (Song 5:8) could probably mean: I wish that someone would tell my lover about the pains and the difficulties I endure as a result of my continued love and the fact that I don't replace him or replace his love with the love of another.

5:9
How your lover differs from other lovers,
O most beautiful among women,
How is your lover different from other lovers
That you so adjure us?
[The expression]: *How your lover differs from other lovers* (Song 5:9) means that the nations and the enemies ask us 'who is your lover and how his nature is different from other divinities that for the sake of his love you tolerate this great humiliation and excessive destruction instead of leaving him?'

5:10
My lover is untainted and pure,
Greater than the multitude. 4
[The expression]: *My lover is untainted and pure* (Song 5:10) [points to] pure simplicity and great clarity. In other words, in him there is no condition for composite reality, which allows another to be the reason for the makeup of individual matters, predating all composition. Therefore he has nothing similar or comparable to him. [The expression]: *Greater than the multitude* (Song 5:10) [means that] he is higher, finer and nobler than anything fine or noble. All creatures below him serve him according to what his orders require, executing what he decrees and being steady at his service: 5 *Thousands upon thousands serve him, myriad upon myriad stand before him* (Daniel 7:10).

---

4   R. Saadia: *"My lover is pure white and ruddy."* Certainly understood as a contrast with the darkness of the beloved woman (Song 1:5). In his second commentary, Tanchum will borrow these two qualities, whiteness and ruddiness, from R. Saadia.

5   عبوديته could be rendered as "his service or his worship."

5:11
His head, parcels of gold,
His locks are curled, black as a raven.
[The expression]: *His head, parcels of gold* (Song 5:11) [points] to
his cover of glory. [The expression]: *His locks are curled, [black*
as a raven] (Song 5:11) [hints to] *cloud and darkness surround*
him (Ps 97:2); *of the darkness he made his veil* (Ps 18:12).

5:12
His eyes are like turtledoves next to water brooks,
Washed with milk and fitting.
[The expression]: *His eyes are like turtledoves next to water*
brooks (Song 5:12) [means that] his perception is clearer, simpler
and higher than the perception of any human being. It was also
said that this is an allusion to Zechariah's expression: *Those seven*
are the eyes of the Lord ranging over all the earth (Zec 4:10). He
also said: ... *single stone with seven eyes* (Zec 3:9). They are the
seven moving stars that God ordered and provided with his care to
govern the low world.[6]

5:13
His cheeks are like spice containers, nurturing perfume,
His lips are like lilies dripping pure myrrh.
[The expression]: *His cheeks are like spices containers* (Song 5:13)
[designates] the near angels, those who are devoid of any material
imperfection or corporal aspect.

5:14
His hands are like golden rods,
Bedecked with sea pearls,[7]
His loins are polished like ivory,
Ornamented with pearls.
[The expression]: *His hands are like golden rods* (Song 5:14)
[refers] to the astronomical universe that perform [God's] order

---

6   It is probable that the links between the three passages (Song 5:12; Zec 4:10;
    3:9) is the fact that they belong to being that are in heaven: The turtledove
    that flies and God who "resides" in heaven (Ps 123:1).
7   Following the translation of R. Saadia Gaon.

concerning the world, according to his will and the requirement of his justice. It is like the forceful hand that carries out the soul's decisions for action. [The expression]: *His loins are polished like ivory* (Song 5:14) [designates] the region of the eighth constellation. [The expression]: *ornamented with pearls* (Song 5:14) [is a reference] to the totality of the stars.

5:15
His legs are like marble pillars,
Founded on sockets of gold,
His appearance resembles Lebanon,
Of choice like cedar.
[The expression]: *His legs are like marble pillars* (Song 5:15) [points to] the fire and the air for their purity and transparency. [The expression]: *founded on sockets of gold* (Song 5:15) [designates] the water and the earth,[8] as it is said: *On what were its bases sunk?* (Jb 38:6). [The expression]: *His appearance resembles Lebanon* (Song 5:15) [indicates] the variety of minerals, because what is meant is the *mountain of Lebanon*. [The expression]: ... *of choice like cedar* (Song 5:15) [indicates] the species of plants.

5:16
His chin is beautiful and he is all delightful,
Such is my lover, such is my friend, o daughters of Jerusalem.
[The expression]: *His chin is beautiful* (Song 5:16) [indicates] the different categories of animals and the spiritual delight and pleasure as the soul considers their details and meditates upon the surprising inspiration [that led to their creation] and their extraordinary activity, the odd endeavors and the positive control that are in harmony with what is profitable to them. All this happens without [the help of] an intellect or the capacity to make forms, but by divine inspiration created for the universe, as we have explained a good part of it in the [commentary on] the Book of Job. [The expression]: ... *and he is all delightful* (Song 5:16) [points to] the human species, its noble perception and its capacity

8   Air, fire, water and earth are the elements Greek philosophers use to explain the composition of the universe.

to make intellectual forms, comparable to the high realities, in spite of the fact that human construct includes lower elements. [The expression]: ... *Such is my lover, such is my friend* (Song 5:16) means: These are his characteristics and this is his greatness, that he created all these [beings] and secured their subsistence by his power. In consideration of his great essence, he doesn't have a characteristic that allows him to be described. His essence is simple, noble, exalted, beyond the possibility of consideration of any other creature. As to the characteristics by which enquirer may be informed they are characteristics relative to existent realities, to his power, to his high greatness and the to eternal and splendid wisdom ascribed to him. It was also said that [the expression]: *His chin is beautiful* (Song 5:16) alludes to the Law and the precepts that were described as: *Sweeter than honey, than* honey *dripping from the comb* (Ps 19:11).9

---

9   Both verses, Song 5:16 and Ps 19:11, contain forms of the same word: ממתקים (Song 5:16) and מתוקים (Ps 19:11) rendered here as "sweeter than..."

The Song of Songs
Chapter 6 A

6:1
Where did your lover go, o most beautiful among women,
Which way did he take,
That we may look after him with you?
[The expression]: *Where did your lover go, which way did he take?* (Song 6:1) means that the nations who understand the truth behind these meanings address us: 'If you say that he has no [recognizable] aspect, then it is impossible to know where he went and where to look after him. If not, tell us where did he go, where is his place, and how did he leave you to go away in spite of your pretention that you are his nation, his people and his chosen ones!' They answer them saying that he is at the highest degree of perfection, of noblest rank and dwelling. However, the greatness of his noble rank opposes residing in one place.

6:2
My lover went down to his garden, to the beds of spices
To feed in the gardens and to collect lilies.
[The expression]: *My lover went down to his garden* (Song 6:2) is similar to *let me go up the mountains* (Jgs 11:37) and to *David went down to the stronghold* (2Sm 5:17). The meaning could also be the descent of his light over the lower world. [The expression]: *... to his garden* (Song 6:2) [means that the garden] belongs to him and to no one else has any part in it. His ascendancy encompasses all the existent elements. [The expression]: *... To feed in the gardens and to collect lilies* (Song 6:2) points to the acceptance of the Israelites' pleasing deeds and hearing of their truthful praises. In so doing, the Israelites become his possession and he becomes close to them.

6:3
I belong to my lover and my lover is mine,
He who feeds among the lilies.[1]

6:4
You are beautiful, o my friend, as Terzah,
Handsome as Jerusalem,
Redoubtable as banner hosts.
[The expression]: *You are beautiful, o my friend, as Terzah* (Song
6:4) [points to] his promise to bring back their possession the way
it was.[2] Indeed, Terzah is the dwelling of king Ahab.[3] [The
expression]: *Handsome as Jerusalem* (Song 6:4) is the dwelling
place of the kings of Judah. [The expression]: *redoubtable as
banner hosts* (Song 6:4) [means that] the nations were afraid and
terrified by them. This happens during the time of The Second
Temple with the appearance of the Hasmonean priests, of their
king and the flight of the Romans before them. At that moment the
kingship of Israel will start to be forever.

6:5
Turn your eyes away from me, because they hurt me,
Your hair is like goats that come down from mount Gilead.
[The expression]: *Turn away your eyes from me* (Song 6:5)
[speaks of] the absence of prophets in Israel. There will be
worshipers and devotees, like the *consecrated men.*[4] However,
they are of a lower rank than the prophets. [The expression]: *Your
hair is like goats that passed mount Gilead* (Song 6:5) [alludes to
the fact that] the *consecrated men* do not cut their hair, so it
becomes extended and stretched.

---

1   הרועה בשושנים could also be translated as "who pastors among the lilies." (R.
    Saadia). Song 6:3 is not commented in the first commentary of Tanchum.
2   It is also possible to translate: "... bring back their king to the way he used to
    be." The difference resides in the interpretation of מלכהם. If it is read مَلِكهم it is
    "their king." But if it is read مُلْكهم it is "their possession."
3   Cf. 1 Kgs 16:29–34.
4   נזירים

6:6
Your teeth are like a flock of ewes coming up from washing, they
are well paired and no imperfection is found in them.

6:7
Like split pomegranate are your temples,
Behind your veil.
[The explanation of the expression]: *Like pomegranate* (Song 6:7)
was already mentioned.[5] Its repetition here [means] that your
conditions will be restored now as it was before. This explanation
has already been given.

6:8
Sixty are the queens and eighty the concubines,
And numberless are the maidens.
[The expression]: *Sixty are the queens* (Song 6:8) [refers to] the
tribes of Esau. [The expression]: *and eighty the concubines* (Song
6:8) [designates] the tribes of the Ismaelites. [The expression]:
And numberless are the maidens (Song 6:8) [indicates] the
children of *Abraham's concubines* [6] whose names were not
detailed in the Bible, plus all that was chosen from the ensemble,
with the exception of *Isaac and his descendants.*

6:9
Unique is my dove, my perfect and unique to her mother,
Pure for the one who gave her birth.
Girls have seen her and admired her,
Queens and concubines praised her.
It is because of Isaac that you will have offspring (Gn 21:12). That
is why all praise and extol her, because she enjoyed obedience and
approval.[7]

6:10
Who is this woman that appears as the dawn,

5   Cf. Song 4:3.
6   Cf. Gn 25:6.
7   This is a rare interpretation of the beloved woman's identity. She is
     compared to Sarah, the mother of Isaac.

Beautiful as the moon, pure as the sun,
Redoubtable as bannered troops?
[The expression]: *Who is this woman that appears as the dawn* (Song 6:10) [means] that her brightness did appear and her light did emerge.

6:11
To the nutgrove I went,
To see the shoots of the palm tree,
To see whether the vine had blossomed,
To see whether the pomegranate had flourished.
[The expression]: *to see whether the vine had blossomed* (Song 6:11) [has the following meaning]: Is it, or is it not, the time to come for the one who occupies the people's imagination, of whom they think? Is he still afar? They are in need of explanations of the texts pertaining to this meaning. That is why he said:

6:12
Before I know,[8] *my soul sets me*
On the chariots of my noble people.
In other words, he who tries to understand discovers no secret, because only in its proper time will God reveal it. When the proper time arrives and Israel[9] recovers its power and glory at that moment time reaches its term and the interpretation of the text becomes clear and truthful. Similar to what happened to the Egyptian servitude that Abraham knew about four hundred years earlier, without realizing the time it would take before Exodus. It was said to Daniel, concerning the same thing: ... *these words are secret and sealed till the time is fulfilled. Many will be purified, cleansed and refined.... but the masters will understand* (Dn 12:9-10). His expression: *Before I know, my soul sets me* (Song 6:12) means that I have self imposed these pains by my wicked deeds. Then why should I look outside to correct myself, making the

8 "...before I know" or "I don't know" Tanchum will integrate the two interpretations of לא ידעתי in his commentary on Song 6:12, commentary that he will develop within his commentary on Song 7:1. Cf. the first footnote on Song 7:1.

9 Lit. "The nation."

reason of my correction one with the reason of my corruption and become corrupt again?

The Song of Songs
Chapter 7 A

7:1

Return, return, o Shulamite, return,
Return that we may look at you!
What will you see in the Shulamite?
She is like a sick between two armies.

[The expression]: *Return, return, o Shulamite* (Song 7:1) [means]:
"Come back to your perfection in order to recover your status and
your place." [The expression]: *O Shulamit* (Song 7:1) [is to be
understood in reference to the expression] *his abode*[1] *was in
Salem* (Ps 76:3). That is why he said: *Return, return* (Song 7:1)
before Shulamit then afterward he repeated *return, return* (Song
7:1). The first time pertains to her country, similar to Shunamite
from Shaunem.[2] The second time concerns perfection always
ascribed to her. Furthermore, the repetition of *return, return*
(Song 7:1) written four times [in the same verse] alludes to the
servitude of the four kingdoms.[3] He also brought good news of
their progressive liberation from each one, including the two
returns from the Babylonian exile. The situation we are in today
resemble [a situation] where *God saves us from the way he did in
the past and deliverance from all the kingdoms.*[4] [The
expression]: *She is like a sick between two armies* (Song 7:1)
[means] that she is like one between two armies or between two
ranks. In becoming closer to one situation, she is happy, in
becoming closer to the other she is miserable. [As if it is between

---

1   Also: "His tabernacle."
2   Cf. 1Sm 28:4; 2Kgs 4:8.
3   This is an allusion to the domination of the Israelites by the Egyptians, the
    Babylonians, the Christians and the Muslims.
4   Uncertain meaning of the manuscript.

the two sayings]: *If you obey me, or if you don't obey me. Life and death I have put before you* (Dt 30:19). It is also possible that [the expression]: *She is like a sick between two armies* (Song 7:1) after [the expression] *return, return* (Song 7:1) suggests that her deliverance, the recovering of her perfection and her happiness will not happen unless she spends some time in the fourth kingdom, divided in two, as Daniel described. Indeed, the fingers of the statute that Nebuchadnezzar saw was part clay and part iron.[5] What he said is that two kingdoms will rise up as if they were one. Yet, it is impossible to mix them, as it is impossible to mix iron with clay. This in fact is the fourth kingdom: Edom and Ishmael.[6] In spite of calling it *the fourth kingdom* he said: *In the days of these kings the God of heaven will raise a kingdom that shall never be destroyed.*[7] So he talks about *kings* after saying [one] *kingdom.* He also said: *In the days* (Dn 2:44) in plural. This is the meaning of: *She is like a sick between two armies* (Song 7:1). In other words, the truth of the complete return is like being between two armies, or two kingdoms. It was also said that he described what happened to her during the passage of *the red sea*, the great and splendid miracle that was accomplished by splitting water at *the red sea* in two parts, as if between two armies: ... *The water forming a wall for them* (Ex 14:22, 29). Furthermore, they are *between the Egyptian camp and God's camp.* He says that having delivered them from such great distress before the great distress of today, he will deliver them again and again. Therefore he says: *Return, return from the exile of Babylon, return, return from the latest exile, like the return of the sick between two armies.*

The meaning of [the expression]: *To the nutgrove I went* (Song 6:11) may be different. It may hint to ascension, similar to [the expressions]: *David went up to the stronghold* (2Sm 5:17), *I went up to the mountains* (Jges 11:37). They are part of words with contradictory meanings. In this sense, [the word] ירדתי [*I went down*] (Song 6:11) has the meaning of עליתי [*I went up*]. [The

---

5   Cf. Dn 2.
6   In other words, the Romans' Kingdom or Christianity, and the Arabs' kingdom, or Islam.
7   Cf. Dn 2:44.

expression]: ... *whether the vine had budded* (Song 6:11) [hints to] the Israelites who are compared to the vine. God says: "I neglected them in order to make manifest their righteousness to the world and prove to them their firmness in obeying me and their tolerance for pains because of their love for me." The reason [for mentioning] *nuts* (Song 6:11) is that it is impossible to know whether this fruit is good, bad or whether it is delicious unless you break it.[8]

7:2

How beautiful are your feet in sandals,
O noble man's daughter,
The rounding of your thighs are like well arranged pearls, made
at the hand of a master.
[The expression]: *How beautiful are your feet* (Song 7:2) [means] how beautiful are your feet while you are coming from faraway country to your country and homeland. [The expression]: *The rounding of your thighs* (Song 7:2) designates infantrymen and horsemen, which the meaning in [the expression]: *He smote them leg and thigh* (Jgs 15:8). In Aramaic, it is רגלין [infantrymen] and פרשין [horsemen]. It was also said that the meaning of [The expression]: *The rounding of your thighs* (Song 7:2) is their descendants and their children. In other words, their old and young together. Another meaning: They are pilgrims coming from their countries to Jerusalem. [9] [The expression]: ... *like well arranged pearls* (Song 7:2) means they are organized in groups, well in harmony with each other, like fine pearls.

7:3

Your navel is like a round goblet never lacking wine mixture,
Your belly is a wheat field, surrounded by lilies.
[The expression]: *Your navel is like a round goblet* (Song 7:3) [points to] the Sanhedrin who used to sit in a circle. [The expression]: ... *never lacking wine mixture* (Song 7:3) [means] that the knowledge and the investigation concerning matters of

---

8   The comparison is with Israel that, according to Tanchum, shows its righteousness and attachment to God in time of distress.
9   Lit. "... the pilgrims ... from their countries to Jerusalem for the pilgrimage."

Law will never be interrupted, as it was said: ... *wine and milk
without cost* (Is 55:1). [The expression]: *Your belly is a wheat field*
(Song 7:3) [designates] the scholars and the preachers who
instruct the crowd. [The expression]: ... *surrounded by lilies* (Song
7:3) [indicates] the disciples and the students who learn the
discipline of the Law.

7:4
Your two breasts are like two fawns,
Twins of a gazelles.
[The expression]: *Your two breasts* (Song 7:4) [designates] the
Law, its text and the traditional explanation with the reasonable
deduction. [The expression]: *Twins of a gazelles* (Song 7:4)
[means] that in spite of being two they are still twins belonging to
one origin.

7:5
Your neck is like an ivory tower,
Your eyes are pools in Heshbon, near bat rabim gate,
Your nose is like a tower of Lebanon,
Looking toward Damascus.
[The expression]: *Your neck is like an ivory tower* (Song 7:5)
[means] "your possession and your glory." [The expression]: *Your
eyes are pools in Heshbon* (Song 7:5) [designates] the prophets
who think and meditate about her perfection. [The expression]:
near bat rabim gate (Song 7:5) [indicates that] they convey God's
order to all. It was also said that the early prophets who were few
in number will become a numberless multiplicity. [The
expression]: *Your nose is like a tower of Lebanon* (Song 7:5) [is a
reference to] *the high priest*. The expression]: ... *looking tword
Damascus* (Song 7:5) [shows that] he asks forgiveness for
Israelites who were scattered between Dan and Beersheba. As if
they were present before him; that He looks at them.

7:6
Your head upon you is like the Carmel,

Your high head[10] *is like purple.*
The king is attached by your tresses.
[The expression]: *Your head upon you is like the Carmel* (Song
7:6) [designates] the prominent among the people, their scholars
and their great. [The expression]: ... *your high head* (Song 7:6)
[points to] the hermits and the ascetic men who are detached from
the mass and ruins of this low world, because of their involvement
in loving the great and exalted king [which is signified by the
expression]: *The king is attached by your locks* (Song 7:6).

7:7

How beautiful and how pleasant you are
O beloved with coquetry.
[The expression]: *How beautiful and how pleasant are you* (Song
7:7) [means] how beautiful and how great is grace and pleasure
that is yours, when these things actually happen!

7:8

Your stature is like a palm tree
And your breasts like clusters.
[The expression]: *Your stature is like a palm tree* (Song 7:8)
[means] that your knowledge will be increased, your wisdom grow
and become prominent. [The expression]: *And your breasts like
clusters* (Song 7:8) [suggests] that your perceptions become great
and improve so that it gives fruit that is sweet, delicious and useful
like the grape and the precious ripe date.

7:9

I have said let me climb the palm tree and take hold of its
branches, your breasts are like the grapevine
And the scent of your nose like apples.
[The expression]: *I have said let me climb the palm tree* (Song
7:9) [means that] the Israelites become attached to the science of
the Torah[11] by which they rise, exult and recover a superior rank

---

10   "The height of your head..." or "your high head" following the translation of
     R. Saadia: وارتفاع راسك

11   Instead of "being attached" the verb ضبط may also mean, in the present
     context, "consolidate, become purified or reformed." In this sense the

among the nations: *They* [= the nations] *say 'surely this nation is a great and discerning people'* (Dt 4:6). [The expression]: ... *your breasts are like the grapevine* (Song 7:9) was already explained.[12] [The expression]: ... *and the scent of your nose like apples* (Song 7:9) [speaks of] their delight and stability through the perception of the truth.

7:10
Your palate is like a good wine,
Moving smoothly for my lover
Moving gently the lips of those who slumber.
[The expression]: *Your palate is like a good wine* (Song 7:10) [hints to] their recitation of the Law and their effort to research its meaning. [The expression]: *Moving gently the lips of those who slumber* (Song 7:10) [means] that by such recitation [of the Law] inattentive souls, sleepy in their natural insouciance, will start paying attention. They will wake up through the reading of the Torah, the understanding and the practice of the commandments.

7:11
I belong to my lover
Object of his desire.
[Meaning that] through the recitation of the Torah and the implementation of the commandments we become *the people of God and his inheritance.* Our longing and love for him will increase.

7:12
Hurry, o my lover, let us go to the fields,
Let us spend the night, in the village.
[The expression]: *Hurry, o my lover, let us go to the fields,* (Song 7:12) [has the meaning of] a supplication and a request to get out of the exile prison that is similar to a wall surrounding us and forbidding us from being free and conducting yourself without

sentence could be translated as: the Israelites consolidated their ranks by the knowledge of the Torah."
12   Cf. the commentary on Song 7:8.

restraint.[13] [The expression]: *Let us spend the night, in the village* (Song 7:12) where there is no wall, a gate that could be closed and a barrier obstructing us from behaving according to [our] will. Furthermore, [our freedom will facilitate] nearing the groves, the vineyards and the places of refreshment.

7:13
Let us walk up to the vineyards, let us see if the vine has budded, if the blossom has opened, if the pomegranate have flourished; there I will give you my love.
[The expression]: *Let us walk up to the vineyards, let us see if the vine has budded* (Song 7:13) [has the following meaning]: Then it will be known that our happiness was real; that our light is brighter and our love for him has reached him.

7:14
The mandrake gave off its scent,
All kinds of fruit, new and old, are over our door,
O my lover, I remember this for you.
[The expressions]: ... *there I will give you my love* (Song 7:13), *the mandrake gave off its scent* (Song 7:14) [mean] that our fathers' promises and their love [for you] become apparent and their promises really happened. [The expression]: *All kind of fruits are over our door* (Song 7:14) [means] that the door of mercy was open to us and thanks to the integrity [of our fathers] the earlier promises, as well as the most recent were realized. [In the expression]: ... *old and new* (Song 7:14) *new* [designates] the later prophets, after Moses. *Old* [points to] God's promises to Abraham and Isaac, through whom the prophet presented their intercessions, [as it is said]: *Remember your servant Abraham...* (Dt 9:27). [The expression]: *O my lover, I remember this for you* (Song 7:14) [means] that our hope was in them and that the whole time we were waiting for their [intercession].

---

13   Lit.".…forbidding us from leaving it and behaving according to our will."

The Song of Songs
Chapter 8 A

8:1

Would that you were my brother,
Nursing at my mother's breasts,
For then, finding you in the marketplace I would kiss you,
Without anyone scorning me.

[The expression]: *Would that you were my brother* (Song 8:1) [means that] "would that you were always abiding with me, with your providence that never leave me." [The expression]: ... *nursing at my mother's breasts* (Song 8:1) [means] that "my perceptions are linked to knowing you." [The expression]: ... *for then if I find you in the marketplace I would kiss you* (Song 8:1) [means] "that your emanation is always reaching me." [The expression]: ... *without anyone scorning me* (Song 8:1) [implies] "that I don't care about those who scorn me and the assembly of nations who believe that I am diminished because of my union with you and the manifestation of a loving relationship between us instead of the previous humiliation and ignominy. I wouldn't care about the past."

8:2

I lead you, introduce you to my mother's house,
She may teach me. [1]
I will give you perfumed wine to drink,
The juice of my pomegranate.

[The expression]: *I lead you, introduce you to my mother's house, she may teach me* (Song 8:2) [means] "that your light will be over the prophets, there will be the emanation of your light over them, while they instruct me and show me how to implement your

---

1   Another grammatical possibility: ..."that you may teach me."

precepts." The obvious interpretation of אשקך [in the expression]: *I will give you perfumed wine to drink* (Song 8:2) is "I will give you to drink." Yet, the meaning is the "I will drink with you and, I will become drunk and joyful because of your fragrant wine." In other words, [about] the generous emanation that reaches the prophets, those who govern and the priests, who speak by the Holy Spirit and exercise the judgment in clear way.[2] Therefore his expression: *Perfumed wine* (Song 8:2) is a reference to the prophetic inspiration. [The expression]: *The juice of my pomegranate* (Song 8:2) is an allusion to the Holy Spirit who speak through those who govern, the priests, all those who receive divine revelation and godly utterance, other than the prophetic inspiration.

8:3
His left hand under my head
And his right hand embraces me.
[His expression]: *His left hand under my head* (Song 8:3) was already explained.[3] *His left hand* (Song 8:3) designates the promises he made through the later prophets. This calls for thanksgiving to God, may he be exalted, for having kept all his promises, early and late, and canceled nothing of them: ... *not a single word has failed from his gracious promise* (1Kgs 8:56).

8:4
I adjure you, daughters of Jerusalem,
Don't wake up and stir up the love until she pleases.
[The expressions]: *I adjure you... don't wake up* (Song 8:4) were already commented.[4] It is in the form of advice. [It means] that while being in exile and under the rule of a non Israelite,[5] they don't need motion or action before the appointed time, let they hurt or inflict pain on themselves in the belief that benefit and deliverance may occur in their favor. Indeed, as divine will takes place, the appointed time comes, and the [exile] period reaches its term, it won't be necessary to start anything by themselves or to

---

2   באורים ותומים
3   Cf. Tanchum's commentary on Song 2:6.
4   Cf. Tanchum's commentary on Song 2:7; 3:5.
5   Literally: "... under the rule of somebody else."

work a ploy. Rather divine elements will intervene to manifest God's will,[6] elements performed as no human intelligence can grasp. Concerning such things Isaiah said: *Speak to the heart of Jerusalem... that her service is over, that her iniquity is expiated* (Is 40:2). Time has come to its term and the punishment incurred because of her past sins is completed.

He mentioned this passage three times in this book in order to confirm its meaning. Also, to be parallel to the three exiles of Israel: The Egyptian exile, the Babylonian exile and this extensive long exile. May God show us its end soon!

8:5

What is this that comes out from his mouth,[7]
[Who is this who] snuggled against her lover?
I wakened you under the apple tree,
There your mother was in travail with you,
There the one who gave you birth was in travail with you.

[The expression]: מדבר (Song 8:5) by منطقه "his mouth," similar to its meaning in *your mouth is beautiful* (Song 4:3).[8] In other words: The happiness and the excellence of the Israelites' rank are achieved by discourse. It is to entreat God, to intercede before him and to busy themselves with reading the Torah, not [to obtain happiness and the excellence of their rank] through violence and bodily movement. To this Isaac had hinted in saying: *The voice is Jacob's. Yet the hands are those of Esau* (Gn 27:22). It was also said: *Those by chariot and those by horses. As to us, it is by calling the name of God, of our God* (Ps 20:8).

[In the expression]: ... *snuggled* (מתרפקת) *against her lover* (Song 8:5) [the word] מתרפקת means that she is enjoying his presence, pleading before him. It was also said that [the word] מדבר [in the expression]: *Who is this who comes out from the* מדבר (Song 8:5) refers to the wilderness of the Red Sea where the beginning of

6 ما اراده literally: "What he wanted."
7 Tanchum renders מן המדבר by من منطقه "from his mouth" by contrast with traditional reading of מן המדבר as "from the wilderness." However, Tanchum will still make reference to the traditional understanding of המדבר in the middle of his commentary of Song 8:5.
8 מִדְבָּר means either "mouth" or "wilderness." Tanchum understands it as "mouth" deriving it from דָּבָר "word."

knowledge took place and the where the friendship started. [The expression]: *I woke you up under the apple tree* (Song 8:5) [indicates] their cry before God and their desire for him, as it is said: *The Israelites cried out to God* (Ex 14:10). [The expression]: *Under the apple tree I wakened you* (Song 8:5) [is mentioned] because they were in dire distress and great panic; more difficult than the pangs of birth, its danger and its fear as he says: *The Israelites raised their eyes, and were greatly frightened* (Ex 14:10).

8:6
Place me as a seal on your heart, a seal on your arm,
Because love is stronger than death
And jealousy is more severe than Sheol,
Its flashes are of fire, a blazing fire.
[The expression]: *Place me as a seal on your heart, a seal on your arm* (Song 8:6) is due to delivrance from distress[9] and protecting them from harm by his power and greatness. He destroyed their enemies while they are looking, thankful, uttering thanksgiving and praise. [The expression]: *because love is stronger than death* (Song 8:6) [means] that true love for God, may He be exalted, will be sealed in their soul at that time, that they become worthy of his love and his enduring care.

8:7
Torrents of waters cannot quench love,
Nor rivers drown it;
If a man gives all his household possessions for love,
He would be utterly despised.
[The expression]: *Torrents of waters cannot quench love* (Song 8:7) shows the reason why his love was permanent in their souls, in spite of the distressful times and the triumph of the enemy over them, when their sins incur such punishment. Yet, his love is permanent in their souls, who never leave his Law. [The expression]: ... *neither rivers drown it* (Song 8:7) follows the Bible's representation of the nations who harbor ill intention

9   Literally: "... from that distress" without precision about the difficulty from
     which God is protecting his people.

toward the Israelites. Such is the [nation] of Sennacherib and the like: *Here, the Lord will bring up against you the massive river... the king of Assure* (Is 8:7). David also said: *The torrents of Belial frightened me* (2Sm 22:5). [The expression]: *If a man gives all his household possessions for love, he would be utterly despised* (Song 8:7) [shows] the honor and excellence attributed to this rank. In other words, our expression: *Torrents of waters cannot quench our love*[10] (Song 8:7) does not mean ungratefulness, or a kind of shocking pride. On the contrary, part of it is because of who he is and part because it is what we have to do. Indeed, the rank that Israelites enjoy because of their love for God and his love for them is beyond human existence or effort that remains insignificantly small if measured by God's right. Once the human being obtains such happiness, he does not care anymore about all kind of humiliations, loss and disdain of his right that he may suffer during his life at the hand of his enemies or the unfaithful who ignore his greatness and the honor of belonging to God.[11] Another possible meaning is:[12] Even if many nations, compared to stormy waters, and great kingdoms, compared to big, speedy and raging rivers gathered together against us, they could not quench the flame of our love for you. In other words, "when they impose upon us persecution and tempt to push obedience to you aside we refuse and choose rather to be killed and tortured than being separated from your love. We endure humiliation, shame and their scorn, awaiting your mercy and confident in your salvation."

8.8

We have a young sister; she has no breasts.
What are we going to do to our sister
When the time of speaking about her comes?
[Concerning the expression]: *We have a young sister* (Song 8:8) the angels say "we have a sister that resembles the earthly world: It is the nation of Israel. With regard to her perception and worship she ranks lower than the angels. [As the Bible says]: *You have made him little less than the angels* (Ps 8:6). [The

---

10   האהבתינו rendered here by "our love" instead of the M.T. האהבה "love."
11   Lit. "... to belong to him."
12   Lit. "...that he says..."

expression]: ... *she has no breasts* (Song 8:8) means that her perfection, according to what is expected from her, is incomplete. [The expression]: *What are we going to do to our sister when the time of speaking about her comes?* (Song 8:8) what will be her situation when she is taken to trial and punishment?

8:9

If she were a wall,
We would build over her a silver turret,
If she were a door,
We would encircle her with beams of cedar.
[The expression]: *If she were a wall, we would build over her a silver turret* (Song 8:9) [means that] that we show her the way, teach her and grant her enough mental perception and the pure worship that will wash away her dirt, rid her of the mask and make her as white as silver. [The expression]: *If she were a door we would encircle her with beams of cedar* (Song 8:9) [means] if she has an impediment or suffers from a particular weakness, we will make sure to provide her with support and strength, that she may say:

8:10

I am like a wall and my breasts are like towers,
So I become in his eyes like one who found peace.
[The expression]: *I am like a wall and my breasts are like towers* (Song 8:10) [means that] that I became like a great rampart and a strong wall because of the greatness of my perceptions and what was bestowed on me from your side, which developed to be like high towers. [The expression]: *So I become in his eyes like one who found peace* (Song 8:10) [signifies that] at that moment she will start to enjoy great favor from God, the fullness of happiness.

8:11

There was a vineyard that belonged to Solomon at Baal-Hemon,
he gave it to keepers;
Each one brings a thousand pieces of silver for its fruit.
[The expression]: *There was a vineyard that belonged to Solomon* (Song 8:11) [hints to]: *The vineyard of the God of Hosts is the*

house of Israel (Is 5:7). [The expression]: *at Baal-Hemon* (Song 8:11) [means] great rank, big number. [The expression]: ... *he gave it to keepers* (Song 8:11) [indicates] that he handed [the vineyard] to different nations: Esau[13] and Ishmael.[14] [The expression]: *Each one brings a thousand pieces of silver for its fruit* (Song 8:11) [underlines the fact that] he will stay in their presence a full day: ... *because thousands of years in your sight are like one day, like yesterday when it passes* (Ps 90:4).

8:12
My vineyard is before me, thousand are for you, O Solomon,
And two hundreds for the keepers of his fruit.
The fact that he handed [the vineyard] to the enemies[15] does not mean he suddenly ends his care for the Israelites.[16] *Yet even when they are [on the land of their enemies] I will not reject them ...* (Lev 26:44). [The expression]: ... *thousands are for you, O Solomon* (Song 8:12) [means that] according to our discourse it is one thousand years, because [thousand] is the perfect rank in numbers and the completion of contracts. This is [an obvious way] to attribute this sentence to God.[17] But, truthfully, the keepers must complete their day by [adding] two hundred in order that the day become full, 12 hours, each hour represented by one hundred. This in fact is the chronology of Daniel: *From the time the daily offering is abolished [and a humiliating abomination was instituted there will be one thousand two hundred and ninety days]* (Dn 12:11). [18] [This pertains to] the disruption of the [prophetic] inspiration and the death of the later prophets, Haggai, Zechariah and Malachi. It was approximately one hundred years before the destruction of the Second Temple. He also said:

13   In other words, the Roman Empire.
14   In other words, the Islamic empire and the Arabic Nations whose ancestor, in the Jewish tradition, is Ishmael son of Abraham from Hagar.
15   Lit. "... to them."
16   Lit. "...for them."
17   وانه نسب لله كذالك An ambiguous sentence that may be rendered as follow: He attribute such thing to God."
18   It is difficult to make sense of Tanchum's arithmetic. Not only the numbers he is advancing do not match Daniel's numbers, but also Song 8:12 mentions Solomon and the keepers, two different subjects with different numbers.

One thousand two hundred and ninety days (Dn 12:11). Then he added another period saying: *Happy is who waits and reaches one thousand three hundred and thirty five days* (Dn 12:12).

There are also those who believe that the [expression]: *There was a vineyard that belonged to Solomon* (Song 8:11) [designates] the kingship given to Solomon over the Israelites who became his vineyard. In other words, they become subjected to his power. [The expression]: *he gave the vineyard to keepers* (Song 8:11) [points to the fact that] after Solomon's death the vineyard will be divided between the kings of Israel and the kings of Judah. [The expression]: *each one brings a thousand pieces of silver for its fruit* (Song 8:11) [designates] the ten tribes at the time of Jeroboam. As to the tribe of Judah and Benjamin, they belong to descendants of Solomon. But when the Messiah, who is Solomon's descendant and his son, comes the kingdom that belonged to the kings of Israel will return back to him.

The summary meaning of [the expression]: ... *thousands are for you, O Solomon* (Song 8:12) is that *the thousands that belong to the keepers belong to you with the deceased*. In short, there is no one single interpretation in the Haggada.[19] In fact, this is not an explanation of the texts, but a Midrash added to the text. The masters of eternal memory, in a context similar to this one, said: *The [biblical] text is a mere support*.[20] We have already explained, at the beginning of the book[21] the midrashic method, how they proceed, to what they try to convey, and why they were written. We have already explained their saying: *The Bible for this and the Midrash for that*. I did not apply this method on a book of the Bible other than this one, because of its great importance and the subtlety of its meanings. Indeed, and with the exception of very few, its true intentions are difficult to be understood, hard to imagine. In fact, it is inconvenient that obvious meaning should be considered as its true intention. That is why I thought of using this method, a median way between the strictly obvious [meaning] and the spiritual truth, so that the majority may take advantage of one

---

19   אין מקשין בהגדה
20   קראה אסמכתא בעלמא. Cf. Hull 64[b].
21   It is not clear whether the "book" mentioned here refers to the Bible or to the "book" that Tanchum is writing, or his commentary on the Bible.

part and the elite of the other. It is entirely inappropriate to assert that Solomon's intention in this book was to convey the obvious meaning designated by poetic expressions, rhetorical words and romantic comparisons. So that the adage of the scholars, of eternal memory, that *the prophetic books are holy, but the Song of Songs is the Holy of Holies* may be declared true.

It is customary among the commentators, while commenting such meanings, to explain a word in a verse and neglect what remains. Or [to comment] a verse and pass over another [verse] according to what helped their discourse. As to me, I ranged the texts according to [their] meanings and the words according to the closest comparisons in order that the whole became in accord with already mentioned meaning and that no one may pretend that this word or that verse bears no sense. Why they mention or say that this commentary is incorrect and [that the meaning it shows] is not what is intended. Therefore it is justifiable that someone questions it, noticing that there is inexactitude, approximation in some places. Or that there are words, obviously masculine, that we have treated as feminine, or the opposite, and other similar things. In fact, we have presented [in this commentary] the most of what we are capable to achieve, so that the different meanings may be explained in harmony, without omitting any part that intrinsically belongs to them or excluding a meaning [under the pretence] that it is not necessary. In this we ask for God's mercy.[22] Furthermore, Solomon has said: *In all your ways acknowledge him and he will smooth your paths* (Pr 3:6). The elders of eternal memory have also said: ... *and all what you do will be for his glory.*[23] As to me, I recognize my imperfection and lack of understanding for what appears from these hidden meanings. How much more [the errors, following the sayings]: *Who can be mindful of errors* (Ps 19:13). And here I am acknowledging, here and at the beginning of the book, my imperfection and my inability, which should be enough for those who criticize me. I also have showed my excuses and the reason for that. Let me, then, go back in order to achieve the [first] commentary and return to the other meaning, [the one] that is

22 ורחמנא ליבא בעי

23 וכל מעשׂיך יהיו לשם שמים that could also be translated that "all what endeavors are for the heavenly name."

truthful, noble, subtle and conclude what we have interrupted. In fact, my intention is to carry out this commentary one part after the other, according to the meaning, then to restart and finish what I have initiated, without interruption or separation.[24]

8:13

O woman who sits in the garden,
The friends are attentive,
Let me hear your voice.

[The expression]: *O woman who sits in the garden* (Song 8:13) designates the prophets who are present in the felicity gardens, at the highest human level. [The expression]: *The friends are attentive, let me hear your voice* (Song 8:13) [means] that you should inform the people profusely as long as they are friendly to you, accepting the directives that you received from God.

8:14

Hurry, my lover, and be like a gazelle or a young deer
Over the fragrant mountains.

[The expression]: *Hurry, my lover, and be like a gazelle* (Song 8:14) [means that] "if you notice that they were not listening, becoming disobedient and not even enjoying what you have to say, then leave them and busy yourself with your particular perfection which will grant you grace and happiness and bring you closer to *the fragrant mountain* (Song 8:14). The elders of eternal memory have already said about *friends and learners: The friends are attentive, let me hear your voice* (Song 8:13). And *if my lover does not hurry*...[25] It is also the meaning of Jeremiah's discourse when the Israelites refused to hear the word of God and abide by his

---

24 The end of the commentary on Song 8:12 is very important. Here we see clearly Tanchum's intention to have two commentaries: The first, according to the obvious meaning following different parts of the text; and the other, a continuous commentary that, will discover, of a philosophical nature. He started by mixing both commentaries and decided, at his commentary of Song 2:7 to interrupt such endeavor and to write two commentaries. Yet it is curious that he places this explanation at the end of his commentary on Song 8:12, since two more verses remain in Song 8 to complete the first commentary.

25 אם לאו ברח דודי

orders. [He said]: *Oh that I were in the wilderness at an encampment for wayfarers* (Jer 9:1). It was also said that [the expression: *The friends are attentive to your voice* (Song 8:13) is an allusion to the coming of the Messiah, the joy that Israelites will feel about him and their singing as it is said: *Sing to the Lord a new song* (Is 42:10) and also: *On that day these songs will be sung* (Is 26:1). Hence, he said: "Increase your praise and glorify with all your might the one who came to your help and delivered you." The meaning of [the expression]: *Hurry, my lover* (Song 8:14) is an invitation from Israel to the Messiah to leave his hiding where he conceals himself until now and to appear in the world like the deer when it comes into view in the in the wilderness and on the mountains. Then he effectively will reach the land of Israel, its high and lofty mountains that always benefit from God's providence, following the saying: *God will watch over it* (Dt 11:12).[26] [The expression]: *Over the fragrant mountain* (Song 8:14) [designates] the mountains of Zion and Jerusalem, according to the expression: *Jerusalem, mountains enfold it and the Lord surrounds his people* (Ps 125:2). It was also said concerning the mountain of Zion: ... *there the Lord bestows blessing, everlasting life* (Ps 133:3). First he was cut from them, far away, on *the aligned mountains* (Song 2:17). But now, he is in contact with them watching over the divine reality in them. They rejoice and feel strengthened by him, enlightened by divine light, sustained by authentic happiness, living with harmony, in contact with eternal delights and true life through intellectual perceptions *over the fragrant mountains* (Song 8:14).[27]

---

26 Lit. "They eye of the Lord is on it."
27 Another example of the سجع or the rhythmic prose that Tanchum uses at the beginning of his commentary on the Song. Tanchum is far from mastering such style.

The English Translation of Tanchuma Yerushalmi's Two Commentaries on the Song of Songs

The Second Commentary

B

This is not a direct translation of The Masoretic Text of The Song of Songs. Tanchuma did not translate The Hebrew text; he commented the text directly. The translation of The Hebrew Text is founded on Tanchuma's commentary and may diverge, *sometimes significantly,* from modern understanding and translations. In his second commentary Tanchuma did not comment on the first chapter of The Book. He started the second commentary by Song 2:8.

English text written in standard letters translates Judeo-Arabic text. English text written in *italic* letters translates Hebrew text.

The Song of Songs
Chapter 2 B

Let us go back to the first meaning concerning the rank of the soul in its involvement in the final part of her divine stages.[1] She adjures those from lower ranks than hers not to force her and wake her from intellectual occupation, truthful delight and spiritual enjoyment. She said that from where she is, she cannot truthfully see her lover. Yet, she heard his voice, in spite of the fact he wakened in high mountains; in another words, the intellectual universe. After that, [he will wake] on high hills, incomparable to the mountains height, representing the astronomical universe.[2] Therefore, she said:

2:8
Here is the voice of my beloved coming,
Leaping on the mountains, bounding on the hills.[3]
The mountains are higher than the hills and more majestic. The meaning of leaping and bouncing is close, as the meaning of mountains and hill is close. The Aramaic form would be: *To leap*

---

1   Tanchum started his commentary by writing a "philological" and a "philosophical" commentary. The difficulty of trying to explain all the meaning pertaining to the passage convinced him to divide his commentary in two parts or to write two commentaries. This he started in the middle of Song 2. However, it is more fitting to say that his second commentary is basically a continuation of the first, continuing to underline philological as well as philosophical elements that Tanchum, in some cases at least, had started to notice in his first commentary.

2   العالم الفلكي

3   A reminder that Tanchum does not translate the Song's verses. The translation is founded, primarily, on his understanding of the verse and also on R. Saadia Gaon's rendering of the Hebrew text, whenever there is similarity between both of them in understanding the text.

with them over the ground, to jump with them.[4] It concerns leap and bound. As to the jump, it is somewhat stronger than the leap.[5]

2.9
My lover resembles a gazelle or a young deer[6]
Here he is standing behind our wall
Looking from the windows
Observing from the lattice

[The word] *Gazelle* צבי [in the expression]: *My lover resembles a gazelle or a young deer* (Song 2:9) has common elements with צבאות [*armies*] as already mentioned, with the messiah and the will, *he who has killed an army.*[7] It is the same meaning as in: ... *great force* (Dn 10:1).[8] It is a great purpose. [The word] *deer* איל (Song 2:9) is to be understood according to its usage in [the expression]: ...*like a helpless man* (Ps 88:5).[9] It designates strength, greatness and eminence. [Similar] to its usage in ...*the great of Moab* (Ex 15:15).[10] Which designates their noble and great men. So, the woman [speaking about her lover] said: "He has, among other aspects, an absolute will and sharp determination; he has no adversary in what he accomplishes or chooses, because his perfection resides in the in absolute acts that suffer no imperfection in anyway. Furthermore, in these animals[11] resides friendliness, attractiveness, cleanness, beauty, and neither evil or harmful. All these are aspects of the intellect.

[In the expression]: *Here he is standing behind our wall* כותלנו (Song 2:9) [the word] כותל belongs to the language of the Mishnah. It is a common word and its meaning is "wall." *The walls of the house* in Syriac, becomes כתלו ביתא. *The wall of the altar* becomes כותל מזבחא. The meaning is this: "Don't talk about his absence as [an

4 לנתר בהן על הארץ לקפצא בהן
5 ומקפץ, القفز وهو اقوا من النط يسير Lit. "The jump is stronger than the leap, simple."
6 R. Saadia renders עפר האילים by غفر الايائل or young deer.
7 די הוה צבא הוה קטל
8 וצבא גדול The translation is in conformity with Tanchum's understanding. The Hebrew text of Daniel may lend to different interpretations.
9 כגבר אין איל
10 אילי מואב
11 The gazelle and the deer.

indication of] the impossibility of perceiving him, since it is not true. He is present with us, wherever we are. Yet, there is a veil between us that prevents us from seeing him. It is the wall, composed of mud and bricks, I mean our own body. Don't believe, nevertheless, that he does not look at us,[12] the way we cannot look at him. No, it is not like that! Indeed, he is attentive to us, looking at us. However, his involvement with us is not according to his essence. He is not looking at us according to the totality of his perception. He is involved in what is nobler and higher dignity. That is the reason why his perception for the corporal things is accomplished through delicate matters: The soul and the spiritual energies, because of their noble nature and also because of the incomplete perception of the essence by the sensible things.
[In the expression]: *looking* משגיח in *looking from the windows, observing from the lattice* (Song 2:9) means "observing, being attentive." Similar to [the expression]: *From his dwelling place he looks* השגיח (Ps 33:14). As to *observing* ומציץ (Song 2:9) it has the same meaning and constitutes a repetition. Likewise, *windows* חלנות and *lattice* וחרכים have the same meaning. In fact, the Aramaic rendering of [the expression]: *Abimelek looked from the window* (Gn 26:8) is מן חרכא. Therefore, the meaning of מציץ is *looking*.[13] It was also said that [מציץ] derives from [the verb] ציץ as in [the expression]: *the evildoers blossom* ויציצו (Ps 92:8) and: ... *rod has blossomed, arrogance appeared* ציץ (Ez 7:10). In other words: *They appear and flourish*. Accordingly, the meaning of מציץ is "observing us, looking at us."[14]

2:10
My lover answered me saying stand up my friend, my beautiful and come forward.[15]
Now that you have reached the stage of being capable to hear my discourse and knowing that I am present to you, caring for you, therefore, avoid being cut away from me and follow me.

12 Lit. "...look at her."
13 Lit. "Looking with his eyes."
14 متظاهر علينا متطلع لنا Lit. "appearing over us, looking over us."
15 R. Saadia renders ולכי לך by وانطلقي لك : "And hurry by yourself." Tanchum does not translate or comment on this verse in the first commentary.

2:11
For this winter is over
The rain took its way and passed.
[The expression]: *For this winter has already gone* (Song 2:11) designate the winter.[16] The Aramaic form of [the Hebrew] summer קיץ and winter חורף is קיטא and סתוא. [The expression]: *The rain took its way and passed* (Song 2:11) means that it has passed by and elapsed. Similar to: *They pass like reed-boat* (Jb 9:26). It contains a meaning of complete interruption, similar to: *Concerning the idols, they shall vanish completely* (Is 2:18). It has the same meaning as ... *those who are cut off* (Pr 31:8). They are worldly and corrupt. In other words, [they are] those who are cut loose. This means that "obstacles, interruptions and veils have disappeared; therefore you have no impediment that prevents you from being united to me, if you decide to do so."

2:12
The flowers appear upon the earth[17] *the time of singing is near, and the voice of the turtledove is heard in our land.*
[The expression]: *The flowers appear upon the earth* (Song 2:12) concerns the flora and flowers. Similar to [the expression]: ... *out comes the blossom* נצה (Gn 40:10). There is also another example, referring to another root: יץ , ציץ *the evildoers that blossom* ויציצו (Ps 92:8). [The expression]: ... *the time of singing is near* (Song 2:12) [designates] the birds' singing, which symbolizes a well balanced spring time and the absence of contradiction, which is wicked, destructive and constitutes an interruption. הזמיר derives from [verb] זמר *to prune*. It has the same meaning as in [the expression]: *You do not prune* לא תזמור *your vineyard* (Lev 25:4). The commentators attribute to it the same meaning as in [the expression]: ... *the song of the tyrant was vanquished* (Is 25:5). In other words, God will call for the extermination of the insolent rebellious. Yet, this [meaning] is not in harmony with our context, because the time of flowering is the beginning, not time for cutting

16 The sentence sounds redundant, an impression that disappears if we notice that the sentence is written in two languages: The beginning of the sentence is in Hebrew and the commentary is in Judeo-Arabic.
17 R. Saadia: "The flowers look at the earth."

off or harvesting. His expression: ... *and the voice of the turtledove is heard in our land* (Song 2:12) refers to the birds' singing. It is spring time, whereas harvest is in winter. The meaning is that the knowledge luminaries appeared, authentic perceptions took place and truthful proofs[18] occurred. [The word] תור[19] means "guide" as in [the expression]: ... *to scout* לתור *a place for your encampment* (Dt 1:33).

2:13

The fig on the fig tree is ripe, flowers of the vineyard give fragrance, rise up and go, o my friend, my beautiful,
And rush for your sake.[20]

[The expression]: *The fig on the fig tree is ripe* (Song 2:13) [points] to the beginning of the fruits appearance. פגים means unripe fruit, soar with thick skin because the ground element is still strong and heat has not sufficiently permeated it. The elders have a saying in this matter: *Don't harvest their fruits before the fifteenth of Shebat.* [21] According to another opinion, this constitutes a reference to the care and rubbing [of fruit] with oil, which hasten the maturation. Indeed, this is the way to treat the fruit: Greased with olive oil, allowing the solar heat to be more effective. A meaning like this one could be derived from: ... *and the physicians embalmed* [22] *[Israel]* (Gn 50:2). Yet, the first [interpretation] is more suitable for the meaning, because of the expression: ... *the flowers of the vineyard* (Song 2:13) which is the first flowering of the vineyard, before being fertilized. The Aramaic form of גומל יהיה נצה is בוצרא מינה סמדר. Therefore נצה and סמדר have the same meaning, as the first flower [of the vineyard] that later, when

18 دليل in Arabic has many meanings: Guide, sign, proof, key..." in this context, Tanchum appears using the same word, once plural دلائل once singular دليل giving it two different meanings in two consecutive sentences: "Guide and proof."

19 "Turtledove" in Song 2:12.

20 Tanchum neither translates nor directly comment Song 2:13 in his first commentary on the Song.

21 "Shebat" the eleventh month of the Jewish calendar that corresponds to thirty days between January and February.

22 The verb חנטה in Song 2:13 is understood according to its usage ווייחנטו in Gn 50:2.

fertilized, become grapes.[23] The Arab call it فقاحه . They say that it has an acute fragrance. The text also states: *[the flowers of the vineyard] give fragrance* (Song 2:13). Therefore it is certain that *the flowers* נצנים [as mentioned in Song 2:12] concerns threes [that at the origin of its fruit] there is a flower like almonds, apples, apricots. As to חנטה it concerns the fig fruit at the beginning of its formation, as a small seed. פגי וסמדר concerns the flowers of the vineyard in particular. All these [flowers] refer to the beginning of fruition, as we have already said, not its end. In other words, the meaning of *flowers* נצנים (Song 2:12), interpreted, becomes natural science. While הפגים וסמדר *flowers of the vineyard* (Song 2:13) concerns divine sciences. Therefore if a soul has reached this kind of dwelling, it is worthy of being in contact with the intellect and follow its perceptions. [In the expression]: *Rise up and go, o my friend, my beautiful and rush for your sake* (Song 2:13) the meaning of *rush for your sake* is like *come with us* (2Sm 13:26; Pr 1:11).

2:14

O my turtledove in the clefts of the rock, in the covert of steps,
Show me your appearances;[24] *make me hear your voice,*
For sweet is your voice and your appearance is beautiful.

[The expression]: חגוי הסלע (Song 2:14) was interpreted as clefts in the rock. It was also said that [the meaning] is a lower and hidden place. Yet, this is an illusion that comes from [the expression]: ... *in the covert of steps* (Song 2:14). In fact what he intends by [the expression]: ... *clefts in the rock* (Song 2:14) is the highest and most elevated spot in the mountain. Or its bulge that raises starting from the cleft that constitutes its frame and its surrounding. Indeed, the middle of a ball is higher than its periphery. The proof that it is about elevation consists in his expression about Edom: ... *who dwell in the clefts of the rocks and who says in his heart: Who can pull me down to earth* (Ob 3). That is why the divider that serves to mark the circle מחוגה. Therefore it is right to think of *the clefts in the rock* (Song 2:14) as

23 حصرم or unripe grape.
24 Tanchum understands מראיך as plural.

a high, elevated place. [The expression]: בסתר המדרגה *in the covert of steps* (Song 2:14) is lacking the conjunctive ו. For this reason some believed that [the sentence] continues and they are one. Similar to *sun, moon*. Which means *sun and moon*. What he wants to say [by the expression]: *in the covert of steps* (Song 2:14) is that she is sometimes up and sometimes down. This indeed is the condition of the Israelites: If they stay righteous they find themselves in higher rank, important and enjoying strong divine providence. But once they forsake the Law, disobey God's precepts and neglect their required perfect condition, their situation deteriorates, their rank shrinks and their happiness disappears. It was said about them during the time of disobedience: *The stranger who is in your midst shall rise against you* (Dt 28:43). But, during righteousness *the Lord God will set you higher than all the nations of the earth* (Dt 28:1). Similar is the situation of the soul according to the second commentary, because she belongs to a world of rank that is superior and a category that is noble. Where she is now is in the body that is low, vile and degraded in rank and in category. It is also possible that according to a deeper meaning [we should read] *O my turtledove in the rock clefts that* אשר *is on the covert of steps*[25] because the ב and the מ are interchangeable.[26] Similar to what is *leftover the flesh* בבשׂר *and the bread* בלחם (Lev 8:32). Furthermore אשר is being supposed, similar to in *[I will proclaim your power] to the generation that will come* (Ps 71:18),[27] ... *at the door of the house that belongs to Elisha* (2Kgs 5:9)[28] ... *all whose spirit had been roused by God* (Ezra 1:5).[29]

[The expression]: ... *show me your appearances* (Song 1:14) is plural. The meaning is: "whatever the circumstances don't take direction from another than myself." It was said that this is such because the soul has two energies: A theoretical energy and a

25 יונתי בחגוי הסלע אשר היא בסתר המדרגה. Tanchum adds אשר and replace a ב (without specifying whether the ב it is the ב of בחגוי or of בסתר) by a ל.

26 לאן ב و מ من حروف בומף تبدل بعضها ببعض

27 לכל יבוא גבורתיך. According to Tanchum, we should read לכל אשר יבוא גבורתיך. The translation of Ps 71:18 follows Tanchum's understanding.

28 פתח הבית לאלישע According to Tanchum, we should read פתח הבית אשר לאלישע The translation of 2Kgs 5:9 follows Tanchum's understanding.

29 לכל האלהים את רוחוהעיר According to Tanchum, we should read לכל אשר העיר האלהים את רוחו. The translation of Ezra 1:5 follows Tanchum's understanding.

practical energy.[30] It has [a particular] appearance while concentrating her efforts to improve her behavior, to cleanse her character, to rid herself of what is dirty and to purify her perception. Then it has a second appearance in which she acquires scientific forms, theoretical truths and accurate and sure judgment. Intellect asks the soul for these two kinds of perfection by which she finds her happiness and maintains contact with the intellect.[31] As to the capacity of talking, it is unique.[32] That is why he said: *Make me hear your voice* (Song 2:14). This happens after the acquisition of truths by the soul, following the conversion of the behavior, after the representation of everything in the soul's essence and after the possession in act of the discursive and behavioral virtues. There will be no more multiplicity in her, but only one simple thing. Therefore he says: *...for sweet is your voice and your appearance is beautiful* (Song 2:14) in a singular form. The meaning of ערב is "sweet" as in [the expression]: *Bread gained by fraud may be sweet* ערב *for a man* (Pr 20:17) and: *Sweet* ערבה *to the Lord [will be the offerings of Judah and Jerusalem]* (Mal 3:4). נאוה (Song 2:14) [means] *beautiful.* The ו belongs to the root. As to the א it belongs to the first letter of the root.[33] The root is אוה because what is sweet is desirable. That is why it was said: *The desires* תאות *of every man are to be nice to him* (Pr 19:22).[34] Which means being sweet [to him]. In other words: The beauty of a man and his sweetness resides in his virtue. Similar usage is: *Luxury is unfitting*[35] *for a fool* (Pr 19:10) in the sense that [luxury] does not fit him or suit him. Sometimes the א appears with the נ of Nifal, according to the root. Like in [the expression]: *Holiness fits* נאוה *[your house]* (Ps 93:5).

30 قوه علميه وقوه عمليه

31 Lit. "In which is her happiness and the contact with him."

32 واما النطق فواحد could also be rendered as follow: as to the logic it is the same." A reminder that Tanchum uses النطق "the capacity of talking" as منطق or "logic."

33 والالف فا الفعل

34 תאות אדם חסדו that R. Saadia renders by: شهوه كل انسان الاحسان اليه. For Tanchum "Sweet" נאוה and "desire, longing" תאוה have the same origin.

35 לא נאוה

2:15
Catch foxes for us, little foxes destroying the vineyard
And our vineyard is blooming.
When virtues take over the soul, becoming a natural queen for
her,[36] the illusive and imaginary energies stop from impeding her
perfections and perceptions, because she has in her a stronger
energy capable of conquering her enemies. Such things become
well known, admit their defeat and harbor grudges against the
soul. Thereafter, undisturbed, the soul accomplishes what is good
and virtuous. That is the reason for which he[37] ordered mastery of
these imaginary, illusive, sensual and comparable energies, that
[strive] to overpower her from the start through effort and
exercise, because these negative energies [38] are strong at the
beginning and behave like natural energies. Nature is a powerful
king exercising his judgment, especially when familiarity is added.
That is why he specified saying: *And our vineyard is blooming*
(Song 2:15). In other words, the sciences of the soul are still fragile
and her virtues are at the very beginning not yet mastered by the
intellect to the point of stopping *the foxes* that ruin the vineyards
of knowledge and virtuous behavior. The Aramaic of [the
expression]: *destroying* מחבלים *[the vineyards]* (Song 2:15) is
משחיתים. It is parallel to [the expression]: ... *and may [God] destroy*
וחבל *what you accomplish* (Eccl 5:5). The masters, of eternal
memory, had applied [this meaning] to the young disciples whose
knowledge is incomplete and whose perfection is not to the point
of teaching others. They may be startled by the slightest thing they
know and their astonishment and illusion may lead them to talk
even about things they don't know. This may lead them to inflict
harm by their thoughtless pronouncements and beliefs, especially
on young men and beginners eager to have faith in what is
unsubstantiated and inconsistent. That is why he has said: ... *and
our vineyard is blooming* (Song 2:15).

36 وصارت لها ملكه may also mean, in an improper Arabic, that the virtues
    become the possession of the soul.
37 There is no precision as to whom the "he" refers.
38 Lit. "They."

2:16

My lover is for me and I am for him
Who pastures among the lilies.

When she captures the little foxes and masters the previously
mentioned energies through exercise, effort, scholarly meditation,
constancy of thinking and endeavor in order to obtain the truths,
at that moment the soul will be united to the intellect who is the
lover. She will belong to him and there will be no separation
between them. Yet this is a rank in knowledge that does not extend
to the length of the union, but suffers interruptions, because it is
something that happens at the beginning as we have said. That is
the reason for introducing interruptions in the rank and the union
on the aligned mountains.[39] [All this] to be understood according
to its meaning in [the expression]: ... *and cut* ויבתר *them in two*
(Gn 15:10). As to the final rank that will be in act,[40] by vivid
nostalgia, much love and continual contact, it will happen on the
fragrant mountains (Song 8:14) as we will see. His description: ...
who pastures among the lilies (Song 2:16) means that he[41] is
governing all souls: Cosmic as well as human souls. Indeed, the
perfection of the soul is according to what she receives of the
intellect governance and her illumination by him, according to the
proper rank of each soul and her proximity or distance from the
intellect. That is the reason why the cosmic souls are of nobler
rank and higher dwelling. As to the human soul, it is of a rank
lower than that. She is a time in potency and a time in act.
Concerning the cosmic soul, her perfection comes to her from the
intellect, in act, without interruption. The animal soul presents a
different rank, a third, distant from the intellect. Yet it carries
certain perceptions, because of inner senses. As to the nature, its
soul[42] is more distant [from the intellect and] totally deprived
from any perception through senses, much less through other

---

39   הרי בתר rendered by R. Saadia as جبال التصطر "the aligned mountains" instead
     of the "perfumed mountains." They are mountains that are made of parallel
     lines, which indicates discontinuity of the mountain chain. This later
     interpretation is founded on the meaning of the verb בתר "to cut."

40   According to the Aristotelian vocabulary, "in act" which is stage of sure
     being, is opposed to "in potency" or the stage of unsure being.

41   "He" means the Intellect.

42   النفس الطبيعه

means. Yet she contains capacity for nourishment and growth. As to the metallic energy, that is defused to form the metals, it is the farthest from the intellect. For this reason, it contains no capacity for growth and much less for any perception. Concerning the material masses[43] they are bodies, completely dead and without any movement other than by coercion or by a natural extension.[44] If it leaves its spot by coercion it comes back to it by natural [movement]. Once it reaches [its spot] it remains stable in it, because of the distance of its rank in comparison to the intellectual ranks. That is the reason that she describes [the intellect] by [saying]: *Who pastures among the lilies* (Song 2:16) because she already described [him saying]: *Like a lily in the midst of thorns* (Song 2:2) and also: *The lily of the prairies* (Song 2:1)[45] as we have explained.

2:17
Until the day reaches its limit and shadows disappear,
Turn, my lover and be like a gazelle or a fawn
On the aligned mountains.
[The expression]: *Until the day reaches its limit* (Song 2:17) means *the breezy time of day*, as it was said: *He heard the voice of the Lord walking in the garden at the breezy time of day* (Gn 3:8) or when the light wind of the day blows, which happens in the second half of the day. He has also said: ... *shadows disappear* (Song 2:17; 4:6). In other words, the sun sets and shadow's formed by its disappearance from the earth. The meaning is that the soul will not settle or draw near the intellect or desire to approach him, obey his orders or be informed about them before the end of life, once the youth, which is the middle of life, is gone. Because at that moment the flame of desire fades away[46] and the heat of the

43 الاستقسات
44 بمدا (بمذا ؟) طبيعي فيها enigmatic sentence that may mean: "by natural extension" or "by the natural elements contained in it."
45 As usual, Tanchum does not translate the verse. This is the exact translation of his master, R. Saadia Gaon, of Song 2:1 into Judeo-Arabic. The meaning of these two quotations is that the intellect is reigning in various souls and bodies.
46 The Judeo-Arabic verb תכמד could be read تخمد or تكمد that both have the same meaning in the present context: fading away.

instinct that moves the natural elements and causes the desire to increase weakens, then the soul starts to long for the union with the lover of the beginning, the intellectual friend. In so doing she finds help or absence of resistance or little resistance and inattention from natural energies, which is in harmony with the noble character of the soul and her closeness or distance from acquiring virtues. [The verb in]: *Turn* סוב דמה לך (Song 2:17) is ע"ע [47] and its root is סבב [48] like דום whose root is דמם. It was already explained in the *Book of Proverbs* and in this Book the reason why he compares gazelle, deer, fawn, goat, doves and alike. It is because these names have particular meaning. What is intended by [the mention] of these animals' [49] names are their beauty, cleanness and sweetness, in addition to the loveliness of their names.[50]

---

47   من ذوات المثلين literally: "Of two sayings."
48   Tanchum writes סבוב.
49   وانه يقصد اشتراك الاسم في معاني literally: "What he intends is the participations of the names in the meanings."
50   زياده على معاني اسمائها literally: "in addition to the meanings of their names." To be noticed as well that many of these names, especially gazelle, are chosen to be first names of human beings.

The Song of Songs
Chapter 3 B

3:1

On my bed at night I looked for the one my soul loves,
I looked for him but could not find him.

[The expression]: *On my bed during the nights* (Song 3:1) [designates] the sleep of the soul in the body, paralleled to the night because of its thickness, darkness and the absence of light or transparency. [The expression]: *I looked for him but could not find him* (Song 3:1) [means that] as long as she is incapable of relinquishing the body and what is related to it, its desires and the disparity in its needs the soul will not be able to see the intellect. Indeed, [body and intellect] are two opposite realities that cannot meet.

3:2

Now I will go up to the city,
In the market place and the broad ways,
Looking for the one whom my soul loves.
I looked for him but could not find him.[1]

[The expression]: *Now I will rise up in the city* (Song 3:2) requires an addition: *I said I will rise up*.[2] In other words: "Once I couldn't find him in bed with me I said to myself let me look at him outside myself." Which is the meaning of the expression: ... *in the market places and the broad ways* (Song 3:2). The Aramaic form is: החוצה. ונפק לשוקאוינס There is also the baker market מחוץ האופנים *the bakers' market*. [The expression]: *I looked for him but could not find him* (Song 3:2) because this is something impossible.

1 Unlike the case of his second commentary Tanchum does not comment Song 3:2 in his first commentary.

2 אמרתי אקומה נא. Tanchum adds the verb אמרתי "I said."

3:3

The guards who go round the city ran into me
Did you see the one whom my soul loves?

[The expression]: *The guards who go round the city run into me* (Song 3:3) [speaks of] the bodily energy that at first he called *little foxes* (Song 2:15). [The expression]: *Did you see the one whom my soul loves?* (Song 3:3) [means] I remained [with them] and asked myself whether they have any feeling about him or whether they even know anything concerning him. I did not find any of this in them. So I left them and inquired for a higher rank than theirs. Indeed, I had to leave them and disregard their affairs[3] in order to find my beloved.

3:4

No sooner had I passed them when I found the one my soul loves,
I held him tight and wouldn't let him go,
Until I introduced him to my mother's house,
To the room of the one who gave me birth.

[In the expression]: *No sooner had I passed* שעברתי *them* (Song 3:4) the ש in שעברתי has the function of אשר. Similar to [the expression]: ... *that* שככה[4] *you so adjure us?* (Song 5:9); *Why* שלמה[5] *should I be languid?* (Song 1:7). This shows that the soul does not reach the union with her beloved intellect nor find him before putting an end to her familiarity with the body, to natural desires, to the imaginary appreciations and to the illusive wishes. Because all these [elements] serve the body and keep it from destruction. They are *the guards who go round the city* (Song 3:3) as it is clarified in Qohelet in the explanation of *little city with few men in it* (Eccl 9:14). [The expression]: *I hold him tight and wouldn't let him go* (Song 3:4) [means that] I hold him the way a lover holds the beloved without leaving him. [The expression]: *until I introduced him* שהביאתיו *to my mother's house* (Song 3:4) means *until I introduce him*אשר הבאתיו. It indicates the union because the

3 اتجاوز اوامرهم could also be rendered as "disregard their interdictions" or "their orders."

4 ש [= שאר] + ככה [כה כה]

5 ש[=אשר] למה

two brothers[6] are of the same origin, even if they are different through accidents. It is impossible for them to differ in origin: They are still united. The fact that he says: *to my mother's house* (Song 3:4) and not *[to my] father's [house]* is because the union that is mentioned here is through matter.[7] It is not an absolute separation. As if, metaphorically, she brought him down from his rank to be in bodily union with her. Because she did not leave the body: She still dwells in it. Nevertheless, she had left [bodily] resolve and ceased to be familiar with what relate to it.[8]

[The expression]: ... *introduced him to my mother's house, to the room of the one who gave me birth* (Song 3:4) is a repetition. She[9] means: *The one who gave me birth.* Similar to: *[The blessing of your father is better than] the blessing of my ancestors* (Gn 49:26).[10] Also similar to: *[Perish the day in which I was born and the night it was said]: a male has been conceived* (Jb 3:3).[11] It is about birth, not pregnancy, as we have explained in [our commentary] on Job. And also: ... *she conceived* ותהר *Miriam and Shammai* (1Ch 4:17) instead of *she gave birth* ותלד.[12] She did not have an essence before the beginning of her present existence.[13] That is the reason why [the text] speaks about the moment her

---

6 The mention of الأخوين "two brothers" is awkward in this context. It is certainly to be taken in another sense than two children of the same parents. It means here: two of equal nature.

7 In a traditional terminology that applies the Aristotelian vocabulary to the human generation, the mother represents the matter or the material cause, while the father represents the form.

8 In other words, the beloved is in union with the intellect in mind, which allows her to master the body desires.

9 Literally: "He means." The "he" is unspecific. It may be a reference to the author, Solomon, to the text of the Song or the Bible.

10 It is difficult to understand the reasoning of Tanchum in quoting Gn 49:26 because "your father" and "my ancestors" are two different subjects and do not constitute a repetition تكرار.

11 It is also difficult to understand Jb 3:3 as quoted here, as an example of a repetition, since Tanchum himself states that the two stages mentioned in Job's passage are different: Once pregnancy, once birth.

12 What is to be understood from the examples that Tanchum has enumerated is the improper usage of the verb הרה "to conceive, to be pregnant" with the meaning of ילד "to give birth."

13 Lit. "She did not exist by herself before her present existence."

mother was giving her birth.[14] But once she was united to him and
delighted in his proximity, like what happened the first time,[15] she
started to adjure the daughters of Jerusalem, like the first time,
not to wake her up, to take her away from her beloved or separate
her from him, in order to be fulfilled by his presence and be
satiated by him. That is why she added:

3:5

I adjure you, o daughters of Jerusalem,
By the gazelle or by the deer of the field,
Don't waken and stir the love, until she pleases.
[The expression]: *I adjure you, o daughters of Jerusalem* (Song
3:5) is the second concerning the times of union.[16] It certainly is
stronger than the first time; more passionate and for a longer
period.

3:6

Who is this woman who comes from the desert,
Like a column of smoke, perfumed by incense and frankincense,
of every merchant's powder?
[The expression]: *Who is this woman who comes from the desert*
(Song 3:6) is similar to: ... *your mouth is beautiful* (Song 4:3).[17] In
other words, "who is this woman endowed with such great
appearance and excellence [18] in the discourse." [19] Yet, the
knowledge that she obtained and the inner discourse that she
acquired allowed her to attain such excellence. [The expression]:

---

14   As if she did not before being united to her lover (= the intellect). That is the
     reason the verb הרה "to conceive" is being used instead of the verb ילד "to give
     birth" because the child exists before birth by his mother, but, after birth,
     exist by himself.
15   Cf. Song 2:7.
16   Cf. Song 2:7.
17   The particularity of Tanchum's interpretation of Song 4:3 is to consider the
     word מדבר usually rendered by "desert" or "wilderness," as a derivative from
     דבר "word." Accordingly, מדבר "the place of the word" is rendered by
     "mouth."
18   الارتقاء الشريف literally: "Noble highness."
19   النطق literally: "Pronunciation." Tanchum has a tendency to read מדבר
     "desert" or "wilderness" as מ[ן] דבר "from" or "by the word."

... *like column of smoke* (Song 3:6) is comparable to a *palm-tree.*[20] [The plural] without the addition [of the comparative letter][21] is תימורות.[22] The meaning is that the smoke rising from the incense was regular in its ascension like the regularity of a palm-tree and its height. The comparison with the palm-tree is motivated by the fact that this tree is the highest among trees and the more regular in its growth. [The expression]: ... *perfumed by incense and frankincense* (Song 3:6) refers to *the days of [Jerusalem's] suffering and sorrows* (Lam 1:7),[23]... *which are in the House of the Lord* (2Kgs 14:14).[24] It is the musk, as we will explain. The meaning of [the expression]: ... *from all* מכל *the merchant's powder* (Song 3:6) is: ... *and with all* וכל *the merchant's powder.* An addition to: ... *incense and frankincense* (Song 2:6). *The merchant powder* (Song 2:6) is the fine dust, meaning the offspring of the merchant. It was also said [that the meaning is] the storage of the merchant. As to *merchant* ורוכל (Song 3:6) it is to be understood from its context in [the expression]: *Don't go around like a talebearer* רכיל (Lev 19:16) which refers to calumny and gossip. Its original meaning is to be taken from the context of [the expression]: ... *to spay* לרגל *the land* (Josh 14:7) because רגל includes a letter from גיכק.[25] It was also said the [the meaning of רוכל]

---

20 In the first commentary, the same expression is rendered by "out bursting smoke" because Tanchum's understanding was that the smoke surrounds the community. Commenting the same expression in the second commentary and comparing it to a palm-tree requires another translation: A column of smoke.

21 Or תימרות without the comparative כ.

22 Which is close enough to תומר or "palm-tree."

23 It is difficult to perceive the rationale behind the comparison between מור in Song 3:6 and any word in the part of Lam 1:7 quoted by Tanchum. A mistake in reading ומרודיה "sorrows" could be the "reason" behind such comparison. Another reason could be the proximity of מור "the frankincense" and מרר "to be bitter."

24 Once again, it is difficult to perceive the rationale behind the reference to 2Kgs 14:14 in this context.

25 In other words, there is exchange between the ג and the כ since both belong to a group of letters easily exchangeable, that allows to Tanchum to see similarity in meaning between רוכל and רגל.

is "dealer"[26] similar to: ... *there were your dealers* רוכליך (Ez
27:24).[27] It was said, again, that רוכל means "perfume" whose
fragrance blows out and indicates its presence, which makes it
impossible to conceal, as the poet has said: "the carrier of musk
cannot be without fragrance."[28] Therefore, the meaning of *column
of smoke* (Song 3:6) becomes, by analogy, the heat that proceeds
from the intense thinking and its vigor. [The expression]:
perfumed by incense (Song 3:6) [indicates that there is an]
emanation of meanings divested from bodily elements, coming
from the intellect. [The expression]: ... *and frankincense* (Song
3:6) [means that] the emanation reaches the imagination coming
from logical energy. Such is the nature of this emanation that,
coming from the intellect, attains prophets, logical energy,[29] the
capacity of thinking, the imagination, the common senses.[30] At
that moment, the individual starts to see that what he sees in the
outside does not provoke doubt in him, but [instills] certainty; the
same certainty of objects that he discerns by the senses. It likewise
for the objects that are perceived from outside:[31] First, they reach
sense, then the common sense, then imagination then the capacity
of thinking,[32] then the logical capacity,[33] till it becomes purely
intelligible. It was also said that [the expression]: ... *perfumed by
incense* (Song 3:6) refers to divine sciences; *frankincense* (Song
3:6) to natural sciences; *all the merchant's powder* (Song 3:6) all
the remaining sciences that perfume the soul, allowing her to
enjoy the loveliness of a fragrance, the delight of the food and the
beauty of what can be seen.

---

26 The difference between عطار "merchant" and تاجر "dealer" is that the first
    work in small qualities, serving the cliental, while the second works with big
    quantities, serving the merchants.
27 Dittography: "It was said dealer."
28 وحامل المسك لا يخلو من العبق Tanchum does not identify the poet.
29 القوه الناطقه literally: "the energy for forming a discourse."
30 الحس المشترك.
31 الأمور التي تدرك من الخارج it seems that this sentence is a simple repetition of
    what Tanchum had just said.
32 الفكر the same word that Tanchum uses for the Intellect (= God) and the
    human intellect, rendered here by "the capacity of thinking."
33 المنطق for الناطقه

3:7
Here is Solomon's bed, surrounded by sixty heroes;
Heroes from Israel.

Each time Solomon is mentioned in this book it is according to the metaphor that runs across the Song of Songs.[34] By [this metaphor] he designates the absolute perfection from which all perfections, existing or designated,[35] are an emanation. *The bed* (Song 3:7) in question is the soul that is bed and carrier for the intellect. He stated that the principles of sciences and perceptions, once acquired and integrated by the soul that surrounds herself by them, they will start saving her from hurtful bodily realities. [These principles] are sixty. He called them *heroes* (Song 3:7) because each one of these sciences procures to the soul strength and stability in what she perceives and by which she achieves a higher, simpler and nobler rank. This is what the Book[36] will call: *Palanquin* (Song 3:9). He also said in another verse: *Sixty are the queens and eighty the concubines,* (Song 6:8). The number sixty is an intuition and there is no way to prove it. Yet we know by intuition that they are the branches of the initial sciences.[37] For example, the science of behavior and politics is divided in four parts: policies concerning the individual, the domestic, the urban and the governance of the community, which is the prophetic policy. Mathematic sciences are four of which each has its own subdivision. The natural [science] has its subdivisions as well. Among them is the science of principles or [the science] of investigation,[38] then displacement,[39] movement, matter, form, high traces,[40] metals, plants, animals, human being and what is similar to that of the subdivision. Likewise for theology which is totally by intuition. Part of it is the legal sciences and their subdivisions. This is the obvious meaning of the text, in its

---

34 في جملة السفر literally: "In the whole book."

35 موجود او مشار اليه literally: "existing or hinted to." The probable meaning is "existing today or in the past."

36 Literally: "... what he calls."

37 العلوم الأصليه literally: "The principles sciences" or "the original sciences."

38 الأستقساء probable mistake for الأستقصاء "investigation, exploration."

39 المجاز literally: The passage or the passing from one point to the other. But it could also mean "The metaphor" or "the allegory."

40 الآثار العلوية

context.[41] Yet, his real intention concerning *sixty* (Song 3:7) remains a hidden meaning with proof and possible verification. It was also said that what he meant [by *sixty* (Song 3:7)] are the existing energies in the human body that represent the soul in her ascendancy over the body which spare the soul direct contact with the body. Because what is intangible cannot be in a direct contact or have immediate connection with the body. The masters have also said in a midrashic interpretation that this constitutes a reference to the *priestly blessing*. Indeed, the three verses [of the priestly blessing] contain sixty letters.[42] It was also advanced that these three verses refer to the three ranks of the soul and her stages at the beginning, the middle and the final [stages]. He also detailed these stages and the link [between them] according to what we have explained. At the end of every stage he states: *I adjure you, daughters of Jerusalem... don't waken or stir the love* (Song 2:7; 3:5; 8:4).

3.8
They all are sword handlers, expert in war,
Each having his sword on his thigh,
Because of the night's terror.

אחוזי [in the expression]: *They all are sword handlers* (Song 3:8) should be read אוחזי. It is a replacement of פועל by פעול. We have a similar case in [the expression] *clothed* לבוש *in linen* (Ez 9:11).[43] It was said that there is no third case such as this in the Bible. To me, however, there are many such examples in the beginning of the book, I mean, in the first part. For example: *Remember* זכור *that we are dust* (Ps 103:14); ... *men who are wise, discerning* נבונים *and knowledgeable* וידעים (Dt 1:13); and also: ... *none that are shut up or left* ועזוב (Dt 32:36; 2Kgs 14:26).[44] But to me, they are: ... *none that are shut up* עוצר *none that is left* עוזב. That is why the

41 فهاذا ما يظهر من الفض النصي على ما يناسب مكانه literally: "This is what appears from the words of the text, in accordance with their place."
42 The Priestly blessing, Nm 6:24-26, as it has reached us in the M.T. contains sixty letters.
43 Instead of "clothed לובש in linen."
44 There is a difference between the text of Dt 32: 36 (one אפס) and the text of 2Kgs 14:26 (two אפס).

scribe[45] continued in Kings by [saying]: *... there is no helper* עוזר *for Israel* (2Kgs 14:26). Because, for me, the meaning of עצור is "governor" similar to its meaning in [the expression]: *... this is the man who will govern my people* (1Sm 9:17), *from the governor*[46] מעוצר *and judgment he was taken away* (Is 53:8). As to עזוב it designates the "one who carries."[47] In other words, he is the one in charge of the organization, [48] following its meaning in [the expression]: *... you must carry* עזוב תעזוב *it with him* (Ex 23:5). In Job, [we have]: *... and leave* ותעזוב *your labor to him* (Jb 39:11) which means: "... you make him carry your possession and your livelihood." It was also said [that the meaning] pertains to the raising up of the voice and carrying it: *I will raise up* עזבה *my complaint* (Jb 10:1). There is also the expression: *Then he sees that might is gone and there is none that is shut up* עצור *or left* ועזוב (Dt 32:36). In other words, when he finds out that their power was annihilated, that they have neither governor nor somebody taking care of them, he exclaims: *Where are their gods, the rock in which they found refuge?* (Dt 32:37). For this reason he completed the meaning in Kings saying: *None that is hidden, none that is left free; there is no helper for Israel* (2Kgs 14:26). Similarly: *... to the fruit eating birds* לחפור פורות *and to the bats* (Is 2:20) that should be read לחפור פירות.[49] This is an aspect of some birds that harm fruits and trees.

[The meaning of the expression]: *... expert* מלומדי *in war* (Song 2:8) is that they are familiar with war. מלומדי belongs to the mishnaic language, as in: *... if they were familiar* למודין *with the coming they would have been protected.* He means: *If they were experts.* Likewise: *Their fear of me is a human commandment learned by familiarization* (Is 29:13).[50] He signifies that the fear of the Lord

---

45 Lit. "...he."

46 מעוצר is traditionally rendered as "from the oppression."

47 As in someone "who carries the responsibility" or "in charge of" from حامل.

48 مدبر

49 It is difficult to see the link the example taken from Is 2:20 to the theme that Tanchum is examining (the replacement of פועל by פעול). It may be that he is giving an example for letters alteration. "The fruit eater birds" is R. Saadia's translation.

50 It is curious that once Tanchum has established that the word belongs to the mishnaic language he compares to a text from Isaiah.

and their worship are familiar facts, without internal effort,
longing or desire. That is the reason why the instrument[51] that
helps cattle to walk was called the cattle learner מלמד הבקר.[52] It was
also advanced that his intention in mentioning *Solomon's bed and
the heroes*[53] is to compare and to teach in order that human being
pay attention to what could happen and cease to be inattentive to
what could happen or may not happen. In fact, whenever a human
being acquires one of the virtues he fails to believe that he
acquired it. So he ceases to pay attention and stops to practice and
protect what he had received. Indeed, if he forgets about [these]
virtues and becomes imprudent, these virtues will disappear
because of carelessness that is [as dark as] the night and vices take
their place instead. You may consider [the example] of Solomon
who, in spite of the kingdom, his wisdom and greatness, he
nevertheless always surrounded himself by guards, without lack of
attention, being careless or overly secure. It is part of his behavior,
his qualities and his psychological virtues that he continually
watches over what he had acquired. The fact that he is sure of his
acquisition does not allow him to be neglectful or to renounce his
permanent verification. Likewise, concerning his visible kingdom,
he does not falter and overlook the greatness of policy and
governance, which allows vices to invade him while he is
inattentive and remiss. [54] This is what happened to his son
Rehoboam when he neglected the council of the *elders* who are
expert in political decisions and the delicate art of governance.[55]

---

51   المنكاس الذي تنكس به البقر
52   The example is meant to prove distinguish מלנד from the verb למד "to learn."
53   Cf. Song 3:7.
54   In his effort to idealize Solomon Tanchum overlooks 1Kgs 11:1-13 where the
     sins of Solomon (his marriage with women from outside Israel and the
     introduction of foreign worship) and his punishment (the discontinuation of
     the kingship, albeit later, during the reign of his son Rehoboam) are
     narrated.
55   According to 1Kgs 11:13 what happened to Rehoboam is a consequence of
     Solomon's sins. According to Tanchum, the disrespect that Rehoboam
     showed to the elders and the trust he put in children's advice are the reason
     for his demise. Yet according to the Bible the misery that followed
     Solomon's death (the rebellion against him the division of the kingdom, the
     interruption of the Davidic kingship) is the outcome Solomon's tolerance for
     pagan worship. It is telling to see that Solomon's son ended by repeating the
     sins of his father. According to 1Kgs 14:22-24, the altars built for foreign

Quite the opposite: He accepted the opinion of children without any wisdom and who are inexpert in what pertains to the defense, to the political art and give no consideration to decisions consequences. They govern following fashionable imagination and trendy illusions. And since Solomon had an excellent sense of keeping [divine virtues], while maintaining the concern and the fear of being neglectful and incomplete it became necessary that he rise, reaching higher dignity and increase [in importance]. That is the reason why he transferred from the *bed* that is low to the *litter* (Song 3:9) which is a higher chamber, excellent in dignity and noble in its placement. Therefore he said:

3:9

The king Solomon had made a litter for himself
From the wood of Lebanon.

[אפריון] is a singular word and means "palanquin." The majority of linguists think that the א is an addition. It is to be compared to the פרות of Joseph[56] [and also]: ... *its branches* פרותיו *grow long* (Ez 31:5). That means that he made this palanquin or litter from reeds and branches as it indicated in: ... *from the wood of Lebanon* (Song 3:9). But to understand [אפריון *palanquin*] in reference to [the expression]: ... *then he covered his eyes by a cloth* באפר (1Kgs 20:38) is better. I mean it [is a reference] to the veil that covers the face. Therefore its meaning becomes loggia or a hidden place[57] in which he seeks protection from the crowd and their like. Accordingly, the meaning of אפריון is something that protects him.

3:10

He made his pillars of silver, his beams of gold,
The seat is purple,
Its middle is bedecked with love from Jerusalem's daughters.

---

gods and the introduction of pagan worship, including the ritual prostitution, are the reasons of the falling of Rehoboam.

56 Cf. Gn 41:18, 26. In the context of Joseph's effort to explain Pharaoh's dream the word פרות means "cows." None of the three examples that Tanchum gives to prove the א in אפריון is superfluous is in the same context or having the same meaning as in Song 3:9.

57 محفه that does not exist in Arabic. Most probably it is a mistake for مخفه "hidden place."

[The expression]: *He made his pillars of silver* (Song 3:10) [means] that its first [element] is imaginative energy, comparable to silver in its whiteness. Its modifiable nature[58] is comparable to the modifiable nature of the moon that infuses its modifiable character to similar [elements] and strengthens the whiteness of what is white. Similar are the different aspects of those who give up to the imagination. [The expression]: ... *his beams of gold* (Song 3:10) [means] that she furnished it with gold following the understanding of [the expression]: *He has given himself gold instead of mud* (Jb 41:22).[59] This is an attestation that אפריון is like a bed with columns and poles in a circular form surrounded by a veil that protects it from undesirable looks, similar to what kings and the great ones do. This is comparable to the protection of intelligible matters and divine sciences from individuals whose occupation is with corporal denseness. The litter has cloths to sit on. By the golden interior he meant, allegorically, the intellectual energy that may be dry, like gold. Similarly, the sun too may serve as a comparison with the intellect and may be compared to gold that is like her in nature and color, according to what we can see. In fact there is no particular color for the constellations and stars. Because the colors that are well known among the human beings result from the manner in which the four elements were mixed. I mean the mixture. Some wise men think that the principles for colors are whiteness and blackness that resemble day and night. The remaining colors are composites of these [two]. Just as all times, months and years, are composites of day and night and follow heat and cold. Consequently, colors fluctuate according to which one of the whites and blacks[60] prevails over the other. Others think there are four principles of colors, following the mixing and the arrangement of the mixture. The four [colors]

58 الرطوبه literally "humidity." It appears be absurd to attribute humidity to the silver or to the moon. Yet, it is the reason for the difference in the shape of the moon. It is to be noticed that the variation of the moon's forms was not attributed to its position between the sun and the earth, which was the center of the universe in Tanchum's time, but the moon's own capacity to modify its form.

59 Tanchum adapts the understanding of R, Saadia for Jb 41:22. R. Saadia translates as follow: ويرتفد بلذهب مقام الطين

60 Literally: "According to which one of the two colors prevail over the other."

resemble the compositions that are their daughters. They are red, yellow, black and white. They are principles and the remaining colors are composite of these [four colors] following [the proportion of each color] in the composition and mixing. That is the reason why these colors are the ones seen in the rainbow when the sun ray faces the wet and watery steam, according to what is told in the natural sciences. That is why Ezekiel compared it to divine emanation from the intellect to the soul, to the intellectual energy, from which rays flow onto the imaginative energy. Ezekiel says about this: *Like the appearance of a bow that is in the cloud in a rainy day, such was the appearance of a surrounding day* (Ez 1:28). Likewise he also says here about the same thing: *He made his pillars of silver* (Song 3:10) which is imaginative energy, while *beams of gold* (Song 3:10) represent intellectual energy. He speaks of its middle meaning that resemble the ray: ... *the seat is purple* (Song 3:10) which is a color composite of red, yellow, blue and white. However, the red is predominant, but, it is not flashy red. Therefore, he compared it to the rainbow because of resemblance and metaphor. This condition pertains only to one who is in deep love for such nobility and passionately involved in it alone. Then he said: ... *its middle is bedecked with love from Jerusalem's daughters* (Song 3:10). We have already seen that the daughters of Jerusalem designate perceptive and organizing energies of the soul that have their place in the brain. They are the ones mentioned here. Consequently, reaching such dignity and ascending to the litter is, for a human being, the purpose of his happiness, the finality of his perfection and the highest degree in his joy and pleasure. It is his crown of greatness and his highest honor, for which he is prepared from the very moment of his creation: ... *in the image of God he created him* (Gn 1:7). Another saying that illustrates this meaning and explains such dignity: *you made him a little less than the angels and adorned him with glory and majesty* (Ps 8:6). So he says here:

3:11
Get out and admire, o daughters of Jerusalem,
The king Solomon,
Look at the crown by which his mother crowned him,

The day of his wedding, the day of his heartfelt rejoicing.
[The expression]: ... *his wedding* (Song 3:11) [designates] the union between soul, intellect, and her crowning with the self knowledge. [The expression]: ... *his heart rejoicing* (Song 3:11) [speaks of] the rejoicing delight resulting from such union. This is the meaning of what the elders of eternal memory used to say: *The righteous dwell with their crown on their heads and vested by the Shekinah's splendor.*[61]
As to the expression: *bedecked* רצוף *with love* (Song 3:10), it was said this means being deeply in love, parallel to the noun in [the expression]: ... *to the ground* הרצפה (2Chr 7:3), *pavement* רצפת *of marble* (Est 1:6). It was also said that it should be understood in parallel to: ... *cake baked on hot stones* רצפים (1Kgs 19:6) and: ... *live coal* רצפה *that he had taken with pair of tongs* (Is 6:6). Therefore the meaning of רצוף (Song 3:10) becomes "the inflaming passion because of the deep love." His expression: *his beams of gold, the seat is purple* (Song 3:10) points to the fact that the sense of the total [expression] is to prepare, to furnish and to bedeck. [The expression]: *the crown by which his mother crowned him* (Song 3:11) [designates] the crown that was put on his head. Its meaning was already explained.

61 צדיקים יושבים ועטרותיהם בראשיהם ונהנין מזיו השכינה.

The Song of Songs
Chapter 4 B

4:1

How beautiful you are my friend, how beautiful you are,
Your eyes are like doves[1] from behind the veil,
Your hair resembles a flock of goats
Coming down from Mount Gilead.

[The expression]: *How beautiful you are my friend, how beautiful you are* (Song 4:1) means that "you are beautiful, very beautiful, by yourself. Furthermore, your beauty will increase and your light will be brighter, by your contact with me and your companionship." Then he starts to describe the many aspects of beauty, according to what we know about it and in different parts of the body. Indeed, certain [parts of the body] are beautiful for their red color, like lips. Others, by their blackness like hair. Others, by their whiteness like teeth. Others by blackness surrounded by the white color like the eyes. Such is the case of all the body parts. All are metaphor for creatures'[2] aspects, their beauty and the fact that each creature has its own discernible characteristic and that each creature reaches the highest degree of perfection, equilibrium and beauty that suit it. Similarly, the body parts have their proportionate beauty and comeliness. The whole follows the good health of the body, its equilibrium and good proportion pertaining to size, position, and equilibrium concerning weight and conduct. The result is a mixture of natural elements. Hence the detailing description of the visible beauty and its subdivisions, which lead to the perfection of the inner beauty. [Concerning the expression]: *Your eyes are like doves* (Song 4:1),

---

1   R. Saadia: "Like the eyes of a dove."
2   للأخلاق "behaviors, good manners." The confusion here is that خلق "creature" has خلقه or مخلوقات as plural and not اخلاق.

the reason for which he compared her eyes to the doves' eyes, or to doves, was already given. Furthermore, it is preferable to treat *doves* יונים as an adjective, following the context of: ... *you shall not do him wrong* תונו (Lev 19:33).[3] The meaning becomes: "Your eyes deceive whoever looks at them, because of their excessive beauty." [The expression]: ... *from behind* מבעד *the veil* (Song 4:1) means without the veil, from inside. Similar [to the meaning of בעד in the expression]: ... *through* הבעד *the clouds* (Jb 22:13), *looking from the window* (Gn 26:8).[4] [The expression]: *Your hair resembles the flock of goats* (Song 4:1) designates the blackness, *that comes down from Mount Gilead* (Song 4:1). The word [שגלשו] is strange and has no derivative.[5] Its meaning is blackness.[6] In other words, she came with darkness, because this is the most of the blackness. He continued: ... *from [Mount] Gilead* (Song 4:1). [He added] to blackness [of the hair] its length and its abundance. Indeed, when the sheep are on the plane, they walk in a compact manner, pressing against each other, in a way that does not allow them to form a line. It is rather a condensed flock. On the contrary, when it comes down from a high place, a mountain or a similar place, the head of the [sheep] will be down, at the base of the mountain while its back will still be at the summit. For this reason he compared her hair: "From the part of the hair to her feet, in its length, abundance and blackness." It was also said that the ל is superfluous and the origin is גשו. Accordingly, the meaning becomes: "I came down from the crest."[7] Some derive its meaning from *bald* קרח and the Aramaic equivalent גלוש. The meaning becomes "to be taken, to be uprooted."[8]

---

3 Tanchum is attributing to יונה "dove" a meaning taken from the verb ינה "to ill-treat, to wrong, to oppress."

4 ישכון בעד החלון

5 It does not occur other than in Song 4:1 and Song 6:5.

6 وفسر فيها غلسه بالغين literally: "its meaning is blackness غلسه, with the letter غ." The "it" in the expression "its meaning" refers to the whole verse.

7 جرش as an archaic Arabic verb means "to fall" and جرشه is what falls from the head."

8 Tanchum adds: "In other words, معطت ." The word معط means "bald." But معط also means "giver." Tanchum seems wanting to insert all these meanings in his interpretation.

4:2
Your teeth are like a flock's of ewes of similar stature,
That come up from the washing,
That all are paired and no imperfection found in them.
[In the expression]: *Your teeth are like a flock of animals of*
similar stature (Song 4:2) he mentioned the adjective and omitted
what is described.[9] What he intended to say is *ewes* הרחלים *of*
similar stature. It pertains to the beauty of the size; that they were
neither too separate one from the other, nor too close. As if they
are one block, following the meaning of: ... *the same measure* קצב
and the same form (1Kgs 7:37).[10] [The expression]: ... *that come*
from the washing (Song 4:2) indicates an increase in their
cleanness and whiteness. It is a metaphor for the cleanness of the
teeth and their whiteness. [The expression]: *all are paired* (Song
4:2) describes the sheep. In other words, all of them were born
twins. [The meaning of the verb תאם] is to be understood following
the context of: *Twin of a gazelle* (Song 7:4) and: ... *there were*
twins in their womb (Gn 38:27). [...] is demonstrated by the פתח
under the מ. [Example]: ... growing מַצְמִיחַ the grass (Ps 104:14); ...
announcing מַשְׁמִיעַ *peace* (Is 52:7).[11] The ש in [the expression]: *that*
come up שעלו (Song 4:2) and [the expression]: ... *that all* שכלם
(Song 4:2) represents אשר *that.* So he compared the teeth to all
that: They are well ranged, paired, neither lacking one nor having
an ill suited one. Our master Hai,[12] of eternal memory, had said
that the description concerns the teeth not the sheep.[13] In other
words, it is the teeth that are well ranged, with no one lacking, or
ill suited, which is possible. There is no difference in the meaning.
However, that the words pertain to the sheep is more obvious
because of his expression: ... *and no imperfection* שכולה *found in*

9   The M.T. omits to mention "flock of animals." The literal translation would
     be: your teeth are "well alike" or "well paired."
10   The comparison is between הקצובות of Song 4:2 and קצב of 1Kgs 7:37.
11   Another example is added that is not biblical and probably a scribe's
     mistake: זנה משליכות.
12   Most probably Hai ben Sherira (939-1038) the Goan of Pumbedita and the
     very revered master of Babylonian Judaism and beyond. His interpretation
     of the Bible was marked by strong rejection of anthropomorphism. His vast
     knowledge of the Halakah, but also of the Persian and Arabic languages,
     secured him a prominent place in the history of medieval Judaism.
13   Unclear sentence: قال في الحاوي انه صفه للاسنان لا للغنم

them (Song 4:2) which is feminine.[14] [We also have]: *like a bear deprived* שכול *of his children* (2Sm 17:8). The meaning becomes: There is nothing that deprives her from her children, as in: *There will be no woman miscarrying a child* משכלה (Ex 23:26). The noun is [as in] *loss of children* שכול *and widowhood* (Is 47:9).

4:3
Your lips are like a crimson thread,
Your mouth is beautiful,
Your temples[15] *like a split in pomegranate,*
From behind your veil.

[The expression]: *Your lips are like a crimson thread* (Song 4:3) gathers the tenderness, the redness and the softness. The origin is *scarlet* שנים as in: *If your sins are red scarlet* כשנים (Is 1:18). But the [plural] מ was omitted as in: ... *subject peoples* עמי *under me* (Ps 144:2).[16] Similarly, in ... *scarlet* שני *ephod* (Ex 28:6; Nm 4:8) the מ [as indication of the masculine plural] is omitted. [The expression]: ... *your mouth is beautiful* (Song 4:3) [could be rendered by] "your way of talking" like in *your mouth* מדברך."[17] It was also said comparable to such expression is [the expression]: ... *who struck the Egyptians with every blow of [his] word* (1Sm 4:8) as we have explained in its place. He hints to the expression of Moses: *Thus said the Lord* (Ex 5:1).[18] Furthermore, it was said that מדברך is another name for mouth. Accordingly, [מדבר] designates the one who pronounces the discourse, not the

14 The reasoning of Tanchum could be that שכולה being feminine is more suitable to follow and apply to the feminine תאימות "the ewes" than the masculine שנים "the teeth."

15 רקתך is usually rendered by " your brow." The translation here follows Tanchum's understanding, who, in his commentary of Song 4:3 will render this word by the Arabic صدغك "your temple."

16 Another possible reading attested by the tradition:" ...subject my people under me" the י of עמי being understood as the indication of the possession by the first person common and not as archaic and elliptic form of עמים.

17 Tanchum explains מדבריך by referring it to דָּבָר "word." The examples he is quoting are translated accordingly. The translation by "mouth" follows Tanchum's understanding that he will bring about later in his commentary.

18 "Thus said the Lord: Let my people go, that they may celebrate a festival for me in the wilderness במדבר." It seems that hints to another interpretation: "... that they may celebrate a festival for me by their words" or "by their mouth."

discourse itself.[19] [The expression]: *Your temples like a split in pomegranate* (Song 4:3) [means] "your temple." It designates a pair of things.[20] The modifiable ת is a designation of the feminine word.[21] There is no verb deriving from it.[22] פלח indicates the split in the pomegranate when it ripens and when the sun is strong over it. Similar to it meaning in: ... *when the earth is split* פולח *and broken up* (Ps 141: 7). It is the name given to the millstone: *the upper stone and the lower stone.*[23] It was also said that [פלח] is the name of the flower that falls, form the buttons when it splits and turns into branches. It is something of very scarlet color. [The expression]: *from behind your veil* (Song 4:3) was already explained as without a veil.[24] There are also those who give it the meaning of hair locks that fall over the temples and remain on the right and left sides of the face, of a black or red color, on the whiteness of the faces. It was also said that [The expression: *from behind your veil* (Song 4:3)] has to be understood following the meaning of [the expression]: ... *remove your veil* (Is 47:2). That is the name they gave to a point of nerves, which is something like a lock of hair. This accords with what we have explained in the *knot of threads.*[25]

4:4
Your neck is like David's tower, built in order to observe,
Where a thousand shields are suspended,
All the mighty men's lamps.[26]

19 فهو عللى هذا مخطب لا خطاب
20 وهو من ذوات المثلين literally could mean that it is "of two examples" or "of two sayings."
21 The temple in Hebrew, a feminine word, is רקה. The ה becomes ת because of the introduction of the suffix.
22 Probably an attempt by Tanchum to diffuse any attempt to link רקה to the verb רקק "to spit" as in Lev 15:8.
23 פלח העליון ופלח התחתון.
24 Cf. the first commentary of Tanchum on Song 4:3 where "behind the veil" becomes from behind the curtain in a reference, perhaps to the Temple curtain.
25 צומת הגעדים.
26 قنديل الجبابره following R. Saadia Goan's understanding. The uncertainty of Tanchum's understanding of שלט makes it difficult to translate this word by one specific word.

[The expression]: *Your neck is like David's tower* (Song 4:4) [means] that it is tall, elevated. [The expression]: ... *built in order to observe* (Song 4:4) is a characteristic of the tower. What he wanted to say is: *That it was built in order to observe*. It was said that the ת in תלפיות is replacement for an א. In other words, [the tower] is high, perceptible from afar by any passing by. The Aramaic rendering of [the Hebrew expression] *and I will show you* והוריתך *what to say* (Ex 4:12) is ואלפינך.[27] Another example was given: *Who instructs us* מלפינו[28] *more than the beast of the earth*? (Jb 35:11) in omitting the א.[29] As to the [word] תלפיות it was said that it is a composite of two words: *to suspend* לתלות *the swords*[30] and: ... *sharp as a two edges* פיות *sword* (Pr 5:4). It designates [a metal] that it is high, thin, to which arms, swords and shields are suspended. [The expression]: *Where a thousand shields are suspended* (Song 4:4) [means] that large number of shields were suspended to it. [The expression]: *all* כל *the mighty men's lamps* (Song 4:4) should be understood as: *and all* וכל *the mighty men's lamps*. He explained it [as kind] of the mighty men's arms. Like in: ... *arm* (2Chr 32:5); *each man his arm in his hand* (2Chr 23:10). It was also said that of the quiver for the arrows. Furthermore it was said concerning: *Fill* מלאו *the quivers* (Jr 51:11) [that the meaning is]: Fill the quiver with arrows. Another has said: The meaning is "gather the arms" following the context of: ... *The earth and all that fills it* ומלואה (Is 34:1; Ps 24:1). They have gathered and they have called.[31] According to another opinion [the meaning becomes]: They have prepared arms and completed them. [The word *shield*] is similar to *the golden shield* שלטי זהב (2Sm 8:7; 2Chr 18:7). It was also said that it is a shield bedecked with gold. It is also possible that the same word designates a quiver for arrows.[32]

27 It is difficult to see the reason for Tanchum's example. It does not seem to illustrate the point he was making or the replacement of an א by a ת.

28 M.T. מלפנו.

29 מלפנו instead of מאלפנו.

30 It doesn't seem that this is a biblical quotation.

31 The same sentence is being repeated in two languages: وجمعوا מלאו וקראו احشرو ونادو.

32 There is confusion between the meaning of תלפיות and the word שלט. Tanchum appears giving them the same meaning.

4:5
Your breasts are like two fawns, gazelle twins,
Grazing in the midst of the lilies.
Your breasts are like two fawns (Song 4:5), like two young deer.
[The expression]: *Gazelle twins* (Song 4:5) [indicates] that they
have proportionate size. It should have been written תאמי for being
genitive. [The fact of] *grazing in the midst of the lilies* (Song 4:5)
endows them with delightful fragrance. When he mentioned all
the created aspects, as we have seen, he forgot to specify *grazing*
and *lilies*. Once he mentioned the two breasts, which represent
emanation, he established a comparison with the soul and the
emanation she receives from the Intellect. So he stated that this
will happen according to what she receives from the intellectual
"deer" which, in the souls' universe, are in charge of governance
and divine perfections, as it was said in the commentary of [the
expression]: *My lover is for me and I am for him, who pastures
among the lilies* (Song 2:16). He also compared the soul to the
lilies in his expression: *Like a lily in the midst of thorns* (Song
2:2). Then he made known that this last perfection, which is no
other than the perception that comes from emanation, reaches the
soul at the end of life, after the domination of the fire of [the desire
for] union, the silencing of the triumphant desire and the
conversion of the whole behavior as well as the already mentioned
[human] aspects. Then he said:

4:6
Until day establishes itself and shadows flee away,
I will run to the mountain of myrrh and to the hill
Of Perfumed oil.
[The meaning of the expression]: *Until day establishes itself and
shadows flee away* (Song 4:6) follows the explanation already
mentioned.[33] We have also shown that *the mountain of myrrh*
(Song 4:6) represents divine science and the intellectual
perception. [The expression]: *The hill of Perfumed oil* (Song 4:6)
[refers to] the perception of the soul, her conditions and her
different aspects, which constitutes the ultimate goal of natural

---

33 Cf. Tanchum's first commentary on Song 4:6.

science and leads to the beginning of the theology. When her
perception becomes in act and when she is united to her lover,
alone with him, at that moment she reaches the finality of divine
science and its goal. This in fact is the highest degree of happiness
and the purpose of her life. At that moment she becomes entirely
beauty and her splendor surpasses all others; her perceptions
become in act after being in potency. She will be lacking nothing
and no imperfection will be found in her. Then he said:

4:7

You are totally beautiful, o my girlfriend,
And no imperfection can be found in you.
Then he says, talking to her: "You reached this perfection and the
happiness that surrounds you because of your promotion, coming
from the lower world and the eradication of the voracious and
vicious animal ranks, like lions and similar beasts, and that you
advanced toward me with certainty, authority and assurance."

4:8

Come with me from Lebanon, o bride,
Come with me from Lebanon,
You look[34] *from the top of Amana,*
From the top of Senir and Hermon,
From the den of lions,
From the mountains of leopards.
[In the expression]: *Come with me from Lebanon, o bride, come*
with me from Lebanon, you look from the top of Amana (Song
4:8) *Amana, with Pherpar, are rivers of Damascus* (2Kgs 5:12).
Yet, the meaning [of the word Amana] here is borrowed from [its
context] in: *He was like a father* אומן *to Hadassa* (Ester 2:7). In
other words, [this concerns the period] "you have mentioned, at
your beginning, at that time you were protected, like [in the
expression] *when she was under his protection* באמונה (Ester
2:20)." [The expression]: *from the top* (Song 4:8) designates the
first beginning.[35] *Senir and Hermon* (Song 4:8) are the same. It is

---

34   "To look" and not the usual "to appear." Tanchum will explain his
     understanding of תשורי in his second commentary of Song 4:8.
35   المبدأ الأول could also be translated as "the first principle."

a high, elevated mountain with permanent snow, summer and winter. He compares it to the intellectual universe. The meaning of תשורי is that *you look* (Song 4:8), similar to the context of: *What you look at* אשורנו *is not soon* (Nm 24:17). It was also said that its meaning is "you presented me with a gift" similar to the context of: ... *nothing that we can bring to the man of God as a present* ותשורה (1Sm 9:7). Similar as well to: *You presented the king with a gift* ותשורי *of oil* (Is 57:9). In other words: "You were sending gifts to kings in order that they save you and come to your help." Another opinion: It means "to travel." [The meaning becomes]: "You used to travel to lands and kingdoms with many goods that are specific of your country, *olive, oil and honey* (Dt 8:8)." The meaning, accordingly, becomes: "You have traveled toward me and came to me." [The expression]: ... *from the den of the lions, from the mountains of the leopards* (Song 4:8) [means you came to me] "while before that, you were dwelling in the body, among animal energies, like those of the lion and carnal desires."

4:9
You captured my heart, o my sister, o bride,
You captured my heart by one of your eyes,
By one link of your necklace.

[The expression]: *You captured my heart, o my sister, o bride,* (Song 4:9) means you stole my heart. The verb *"you captured my heart"* לבבתי is a derivative from "*heart*" לב. Like "*I uproot you*" ושרשך (Ps 52:7) is taken from "*root*" ושורש.[36] [Like] "*don't prune your vineyard*" לא תזמור (Lev 25:4) is taken from "*vine tendril*" זמורה.[37] [Like] "*lop the branches*" מסעף פארה (Is 10:23) from סעיפים that is "*branches*" and also פארות that means "*branches.*" As if he had said that "he will cut *the palm branches and the boughs.*"[38] The elders have said, in a similar manner: עורות לבובין or "*uprooted hearts.*" The Arabs say: راسته or "*hit his head.*"[39]

[Concerning the expression]: *You captured my heart by one of your eyes* (Song 4:9) it was advanced that the soul is in sympathy

36 Cf. Is 40:24.
37 Cf. Nm 13:23.
38 فكأنه قيل يقطع אלסעפים ואלפארות
39 The word راس verb رَأس

with matter and that [different] energies could be helpful for her. Therefore, her perfection and honor resides in being in symbiosis with what is advantageous to her. Her great delight is in what she receives from her lover, not in what she gives to others. Likewise, when a woman receives from her husband what is destined to her, she takes it with delight and kindness; she rejoices and experiences pleasure and more pleasure. At the time of giving birth, when she puts forward to external existence, out of her own essence, what she had received, pains sufferings, sadness and gloominess invade her. Yet, her longing for her husband does not suffer interruption and her love for him endures no diminution. On the contrary, it increases. As it was said: *In pain you shall bear children* (Gn 3:16). However: *Yet, your longing will be for your husband* (Gn 3:16). That is the reason he attributes to the soul *two eyes and two necklaces*.[40] Still, he praises her and brings her close to him by one of them alone: ... *by one of your eyes, by one link of your necklace* (Song 4:9). ענק (Song 4:9) is a necklace made of pearls, as in: *necklaces for your throat* (Pr 1:9). He designates by this the real perception, which one with her inner essence,[41] not something exterior to her essence.

4:10
How beautiful is your love, o my sister, o bride,
How more beautiful your love than wine,
The fragrance of your ointments than what is perfumed.
[The expression]: *How beautiful is your love, o my sister, o bride* (Song 4:10) [means] "how beautiful is your affection and how exquisite is your love." [The expression]: *How more beautiful your love than wine* (Song 4:10) [indicates that her love] is more than the delight of wine, its gratification and enjoyment. Similar to what she had told him before: *Your love is sweeter than wine* (Song 1:2); *the fragrance of your ointments is good* (Song 1:3). This means that [her lover addresses her saying]: "You are now in contact with characteristics similar to the ones by which I was

---

40 Pain and happiness, joy and sadness are presented as pairs that belong equally to the human soul.
41 Tanchum "plays" on the Arabic word جوهر that has the two meanings of "essence" and pearl."

described, sharing them with me, thanks to your union with me, while in the past you were far from them and longing for them." [The expression]: *[how more beautiful]... the fragrance of your ointments than what is perfumed* (Song 4:10) means that the fragrance of your loveliness is more delightful and better than any other fragrance. The meaning is that "you have essential delights that could be tasted, that gives enchanting and captivating fragrance that you share with higher beings. A discourse flows from these perceptions that are more delightful, more beautiful, tastier and fatter than all that can be delightful and beautiful."

4:11
Your lips drip honey, o bride,
Honey and milk are under your tongue,
As the perfume of Lebanon is the odor of your clothes.
[In the expression]: *Your lips drip* תטפנה *honey* (Song 4:11) the נ is absorbed by the ט.[42] Similar to: ... *the mountains shall drop sweet wine* יטפו (Joel 4:18). Its meaning is to drop from נטף. [The expression]: *Honey and milk are under your tongue* (Song 4:11) groups what is sweet and greasy under her tongue, in other words, in her essence. What comes from others and reaches her is sweetness, according to [the expression]: *Your lips drip honey* (Song 4:11). [In the expression]: *Your clothes smell like the perfume of Lebanon* (Song 4:11) he speaks of *Mount Lebanon*.

4:12
You are an enclosed garden, o my sister, o bride,
Brook and brooklet well sealed.
[The expression]: *You are an enclosed garden* (Song 4:12) is lacking a comparative כ. [In the expression]: *A spring* גל *a fountain* נעול *well sealed* (Song 4:12) גל ונעול are the same thing: Brook and brooklet. It is comparable to [the expression]: ... *brooks of water* (Josh 15:19; Jgs 1:15). His expression: *enclosed and sealed* (Song 4:12) indicates something full that cannot receive more, comparable to a locked house and closed box that none can

42 Absorbed by the ט or more correctly, as in the case of a qal imperfect of a פ"ן verb, the נ disappeared because it is not marked by any vowel.

introduce anymore to it. Abu al-Walid ibn Janah[43] has said that *enclosed garden* גן (Song 4:12) is the same as a *well sealed brook* גל (Song 4:12) by exchanging the נ for the ל since both belong to the דטלנת letters.[44] Likewise for well sealed gardens גנים (Song 4:15), meaning: *well sealed brooks* גלים. He explained saying: *A well of living waters* (Gn 26:19). Nevertheless, how far it is for *enclosed garden* (Song 4:12) to being taken according to its obvious meaning! It indicates a safeguard, something that cannot be approached; something that is enclosed, locked up.

4:13
Your field is a pomegranate garden with fruit from fruit trees Henna with saffron.
[The expression]: *Your field is a pomegranate garden* (Song 4:13) designates the extension of the branches, that expand from its shoots, as in: *Its branches reach the sea* (Ps 80:12). It was also said that valleys planted by different trees are groves and gardens; that [the expression] *your field* (Song 4:13) refers to the brooks[45] and its conducts, already mentioned in: *You are an enclosed garden, brook and brooklet well sealed* (Song 4:12), *from the water of Siloam* שילוח (Is 8:6) and also: *... the pool* השלח *of the king's garden* (Neh 3:15). The same sense as in: *... she sets up all her channels* שלחה *to all the trees of the field* (Ez 31:4). As to פרדוס this is name for *gardens* (Song 4:13) of unspecified trees, not the *pomegranate* exclusively (Song 4:13). For the Arabs, פרדוס means

---

43   Abu al-Walid Marwan ibn Janah (first half of the 11 century) is among the most imminent philologist of the Hebrew language. He was born probably in Cordeba, Spain, and lived the last part of his life and died in Saragossa. His book *Kitab al-Tanqih*, translated into Hebrew by Ibn Tibon as *Sefer ha-Dikduk*, is the first complete philological treaty of the Hebrew language. With the exception of Rashi and his school, who did not know his work, was abundantly quoted by Jewish Bible commentators, Rabbanites and Qaraites alike. Tanchum does not specify the reference to Abu al-Walid.

44   Four letters in the Hebrew alphabet that one can substitute for the other. Tanchum's understanding to גל and נעים is complex. In one way he understands the two words having the same meaning (جدول وساقيه brooks and brooklet) and in another: The spring from which brook and brooklet take their start.

45   سواقي الماء literally "the brooks of water."

garden.[46] It was also said that פרדוס contains one kind of trees, while גן contains many kinds [of trees]. There are also those who think that פרדוס pertains to pomegranate alone. Yet, we have found in Nehemiah[47] a text that contradicts such [affirmation]. It is the expression: ... *letter to Asaph the keeper of the king's garden directing him to give me timbers for roofing the gates...* (Neh 2:8). This proves that פרדוס pertains to a place of many trees apt to be used for roofing, which is not the case for the pomegranate.
כפרים [in the expression]: *Henna with saffron* (Song 4:13) is plural of כופר which is henna. He really means the fruit of the henna. Similar to: ... *cluster of henna* אשכול הכופר (Song 1:14). The כ should be כו by the mean of a *qames.*[48] Similar to קדשים from קודש, חדשיםfrom חודש, קדשים from קודש and also בקרים אמרים from בוקר ואומר. The majority of [the words in] this section are [written] with the *qames* instead of the *holem*. With the exception of the simple forms [49] as we have demonstrated in the principles of the language.[50] [The expression]: *fruit from fruit trees* (Song 4:13) [designates] fruit with delightful taste, like: ... *the chains of the Plead* (Jb 33:31).[51] It is about it that we have the saying: ... *precious fruits brought forth by the sun* (Dt 33:14). *Saffron* (Song 4:13) was explained as the *weres.*[52] Yet, I don't think that the weres has a familiar fragrance corresponding to the fragrance already mentioned. It was also said that it is indigo plant and fur.[53] Another had said it is an incense, but the incense is not a plant

46 وعند العرب الفردوس هو الجنان literally "for the Arabs الفردوس means gardens جنان." It is more correct to say "garden."

47 Lit. "... found in Ezra..." Either it is a mistake in the quotation or, more probable, is that the Book of Nehemiah was also quoted as part of the Book of Ezra.

48 This means that Tanchum vocalizes as follow: כָּפְרִים and not כְּפָרִים as in the M.T.

49 الا اليسير literally "with the exception of the simple." Tanchum does not specify what is "the simple form," neither he mentions the rule in a rigorous way.

50 No specific reference is give. We don't know whether the reference is to a book by itself or a chapter of a book, such is the beginning of his commentary on the Bible.

51 Obviously Tanchum understand מעדנות כימה usually rendered by: chains of Pleads" as a kind of fruits.

52 الورس small plant of yellow flowers from the region of Yemen.

53 The two words are written in one: אלנילופר which has no sense, until they are separated.

found in the garden. It is something made-up. It is possible that it pertains to a plant with defused perfume. Certain times it is added to turmeric, which is the saffron. However, we also have seen him mentioning *myrrh* which is not a plant, together with many kinds of plants. He did also say: ... *with the major spices* (Song 4:14). He also spoke about *flowing myrrh* (Ex 30:23) with plants, like *cinnamon* (Ex 30:23) and *cassia* (Ex 30:24) and cinnamon (Ex 30:23).[54]

4:14

Nard and saffron, cane and cinnamon,
With all the fragrant sticks, myrrh and aloes,
With the major spices.

[The expression]: ... *cane and cinnamon* (Song 4:14) [concerns] cosmetic straws and fragrant sticks. [The expression]: ... *with all the fragrant sticks* (Song 4:14) [indicates] the frankincense. What he means here is the ensemble of what could serve to incense: The gummous matters, incense, herbs, but especially the frankincense. *The Myrrh* (Song 4:14) is musk, as in: ... *the flowing myrrh* (Ex 30:23). It is also possible that it is the name for a plant, as in: ... *I have gathered my myrrh* (Song 5:1), because the myrrh [as a perfume] is not something to gather, which we will explain later. It was also said that it is musk rose.

4:15

Garden fountain,[55] well of living waters,
Coming down from Lebanon.

I have already explained that for Abu al-Walid[56] that גנים in [the expression]: *Gardens' fountain* מעין גנים (Song 4:14) is the same as *fountains* גלים.[57] The same thing concerns גן and גל. The meaning is that it is a *fountain* מעין (Song 14:15) with abundant water, from which brooklets, rivulets[58] flow. There is no harm to understand it

---

54   קנמן בשם is mentioned two times in Ex 30:23.
55   "Garden fountain" or gardens' brook" Tanchum uses the translations.
56   Cf. Song 4:12.
57   Cf. Song 4:12 that uses גל the singular of גלים. Cf. also Is 37:26; Zec 10:11 where the meaning of גלים is uncertain.
58   خلجان literally "bays."

according to its obvious meaning. In this case the meaning is
fountain from which gardens and groves are irrigated because of
the abundance of its water. [The expression]: *well of living water*
(Song 4:15) [means] well of water that springs. The word *well* בר
applies to the springing water alone. An example: ... *they found a*
well of living water (Gn 26:19). As to בור it is the *cistern* in which
water from outside is gathered. As in: ... *however, a spring or*
cistern ובור, *a gathering of waters*... (Lev 11:36). The ו in ובור has
the function of *or* או. Like in: ... *and he who strikes his father or*
his mother ואמו (Ex 21:15); ... *enslaving him or selling him* ומכרו (Dt
24:7). [The expression]: *coming down from Lebanon* (Song 4:15)
is an aspect of *the living waters* (Song 4:15). Indeed, in spite of
being springing water, it does not come from below to top, which
is normal for wells and sources.[59] On the contrary, it pours down
from *Mount Lebanon*, which is a reminder of its divine and noble
universe. That is the reason why we have this borrowing for the
Temple: ... *the good hill country and the Lebanon* (Dt 3:25).[60] The
Temple is an image of the intellect universe if compared to the
lower universe.

4:16
Direct your attention to the north then come to the south, Breath
on my groves, that its spice may flow out,
My lover comes to his garden and eats its fruit.
[The expression]: *Direct your attention to the north then come to*
the south (Song 4:16) is an indication of the winds coming from
both sides, blowing over him in order to propel his fragrance.
What he wants to say is: *The northern wind and the southern*
wind. [The expression]: *Direct your attention* עורי (Song 4:16)
designates movement and waggle. Similar to: ... *he swung* עורר *his*
spear (2Sm 23:18; 1Chr 11:20). Likewise: *Awake* עורה *harp and*
lyre (Ps 57:9; 108:3). [The expression]: *Breath on my groves until*
(Song 4:16) means [breaths] *over* על *my groves.* In other words,
"blow over my groves that they may exhale fragrant perfumes and
their delights pour out." It is possible that he wanted to indicate

59   اعيان "brothers" incorrect for عيون "sources."
60   Yet the context of Dt 3:25 does not mention the temple. It is the beginning of
     Moses' discourse and his desire to see the Holy Land.

the movement as well, similar to: *Scorned men stir* יפיחו *up a city* (Pr 29:8) meaning: "they blow in it," indicating that its inhabitants flee it. It was also said that it means "they leave it desolate." [In this later case] the meaning resembles: ... *last breath* מפח נפש (Jb 11:20). In fact, the origin of all these meanings is blowing. It is a פ"ן verb.[61] [Example]: *He blows into his nostrils* (Gn 2:7); ... *blow upon the fire* (Is 54:16). It is also used to express [the meaning of] void and disappointment: ... *she was disappointed* (Jer 15:9); *their hope will turn to despair* (Jb 11:20). Other verbs,[62] closer phonetically, were borrowed to express similar meaning, even if they belong to other roots. Some of them are with a vowel in their middle or at their end of their root. Therefore, [the expression]: ... *breathe on my groves* (Song 4:16) was said for the blowing up and the movement, but also for talking and discoursing, which are originated by air leaving [the mouth]. [Expressions such as]: ... *who breathes violence* (Ps 27:12); ... *who breathes lies* (Pr 14:5, 25; 19:5, 9). The meaning is to spread falsehood, mockery and disdain. [The expression]: *that its spice may flow out* (Song 4:16). It is a metaphor and figure of speech,[63] because the flowing concerns what has melted. It is possible that a word is lacking: *that dew may flow in its spice*.[64] [The expression]: ... *and eat its fruit* (Song 4:16) [designates] its delightful fruits, as it was mentioned in: ... *with fruit from fruit trees* (Song 4:13). This text, I mean: *Direct your attention to the north* ... (Song 4:16) is the lovers' discourse. In other words, she readied herself for meeting her lover by being in the most beautiful, most delightful, agreeable and most fragrance exhaling disposition. Then the lover answers her.

61 واصله من ذوات النون literally: "Its root is one of those with ן." The verb in question is נפח.

62 لفظ literally "term, word, pronunciation, expression..."

63 مجاز واستعاره two Arabic words that both could be translated by "metaphor."

64 יזלו טלי בשמיו

The Song of Songs
Chapter 5 B

5:1
I came to my garden, o my sister, o bride,
I have gathered my myrrh with my spice,
I have eaten my honey with my sweet,[1]
I drank my wine with my milk. Eat, o my friends,
Drink and become inebriated, o beloved.[2]
[The expression]: *I came to my garden, o my sister, o bride* (Song 5:1) [means] "the attention you have paid reached me and I came to your banquet, ate of its fruit and enjoyed its delights. Such is my wish for each one engaged in this way, loving such food, such wine and entering in a similar place: *Eat, o my friends, drink and become inebriated, o beloved* (Song 5:1)." Concerning his expression: *I have gathered my myrrh* (Song 5:1) we have already explained that *myrrh* is [a word] designating both: The musk and a fragrant plant. Here, it designates a plant, given his expression: ... *I have gathered* (Song 5:1), since it is only the plan fruit that could be gathered. Another particular reason [for considering myrrh as plant] is that he appends it to spices: *I have gathered my myrrh with my spice* (Song 5:1). It may be added that it is a description of the spices, mentioned first. What he means is that perfume [from the spices] is equal in fragrance to the aroma from the musk. Another opinion: He applied [the verb] "to gather" to musk as a figure of speech similar to what we have said about [the expression]: *That its spice may flow out* (Song 4:16). Accordingly, he considers the smelling of the aroma is similar to something that

---

1   شهد rendered here by "honey" and عسل rendered here by "sweet" are two names for the "honey" in Arabic.
2   Song 5:1 is not commented in the first commentary of the Song by Tanchum Yerushalmi.

can be collected and taken from its root. There are also those who explain that *myrrh* (Song 5:1) here means musk rose,[3] as we have already explained. As to [the expression]: *my spice* בְּשָׂמִי (Song 5:1) it is not built up like מוֹשָׁב.[4] Because if it was the case מוֹבשׁ should be written with a *qames* (ָ) under the ב and a *shewa* (ְ) under the ש. It would be similar to חָדְשִׁי (2Chr 27:1); גָּרְנִי (Is 21:10); קָדְשִׁי (Lev 20:3); עָמְרִי (1Kgs 16:16). Neither should it be compared to: *fragrant cinnamon* קִנְּמָן בֶּשֶׂם (Ex 30:23) in parallel to שֶׁמֶן , אֶרֶץ (Jgs 3:29); קֶבֶר (Gn 23:9). In fact, if it was similar, we should have a *petah* (ַ) as in שַׁמְנִי (Hos 2:7); אַרְצִי (Gn 20:15). Or with *hireq* (ִ), then *it follows* קִבְרִי (Jer 20:17).[5] But בְּשָׂמִי *follows* דְּבָרִי (Nm 11:23); (Joel 4:5) זְהָבִי, שְׁלָלִי, בְּקָרִי[6] from שלל, זהב, בקר. Therefore, its root is בָּשָׂם with two *qames* like זָהָב and שָׁלָל.

It was also said that myrrh מור has something in common with *master of justice* מורה[7] צדק [as in]: ... *that Jehoiada instructed* הורהו *him* (2Kgs 12:3) in the context of instruction and explanation. It also carries an allusion to intellectual emanation that is bestowed on the soul where perfection, knowledge, perception of objects' essence and the distinction between what is in or outside of them could be found. It is wise instruction that the soul obtains from outside. That is the reason why he made [this kind of knowledge] more precious than any other thing following what he has said in *Proverbs*: *Drink water from your cistern* (Pr. 5:15). It is the cistern that receives the water from outside, followed by internal emanation: ... *and running water from the midst of your well* (Pr 5:15). Because באר in Hebrew pertains to gushing water [as in]: ... *they found there a well of living water* (Gn 26:19). After that, comes [the step] of teaching others and the gift of the accomplished perfection, proper to those who are rightly disposed [to receive it]. For this reason it is right to establish a comparison with the first principle[8] bestowing the emanation of perfection to

3 Cf. Tanchum's second commentary on Song 4:14.
4 Active participle of verb בשם "to be sweet, to be fragrant."
5 זנה קברי
6 שללי and בקרי are not biblical.
7 Or "teacher of justice." Tanchum here links מור to the verb ירה of which מורה is a substantive and הור is a hiphil 3rd p. singular.
8 What is compared to the first principle? The text does not state the other term of the comparison. Yet most probably it is the soul: like the first

those who are ready according to their merits. He said: *Your sources will gush abroad* ... (Pr 5:1) as we have explained while commenting these passages. Likewise, he says here: *I have gathered my myrrh with my spice* (Song 5:1). This pertains to sciences that can be usefully required from outside, by demonstration, research and contemplation. Then comes mental deduction from outside, supplied according to [the soul's] natural and essential disposition. Therefore he says: *I have eaten my honey with my sweet* (Song 5:1). [The expression]: ... *my honey* (Song 5:1) designates honey with its bees wax, because it is natural still, without human manipulation.[9] It is from it that, through human manipulation, [edible] honey is extracted. The [Book] of Proverbs talks about it: *If you find honey eat only what you need* (Pr 25:16). Its meaning is similar to Qohelet's expression: *Don't pretend being wise to excess* (Eccl 7:16) according to their meanings in their contexts. Therefore, having acquired knowledge from outside by learning and experience, the soul increases its essential perfection,[10] which is the transformation of perfection she has acquired from potency to act. The essential forms of beings become present in her, to the point that she is dispensed from exterior demonstrations or from learning by means of a book or by something else. Once she accesses this rank, she enters the stage love enchantment and the passion's delight, according to the truth of the intellect[11] that invades her by his emanation and becomes her true form and nothing else. Then he added concerning the enchantment: *I drank my wine* (Song 5:1) and about delight in this enchantment, elation and nourishment that reaches the soul: ... *with my milk* (Song 5:1), similar to what he has said: *My soul is sated with milk and oil* (Ps 63:6) also in Isaiah: ... *[buy food without money] wine and milk without cost* (Is 55:1).

---

principle that by emanation conveys perfection to the soul, the same soul conveys the received perception to those who are ready to receive it.

9 من غير ممارسة صناعه literally: "without industrial practice."

10 الكمال الذاتي or the perfection that touches the essence of the soul or the inner perfection.

11 بحقيقة الشيء الفايض عليها literally: "... according to the truth of the thing that emanate over her..."

[In the expression]: *I have eaten my honey* יערי *with my sweet* (Song 5:1) [the word] יַעְרִי is like [the words] שַׁמְנִי *my oil* (Hos 2:7) and אַרְצִי *my land* (Gn 20:15). Proving that *my honey* יערי should follow [the vocalization of] שַׁמְנִי *my oil* (Hos 2:7) and אַרְצִי *my land* (Gn 20:15).[12] The reason for the *petah* (ַ) [under the א] is due to the letter being guttural.[13] [In saying] יערי *my honey* (Song 5:1) he intends the reeds juice, in parallel to the Aramaic form of the expression: ... *and she placed it among the reeds* ותשׂם בסוף (Ex 2:3), which in Aramaic gives ביערא ושויאת.[14] Yet, it appears that the sweet reeds were not known at that time, because we can see that Gallinus and the physicians that followed him, almost a thousand years after Solomon, were no familiar with sugar or reeds. On the contrary, their beverage was from bees' honey. As to the Hebrew סוף *reeds* (Ex 2:3) the Aramaic parallel is יערא, it covers great variety of plants, reeds, wood, trees and more. Similar to its meaning in: ... *a man goes with his friend into the grove* ביער (Dt 19:5). This explains its use for the groves that have other than fruit trees, such as wood to be used in construction and what is similar, as in: ... *forest* יער *of growing trees* (Eccl 2:6). Concerning יערי it has the meaning we already explained: Honey.[15] This is similar to [the expression]: ... *dip it into a honeycomb* ביערת הדבש (1Sm 14:27). Something of strong sweetness and great delight, being natural, as we have explained. Therefore, once mentioned attainment and union, after describing the delights [of union] he adds saying "I wish something comparable to all the friends, who strive for perfection; that through bliss they become ecstatic; that they savor this kind of food in order to know how delightful it is: *Eat, o my friends, drink and become inebriated, o beloved* (Song 5:1). Thus, the full meaning of this section becomes, metaphorically, an indication, through the expression: *You are an*

12 The reasoning of Tanchum is that these words are having the same distribution of vowels; therefore they should be joined in the interpretation.

13 لأجل الحرف الحلقي Literally: "... because of the mouth letter."

14 Tanchum reaches the conclusion that the Hebrew יער should be rendered by "sugar cane juice", instead of the traditional "honey" because of its Aramaic homonym יערא that means "reeds."

15 شهد العسل two Arabic words translating the same reality: honey. It is possible to translate as "honey from the bees." Here Tanchum goes back to the traditional understanding of יערי usually rendered by honey.

enclosed garden, o my sister, o bride. Brook and brooklet[16] *well sealed* (Song 4:12) to the perfections and the perception that she had by potency. In them, she is hidden, not manifested. His expression: *Your field is a pomegranate garden* (Song 4:13) is an indication of what appeared, in act, of perfections, virtues, highly ranked and noble perceptions with fragrance blows over the soul who, then, grasps the fragrance of her divine knowledge and [perceives] her original place. Then the soul experiences great desire to escape the corporal universe and the discourse of animal delights towards divine light and the intellectual delights. Therefore he adds: ... *with fruit from fruit trees* (Song 4:13) which covers all delights. [The expression]: *henna with saffron* (Song 4:13) [designates] all kinds of perfumes. Then he explained saying: *Nard and saffron ... with the major spices* (Song 4:14) because the perfections she obtained are principles for every form of happiness, the origin of every delight, the purpose of every endeavor and the utmost degree of all kind of perfections. It is the starting and the end point of everything. And since this emanation truthfully is incomparable and nothing can surpass it, he compares[17] it to the well that flows with living streams; that pours out from the highest mountains, from the most exalted and noblest ranks: *Garden fountain, a well of living waters* (Song 4:15). It is measured, by comparison to *the mountain of Lebanon* (Song 4:15) because it is the best and the highest mountain on the land of Israel, the greatest [provider] of goods and [the source of] multiple blessings. That is why the Bible established a comparison between it and the Temple: ... *this good mountain and the Lebanon* (Dt 3:25).[18] For what is incomparable because of its high

---

16 Tanchum's understanding to גל and נעים is complex and will show in his second commentary on Song 4:12. In one way he understands the two words have the same meaning (جدول وساقيه brook and brooklet) and in another: the spring from which brook and brooklet take their start. As usual, Tanchum mentions many opinions giving the impression that they are as legitimate as the traditional understanding, before, habitually, settling for the traditional one.

17 The translation of Tanchum's sentence looks to be "faithful" to the illogic of a sentence about "the emanation" with expressions such as لا مثال لها ولا تشبيه يضاهيها "incomparable and nothing can surpass it," yet compared to a well.

18 It is very difficult to attribute to בית המקדש other meaning than "sanctuary" or, more precisely, the "Jerusalem Temple." However, the citation from Dt

noble status is juxtaposed metaphorically to what is the best for us, whether it is a view, fragrance, food, or what is the highest for the senses and the noblest that could be seen. By this he presents the highest possible description metaphorically and by comparison, not according to the reality of the object by itself. Therefore, when the soul realizes the magnitude of delight and happiness that reached her and sees clearly that the reason for her to pass from the darkness of potency, of probability and concealment to the light of the act, to the manifestation and existence that consist in her union with the noble and great lover and her acquaintance with him, she then looks to strengthen her union with him, to be more passionate and to share with him the same parallel delight. At that moment she says: *Direct your attention to the north ... my lover comes to his garden to eat its fruit* (Song 4:16). It means that it is he who is the reason for what happened to her. As if he says to her: "What you have wished happened and I was part of the union with you in the gardens that belong to me, not to you: *I came to my garden, o my sister, o bride, I have gathered my myrrh, with my spice...* (Song 5:1)." It is about classifying the different ranks, as we have explained.[19] Then he added encouraging [others] to receive the unique perfection that the intellect decides: "Consider, o friends, and ponder, o beloved, in order to receive what she received," *eat, o my friends, drink and become inebriated, o beloved* (Song 5:1).

5:2
I sleep, but my heart is awake,
My companion's voice tinkles: open to me, o my sister,
My friend, my turtledove, my everything;
My head is covered with dew,
My curls with drops of the night.

3:25 that does not exist elsewhere in the Bible, concerns Moses and his wish to see the Holy Land; a wish that will not be granted, given the sins of the Israelites. We are centuries before the building of the Jerusalem Temple. In other words, Tanchum quotes Dt 3:25 while giving it a meaning that does not correspond to its context in the Book of Deuteronomy.

19   Cf. Tanchum's commentary on Song 4:12.

[The expression]: *I sleep, but my heart is awake* (Song 5:2) is an indication that once the soul[20] reaches her rank and her honorable dwelling, she finds in herself enough energy to govern the body which, to the soul, represents the [state of] sleep. In spite of all that she continues to aim high and to proceed towards her lover. Hence, exteriorly, she appears with the body, taking care of what is necessary for it. Yet, interiorly, she ponders upon her lover, heeding his discourse and directives. [The expression]: *My companion's voice tinkles* (Song 5:2) [means] he knocks at the door. The pronoun of *tinkles* דופק (Song 5:2) represents the lover, not the *voice* קול (Song 5:2). *My sister* (Song 5:2) [signifies] that she belongs to his universe. *My friend* (Song 5:2) [implies a relationship that is] a pure companionship, that follows estrangement and forgetfulness. *My turtledove* (Song 5:2) [means] her remembrance of him and her coming back to her original homeland, not forgotten in spite of the length of her absence, similar to turtledove characteristics, as we have explained.[21] [He calls her]: *My everything* (Song 5:2), because her perfection is attributed to him, given the fact that his light has dawned upon her. *Open to me* (Song 5:2) [means] "be ready to receive what will emanate from me towards you, which is part from what was emanated towards me from a higher rank than mine; that you belong to it; [a higher rank] by which you belong to me."[22] He said, concerning this kind of emanation: ... *my head is covered with dew* (Song 5:2). This is what the sages, of eternal memory, have said: ... *future dew by which the dead will be brought to life*.[23] [The expression]: ... *my curls with drops of the night* (Song 5:2) [designates] the edges of the hair, or the curls. It is a repetition of [meaning]: ... *my head is covered with dew* (Song 5:2), as the hair is another name for the head. [This can be seen in the expression]: .... *and shaved his head* (Jb 1:20) for [shaved] his hair. *The drops of the night* (Song 5:2) is one with *dew* (Song 5:2). A similar meaning can be found in [the expression]: ... *to dampen*

---

20 Lit. "She."
21 Cf. Tanchum's commentary of Song 2:14.
22 Unclear sentence: التي نسبتي اليها نسبتك الي literally: "That you have been attributed to it, attributed you to me."
23 וטל שעתיד להיות בו מתים No reference is given.

the fine flour (Ez 46:14). In other words: To sprinkle it, to wet it. Besides, the Aramaic of [the expression]: ... *like small drops on the grass* (Mi 5:6)[24] is וכרסיסי מלקושא דעל עִשׂבה.[25] Therefore, is a repetition of the [same] meaning. Similar to: *I will sing to the Lord all my life, I will chant for my God my life long* (Ps 104:33); ... *let my soul never be in their council, nor my honor be given to their assembly* (Gn 49:6).

5:3
I have taken off my coat, how can I put it on again?
I have washed my feet, how can I dirty them again?[26]
[While saying]: *I have taken off my coat, how can I put it on again?* (Song 5:3) it is as if she was saying metaphorically: "Don't fear that I may forsake your friendship and return to my first condition, [where I used to be] vested with the corporal density, tolerating the filthiness of [certain] actions, the dirtiness of [some] instruments and the wickedness of [particular] behaviors. In fact, I have completely rid myself of such thing, with no return to it, nor a desire that I entertain towards it or regrets for leaving it behind." [The expression]: ... *how can I dirty them again* (Song 5:3) is a well known expression in the discourse of the elders: ... *to be dirty, dirtying the produce and the hands.*[27] It was also said that חנף *to profane* and [לא] תחניפו *you shall not profane* ... (Nm 35:33) are similar [to טנף] with replacement of the ח by the ט which is the next letter in the alphabetical order.[28]

5:4
My lover extended his hand from the window
And my body stirred for him.
[The expression]: *My lover extended his hand from the window* (Song 5:4) [means] "he pierced" as in: ... *and he pierced a hole in*

24 וכרביבים על ב'שע
25 Tanchum is noticing that רסיסים is "dew" is Hebrew and in Aramaic.
26 كيف اوسخهم "how I dirty them again" is the translation of Tanchum.
27 טינוף ומטנפין את הפירות ואת הידים
28 بابدال الحاء بطاء من نظام احرف المعجم literally: "With the replacement of the ح by the ط according to the order of the lexicon letters." Tanchum is establishing that חנף "to profane" and טנף "to dirty, to soil" can be taken one for the other. The two Hebrew verbs exist in Arabic, yet, with different meanings.

its cover (2Kgs 12:10),[29] meaning that he extended his inspiration and his perception from their secret [place]. [The expression]: *And my body stirred up for him* (Song 5:4) means that the inner self was disturbed and that the heart was inflamed [with passion]. Because מעים applies to the intestines in particular, but also to all that is interior, in general. Like the belly, the kidneys, according to what we have explained in [our commentary on] Job and on the Psalms.[30]

5:5

I rise to open for my lover and my hand drips myrrh
My fingers, pure myrrh, on the handles of the lock.

[The expression]: ... *and my hand drips myrrh* (Song 5:5) [designates] the musk. [The expression]: *My fingers, pure myrrh* (Song 5:5) [points to a] purity of the musk. Like *the flowing myrrh* (Ex 30:23). What he intends is the *oil of myrrh* (Ester 2:12) as we have explained. [The word]: ... *pure* (Song 5:5) [designates myrrh as] fragrant, odorous. [The expression]: ... *on the handles of the lock* (Song 5:5) [means] locked [...][31] the edge of the staple that the locks must go through. [The expression]: *I rose to open to my lover* (Song 5:5) is an indication of the beginning, the preparation and the readiness to welcome intellectual emanation, by reforming behavior, disciplining the inner self and the return to the principles of sciences. At that moment she started to feel a strong desire, urging her to detach herself and to leave what remains bodily [and] what affects everyone at the beginning, because of instability and weak energy. Consequently, inconsistency, anxiety and impatience start to occur. The stability is comparable to sudden inebriation from strong and unfamiliar wine. However, if the body[32] becomes familiar with it, the wine's effect becomes less harmful and the human being starts to tolerates and enjoy. This rank is prior to the one mentioned earlier, as it represents the

29 Tanchum is establishing a comparison between two verbs, the Arabic ثقب and the Hebrew נקב who both mean 'to pierce."

30 Here, Tanchum renders מעים by "heart" designating the interior of a person.

31 من قوله ננעלו הדלתות The Hebrew words that Tanchum quotes does not appear to be a biblical quotation.

32 فاذا الفته الأعضاء والدماغ literally: "When the limbs and the brain become familiar with it..."

beginning and the other, the end. Yet, the texts are irregular, with meanings that are explained when they occur. That is why he added:

5:6
I opened for my lover, but he ignord me, passed over,
I almost died when he spoke, I looked for him,
Without finding him, I called him, but he did not answer me.
I opened for my lover, but he ignored me ... *I looked for him without finding him, I called him, but he did not answer me* (Song 5:6) is because his rank is still far off. She is still weak since she is at the beginning of her exercise at the onset of knowledge. Hence, the corporal energies, *those who guard the walls* (Song 5:7), continue to be an obstacle for her, denying her the true perfection and the protective shield. She, figuratively, indicated all this by saying: *those who guard the walls took off my mantle* (Song 5:7). In other words, they impede her ascension [to her lover's rank], as in: ... *guard the way to the tree of life* (Gn 3:24) according to what has been explained.[33] Furthermore, the knowledge[34] she has of her lover comes, as it appears, through different aspects of his actions, and not according to [his] essence. [35] The meaning of [the expression]: ... *neglected me* חמק (Song 5:6) is "he turned around." We found the same meaning in [the expression]: ... *the rounding of your thighs* (Song 7:2), the rounding of the body, like the round form of the small pearls, *like well arranged pearls* (Song 7:2).

---

33 It is difficult to reconcile the two contexts: the one of Song 5:6 and the one of Gn 3:24. The later is punishment rightly imposed on Adam and Eve for their transgression. Their desire to reach the tree of life will be against God's will and the angels who are in charge of forbidding such action are executing God's orders. They are in a positive posture and in frank opposite to those obstacles forbidding the soul from reaching her lover. The only remaining communality between Song 5:6 and Gn 3:24 is the mention of the substantive שומרים "guardians" in Song 5:6 and the infinitive לשמור "in order to guard" in Gn 3:24. Two words of the same origin, yet, used in different contexts.

34 تعريف means "announcement, information..." There is most probably a confusion with تعرّف which is the act of knowing someone or something.

35 The meaning is his knowledge of him is superficial, because it is not an essential or inner knowledge, but exterior and founded on what he does and not on what he is.

[Jeremiah says]: *How long will you turn around...* (Jer 31:22), [meaning]: "Turn about and hesitate." The expression: *ne neglected me, passed over* (Song 5:6) needs the conjunction ו [and] in a way similar to *Adam [and] Seth [and] Enosh* (1Chr 1:1); ... *sun [and] moon* (Hb 3:11). Therefore it should be read as: ... *my lover, but he neglected me and passed over.* Indeed, two verbs [juxtaposed is something that] has no sense. Without the subject, *the lover* that came before, [the expression]: ... *he neglected me, passed over* (Song 5:6) would have no meaning. Likewise: ... *he sank, lay outstretched, stayed still* ... (Jgs 5:27). They all need the conjunction ו.

5:7
The guards, who surround the city, found me,
They hit me, they hurt me,
Those who guard the walls took off my mantle.
The guards (Song 5:7) [designate] bodily energy that protects it, surrounding it with all its needs and benefits. [They are also described as those] *who surround the city* (Song 5:7). The meaning of *they hit me, they hurt me* פצעוני (Song 5:7) is the same. [פצעוני] should be understood according to its meaning in: *Who has injuries* פצעים *for no reason*? (Pr 23:29). What is intended is that they have made her so weak that she cannot meet lover or even look at him. At that moment *they took off my mantle* רדידי (Song 5:7). Its plural is *mantles* רדידים (Is 3:23). It is the garment that is to be put on, over the clothes.

5:8
I adjure you, daughters of Jerusalem, if you find my lover
Don't tell him that I am sick with love.
It was already mentioned that [the expression]: *I adjure you, daughters of Jerusalem* (Song 5:8) points to the energies of management and perception that resides in the brain and the visible senses.[36] [The expression]: *Don't tell him* (Song 5:8) means "don't inform him about what you see: That I long for him, that I

36 There is no such developed explanation of the expression "daughter of Jerusalem" neither in Tanchum's commentary on Song 2:7 nor in his first commentary on Song 5:8 where this expression occurs.

am sick because of the separation and [my] intense love for him."
[The meaning of the expression]: *that I am sick with love* (Song
5:8) is to show her preoccupation and absorption by her desire for
intellectual realities, [a desire] that galvanizes the totality of her
being. She also put an end to her desire for the senses and the
sensible realities. In this she like someone who is infatuated, does
not care for what is sensible because all his thinking is about by
the one he loves. In so doing he is like someone who is off course,
absentminded.

5:9
How your lover differs from other lovers,
O most beautiful among women,
How is your lover different from other lovers
That you so adjure us?
[In the expression]: *How is your lover different from other lovers,*
o most beautiful היפה *among women* (Song 5:9) the ה is vocative.
The meaning is: "O you who are the best and most beautiful of
women." [In the expression]: *how your lover differs from other*
lovers that שככה *you so adjure us?* (Song 5:9) the ש is a
replacement for אשר. The meaning is: "What are his qualities and
who is he, because we don't know him or his conditions; and what
is his rank that you adjure us about him with such strong faith that
shows great passion and elevated rank?" At that moment she
started explaining his qualities of simplicity, of absence of
thickness and composition, of [his] acute strength in perceiving
[reality] and his permanence, as it was explained in the
commentary of what is obvious.37

5:10
My lover is untainted and pure,
Greater than the multitude.
My lover is untainted and pure (Song 5:10) [means that] he is
untainted, pure as in: ... *whiter than milk* (Lam 4:7). [The
expression]: *and ruddy* (Song 5:10) [indicates that he] is pure and
translucent like the ruby, as in: ... *their limbs were ruddier than*

---

37   In other words, as it was explained in the first commentary of Song 5:9.

rubies and their bodies were like sapphire (Lam 4:7), denoting simplicity and absence of bodily forms, shapes and colors.[38] [The expression]: *Greater than the multitude* (Song 5:10) [means] higher and more exalted than anything that is exalted and nobler than anything that is noble, in reference to דגל which is the high banner and the elevated flag. It was said, in the same context: ... *we raise our banner in the name of our God* (Ps 20:6). [The word] *multitude* (Song 5:10) means a large number. In other words, it is רבוה *myriad*, which is ten thousand. It is the multiplication of רב *multiple*. It is possible that the meaning is big number as in: ... *many people* (Gn 50:20).[39] It may also indicate a great rank: ... *the high ranked men* רב *of his house...* (Esther 1:8) and: ... *the main officers of the king* (Jer 41:1) which is one with *the great men of the king*. Indeed, רב is the [Hebrew word] for the Aramaic גדול in which there is as well the association of the two meanings.[40] That is why he has said: *Greater than the multitude* (Song 5:10) which means: Greater than whoever is great and nobler than whoever is noble.

5:11
His head, parcels of gold,
His locks are curled, black as a raven.
[The expression]: *His head, parcels of gold* (Song 5:11) means: *Like parcels of gold.*[41] It was also said that כתם is [another] name for gold. Another opinion: It is a cover coat of precious pearls. [The expression]: *His locks are curled* (Song 5:11) [designates] his locks, as we have explained [while commenting]: ... *my curls with the drops of the night* (Song 5:2). As to [the expression]: *[His locks] are curled* תלתלים (Song 5:11) was explained as an accumulation. Similar to: ... *great and massive* תלתול *mountain* (Ez 17:22). In other words: High and mounted up, layer over layer. As if it is suspended in the space.
5:12

38 Tanchum borrows the idea of the lover's whiteness and ruddiness from R. Saadia who translates Song 5:10a "My lover is white and ruddy."
39 "Big number" without further precision.
40 The multiplicity of number and the greatness.
41 In other words, Tanchum introduces the comparative כ "like" and reads ככתם "like parcels of gold."

His eyes are like turtledoves next to water brooks,
Washed with milk and fitting.
[The expression]: *His eyes are like turtledoves next to water brooks* (Song 5:12) [designates] small streams of water. From afar, water color is blue. The turtledoves that surround the small stream are white. This resembles the whiteness that surrounds the blackness of the eye. By this, she indicates the high degree of his perception acuity, the greatness of his friendliness and simplicity, similar to clear and transparent water with the cuteness of the turtledoves, their attractiveness and their cleverness in knowing the way they intend to take. [The expression]: *Washed with milk* (Song 5:12) indicate the high degree of turtledove whiteness and the pure white quality of the eye as well as the purity of perception and permanent emanation, like milk coming from the breast. The expression]: ... *fitting* (Song 5:12) [means] they are well ranged and in line, with nothing disturbing their harmony. What is intended is the perfection of the eyes and their fitness. It is also possible that he meant engraving as in ... *and you shall engrave in it a set of stones* (Ex 28:17). He points to the engraving of the blackness in the middle of the whiteness and their harmony, found in necklaces as well, made of different colors. Or like overlaying ground with stones of different colors. Yet, if the obvious meaning is a description of birds and how they form a harmonious view on the ground, [42] its [real] meaning points to the perfection of intellectual perception and its inner regulation according to the best of meanings and the most stable of conditions thanks to a high degree of clarity and steadiness.

5:13
His cheeks are like spice containers, nurturing perfume,
His lips are like lilies dripping pure myrrh.
[The expression]: *His cheeks are like spice containers* (Song 5:13) [designates] places that are prepared to be ponds in the groves, in which anything could be planted, in order to hold water for the time of irrigation. They are called pavilion and also crucibles.[43]

---

42   في انتظام جلوسهم literally: "...while they are sitting in an orderly fashion..."
43   وتسمى مضارب وتسمى مساكب literally: they are called pavilions and they are called crucibles."

[The expression]: ... *that nurture perfume* (Song 5:13) [points to] the places where perfumed spices are planted, the place of their growth. It was also said that [the meaning pertains to] the way of bringing about perfume and spices. In other words [it indicates] that the hair [of the cheek] compared to the spices, grows without henna.[44] In other words, its growth is accelerated, metaphorically, by the usage of spice. It was also said that [it hints] to towers of spice, by reference to מגדל *tower*. [The expression]: *His lips are like lilies* (Song 5:13) certainly [designates] the flowers. He made them an indication for the lips, which allows him to describe the redness, the delicates and the softness [of the lips]. What is meant by *His lips* (Song 5:13) is the discourse. That is why he added: ... *dripping pure myrrh* (Song 5:13). The meaning becomes: Different sciences and perceptions are dripping from him, through discourse carrying fragrance that expands beyond boundaries.

5:14
His hands are like golden rods,
Bedecked with sea pearls,[45]
His loins are polished like ivory,
Ornamented with pearls.
[The expression]: *His hands are like golden rods* (Song 5:14) means nobler than gold, or straighter,[46] comparable to: ... *purple wool upon silver rods* ... (Ester 1:6). It was also said that the meaning is a golden roller. However, the first [explanation] is better. [The expression]: ... *bedecked with sea pearls* (Song 5:14) means that it is bedecked with blue sapphire. The heavens were called blue because they appear blue from afar.[47] The sea too was

---

44   The henna, a powder extracted from a plant with the same name, is commonly used by men in the Middle East, believed to be helpful to grow beards. It is also used by women to color the hands, especially in joyful moments such as marriage.
45   Following the translation of R. Saadia Gaon.
46   اعمد could also be translated as more "frank, blunt, honest."
47   واسمي به السماء لكونه يرى عن البعد ازرق literally: "The heaven was called by it (= Tarshish) because it appears blue from a far." Yet, Tanchum does not give a reference for such usage of Tarshish.

called Tarshish[48] because of its blue color to the eyes, as the density of water is similar to that of the sky. We have already said in the first commentary [of this verse] that this is his[49] quality according to [the portion of] the intellectual emanation that reaches the constellation's universe. It was said, concerning the same theme: ... *and the hand of Adam*[50] *is under their wings* (Ez 1:8). Similarly we have: *His hands are like golden rods, bedecked with sea pearls* (Song 5:14), because he started by the highest degree of perfection, purity, simplicity and greatness as we have said [while commenting the expression]: ... *greater than the multitude* (Song 5:10). Then [he followed by] noble creatures of lower dignity: *His head, parcels of gold,* (Song 5:11) [which designates] the first intellect. [The expression]: *His locks are curled, black as a raven* (Song 5:11) [designates] the constellation Atlas in all its greatness, transparence and elevation. Yet, it is black, dense and dark in comparison to the universe of intellects that are devoid from what is bodily[51] as we have explained in [our commentary on] Job [while clarifying] Eliphaz's expression: *He puts no trust in his holy ones and to his eyes the heavens are not without guilt* (Jb 15:15). Also: *He reprimands his angels* (Jb 4:18). The meaning points to density, thickness and darkness.[52] This

48 Again, Tanchum does not give any biblical reference. Is it possible that Tanchum understands Tarshish to be a sea or part of the sea and not a city close to the sea?

49 The pronoun "his" may indicate God or the intellect. We are entering into a commentary that is so allegorical that biblical references are of limited help for understanding Tanchum's thinking.

50 "The hand of Adam" or "human hand." It is unclear how the passages that Tanchum quotes (Ez 1:18; Hb 3:3; Song 5:10, 11; Jb 4:18; 15:15) can be understood in a way that favors his understanding. Another aspect of the difficulty is that we don't know the exact interpretation of Tanchum concerning Ezekiel and Job.

51 Thickness, darkness, heaviness are aspects of "Bodily elements' or "matters."

52 In Jb 2:9 we have the expression of Job's wife: "... curse the Lord and die." The Hebrew word "curse" is literally "bless" that traditionally was understood as blaspheme against God, since it is inconvenient to say "curse the Lord." What Tanchum wants to say is that Jb 4:18 where there is a positive word תהלה "praise" it should be understood negatively as "reprimand" which differentiates its meaning from the usual meaning of the same word, as it is in Jb 3:3.

goes against: *His praise* ותהלתו *fills the earth* (Hb 3:3) which is light and brightness in accordance context of: *His sneezing flashes light* (Jb 41:10); ... *when his lamp shone...* (Jb 29:3) following the meaning of: ... *and the earth was illuminated by his glory* (Ez 43:2). Therefore, he said about [creatures of lower dignity]: ... *black* (Song 5:11) in contrast with the purity of the intellects and their brightness. The Bible says, concerning the same theme: *Cloud and darkness surround him* (Ps 97:2)[53] and: *He made darkness his cover* (Ps 18:12). Then he mentioned the perceptions and the lights that will reach her: *His eyes are like turtledoves next to water brooks* (Song 5:12). There are also the stars in the eighth orbit and the inserted towers that turn inside: *His cheeks are like spices containers* (song 5:13). What is emanated from it concerns the governance of the lower world through its movement, the difference in times, the effects and the changing seasons according to the displacements of the towers while facing the sun. He said about this [orbit]: *His lips are like lilies dripping pure myrrh* (Song 5:13). Then comes the remaining of the orbits: *His hands are like golden rods* (Song 5:14). There is also the difference in their movements through speed, slowness and directions and the difference in the effects they make: *His loins are polished like ivory, ornamented with pearls* (Song 5:14). There are also his expressions: ... *bedecked with sea pearls* (Song 5:14) and: ... *ornamented with pearls* (Song 5:14) speaks of the order of stars in the orbits. Then he mentions the lower universe, starting by the noblest of constellations that are in touch with the orbits. He said:

5:15
His legs are like marble pillars,
Founded on sockets of gold,
His appearance resembles Lebanon,
Of choice like cedar.
[His expression]: *His legs are like marble pillars* (Song 5:15) designates the air and the fire, because of their purity and their

---

53   It is a possibility that "cloud and darkness" refers to creatures that are lower in dignity than the angels or the first Intellects. No specific identity is given to these creatures represented by "cloud and darkness."

translucence. [The expression]: *founded on suckles of gold* (Song
5:15) [points to] the water and to the earth. Similar to: *Onto what
were its foundations sunk?* (Jb 38:6) and also: *Where were you
when I laid the earth foundations?* (Jb 38:4). [The expression]:
His appearance resembles Lebanon (Song 5:15) [designates]
metal. [The expression]: *... of choice like cedar* (Song 5:15)
[indicates] the plants.

5:16
His chin is beautiful and he is all delightful
Such is my lover, such is my friend, o daughters of Jerusalem.
[His expression]: *His chin is beautiful* (Song 5:16) [designates]
different kinds of animals that possess senses, perception for
delights, sweetness, pain and all kinds [of sensations pertaining
to] food. [The expression]: *... and he is all delightful* (Song 5:16)
[points to] the human species and the talking soul. [The
expression]: *Such is my lover, such is my friend* (Song 5:16)
[indicates] the intellect that exists by act. It is the beneficiary of
emanation from the intellect that is called the act because it makes
the soul passes from potency to act as we have explained in
Qohelet's expression: *Triple cord is not easily broken* (Eccl 4:12).
These meanings were already mentioned in the first commentary[54]
that expresses the state of mind of the Israelite assembly, in a
discourse simpler than this one and by different   expressions [of
the assembly] of Israel. That is why we only have a summary here.
Therefore, discover it from there and compare it with what is said
here in order to have the full meaning. There is a slight difference
here from what is said in Ecclesiastes [55] by advancing or
postponing [part of the meaning]. Yet, the meaning, globally, is
the same. Let us then go back to the commentary on the
expression and its meaning.[56]

---

54   الشرح الآخر literally: "The other commentary." What is intended probably is
     Tanchum's commentary on Ecclesiastes and not his first commentary on the
     Song of Songs.
55   عن ذالك المكان literally: " ... from what is said in that place."
56   فنعود الى شرح اللفظه واشتقاقها literally: "Let us then go back to the explanation of
     the word and its derivative."

[The expression]: *His loins are polished, ivory* עשת (Song 5:14) means *like ivory* כעשת.[57] In other words, like the purity of the ivory and its smoothness, analogous to: ... *fat and smooth* עשתו (Jer 5: 28) which point to smoothness and purity of their color. Similarly [we have]: ... *polished iron* (Ez 27:19) [or] sleek, which is an aspect of the iron. שן is ivory as in *the ivory palaces* (Am 3:15) which is a house of ivory that Ahab built. [The expression]: *ornamented* מעולפת *with pearls* (Song 5:14) [means that] she is enveloped with cloth, analogous to: ... *she covered herself with a veil and wrapped herself up* ותתעלף (Gn 38:14). The تلفع for the Arabs is to cover with clothes. It is an inversion of the Hebrew word.[58] [The שש in the expression]: *marble pillars* (Song 5:15) has a short י because the root is שיש [as in] *much marble* שיש (1Chr 29:2). [The expression]: *founded on sockets of gold* (Song 5:15) [means] that they were established on golden bases. פז *phase* is the highest quality of gold and the most praised. That is the reason why it is used here to show that it is of a superior quality and extraordinary like in: *Refined gold* זהב מופז (1Kgs 10:18).[59] The Arabs say: "Night's night" in order to [indicate that it is] a very dark night. Then there are those who explained פז saying: it is *the finest gold* (Song 5:11), parcels of precious stones.[60] If it is the case, then *finest gold* become something in common for the gold and the parcels of precious stones. Like, for example: *How is the gold become dulled, the finest gold altered* (Lam 4:1). Then he added: ... *the sacred precious stones are spilled* (Lam 4:1). [The expression]: *His appearance resembles Lebanon* (Song 5:15) means: *Like Mount Lebanon*. In other words, when it comes to the sanctity, the greatness and the gathering of the laudable aspects of perfumes, nourishments, and all kinds of benefits, he is like Mount Lebanon. [The expression]: ... *of choice like the cedar* (Song 5:15) because of its utility, strength and durability. Likewise, he

57 Tanchum goes back to Song 5:14 and starts to comment the part of the verse that he did not comment.

58 The two verbs are the Hebrew עלף and the Arabic لفع . Both are composed of the same letters, yet in different order. The meaning of both verbs is same, "to cover up."

59 זהב מופז could be translated literally as "golden gold." That is why it is compared to ليل الليل or "the night of night."

60 It is not clear how "parcels of precious stones" explains the "finest gold."

compared Israel's strength and the providence bestowed on them from the divine universe to *cedars beside the water* (Nm 24:6). [The expression]: *His chin is beautiful* (Song 5:16) points to the sweetness of his discourse. [The expression]: *and he is all delightful* (Song 5:16) [means that] in him reside everything desirable, attractive and beautiful. He compares it to Mount Lebanon in which there is everything the soul wants. Indeed, every beautiful form and every meaning existing in this sensible world are a shadow and imitation of the intellectual forms that are present, in act, in the intellectual universe. It is from these [intellectual] forms that the forms of the sensible universe receive their existence, because where they are the [intellectual forms] are true in their essence, eternal and subject to no extinction. By contrast, here [the forms of the sensible universe] are fading, decaying, moving, changing according to the circumstances of their carrier. For this reason what here is loved, hoped for and desired become there of superior kind, nobler, sublime, superb and more stable. Indeed, there is no comparison between truth, simulation and metaphor. Likewise, there is no comparison between an individual, a living creature, a talking human being and the portrait hanging on the wall, in spite of the fact that it is taken from that individual and depicting him accordingly. It was also said that מחמדים[61] (Song 5:16) [means] "realities that give reason to pride[62] similar to *precious man* איש חמודות (Dn 10:11, 19); *all of them precious men* בחורי חמד (Ez 23:6, 12); *the best clothes* בנה [הגדול] החמודות (Gn 27:15).[63] [The expression]: *Such is my lover, such is my friend* (Song 5:16) [means] "these are the qualities of my lover, now, and my friend always, from the beginning of time.

61 Translated as adjective, "delightful."
62 مفاخر
63 It is not clear whether Tanchum understand החמודות as applying to Esau himself or to the clothes.

The Song of Songs
Chapter 6 B

6:1
Where did your lover go, o most beautiful among women, Which way did he take,
That we may look after him with you?
[The expression]: *Where did your lover go ... which way did he take?* (Song 6:1) [means] is there a direction where is he heading or what is his intention toward what is known in the physical world? Indeed, whenever he wants to proceed or have the intention [to move] it must be toward a particular direction, in a particular place and particular time. Therefore, she expresses herself metaphorically: "In truth, he has no particular direction, that no place that can contain him and it remains impossible for someone beneath his dignity to attain his love. Yet, he has gardens that he governs by the generosity of his emanation and the perfection due to his rank; a perfection that he yields proportionately for those who are of a dignity lower than his, in a kind and gracious [gesture] that resembles his own beginning. Once he directs [his effort] to govern the gardens abundant emanation from him starts to reach the soul with uninterrupted happiness. This is expressed in his saying"

6:2
My lover went down to his garden, to the beds of spices
To feed in the gardens and to collect lilies.
It was already said that the soul is described *lily in the midst of thorns* (Song 2:2) according to what we have explained. Therefore the pronoun that is behind [the expression]: *To feed in the*

/soul?   /intellect

gardens (Song 6:2) belongs to the lover;[1] that he governs the world by his generosity and his perfection. What is supposed in the [expression]: ... *and to collect lilies* (Song 6:2) is the soul welcoming what she receives from that emanation and how she is perfected by his perfection.[2] At that moment, the union and the companionship take place. For that reason he concluded by saying:

6:3

I belong to my lover and my lover is mine,
He who feeds among the lilies.
[The expression]: *I belong to my lover and my lover is mine,*
(Song 6:3) means that "we became one." Then she added his description in order to complete the meaning and to expose his secret [saying]: *He who feeds among the lilies* (Song 6:3) which means: "He governs the souls."

6:4

You are beautiful, o my friend, as Terzah,
Handsome as Jerusalem,
Redoubtable as banner hosts.
[Terzah in the expression]: *You are beautiful, o my friend, as Terzah* (Song 6:4) is the name of a city that undoubtedly was the most beautiful and the most pleasant.[3] It is already mentioned in the story of Ahab and was the capital of the kings of Israel, similar to Jerusalem that was the capital for the King of Judah. Furthermore, there is another meaning associated to the name [Terzah]: [The meaning of] favor as in *I extend my favor* ורציתי *over you* (Ez 43:27) and *the Lord bestows favor* רצון *on those who fear him* (Ps 145:19). [In this case, *favor* רצון comes from the verb רצה] like חזון *vision* [that comes from the verb] חזה. Indeed, when in her deep passion for her lover and her total preference for intellectual perfection she reached the rank mentioned before this

1   يعود عليه literally: "belongs to him."
2   وتتكمل به من ذلك الكمال literally: "... and reaches her wholeness by that perfection."
3   Cf. Josh 12:24. Cf. also 1Kgs 14:17; 15:21, 33; 16:6, 8, 9, 15, 17, 23; 2Kgs 15:14, 16.

one she obtained the absolute favor; that her beauty was agreeable to all and that she suffers no imperfection for which she may be despised, as I have described her. In other words, she became the hope for all those who still hope, desirable for all those who still desire. [Concerning the expression]: *Handsome as Jerusalem* (Song 6:4) you have already known that Jerusalem, first, was called Salem as it was said: *Melkisedeq, the king of Salem* (Gn 14:18). Indeed, his saying: *In Salem is his abode, in Zion his den* (Ps 76:3) confirms that it is about Jerusalem. This way of speaking too demonstrates perfection. It is by reference to Salem[4] that he says: *Return, return, o Shulamit* (Song 7:1) as we will explain it. Besides, it is well known that Abraham, peace be upon him, gave her this name according to the perfection he had seen in her [and according] to the prophetic inspiration he had received and the divine address: ... *the lord sees* (Gn 22:14). He explained it by the fact that truth appeared to him on that mountain: ... *he sees on the mountain of the Lord...* (Gn 22:14).[5] Then the name Abraham gave her, added to the earlier name, became Jerusalem ירושלם. It is written without י in order to draw the reader's attention to the original name, which is Salem שלם. Besides, some have written ואו instead of the א in יראה which makes it comparable to an imperative of [the verb] *to fear.*[6] It becomes similar to [the expression]: *Fear the Lord, you his saints* (Ps 34:10). As if he wanted to say: "Be afraid of he who has illumined this noble place." Consequently, the name Jerusalem is a composite of the sense of perfection and the divine perception [of the Lord] as in *the Lord will see...* (Gn 22:8) with the sense of awe and fear for being in the presence of the divine majesty. It is in reference to this kind of meaning that the comparison is established with Terzah and Jerusalem. In fact, these qualities must be found in the nation that is represented metaphorically and in the soul whose different aspects are [also] represented metaphorically. So he states that this nation represented by a beautiful and lovely

4 وبالنسبه اليها Literally: " By reference to her (= Salem)."
5 בהר יוי יראה which could also be translated as "on the mount of the Lord there is vision."
6 Tanchum is commenting on the verb ראה "to see" in Gn 22:14 that he compares to the verb ירא "to fear."

woman, with the soul in question, is very satisfied and very beautiful. Therefore her perfection must be proportionate to her beauty in order that her interior be the same as her exterior and that the essential and inner form matches the exterior form in beauty, satisfaction and perfection. [The expression]: *redoubtable as banner hosts* (Song 6:4) [means] dignified, elevated like the elevated banners and prominent flags. Like its meaning in *greater* דגול *than the multitude* (Song 5:10). As to *redoubtable* ואיומה (Song 6:4) it is the feminine form of *redoubtable* איום *and dreadful* (Hb 1:7). It is an adjective [with the meaning of] dignified and inspiring fear.

6:5
Turn your eyes away from me, because they hurt me,
Your hair is like goats that come down from mount Gilead.

6:6
Your teeth are like a flock of ewes coming up from washing, they are well paired and no imperfection is found in them.

6:7
Like split pomegranate are your temples,
Behind your veil.
[The expression]: *Turn your eyes away from me, because they hurt me* (Song 6:5) [means that your eyes] enthralled me because they are very beautiful. The original meaning of the [the word הרהיבוני] indicates awe, fear and greatness as in *cut in pieces* רהב המחצת (Is 51:9). As if he says: "They took away my prestige, my greatness and humiliated me." The meaning is that he was far away to be seen, difficult to be observed and hard to be known; that it is impossible for the soul to know his essence or his quality, if she continues to be inattentive to him. But once she finds refuge in him and starts to know him, what is hidden of him will appear and what is unknown of his qualities and actions will become known. That is why he says metaphorically, in a symbolic discourse:[7] "Turning your face towards me and looking at my

7 فقال بلسان الحال على طريق الخطابه والمجاز Literally: "That is why he said in, by the way of discourse and figuratively."

dignity took away my greatness; so turn your face from me!" The meaning is playfully teasing the one he loves and [indication] of a kind of informality between them, which is something well known between people in love.[8] *It is the way of the Torah to borrow human language.*[9] The [verb] הסבי *turn away* (Song 6:5) is a verb ע"ע.[10] It has in addition the ה because it is a causative verb.[11] It is in the mode of הפעילי, השליכי, הסביבי.[12] [The expression]: ... *that passed mount Gilead* (Song 6:5) did come before and was explained.[13] It goes the same with [the expressions]: ... *that come up from the washing* (Song 6:6);[14] ... *well paired and no imperfection is found in them* (Song 6:6);[15] and also: *Like pomegranate split are your temples* (Song 6:7).[16] They all are repetition and were already explained. We have also said that רקתך (Song 4:3; 6:7) [means] "your temple" and צמתך (Song 4:1; 7:6) [means] "your veil." It was also said that it designates the hair that is over the front and called bangs,[17] similar to the meaning of the *node of tendons*,[18] as we have seen.[19]

6:8
Sixty are the queens and eighty the concubines,
And numberless are the maidens.
The expression]: *Sixty are the queens* (Song 6:7) was already commented [while explaining the verse]: *[Here is Solomon's bed], surrounded by sixty heroes* (Song 3:7). It was also said, concerning the meaning [of sixty], that the world has sixty natural energies, like principles that have eighty subdivisions, similar to

8 Lit. "...between people in such condition."
9 على حكم דברה תורה כלשון בני אדם
10 The verb is סבב.
11 مثقل بالهاء لأنه متعدي الى العينين Literally: "It was made heavy by the ה because it is transitive towards the *eyes*."
12 These are all imperative hifil, second person feminine. With the exception of השליכי Jer 7:29 they are not biblical references.
13 Cf. Song 4:1 and Tanchum's commentary.
14 Cf. Song 4:2 and Tanchum's commentary.
15 Cf. Song 4:2 and Tanchum's commentary.
16 Cf. Song 4:3 and Tanchum's commentary.
17 سمايح
18 צומת הגידים
19 Tanchum does not specify the reference.

servants and followers, in charge of [the world's] governance, of all movements and beings, of the appearance of heavenly effects, of plants growth, of the animals' existence and their procreation, and of what is necessary and beneficial to their [existence]. It is similar to the nutritive energy. They are like principles having eighty subdivisions similar to servants and followers. It is a principle that has four subdivisions at its service: The attraction [energy], the retaining [energy], the digestive [energy] and the ejecting [energy]. Likewise for the procreating energy: It is a principle that bears subdivisions. It is the energy responsible for erection, the energy that brings forth the sperm from the flanks, [the energy] that pushes it through the penis and the desire that goes with it in order that the animal makes of [the procreation] its purpose and what is similar to this, whether in global universal activity or in particular animal activity. Yet, he whom God has favored with stable intellect and insightful mind, helped by investigation and research, may well stay limited to the domain set aside by Solomon.[20] As to the subdivisions of subdivisions, the different parts of action categories, the continuous alteration of universal parts and corruption, it is something too hidden for perception and too many to be counted. This is indicated by his expression: ... *and numberless are the maidens* (Song 6:8). He has also said at the beginning of the book: *Therefore young women loved you* (Song 1:3).[21]

6:9
Unique is my dove, o my perfect and unique to her mother,
Pure for the one who gave her birth.
Girls have seen her and admired her,
Queens and concubines praised her.
Unique is my dove, my perfect (Song 6:9) [means that] in spite of the big number of active energies, responsible for harmony in reality, its continuous movement, its durability and the retrieval of

20 انحصر على ما حصره שלמה literally: "... confined himself to what Solomon had delimited." In other words "limit his activities to the field decided by Solomon. This field is the life of the intellect and the soul by opposition to the life of the matter and the body.

21 The maiden and the young women are the subdivisions of the principles that are guided by the intellect.

what is necessary to every part of it according to what is useful and conform with its aim, they enjoy neither honor, nor wisdom, nor exaltation comparable to the to what the beloved enjoys, [she who is] beautiful, perfect with pure essence, that reflects, like the sun, purity and transparency. It is the soul, pure, devoid of dirt and untouched by the filth of matter and the stain of desires. It is she who presides and judges all beings that are beneath her, because of her contact with what is superior to her. Indeed, he who is in contact with the king and at his service presides over the crowd and may employ them. The fact that he attributes her perfection to himself saying: ... *o my perfect* (Song 6:9) and not [simply] *perfect* means that her perfection is taken from him. Every time that somebody acquires something from another person and finds consistency thanks to what he had acquired and becomes known by it, may be attributed to the owner of his acquisition. For this reason the prophets' disciples are called the *prophets' sons*, because perfection reaches them through the prophets. They are their spiritual sons like they are the sons of their bodily fathers. Because those are responsible of their material and bodily existence, while the prophets and the wise men are the reason for their souls to exist and for their enduring and lasting spirit that will never die, become corrupted or extinct with the extinction of the body.

[The expression]: ... *unique to her mother* (Song 6:9) [means that] she is untainted, pure and preferred, similar to [the expression]: *pure* ברה *as the sun* (Song 6:10). [The second letter] should normally be doubled like זַכָּה *pure*[22] if we have another [letter] than the ר because the origin is a ע"ע verb. [We also have] *my lips speak pure* ברור *truth* (Jb 33:3); and *pure* בר *of heart* (Ps 24:4) similar to *innocent* זך (Jb 33:9). [The expression]: *Girls have seen her and admired her* ויאשרוה (Song 6:9) [means] that they praised her. It has the same meaning as: ... *girls will praise me* אשרוני (Gn 30:13). It was also said the meaning [of the verb אָשַׁר] is שיר *song*, even if [this word] is not the root of the verb. Another opinion: the meaning of [*admired her* ויאשרוה] is similar to *happy is the man* אשרי האיש (Ps 1:1). In other words, they say: Blessed he whose

22 Cf. Ex 34:3; Lev 24:7; Jb 16:17.

qualities are such as these. [The expression]: ... *queens and concubines praised her* (Song 6:9) is a repetition of the [same] meaning as in ... *admired her* ויאשרוה (Song 6:9). The significance is that any action coming from natural energies, even if it is described as very intelligent, perfect and more complete than others, as nature itself is being described intelligent, accomplishing wise and perfect things, [such action] does not secure praise for the natural energies or for nature, because such action is neither the fruit of a reflection [by natural energies], nor is it the result that knowledge and perception are looking for.[23] They simply had to accomplish the action. The true agent is different. Like the hatchet is not be praised for repairing wood, nor clay for making tools and beautiful plates in spite of the clay being the immediate agent and the material [used] for the action. The one who should be praised is the craftsman, the maker of these tools with these materials, the manufacturer, the modifier of nature, the one who accomplishes what he intends. He prepares for himself appropriate and useful instruments [for the achievement] of these actions. [These instruments are] energies, spirits and limbs, directed by the soul. For this reason, all the energies, animal, natural, spiritual involved in the perception and the senses, praise the soul metaphorically, asserting her qualities and perfections, which is better than a direct discourse. This is [the meaning] of his expression: ... *queens and concubines praised her* (Song 6:9). This [meaning] became clear also at the end of the [Book] of Proverbs.

6:10
Who is this woman that appears as the dawn,
Beautiful as the moon, pure as the sun,
Redoubtable as bannered troops?
[The expression]: *Who is this woman that appears as the dawn* (Song 6:10) is a question about what was said. The meaning is: Who is this woman that has these qualities and who merits these

---

23 A complicated sentence that can be summarized as follow: Actions in nature, product of natural energies, do not procure praise for these energies, because such actions are not the fruit of free will and the result of particular perception.

praises? The answer may be: It is the woman whose light comes as morning after the obscurity of night and the darkness of gloom. [The expression]: *pure as the sun* (Song 6:10) [means] that in her essence she is like the moon, smooth and without light. But once it faces the light of the sun, the moon starts to rise and its smoothness turns into luminosity. Then it starts to rival the seat of the sun and [becomes second] like a deputy in ministerial assembly, governing like an emperor.[24] Resembling what the Bible says: *God made*[25] *the two great luminaries* (Gn 1:16), appointing each one to govern in its time. Then he detailed [his intention] saying that one of them is governing and dominating during the day and the second is its deputy and minister, governing and dominating during the night. Hence, he compared the soul to the moon, in its readiness, simplicity and likability, [yet, also] because of her incapacity for luminosity by herself during the action. But once she faces the light of the intellect, light dawns on her and she becomes brilliant like the first light of dawn, because of her transparence and likability. [The expression]: ... *that sights as the dawn* (Song 6:10) [means] that she increases in strength and steadily grows to become luminary and rises like the sun itself, governing the way [a minister] governs in the assembly of ministers. It may well be that the king's justice meets and becomes one with [his] minister's justice because of the intensity of their encounter and the greatness of their companionship. At that moment the rank of the minister reaches a higher level, his authority rises and he starts to command more respect. Therefore he says: ... *redoubtable as bannered troops* (Song 6:10). At that the whole verse becomes an answer to [the question]: *Who is this woman* ... (Song 6:10).[26]

24 فحاكى كرسي الشمس وجلس على كرسي النيابه في مجلس الوزراء وحكم حكم الصلطان A very allegorical sentence. Literally: "He (= the moon) rivaled the seat of the sun, sat on the deputation seat in the ministerial assembly and governed like an emperor governs."

25 Tanchum, quoting Gn 1:16, writes: ויברא אלהים instead of ויעש אלהים.

26 A reflection follows, that is very difficult to understand. Here is the text and its literal translation: واتصال الألحان في انفصالها لا يمنع [...] المعاني لأنها لا تنضبط في مواضع كثيره مع المعاني الظاهره اللفضيه. فكيف في الرموز والآشارات والتمثيلات التي كان القصد بها الخفاء والتمثيل والخطابه والآستعاره اللفضيه. "The connection of the tones at their ends does not [indicate similarity] of meanings, because in many places [these meanings] do not coincide with the obvious and literal meanings. How

6:11
To the nutgrove I went,
To see the shoots of the palm tree,
To see whether the vine had blossomed,
To see whether the pomegranate had flourished.

[The expression]: *To the nutgrove I went* (Song 6:11) points to a valley, outside Jerusalem, that is still known by [the name] valley of nut flowers. Without a doubt it was gardens and groves at that time. Yet, [the expression] carries also a metaphor indicating cutting and shearing as in: ... *to shear his sheep* (Gn 31:19) similar to [the expression]: ... *cut stones* (1Kgs 5:31) [that designates] cut and demolished stones. Likewise: ... *they are cut off and gone* (Na 1:12) destroyed, uprooted and exterminated. The Aramaic [rendering] of [וצלחו *they rush down* in the expression]: ... *they rushed down to the Jordan* (2Sm 19:18) is וגזוית ירדנא. There is also [the expression]: ... *like rain on the mown field* (Ps 72:6), the plant that was cut, pruned while still small in order to bounce back and grow.[27] As if the intellect indicates that the soul, before being in communication with him, was cut off and nonexistent. It is the beloved's discourse, once she thought that she has to set back toward her world, that she may, or may not, find clear signs leading her to a happy situation and better place, because she has become foreign and did not think that she may ever come back to her place after being kept apart and stayed far away. Indeed, the spirit of the population was tested and became desperate to see the salvation happening because of the extended exile as it is attested by Ezekiel: *Behold, they say: Our bones dried, our hope perished and we are cut off* (Ez 37:11). It is in reference to this meaning that he said: ... *to see whether the pomegranate had flourished*

much more when this concerns symbols, signs, metaphors whose first goal is to hide [the meaning and to use] metaphor, discourse and literal comparison." It seems as if Tanchum is trying to justify the allegorical and non literal interpretation that he is seeing in Song 6:10. By comparing the soul to the moon and the intellect to the sun with the governance that is once attributed to the king (= the intellect) and once attributed to the minister or the king deputy (= the soul) Tanchum is taking the verse away from its obvious meaning.

27 All these biblical quotations are to illustrate the meaning of the verb גזז "to cut off." Here, Tanchum makes an association between גוז "nuts" and גזז "cut off" because of the letters similarity.

(Song 6:11). In other words, "in order that I ponder and examine whether there is a sign that shows the possibility of salvation for me; whether this is something that will happen sooner and easily or later and with difficulty." He also points by his expression: *the shoots of the palm tree* אבי הנחל (Song 6:11) to the plants of the valley, the trees. It was said that [its meaning] is similar to the meaning of the expression: *fruit of the palm tree* פרי הנחל. It is taken from the Syriac: שׂגיא אנביה. The Aramaic translation of [the Hebrew expression]: ... *its fruits will not fail* לא יתום פריו (Ez 47:12) is: לא יפסק אביו. It was also said that it is the name of the place where trees and weed grow as in: *While it is still in its place* באבו *not plucked* (Jb 8:12) [that designates] the placement where it was planted. In fact, it is a name suggesting the wilderness and the place where weeds grow.[28] Likewise in the Arabic language, ابداً is said of the wilderness and the weed as well as the prairies.[29] Concerning [the expression]: *the shoots of the palm tree* אבי הנחל (Song 6:11) in this verse, interpreting it as place for plants is closer [in meaning to] the expression: *[let us see] if the vine has budded* (Song 7:13). Indeed, one who asks whether the buds and flowers have appeared or not does not ask [at the same time] about the fruit that comes much later. As to the obvious meaning, the expression: *To the nutgrove I went* (Song 6:11) is the answer to his question: *Who is this woman that sights as the dawn* (Song 6:10). Which means that once he has seen her and fallen in love with her beauty he started to say: Who is this woman who made me infatuated with her by her beauty and light? She answered him saying: "I am your loved one and what incited me to move to this valley is to see whether trees have blossomed so I may invite you to be there in order to be alone with your love and friendship; I did

28 الخلاء والعشب

29 ابداً as adverb, in Arabic, and ابديه as noun, convey, primarily, the idea of "age, unlimited time or eternity." It may also convey, in a minor and classical usage, the idea of wilderness. However, it is vocalized differently when it has the second meaning: ابِد as adjective: "wild" and تأبّد "becoming wild" that may apply to an animal, a person or a place. In all this Tanchum's difficulty remains unsolved: he is comparing the Hebrew word אבי to the Arabic word, having the same meaning, ابد having the same meaning, yet with different spelling (+ د), unlike the Aramaic word to which he compares the same Hebrew word and has the same consonant letters.

not know that you are already there, and you have surprised me, o
you who are the noblest and the most dignified in the world."

6:12
Before I know,[30] *my soul sets me*
On the chariots of a noble people.[31]
So he answered her [saying]:[32]

30   Tanchum will have two interpretations of לא ידעתי (Song 6:12). In the first he
     reads לא as לו "if" and in the second he will maintain לא as an adv. "no." Cf.
     the first footnote on Song 7:1.
31   And not of "my noble people." In the midst of his commentary of Song 7:1
     Tanchum commenting on עמי will explain that the י in עמי is superfluous.
32   That is all the commentary of Song 6:12 in the second commentary on the
     Song.

The Song of Songs
Chapter 7 B

7:1
Return, return, o Shulamite, return,
Return that we may look at you!
What will you see in the Shulamite?
She is like a sick between two armies.

[The expression]: *Return, return, o Shulamite, return, return that we may look at you!* (Song 7:1) means "don't hasten to leave; on the contrary, stay and don't be disturbed that I may enjoy fully your appearance, because I don't know when I will see you again, for you are not in my dominion so that I may find you whenever I look for you. It is because you are between two dominions, *like a sick between two armies* (Song 7:1). Then if I ask for you and want to meet you, you may well be under the domination of somebody who forbids you from reaching me. Let me therefore fully enjoy your presence." This is [similar to] the soul and its existence between intellectual and bodily realities. It is like a wall between two seas or forefront observers between two armies.

It was also said that [the expression]: *Before I know* לא ידעתי (Song 6:12) has the meaning of לו "if" similar to [its meaning in the expression]: *If there is a referee between us* (Jb 9:33)[1] which has an analogous meaning to [the expression]: *If my people hear me* (Ps 81:14). The meaning is that she told him that "nothing other

1 Tanchum realizing that he did not comment on the precedent verses (Song 6:11-12) interrupts his commentary on Song 7:1 in order to complete his explanation of the end of Song 6. Jb 9:33 taken as an example to understand Song 6:12 with a meaning parallel to Ps 81:14 is about the adv. לא meaning "no" to be understood as a scriptural mistake and should be understood as the conj. לו "if" parallel to the Arabic لَوْ However, at the end of his commentary on Song 7:1 he will come back to the traditional interpretation of לא as adv. Meaning "no."

than my ignorance of who I am justifies my estrangement from you, to the point that you started to reject me and not recognize who I am, and I ignore where you are and where you reside. If I truly knew who I am and have a perception of my own essence I would have known where you are, what is your truth and you would have known me and never rejected me." His reply to her was: "If such is the situation then just start doing what you intend to accomplish, by acknowledging me, then go back to who you are. In so doing you will come back to me and, my intellectual friends and becoming one of us and for us. At that time you will contemplate us and we will ever contemplate you with neither separation nor estrangement between us." She answered back: "How could I accomplish that while, unlike you, I am not alone but between two sides, placed between two armies." She wants to say that she is between two universes: The intellect and physical. She who is associated and linked to a composite body, how could she blend with one who is immaterial, alone, unique without any composition.

Concerning the explanation of terms, his expression: *[To see] whether the vine had budded* (Song 6:11) points to the surging of the buds or the beginning of the branches ramification, as in *developing sprouts* (Nm 17:23). [The expression]: *[To see] whether the pomegranate had flourished* (Song 6:11) [designates] the coming forth of the flowers and the buds as in ... *bringing forth blossoms* (Nm 17:23) ... *when its blossoms come forth* (Gn 40:10). [The expression]: *Before I know, my soul sets me* ... (Song 6:12) [means] that "I was unconscious," analogous to [the expression]: *He displaces the mountains without their knowledge* (Jb 9:5). (In the expression]: ... *the chariots of a noble people* עמי (Song 6:12) the י is superfluous, as it is the case in [in the expression]: *He who resides* היושבי *in the heavens* (Ps 123:1) ... *to place him* להושיבי *among the noble* (1Sm 2:8).[2] Therefore, *my noble people* עמי נדיב (Song 6:12) [should be read] עם נדיב *noble people.* He designates the elite among the people and their great. Similar to: *The great of the people* נדיבי עמים *are gathered together* (Ps 47:10). Likewise: ... *to place him* להושיבי *among the nobles*

2 M.T. להושיב

(1Sm 2:8). He means that once she stirred from her slumber and begun to perceive a small light[3] she started to inquire about the reason for that, how did it appear and whether it was the right time. Without knowing what is happening she felt under a bright light that attracted her to the degree that she became a source of light for the nobler and most honorable part of the crowd. She then moved from being governed by nature and dark animal desires to being governed by luminous intellects by which she is enlightened to the point that the [same intellects] were trying to befriend her, to be attentive to her, saying: *Return, return, o Shulamite* (Song 7:1). The first *return* שובי (Song 7:1) designates the coming back. In other words: "Come back fully to us and don't forsake us." The second *return* שובי (Song 7:1) has the meaning of being calm and secure, analogous to [the meaning of the expressions]: *You shall be victorious by stillness* בשובה *and calmness* (Is 30:15), *return* שובה *o Lord to the thousands of families of Israel* (Nm 10:36). [The meaning is]: "I will settle them and establish them." Or: "Come back to us and you will enjoy stability, tranquility and will fear neither corruption or diminution, because we continue to look after you," *return, return that we may look at you* (Song 7:1). It was also said that *I did not know* לא ידעתי (Song 7:1) has the meaning of *I did not learn* לא למדתי.[4] In other words, she couldn't obtain these noble qualities and the dignifying behavior because of her incapacity to learn and provide the necessary effort [for that]. Such [endeavor] may be burdensome and heavy enough for the soul, so she pushes it aside. Yet, for the intellect,[5] it is something natural, something that does not contradict him. On the contrary, he rejects what is in opposition to him; he finds it burdensome. So he said that this noble behavior was not learned; his soul, by her own nature, led him to it and he became obedience to those of good will and friend with the righteous.[6] Concerning the *Shulamite* (Song 7:1) we have

---

3   There is a repetition of the word يسير in the following sentence: يعني عندما انتبهت
     من غفلتها يسير وهي قد لاح لها يسير من الظياء

4   After a commentary of Song 6:12 in which Tanchum reads the adv. לא
     meaning "no" as meaning לו "if" he comes back to the original understanding
     of the adv. לא as meaning "no."

5   Lit. "... for him."

6   طاعه للكرام ومركبه للاخيار

already mentioned that it derives from *shalom*. As she has said: *The Jerusalemite woman*.[7] However, *the Shulamite* pertains to the perfection too. Furthermore, Solomon himself has this meaning included in his name, in reference to [the expression]: *When all the work was accomplished* ותשלם... (1Kgs 7:51) and *the days of your mourning shall be completed* ושלמו... (Is 60:20). For this reason he borrowed expressions pertaining to Solomon who is well cherished and perfect. So he employed it for his beloved who found perfection by belonging to him. Indeed, she is linked to the land of *peace*,[8] to her wise and perfect king, and to the perfection obtained from her lover, and the one who is infatuated with her who called her *my dove, my perfect* (Song 6:9) because she belongs to him as we have explained.

[The expression]: *is like a sick between two armies* (Song 7:1) [means] like a panel between two armies. Its meaning is analogous to *drum and dance* (Ps 150:4). Because by the drums the solders get sense of direction and one of them who goes astray learns what direction he has to take in order to escape the enemy. It is the same for the soul, she is like a drum between the armed body and his forces, with all its purposes and desires, and the army of the intellect's universe and what emanates from it, by which it secures the governance of the lower world. She receives from what is above in order to emanate on what is below. For this reason Jacob, peace be upon him, once informed about the secret of existence[9] and the nature of emanation that invades the soul, when he saw how the soul governs the lower world, when he learns about her inner dignity and saw her two sides' perfection and how she kept the two ranks, he said: ... *he called the place the two camps* (Gn 32:2).[10] Likewise the standing of Israel on Mount Sinai where Moses, peace be upon him, was receiving emanation and inspiration from God the most high and gave it off to Israel as he said: *I stood between God and you to announce to you ...* (Dt 5:5).

7   הירושלמית
8   بلد שלם
9   سر الوجود that could be rendered by "secret of existence" or "the secret of being."
10 The Bible translators usually keep the Hebrew name of the camp Machnaym, which, translated, means "the two camps."

Also: ... *fire and cloud were standing* (Ex 14:24) separating the Israelite camp and the Egyptian camp when they left Egypt. The same thing happened in *the Red Sea*. There are also those who refer [the meaning of the expression]: *is like a sick between two armies* (Song 7:1) to the [meaning of the expression]: ... *shall run down upon the heads of the wicked* (Jer 23:19, 30:23),[11] *here is grave evil* (Eccl 5:12). It is about a situation between two camps and the meaning is the same. The difference is in the references.

7:2
How beautiful are your feet in sandals,
O noble man's daughter,
The rounding of your thighs are like well arranged pearls, Made at the hand of a master.

[The expression]: *How beautiful are your feet* פעמיך (Song 7:2) [points to] the steps. Similar to [the expression]: ... *the move* פעמי *of his chariots* (Jgs 5:28). The meaning is: "How lovely are your behavior and understanding that led you to be so beautiful, happy and perfect!" It was also said that [*your feet* פעמיך (Song 7:2) means literally] "your feet" in reference to: ... *the feet of the poor* (Is 26:6), because he mentions *the sandals* (Song 7:2).[12] Yet, the meaning is the same. What he wants to indicate is the righteous behavior as in *do not walk in the way of the evil* (Pr 4:14). It is an action with a meaning analogous to [the meaning of the expression]: ... *if my steps have strayed from their course* (Jb 31:7) which is also the name of the foot.[13] The meaning is: Don't use the wicked way. Because to walk, to march and to step[14] are made by legs and feet. So he used a noun that pertains to that. The interpretation of *your feet* פעמיך (Song 7:2) is to be taken from its usage in: ... *over its four feet* פעמותיו (Ex 25:12; 37:3).[15] In other words [the meaning is]: "Its directions and corners." This goes

11 The link is between מחולות of Song 7:1 and יחולו of Jer 30:23, 23:19 and חולה of Eccl 5:12.
12 Tanchum suggests that sandals are a mark of poverty.
13 Tanchum points to אשורי "feet" that is not mentioned in Song 7:2.
14 المشي والسير والسلوك
15 Tanchum sees that פעם "step" and פעמה "feet" have the same meaning. Furthermore he will attribute to both a new meaning: "direction" and "angle."

back to she had said about herself: *She is like a sick between two armies* (Song 7:1). In other words: she is like a captive between two armies in two directions. So he said to her: "How beautiful is your behavior and your conduct towards these two directions." The meaning is: By your cleverness of your management and the harmony of taking one step at the time you satisfy the requirement of each direction and give to each one his worth, in a way detrimental to none of them or depriving any of them his right. This, in fact, is the wise men's opinion: *Better take one without letting go of the other* (Eccl 7:18). The rationale of that is the action of those who are righteous, God fearers, who accomplish his will and never oppose him, neither in their behavior nor in their belief. So he added: ... *he who fears the Lord accomplishes them all* (Eccl 7:18).

[The expression]: ... *the rounding of your thighs* (Song 7:2) designates her back and her roundness,[16] as we have explained while commenting on: ... *but he neglected me* (Song 5:6) with the meaning of "turned around."[17] Similar meaning could be found in: *How long will you turn away* תתחמקין (Jer 31:22). [The meaning is]: "How much more do you hesitate and turn away from the righteous to go to evil and from evil to the righteous, without finding stability?" He completed the meaning by saying: ... *O rebellious daughter* (Jer 31:22). [By saying]: ... *the rounding of your thighs* (Song 7:2) he designates the curve of the hip, which is like round pearls,[18] as he says: ... *like well arranged pearls, made at the hand of a master* (Song 7:2). חלאים *pearls* (Song 7:2) is plural of חוליה *pearl*.[19] The same meaning can be found in: ... *precious stone ornament* חלי כתם (Pr 25:12), round jewels. He designates the curve of the hip like the roundedness of the pearl. אמן (Song 7:2) is the maker, the one who threads. It is a unique case in Scripture. Yet, there are multiple examples in the language of the Mishnah. It is the name of the craftsman in any profession.

---

16 ‏استدارتها وكرويتها.‏

17 "Neglecting" becomes the interpretation of "turning back" on somebody.

18 ‏العكن التي في الأوراك شبيه بالخرز‏ The word ‏خرز‏ originally means "vertebra" and later started to designate the "pearls that form a necklace" or anything small and round. Needless to say that, with Tanchum, we are following popular anatomical descriptions in use at his time.

19 Cf. Hos 2:15.

For example: *skilled physician* רופא ואומן and professions were called אומנות.

7:3

Your navel is like a round goblet never lacking wine mixture,
Your belly is a wheat field, surrounded by lilies.

[The expression]: *Your navel is like a goblet* (Song 7:3) [means that] "your navel is as round as the moon." [Because] the Aramaic [form of the Hebrew word] *"moon"* ירח is סיהרא. It is by reference to it that *goblets* השהרונים (Jgs 8:21) were called.[20] אגן (Song 7:3) [designates] an instrument like glass or something similar. Like in: ... *he put [the blood] in basins* באגנות (Ex 24:6). They are sprinklers[21] used for the sprinkling blood, as it is said in the Targum:[22] ... *he put it in the basins* ושוי במזרקיא. [The expression]: ... *never lacking wine mixture* המזג(Song 7:3) which is similar to מסך as in [the expression]: ... mixed the wine מסכה יינה (Pr 9:2) the ג being replaced by ס.[23] He wants to say it is full of perfumes of every kind and composition. Like mixed and delightful wine. Someone else[24] thought of *goblet* (Song 7:3) enclosure or *a place* to gather the sheep and the cattle.[25] This is the ugliest comparison for the *goblet* (Song 7:3), to link a girl's navel to a cattle stable. In fact, Rab Shlomo the little Gabirol[26] was amazed concerning Solomon's wisdom; how somebody can compare his beloved to a flock of sheep. I refer to his expression: *Your teeth are like a flock of ewes* (Song 4:2). He said: *How strange of Solomon to compare face to ewe.*[27] He would be furthermore shocked to hear about the comparison between navel and stable. [The expression]: *Your belly is a wheat field* (Song 7:3) [means that her belly is] elevated, prominent, which is a sign of the presence of grease, of being fat.

20 ومنه اسميت الاهله (الالات ؟) ואת השהרונים literally: "And from it the instruments were called השהרונים.

21 אלזרקות

22 Or in Aramaic that Tanchum calls "the Targum language."

23 Literally: "... which is from יכּכּג"

24 صاحب رسائل الرفاق literally: "The author of the friends' letters" which certainly designate an authoritative person that the Tanchum did not want to name.

25 بقر "cattle" or "cows."

26 Solomon ben Yhuda ben Gabirol who died in 1058.

27 ואתמה משלמה המדמה פנינים לעדרים

This is the opposite of what the Arabs find beautiful and praiseworthy in their poetry about the belly that should be flat and slim. It is possible that his comparison [of the belly] to the seed of wheat and barley[28] because the lower part is thick while the upper part is soft. [The expression]: ... *surrounded by lilies* (Song 7:3) [signifies] surrounded by flowers. It should be understood in parallel to [the expression]: ... *it was decided by Absalom* (2Sm 13:32).[29] [If we consider the expression]: ... *a hedge* מְשׂוּכָה *of thorns* (Pr 15:19) we can see that כ has replaced ג.[30] The adage: *They built a hedge surrounding the Torah* follows the same meaning, *an enclosure, like the* Arabic سياج .

7:4
Your two breasts are like two fawns,
Twins of a gazelles.[31]

7:5
Your neck is like an ivory tower,
Your eyes are pools in Heshbon, near Bat Rabim gate,
Your nose is like a tower of Lebanon,
Looking toward Damascus.

[The expression]: *Your neck is like an ivory tower* (Song 7:5) [means] like tower made of ivory. In other words, of pure whiteness. [The expression]: *Your eyes are pools* ברכות *in Heshbon* (Song 7:5) [means] *like pools* כברכות. It implies that "your eyes are clear and beautiful, as pleasing as the pools in Heshbon" which is a name of a locality that might have had many beautiful and pleasing ponds that served as gathering points for people looking to spend enjoyable and pleasant moments. That is the reason for saying: ... *near Bat Rabim gate* (Song 7:5) a passage where big crowds are crossing. The mention of Heshbon brings forth, by association, the idea of thinking.[32] The meaning is that "your

28 العرمه a classical Arabic word that designates both wheat and barley.
29 על פי אבשלום היתה שׂומה The point of comparison between the text of 2Sm 13:32 and Song 7:3 does not seem obvious.
30 In other words the two verbs שׂוך and שׂוג have the same meaning: "to hedge, to enclose."
31 Tanchum does not comment Song 7:4 in his second commentary.
32 The name חשבון contains, literally, the word חשב a Hebrew verb, "to think."

perceptions are neither sensual nor unreal or very confused like those of many. On the contrary, your perceptions are intimate, rooted and based on thinking, consideration and investigation." Furthermore, because the principles are spiritual and reflective, they end by being intellectual. [The expression]: *Your nose is like a tower of Lebanon* (Song 7:5) [means] that "your nose, given its straight line and absence of deformation, its exquisite scent, is like *Mount Lebanon*. It is possible that he meant "the smell of your nose" as in *the scent of your nose like apples* (Song 7:9). Indeed, he had attributed to *Mount Lebanon* what has been said of many fragrances and perfumes. By this, he designates the high level of perception, its exactness, with neither confusion nor hesitation. Similar to a white and clear surface: What is written on it will never be confused, disintegrate or be taken for something else, which is the opposite of what happens if something is written on a multicolored surface. In fact, the white color is basic, accepting all other [colors]. There is a connection with *[Mount] Lebanon*, because of the whiteness.[33] It is the reason for representing right behavior and pure actions by the whiteness as in Solomon's saying: *Let your clothes be always white* (Eccl 9:8) according to the meaning of one commentary. [The expression]: *looking* צופה *toward Damascus* (Song 7:5) is a characterization of the *tower of Lebanon* (Song 7:5). In other words, it looks over and towers over the suburbs of Damascus. To be understood as: ... *which is looking at*.[34] Meaning "your perceptions in the holy land do not belong to the intellectual universe [alone]. Because, moreover, you have the capacity to perceive sensible elements, apart from intellectual elements." In the sense that "by abstraction the intellect perceives what is abstract in your essence, while you perceive sensible elements thanks to your servants and your substitutes that are the senses and the body energies."

7:6
Your head upon you is like the Carmel,

33 Most probably because of the snow that covers the summit of Mount Lebanon.

34 אשר יוא מופה

Your high head[35] *is like purple.*
The king is attached by your locks.
[The expression]: *Your head upon you is like the Carmel* (Song 7:6) [means] "your hair" as in: ... *and cut off his head* (Jb 1:20). Carmel is a black color similar [to its usage] in the expression: ... *purple and black* כרמיל *and fine linen* (2Chr 3:14). There are also those who explain Carmel as in *Mount Carmel*. What they want to express is the height, the stature, its verticality and dominance similar to the height of *Mount Carmel* and its verticality. Similarly he used the comparison with *Mount Lebanon* (Jgs 3:3) and *the tower of David* (Song 4:4). Yet the first [interpretation] is more correct because he added: *Your high head is like purple* (Song 7:6) which is also a red color. [The expression]: *The king is attached by your locks* ברהטים (Song 7:6) [designates] pools as in ... *by the pools* ברהטים *by the water ponds* (Gn 30:38). It is similar to his expression: ... *our panels are cypresses* (Song 1:17) as it was explained.[36] Hence, the comparison with the length of hair to the pools, their length, their thickness and their dense endings! Then he added that the aforementioned king is captivated by these pools, meaning that he is infatuated with her. By this he indicates what he feels; that he is taken by her friendship and infatuated by her beautiful qualities. The interpretation is that the pools are ponds where water is poured in, but also overflows from the well, which is the soul. It is towards her that the water comes from different corners.[37] The different water streams flow into it and from it they go out to irrigate beings of lower level, like sheep that drink from the pondwater that comes from sources and springs, either by natural fluidity or by [human made] irrigation and dipping out. The intellect is the king dominating everything, that gives all beings their perfection appropriately. So he said that this king is captivated by the love of theses pools, confident that the

35 "The height of your head..." or "your high head" following the translation of R. Saadia: وارتفاع راسك

36 It is truly difficult to pass from tresses to pools to panels or beams while using the same root רהט. Yet the word as a verb רָהַט is to "collect, to form a reservoir" which, by extension, means to collect water, and, as a noun, רַהַט refers to hair: "Lock or tress."

37 فهي التي يصل اليها فيض المفارق Literally: "It is towards her that the فيض flood / emanation comes from all the bifurcations / parts المفارق."

water will reach them coming from the original source, the beginning of the first river that comes out of Eden. Then he divides it and branches it out towards all beings, irrigating all kinds of groves and trees found in gardens. It is an expression of the whole universe where beings are represented by trees. But at the beginning of this river divide there were four parts as attested by the text: ... *then it became four branches* (Gn 2:10). Of the four two have no independent existence. They are arranged like an envelop covering what it contains. The Bible says about them that *[the first is Pishon] the one that envelops all the land of Havilah where there is gold* (Gn 2:14) [including] precious minerals, [38] plus all the others. The second [river] *surrounds all the land of Cush* (Gn 2:13) where plants, exotic weeds and precious trees exist.[39] In which there is obscurity and density,[40] in spite of being more honorable than the first river. As to the third [river], it was given the possibility of displacement and perception.[41] It was said about it that *it flows at the east of Ashur* אשור (Gn 2:14). There is an association with the meaning of perception and sight as in: ... *what I see* אשורנו *will not happen soon* (Nm 24:17). Concerning the fourth [river], it is neither delimited in an area nor attributed to a particular direction nor known by a particular movement. It increases constantly, without interruption or end: *The fourth is Euphrates* (Gn 2:14). It alludes to the logical soul[42] that resides in the human species. Furthermore, the same soul will divide [the human energies found in] the human body following the division [of four rivers found in Genesis] into four energies: The ox like energy[43] that deals with the accumulation of riches and greed, like

---

38 והשוהם והבדלות Cf. Gn 2:12. The Hebrew text is not clear as to what these precious metals are.

39 The name of the second river according to Gn 2:13 is Gihon.

40 "Darkness and density" concern the second river, not the land of Cush.

41 The name of the second river according to Gn 2:13 is Tigris.

42 النفس الناطقه literally: "The talking soul" by reference to verb نطق . However the translation by "logical soul" is not wrong. The reference in this case is to the منطق or logic.

43 القوه الثوريه . We are entering into a section where are compared to animals. Tanchum sees parallel between the energies of the human soul and, in one hand, the four rivers of Gn 2 and, in on the other hand, the four animal and human sides of the Chariot of Ez 1:10-11. The only common element in all theses comparison is the number "four."

metal energy. There is also the eagle like energy[44] for sensual desires and lust, which is like plant [energy]. There is also lion like energy[45] that craves anger and domination, similar to animal energy. There is also the psychical soul[46] that remains proper to human beings, I mean the intellect. Likewise, describing the chariot, the prophet said: *[The four sides had] the face of a lion, the face of an ox, the face of an eagle and the face of a human being.*[47] Plenty and satisfactory hints, concerning these meanings, can be found in the Book of Job and at the beginning of Proverbs. We have said there that they form an introduction to the Song of Songs. It is therefore confirmed that the king always remains like a hostage to his duty of managing the crowd and guide the incoming divisions towards the ponds, according to their worth and following the divine will: ... *and God seeks what is incoming* (Eccl 3:15) subsequent to what appears in Ecclesiastes. Furthermore, it is Moses, our master, who is the king of Israel: *Then Moses*[48] *became the king of Jeshurun* (Dt 33:5). He was more agile in managing the affairs of the Israelites by giving his right to the one worthy of it, in their different stages, in places where they live. It is in the order of the divine emanation that *banners* were distributed: *Four banners*. There is *the image of a man* on *the banner of Reuben, looking for mandrake;*[49] *the image of a lion* on *the banner of Judah*; and on *the banner of Joseph the image of an ox, a firstling ox:*[50] So *Joseph collected produce in very large quantity* (Gn 41:49), *and Joseph gathered all the money that he could find in the Land of Egypt and the Land of Canaan* (Gn 47:14); and on *the banner of Dan the image of a snake and an eagle.*[51] You know that it is *the rearguard of the camps*, because sensual desires and covetousness are the major cause of all sickness and disease, for bodily and spiritual death. Therefore, it is right to say that his governance of the people is exactly the same as

---

44   القوه النسريه
45   القوه الأسديه
46   النفس النفسانيه
47   Cf. Ez 1:10.
48   Lit: "He."
49   Cf. Gn 30:14.
50   Cf. Dt 33:17.
51   Cf. Gn 49:17.

the intellect governance of beings. For this reason that he ordered the Temple[52] built according to the copy and the shape of the other world.[53] It is the exact copy and shape of the smaller world, its different limbs and their benefits, which is the human being. Accordingly, the Temple became the middle world, amid the big one and the small one. The elders, may their memory endure forever, have also said that the Temple is *eternity between us*.[54] Similarly, the scrutiny of Joseph and his search *beginning with the eldest and ending by the youngest* (Gn 44:12) is a comparison with God's beginning [in his relationship with the created world], according to human capacity. The same thing goes concerning the comparison with Moses, peace upon him. He figured how to obey the order of God the most high, according to [his] capacity, accomplish God's order in raising up a world, establish it and govern it.

7:7
How beautiful and how pleasant you are
O beloved with coquetry.
How beautiful is your love, how delicious and delectable. The word נעים *[pleasant, delightful]* is mostly used to indicate the inner, spiritual or intellectual pleasures.[55] [For example]: *May the favor of God [our God, be upon us]* (Ps 90:17); *it is pleasant that you keep them inside you* (Pr 22:18) as if [he says]: *inside your heart* as we have explained in its place; *delights are always at your right hand* (Ps 16:11); *her ways are delightful ways* (Pr 3:17). That is the reason for saying here *how beautiful and how gracious are you* (Song 7:7). [56] As to תענג (Cf. Song 7:7) it indicates coquettishness and pleasure.

7:8
Your stature is like a palm tree

---

52 المسكن/אלמשכן
53 The Arabic word عالم "world or universe" has the same origin as the Hebrew word עולם "eternity."
54 עולם בינוני
55 The word found in Song 7:7 is נָעַמְתְּ is a verb and נעים is an adjective.
56 The reason is to indicate her inner beauty.

And your breasts like clusters.
[His expression]: *Your stature is like a palm tree* (Song 7:8) is a comparison of his stature with upright stature, verticality and length of palm tree, which is the highest of trees.[57] Because the word תמר means seed and the tree itself.[58] The same thing goes for תפוח "*apple*" that indicates the fruit and the tree itself. This applies to all trees. [As to the expression]: *And your breasts like clusters* (Song 7:8), it was said that it designates the cluster of a palm tree, yet it is not. He explains this in the next verse saying: *Your breasts are like the grapevine* (Song 7:9). Therefore אשכלות means *vine cluster*, because of its similarity with the breast. As to the date cluster, it is too big to be compared to the breast. [The comparison would be] ugly, outrageous. Therefore he compared her stature to the palm tree and her breast to the vine cluster, because of its roundness and firmness.

7:9
I have said let me climb the palm tree and take hold of its branches, your breasts are like the grapevine
And the scent of your nose like apples.
It was said that [the expression]: *I have said let me climb the palm tree and take hold of its branches* (Song 7:9) concerns the date clusters, by which they refer to her breasts, designated by [the expression]: ... *and your breasts like clusters* (Song 7:8). We have said that they have explained אשכלות as date cluster. We have also explained that this is a mistake and an illusion. The word [סנסן] points to the edge, the green palms. In other words, the high and thin branches that contain the dates. It is a quadrilateral word, unique in the Bible, in what is ordinary or metaphoric [writing].[59] [The expression]: *your breasts are like the grapevine* (Song 7:9) means that "to me they replace the grapes and the gathered fruit." [The expression]: *the scent of your nose like apples* (Song 7:9)

---

57 A reminder that Tanchum of Jerusalem has lived in the Holy Land and Egypt, where the palm tree is indeed the tallest of the area trees.
58 There is probable confusion between تمر which means date or the fruit of palm trees and ثمر which means "fruit." Both words are transliterated by תמר in Judeo-Arabic.
59 وهي لفظه رباعيه فريده عن الأهليه والشبهيه

[signifies] that "the odor of your breath has an apple aroma to me."

7:10
Your palate is like a good wine,
Moving smoothly for my lover
Moving gently the lips of those who slumber.
[The expression]: *Your palate is like a good wine* (Song 7:10) [means that] your palate is like the wine that goes smoothly [into the body]. [The hidden meaning is that] your way of talking is delightful, procuring the same delight as wine. Concerning [the expression]: *moving smoothly for my lover* (Song 9:10) it was said, at the beginning of the verse that this concerns the wine for its mellowness, its delight and smoothness in the mouth effortlessly without frostiness and rejection. [The expression]: *Moving gently the lips of those who slumber* (Song 7:10) means that it makes them talk in their sleep. The verb דבב [to move gently] is a ע"ע verb. The same verb is used in: ... *who utters a slander* דבה (Pr 10:18), ... *Joseph brought bad news* דבתם *about them* (Gn 37:2). The meaning is that the wine exposes the one who drinks it and shows his identity without the need for that person to talk or even to be awake. The meaning of all these verses is that having praised her qualities globally by saying: *How beautiful and how pleasant you are* (Song 7:7) he now starts to describe [these qualities]. He therefore says that "your rank was exalted and raised so high that it is now comparable to the highest and most excellent fruit trees, which is the palm tree; your perceptions and the emanation that reaches you resemble the grape that is so delightful when it is ripe and develops to produce something that inebriates and procures incomparable and matchless enjoyment, similar to wine taken from the grape, in relaxing rejoicing, delightful effect which cannot be found by any other means.[60]

---

60 An example of redundancy that is not uncommon in Tanchum's style. In three sentences that could easily be made one he repeats three times words and concepts that weigh down the style and no further clarity to the meaning. In three sentences the words لذيذ and لذه are repeated five times; تفريح and مفرح are repeated four times and the idea that the produce of the vine or the wine is "incomparable" comes more than once.

Therefore, anyone who has the intention to link himself to you and progress in your paths in order to savor your fruits, will hope to receive what you possess; your perceptions and what emanates from you will be like grapes, delicious right away and reason for joy later. He will find in your scent of intellectual emanation and the delight of realities other than bodily elements" about which she said: *Like an apple among the sticks of the groves so is my lover* (Song 2:3). She also said when she was in contact with him: *Sustain me by wine flagons, spread apples around me* (Song 2:5) given the fact that she compared him to an apple because of the look, the flavor and the scent as we have already explained. He told her that "thc qualities that you ascribed to me that you found in my person in reaching out to me are all transferred and ascribed to you. Whoever reaches out to you will find these qualities in you as you have found them in me and ascribed them to me. At that moment, he will obtain enchantment, delight, infatuation, love and relaxation, which is what happened exactly to you. The meaning is that "you reach my rank and become principle, in you every perfection and delight, goodness and pleasure find their roots in you. They will talk the way you talk after being like those who were asleep, who can neither talk nor perceive: *Moving gently the lips of those who slumber* (Song 7:10)."

7:11
I belong to my lover
Object of his desire.
In other words, "if I reach greatness, if excellent qualities are ascribed to me, I still am nothing without my lover, he who praises me. Or, I cannot leave you, since my connection is with you and my aspiration is to meet you, my infatuation is with you and I have no existence without you." Similar in what she says: "Toward you is *my desire* (Song 7:11)," meaning his [desire] "toward you."[61] It

61 By saying انقياده "his inclination toward you" and not انقيادها "her inclination toward you" Tanchum changes the subject: It is not the beloved women who is speaking, it is the lover. The other possibility to explain the shift in the meaning of Song 7:11 is that the difference in the interpretation might be the result of an orthographical mistake: The writing of انقياده without the final *alef* that indicates the feminine form.

was also said that the meaning refers to infatuation, in the following sense: "My desire for you and my love will never cease; that is why I totally belong to you and will never leave you." He who reaches this degree of the union with the intellectual elements and the deep love for what is spiritual, will be pleased by leaving bodily elements and purge himself of what is trivial in order to ensure the durability of union and the continuation of friendship, since there are no obstacles and no barriers to be seen. Therefore she said:

7:12
Hurry, o my lover, let us go to the fields, ⌐
Let us spend the night, in the village.

7:13
Let us walk up to the vineyards, let us see if the vine has budded,
if the blossom has opened, if the pomegranate have flourished;
there I will give you my love.
[The expression]: *Let us walk up to the vineyards* (Song 7:13) [means]: "let us go to the well of delights and the source of pleasure in which one may find grapes of the vine as it was said: *your breasts are like the grapevine* (Song 7:9). She had already said concerning these vine grapes: ... *but my own vineyard I did not guard* (Song 1:6) indicating the essential and intellectual perceptions are abstract, unlimited by a place or by the need for an instrument, or happening in a certain time. It was also said that [the expression]: ... *if the blossom has opened* (song 7:13) designates the light that leads to the opening [of the blossom] and not the fruit itself. Some commentators opined that [the expression]: ... *there I will hand you my love* (Song 7:13) indicates love and fondness. Another interpretation: It concerns the saliva that is situated under the tongue in order to moisten [the mouth]. Following two interpretations, there is no singular to this plural [word].[62] Likewise נעורים ובתולים וזקנים and what is similar.[63] The meaning is that "when the lights of my sciences rise and my perceptions starts to allow light in, at that moment my love

---

62   In other words דודי has no singular.
63   From right to left: youth, virginity, old age.

becomes true and the union continues without interruption, with constant delight.

7:14
The mandrake gave off its scent,
All kinds of fruit, new and old, are over our door,
O my lover, I remember this for you.
It is similar to the expression: *there I will hand you my love* (Song 7:13).[64] But הדודאים [in Hebrew] is the name for the mandrake اليبروح [in Arabic]. It has another name [in Arabic]: لفاح it has a root, I mean its origin, in the ground, was shaped like a human being. That is why he put it on the flag of Reuben with a human face as it was advanced.[65] It is the allusion to Reuben in the expression: ... *Reuben found mandrakes* (Gn 30:14). So he says here that the human form or the human face is now complete, what was in potency became in act and exuded his perfume, because this kind of fruit has exquisite and intense perfume. [The expression]: *All kinds of fruit are over our door* (Song 7:14) [means that] the doors that were locked between us, forbidding you from reaching me and preventing me from seeing you, now are open: ... *the heavens opened up and I saw the vision of God* (Ez 1:1). Concerning these divine visions and intellectual perceptions he said: *All kind of fruits* (Song 7:14). In other words "we are united over every delight and perception started to happen at the doors without request, inquiry or investigation. On the contrary [it happened by] emanation that proceeds from the truth of the original well. [In the expression]: *new and old* (Song 7:14) the *new* (Song 7:14) concerns the abstract perception in the soul once she is united with her lover, because this was forbidden to her in act.[66]

64 What is similar to the part of Song 7:13 quoted by Tanchum? Either it is the last part of Song 7:14 or all Song 7:14 or דודי (Song 7:13) and הדודאים (Song 7:14) alone.

65 Unclear sentence: وهو يكون منه شيأ عرقه التي في الأرض اعني اصله صنمي الشكل بصوره انسان لذالك صوره على علم روبن مع פני אדם كما تقدم Literally: "something comes from it, whose root in the ground, I mean its origin, has the shape of a statue, the form of a human being. That is why he put it on the flag of Reuben with human face as it was said before."

66 She may have the possibility to have the perception or the perception was in potency, but she cannot have the full perception, which is possible only in act.

The *old* (Song 7:14) concerns the truth of the same intellectual realities that are internal,[67] neither acquired nor borrowed, nor were they at any time in potency, but they were always in act. He designates by the [same] expression the raw and dry fruit, new or old. [The expression]: *O my lover, I remember this for you* (Song 7:14) [means that] "I remembered and reserved for you the best, the tastier and the most delightful of each kind [of the fruit]. Therefore there is no impediment to hinder from truthful union and essential agreement that suffers neither separation nor imperfection that maybe attributed to me or a defect that affects me after that. O how I wish that all this would have happened to me from the beginning, that we both may have found ourselves united, with no separation between us, which have led to pain and effort in order to be united."

---

67 ذاتيه could be translated as "essential" or "internal."

The Song of Songs
Chapter 8 B

8:1
Would that you were my brother,
Nursing at my mother's breasts,
For then if I find you in the marketplace I would kiss you,
Without anyone scorning me.

[The expression]: *Would that you were my brother, nursing at my mother breasts* (Song 8:1) [means]... *in order that you may nurse at my mother breasts.*[1] Similar to [the expression]: *Pharaoh dreamed* (Gn 41:1) [the meaning] is that he dreamed[2] because it is [to communicate] an information.[3] The meaning is "how I wish that my perception and yours and our delight in that perception, would have been from the beginning of my condition." [The expression]: *if I find you in the marketplace I would kiss you* (Song 8:1) signifies that "I would have been with you, outside bodily matters, united to you, enchanted while kissing your mouth,"[4] similar to what she had already said: *May he kiss me from his mouth kisses, your love is sweeter than wine* (Song 1:2). So she concluded by saying at the end that she obtained what she had desired and attained what she had hoped for. Then she started to regret and was pained for the period she spent without him.

1 אשר יונק שדי אמי
2 بمعنى حلم لأنه اخبار can be interpreted as "he has dreamed because he was told" or "he has dreamed in order to receive an information." There are two ways to interpret the Arabic حلم. It is either حَلَمَ "he dreamed" or حُلْم "dream." The comparison between Song 8:1 and Gn 41:1 is unclear.
3 The Arabic اخبار could be read either إخبار "a communication to someone, information" or أخبار "news." The example of Gn 41:1 and the vision of the vision he had (Gn 41:1-7) is more indicative of إخبار as "communication to someone, information."
4 Or "... enchanted because I was kissing your mouth."

[The expression]: ... *without anyone scorning me* (Song 8:1). In other words: “I rid myself of my imperfection and the reason for being despised which happened to me and marked me because of distance from you and being enslaved to the body lust and desires.”

8:2
I lead you, introduce you to my mother’s house,
She may teach me. [5]
I will give you perfumed wine to drink,
The juice of my pomegranate.
“If I were faithful to your friendship, I would have benefitted from your instruction and would have been united to you on my homeland, my place, and wouldn’t have been exiled all this time.” [The expression]: *I will give you perfumed wine to drink* (Song 8:2) designates aromatic wine. [The word מיין] comes with the suffix [מ] in comparison with what comes before it. It should be treated like [the expression]: ... *from Bethlehem of Judah* (Jgs 17:8).[6] But if the meaning of הרקח *perfumed* (Song 8:2) is like הרקוח[7] then the [מ] would not constitute an addition.[8] It would be similar to [the מ in the expression]: *from inside and from outside* מבית ומחוץ (Gn 6:14). [The expression]: *the juice of my pomegranate* מעסיס רמוני (Song 8:2) means: *pomegranates* רמונים. Like: ... *from the strife of peoples* מריבי עמי (2Sm 22:44); ... who subdue peoples under me הרודד עמי תחתי (Ps 144:2). [We have עמי] with omission of the ם instead of עמים. The meaning is pomegranate juice. It was also said that it is a description of the color of wine. In other words, its color is the color of pomegranate juice, or light red. As to the interpretation, *the perfumed wine* (Song 8:2) is nobler and of a higher rank and degree than the

5 Another grammatical possibility: ..."that you may teach me."
6 מבית לחם יהודה Cf. also Jgs 17:7,9; 1Sm 17:12; Rt 1:1,2. The reference of Tanchum is probably to Jgs 17:8 מהעיר מבית לחם יהודה where the מ in מבית may be judged superfluous.
7 No such word found in the Bible. The closest form would be רקחיך in Is 57:9.
8 The idea seems to be that if הרקח is an adjective designating a quality of the wine, “perfumed”, the מ in מיין is superfluous. But if the same word הרקוח is read as designating a noun, the origin of the wine or the matter from which it was made, “perfumery” then the מ in מיין is not superfluous.

pomegranate juice. Therefore, intellectual perceptions and the royal, excellent, essential and original delights were compared to it. The *juice* (Song 8:2) is of lower degree in dignity and strength. Therefore the psychological perceptions[9] were compared to it. So she said: "If the union were from the beginning we would have been united in these two perceptions and the unity would have been complete and lacking nothing." This is the last part of the third rank, which is higher than the introduction, of a nobler, stronger and more passionate degree, as it was explained concerning three ranks and their difference in dignity. He concluded in this as he did for the first two saying:

8:3
His left hand under my head
And his right hand embraces me.
The meaning designates the hugging, the companionship, the unity and the continual communication. Then she adjured her maidens and her servants not to awaken her from this union and not separate her from this friendship. Therefore she said:

8:4
I adjure you, daughters of Jerusalem,
Don't wake and stir up the love until she pleases.
[The meaning of the expression]: *I adjure you, daughters of Jerusalem* (Song 8:4), *don't wake and stir up*[10] *the love until she pleases* (Song 8:4) is to be found in the already advanced commentary on these two verses and their meanings. So it is to be discovered there.[11]

8:5
What is this that comes out of his mouth,[12]

---

9 الأدراكات النفسانيه

10 אם תעירו ואם תעררו and not as in the M.T. מה תעירו ומה תעררו

11 A reference to the first commentary of Song 8:4.

12 Tanchum renders מן המדבר by من منطقه "from his mouth" by contrast with traditional reading of מן המדבר as "from the wilderness." However, Tanchum will still make reference to the traditional understanding of המדבר in the middle of his commentary of Song 8:5 and understand the interrogation as about the lover: "Who is this that comes from the wilderness?"

[Who is this] snuggled against her lover?
I wakened you under the apple tree,
There your mother was in travail with you,
There the one who gave you birth was in travail with you.
Who is this that comes from the wilderness (Song 8:50) about whom it was said: *Hurry up, o my lover, let us go to the fields* (Song 7:12)? He also explained in it the logic, according to the first commentary [of Song 8:5].[13] [The expression]: ... *snuggled against her lover* (Song 8:5) [means] having feeling for her lover, enjoying him. It was said that the ר replaces a ד like דודנים *cousins* and רודנים *crowds*, דאה *to fly swiftly* and ראה *to see*. The meaning is that she is looking for him, knocking at the doors searching for him. According to another opinion, the meaning is "she snuggles." [The expression]: *I woke you up* עוררתיך *under the apple tree* (Song 8:5) has the meaning of "She woke me up." Similar [to its meaning in]: *woke me* ויעירני (Zec 4:1). It was also said [that the meaning is]: "I left you, I excited you"[14] from: ... *he roused* נעור *from his holy place* (Zec 2:17), *there is no one so fierce as to excite him* מי אכוז כי יעירוני (Jb 41:2),[15] no strong man will rouse him or move him. He also makes known that the rank of his[16] being is lower than her lover's rank who was compared to *an apple among the sticks of the grove* (Song 2:3). [The expression]: *There your mother was in travail with you* (Song 8:5) means she was in the pangs of your birth, with a meaning parallel to *the pangs of birth* in Hos 13:13.[17] Some opined that the meaning is "to be attached to you" as it was said metaphorically: ... *he travails with iniquity* (Ps 7:15) which is similar [to the expression]: *He conceives evil and gives birth to falsehood* (Ps 7:15). It is possible that [the expression]: ... *he travails with iniquity* (Ps 7:15) refers to the pangs of birth,[18] similar to [the expression]: *he gives birth to falsehood* (Ps 7:15). In

13 Literally: "...according to the other text."
14 تركتك وثورتك
15 M.T. לא אכוז כי יעירוני
16 To whom belongs the "his" in this context? Is it the "strong man" mentioned in the precedent sentence? Or is it a mistake when the "his being" is meant to be "her being?"
17 By the reference to Hos 13:13 Tanchum intends that "the pangs of birth" should be taken metaphorically, as it is in Hosea's passage, and not literally.
18 الطلق

this case [the expression]: *He conceives evil* (Ps 7:15) constitutes the beginning to both expressions [19] and their rationale. [The expression]: *There the one who gave you birth was in travail with you* (Song 8:5) is a repetition, clarification and synonym. There is a need to introduce אשר [which gives]: אשר ילדתך *the one who gave you birth.* Or to become like יולדתיך *gave you birth.*[20]

8:6
Place me as a seal on your heart, a seal on your arm,
Because love is stronger than death
And jealousy is more severe than Sheol,
Its flashes are of fire, a blazing fire.
[The expression]: *Place me as a seal on your heart* (Song 8:6) [means] that her love is constant; that she will not forget. [The expression]: ... *like a seal on your arm* (Song 8:6) in order that he will keep looking at her, never ceasing from pursuing her, or being distracted by someone else.[21] It is in harmony with the meaning [of the expression]: *Write them on the tablet of your heart, bind them about your throat* (Pr 3:3).[22] It is in such sense that the precept concerning the tefillin and the mezuzot found its rationale; in order that we never dodge, forget or neglect [the Lord's commandments]. [The expression]: *because love is stronger than death* (Song 8:6) [means that love is] strong and difficult. [The expression]: ... *jealousy is more severe than Sheol* (Song 8:6) [has the following meaning]: "Jealousy is more than what I can bear whenever I see you absorbed by other than I, because this will cause my death and burial." [The expression]: ... *its flashes are of fire* (Song 8:6) designates the sparks. He borrows the [image] of the flashes because its harmful effect is similar to the one of fire sparks [as it is attested by the expression]: ... *their cattle to the*

---

19   The two expressions are: travailing with iniquity and giving birth to falsehood.
20   The difference is between ילדתך perfect *qal* third person feminine singular and the hifil יולדתיך the imperfect hifil third person feminine.
21   غيرها means "someone else" or "something else."
22   Tanchum reverse the two elements quoted from Pr 3:3. The write order is: "Bind them about your throat, write them on the tablet of your heart."

thunderbolts (Ps 78:48).[23] The same meaning could be found in [the expression]: *Fire was flashing in the midst of the hail* (Ex 9:24). As to [the expression]: ... *like sparks flying upward* (Jb 5:7), there are those who interpret it according to its obvious meaning, but there also those who see in it a metaphor for the birds of prey because of the harm and injury they inflict on other birds, something like arrows or like fire. A comparable [expression] is: ... *flaming demons* (Dt 32:24) that the Targum rendered by אכילי עוף. In this passage he compares love, its flames in the heart, the suffering of jealousy and how it burns to fire and flame. [In the expression]: *a blazing fire* שלהבתיה (Song 8:6) the ש replaces אשר as in *happy the people with whom it is so* שככה לו (Ps 144:15), *how your lover is different from other lovers that you so adjure us* שככה השבעתנו (Song 5:9). This in fact is to qualify [the expression]: ... *its flashes are of fire* (Song 8:6). It should be understood as *that they are its fire*.[24] It was also said that it is a principle as in *I am inflaming a flame* (Ez 21:3).[25] It was added to the name of God to amplify greatness and dignity,[26] [as in]: ... *a terror from God had followed* (1Sm 14:15), ... *a terror from God fell [on the cities]* (Gn 35:5). The ה of יה came from something hidden, similar to *and the name given to it* לה *was Nobah* (Nm 32:42), ... *and its hair* שׂערה *had turned white* (Lev 13:20). Before the addition of the ה it had פתח קטן under the ל as in *flame* להבה *that consumed the wicked* (Ps 106:18).[27]

8:7

Torrents of waters cannot quench love,
Nor rivers drown it;
If a man gives all his household possessions for love,
He would be utterly despised.

While saying: *Torrents of waters cannot quench love* (Song 8:7) [he meant]: "Don't think that comparing and equating love with

23 There is a phonetic similarity between the word מקניהם rendered here by "their cattle" and the word קנאה "jealousy" of Song 8:6.
24 אשר הם להבתיה
25 להבת שלהבת
26 التناٸي
27 Yet the M.T. has לְהָבָה with ◌ְ instead of the ◌ַ

fire sparks and flames suggests that fire is stronger than love and greater; that is why it was compared to them." No! Love is stronger than fire and jealousy is sturdier than flames. Indeed, fire may be extinguished by water and there is remedy for its damage. As to love water cannot extinguish its flames. [The expression]: ... *neither rivers drown it* (Song 8:7) is a repetition of the same meaning. Yet, there is something more: the rivers represent difficulties and stubborn enemies. The meaning is that the lover does not decrease his love because of pains, roughness and the schemes of the enemies. On the contrary, his love may increase and become constant because he would not feel the pain while being passionate in loving his beloved and would not give it the same importance if compared to the love's delight. Furthermore, the ensemble of delights is no match for [the delight] love [can bring], nor do they have the same value, because [love's] delight is irreplaceable. Indeed, man may struggle and give all that is in his possession, believing that he will recovers its value or similar [value], he should still be ridiculed and his belief mocked. This is what is meant by his expression: *if a man gives all his household possessions for love, he would be utterly despised* (Song 8:7). The meaning is that divine love and intellectual delight that affects the soul when she relates to the great dignity [of her lover] are not to be compared in value to sensitive delights and bodily happiness; there is no parallel or true comparison other than through metaphor or figuratively. Yet, it cannot in truth be appraised according to the material existence [28] as it is attested by the expression: *The gold of Ophir cannot have its value, nor precious onyx nor sapphire. And glass cannot equal its value...* (Jb 28:16-17). And also: *No good can equal [wisdom]* (Pr 8:11) according to the meaning that we have explained in the Proverbs.

8.8
We have a young sister; she has no breasts yet.
What are we going to do to our sister
When the time of speaking about her comes?

---

28   Literally:... bodily existence."

[The expression]: *We have a young sister; she has no breasts yet*
(Song 8:8) [has the following meaning]: Once he finished
explaining the three topics that are at the beginning, in the middle
and at the end, he started to mention love and the passion which is
the aim of the soul, and after mentioning the degree of such love
and its great delight, the qualities of those who are in love, the
modalities of love, rank and the passion which is the abundance
and the intensity of love to the point that the lover alone can notice
and anything else in existence is despised, but the union with the
lover...[29] So he briefly mentioned the state of the soul at her
beginning, which is life without being united to her lover,[30] and at
the end when he started to summarize [the whole meaning of the
book]. So she had said:[31] *Look not at me: The sun has stared at
me, my mother's sons were angry with me* (Song 1:6). Then
slowly she reached the end of the perfection and then the strongest
point of union when she joined her lover.[32] That is why he said
metaphorically: *We have a young sister* (Song 8:8). In other
words: "She is our sister from the intellectual universe; she is no
stranger to us." [The expression]: ... *she has no breasts yet* (Song
8:8) because she is *young* (Song 8:8) and did not the age of having
breasts as in ... *until your breasts were formed and your hair
grew* (Ez 16:7). The meaning is that she was incapable of
perception and emanation by the act.[33] She is similar to the young
girl that is ready, in potency, to have breasts and to give milk,
which she cannot do now. *What are we going to do to our sister
when the time of speaking about her comes* (Song 8:8) when she
is talked about for getting married? The meaning is: "How is it
possible for her to be part of our universe, to be considered one of
our sisters and relatives, while she is so far from us, having no

---

29   This is a very long and seemingly inconclusive sentence where Tanchum
     appears losing perspective because of its length and redundancy. Tanchum's
     style, unfortunately, abounds in such kind of sentences.
30   وهي عديمه هذا الحال literally: "Which is without this state."
31   فقال literally: "So he said."
32   لما اتصلت اليه literally: "... when she was united to him."
33   The sentence could be understood in two ways: Either the soul is incapable
     of perceiving and receiving the emanation from the intellect because she is
     not in act, or she is incapable to convey the emanation to what is lower than
     her in dignity, because she is not in act.

feeling for her country and the situation of her family? Yet she must be invited to be with us."

8:9
If she were a wall,
We would build over her a silver turret,
If she were a door
We would encircle her with beams of cedar.

The obvious meaning [of the expression]: *If she were a wall* (Song 8:9) is preserved herself and protected what must be protected by refusing to give up to the one who intends to take advantage of her, bringing dishonor to her and her family. [The expression]: *If she were a door...* (Song 8:9) [means] that if she was like the door that can be pounded... The intended meaning is "if she succeeds in disallowing bodily energies from having power over her to the point of dominating her[34] which leads to neglect the honor of her virginity and to be distant from her father's house, far away from her true family, her intellectual brothers, under the jurisdiction of others than them, with fondness for other people..." But if she is enjoying this kind of protection and renown concerning her self-preservation is true it is then worthwhile to build a secure and noble palace around her which increases her strength and dignity. So he says: *If she were a wall, we would build above her a silver turret* (Song 8:9), a palace made of silver. The meaning of [the expression]: ... *over her* עליה (Song 8:9) is "around her" as in [the expression]: *Seraphim standing around him* ממעללו (Is 6:2). [The expression]: *If she were a door* (Song 8:9) *if it is closed or open.*[35] Because *door* דלת (Song 8:9) is the door that can be closed and שער is the gate that may have a door. Yet he preferred saying *door* דלת (Song 8:9) instead of שער *gate* because of the association between דלותי [as in] *they brought me down* (Ps 116:6; 142:7) and דל that means weakness and sickness. So he made it parallel to חומה *wall* (Song 8:9) that connotes strength and fortification. The meaning becomes that her dignity is preserved from surrendering to the passion and the power of desires and [to succeed in] avoiding being under their dominance. He built for her a palace,

---

34 حتى صارت ذات بعل منهم literally: "as if she had a husband from one of them."

35 ואם שער או פתח

high exalted to the extreme, by which she increased her power and reformed herself. If she is weak and desires, animal needs frequently knock at her door, [this means that] she is in need of spiritual training, protection, and locking such door and reinforce it with hard cedar planks, forbidding the access to a foreigner or someone whose evil doing and animosity are to be feared because of his bad behavior, animal characteristics and lustful energies. His expressions: *If she were a wall* חומה, אם *if she were a door* אם דלת (Song 8:9) need a comparative כ. Likewise the expression: *I am like a wall* אני חומה (Song 8:10) in harmony with *and my breasts are like towers* כמדגלות (Song 8:9). The meaning of [the expression]: *we would encircle her* נצור (Song 8:9) is we make [her] a fortification. In other words, we post around her protectors that shield her from the enemies. [צור] is a verb with a vowel in the middle to be understood in harmony with: *He built a fortified* מצורה *town in Judah* (2Ch 14:5), ... *set me on a fortified tower* מצור (Hb 2:1). It designates the fortification. We find a similar meaning in [the expression]: *like a surrounded* נצורה *city* (Is 1:8),[36] or "besieged" according to one interpretation, which leads to a passive form אנפעאל, with a vowel in its middle.[37] But if we attribute the נ to the root its model becomes פעולה that should be read following the example of *he who tends* נוצר *a fig tree [eats its fruit]* (Pr 27:18),[38] designating someone who guards שומר, who keep נוטר according to the meaning of the expression: ... *he gave the vineyard to the keepers* (Song 8:11). So she tells him metaphorically: "I am in a situation different from what you used to see. Indeed, I am very strong with great constancy; I am like a wall away from the enemies' reach." This is expressed in:

8:10
I am like a wall and my breasts are like towers,
So I become in his eyes like one who found peace.

36 The same expression could be rendered as "a fortified city" or "as a besieged city."
37 وهو ان يكون انفعال معتل العين it is a passive form (انفعال)
38 In other word it is not a derivative of verb צור "to cause, to lean" but of the verb נצר "to guard to keep."

[By his expression]: *I am like a wall* חומה (Song 8:10)[39] [by which he designates] the practical wisdom [that leads to] the reform of the behavior to preserve the soul from lustful desires and [bad] routine in order to allow her to be purified and enlightened that truthful principles may be engraved in her. [The expression]: ... *and my breasts are like towers* (Song 8:10) means "I am not convinced by a partial reform of behavior and its purification and by having the force to put an end to lustful desires without the help of logical principles and perceptions. [40] Yet, I have high perceptions and elevated perceptions similar to high towers and superb fortifications. For this reason I am worthy of finding favor, first, in my lover's eyes then in the eyes of all those who look at me. This will procure me happiness, shield me from any deficiency and make me reach the goal of those who are perfect. This is [indicated] by the expression: *So I become in his eyes like one who found peace* (Song 8:10). The meaning is that the soul, once she obtains the moral principles[41] then master them, rids herself of the mud, purified from the dirt, and avoiding being under the dominance of the material elements and the animal desires, once she obtains the logical principles and ascertains opinions and beliefs and perceives the essence of beings, then she will achieve complete perfection and attain all kinds of judgments, the certainty about her inner existence as well as the link to her lover of old and true happiness. This in fact is the goal of every [form] of happiness and every virtue which is to reach the highest peace as it was explained in Job, Proverbs, in many passages of this book and in what remains to be explained at the beginning of Qohelet, because this is the totality of the judgment's parts, the sciences and the different forms of wisdom. [The word] מגדלות *towers* (Song 8:10) is the feminine plural of מגדל *tower*. Yet, it has a masculine plural as in [the expression]: ... *where is the one who could count theses towers* המגדלים (Is 33:18).

---

39 To be noticed that the term חומה "wall" is similar in pronunciation and spelling to the term חכמה "wisdom."

40 نطقيات وادراكات

41 الخلقيات

8:11

There was a vineyard that belonged to Solomon at Baal-Hemon,
he gave it to keepers;
Each one brings a thousand pieces of silver for its fruit.

8:12

My vineyard is before me, thousand are for you, O Solomon,
And two hundreds for the keepers of his fruit.[42]
It already occurred that intellectual emanation was compared to
the wine and the delight that one may find in it. It is also
compared to the breasts, which is the place from which flows milk,
like the well from which the water flows. That is the reason why he
compared science to water as in: *Ho, all you who are thirsty,*
come to the water (Is 55:1). [He also compared it] to the wine and
milk: *[come come drink] wine and milk, [without money] and*
without cost (Is 55:1). He describes God, may he be exalted, who is
the principle of every perfection and the origin of every emanation,
as *fount of living waters* (Jer 2:13). Since breasts flow with milk
they were compared to the well that springs water. So he makes of
them a point of comparison for every knowledge and perception:
... and your breasts like clusters (Song 7:8), *your breasts are like*
the grapevines (Song 7:9), *my breasts are like towers* (Song 8:10).
He compares emanation and the perception to wine for its delight,
because it enchants the soul and is necessary for rejoicing and
enjoyment. The wine has its origin in the vine where the grapes
that produce the wine grow. That is the reason he compares the
intellect's universe, origin of any perception and perfection, to the
wine. It was already advanced that the name Solomon is indicative
of perfection.[43] The elders of eternal memory have said *that all*
that Solomon said in the Song of Songs is holy. They informed
those able to understand the meaning. As to [the expression]: ...

---

42   The commentary on Song 8:11-12 is continuous and interrupting the
     commentary on Song 8:11 in order to insert the lemma of Song 8:12 would
     not be helpful. This is something proper to the second commentary of
     Tanchum. That is the reason for the two verses to be presented together,
     followed by a commentary that treats the two verses as one unit.
43   The root for the names שלמה and שלום designates "perfection, wholeness and
     peace."

Baal-Hemon (Song 8:11) [it designates] the crowd. 44 In other words, the place where the crowd passes and gathers, in the street where large number of people can be found. It is an allusion to all things and beings whose governance, forms and perfections reach the soul from the world of the intellect. It was said that the ה in Hemon המון replaces an א as in *it was with him like confident* אמון (Pr 8:30),...*when she was brought up with him* באמונה אתו (Est 2:20). The meaning is that it was a vine cherished by him 45 always in his presence as it is attested by the expression: *My vineyard is before me* (Song 8:12). From which he bestows his emanation on the guards. The same as in *when I leave the city* (Ex 9:29) meaning [...].46 By "guards" he designates the constellations which govern the lower universe and keep its harmony by an order from God in proportion with the generous intellectual emanation they receive due to a generosity that is rare and noble.47 Qohelet witness to such meaning by saying: ... *for a noble man is protected by one nobler and both of them by one higher still* (Eccl 5:7) according to what we will explain in the passage. So it is about this [meaning] that he said: *each one brings a thousand pieces of silver for its fruit* (Song 8:11). We have already said that the meaning refers to the *vineyard*. The meaning becomes that care for generosity and its emanation come according to two ranks. The first rank is subdivided to ten categories: they are the ten ranks of the intellect. The second rank is subdivided in two categories. The first pertains to the orbits, the second to the constellations. Thus he said about the ranks of the intellects: *each one brings thousand pieces of silver for its fruit* (Song 8:11). The two bodily ranks [are designated by the expression]: *And two hundreds for the keepers of his fruit* (Song 8:12). As to the orbits they are of two kinds: the first is the one that encompass all. It is without stars. The second one is partial and it has stars.48 The Bible49 says about this: *The*

---

44   ذات الجمهور
45   كرم محضون عنده literally: " A vine that is hugged by him."
46   While there is no visible manuscript defect, the copyist must have forgotten a word or more, which makes the sentence unintelligible.
47   "generosity" and "vine' have the same consonant letters: كرم
48   ومنها بقيتها وهي مكوكب literally: "... and [the second] part concerns the remaining and it is with stars."
49   Lit: "The text."

heavens and the heaven of heavens (Dt 10:14; 1Kgs 8:27; 2Ch 2:5).
It is therefore possible that [the word] *keepers* (Song 8:12) alludes
to such. As to the *fruit* (Song 8:12) it represents the trees and the
fruits that can be found in the garden: *The Lord planted a garden
in Eden* (Gn 2:8). *Eden* is the vine which is at the origin of strange
delights and great rejoicings. The *garden* are the beings that come
from it, of which there is Adam that comes from the soil.[50] So the
beings that govern and bestow emanation over what is of a lower
rank are divided into twelve categories. Ten of them are
intellectual and simple[51] and two are of bodily nature, *similar to
the number of the Israelite tribes.* Indeed, it was said: *... he fixed
the boundaries of nations according to the number of the
Israelites* (Dt 32:8) which leads us to the number one thousand
two hundred.[52] But he had said that the vine is in God's enduring
presence and his providence is certain because of the close
proximity with God: *My vineyard is before me* (Song 8:12). As to
its subdivisions, its benefits, its emerging fruits, they are many.
Ten of them enjoy the highest perfection and simplicity and are
devoid of any bodily element. [They are designated by the
expression]: *... thousand are for you, O Solomon* (Song 8:12). But
there are two categories of lower dignity and lesser proximity [to
the intellect]. They are the categories that govern movement and
harmony of those remaining in the garden, its trees, its small
plants and its fruits. It is about [these two categories] that he said:
And two hundreds for the keepers of his fruit (Song 8:12). That is
the reason why the orbit in its turning and its different trajectories
is divided into twelve zodiacs. Therefore, months of the year, the
hours of the day and night were divided accordingly. These twelve
categories are forever divided in two groups: six above the earth
and six, facing them, under the earth. There will always be six
[categories] that are hidden and six that are visible, in spite of the
way the spheres and the movements may take. Therefore *he places*

---

50   ادم الذي خلق من الأدمه "Adam who was created from the Ademah, or the soil."

51   Simple in the sense of not being composed and not of being easy to
     understand.

52   وهي في العقود الف ومائتين literally: "by the decades, it is one thousand two
     hundred."

the consecrated bread on the table in two rows, six to a row.53
The whole witnesses to the part and the part witnesses to the
whole. These are the effects of the intellects and the results of their
actions. But they have an intermediary that comes from them and
radiates over what is below them. Similar to the interpreter that
hears the king's discourse and conveys it to the crowds, since the
king is of a dignity that prohibits him from being in touch with the
crowds or speak to them. The interpreter that conveys [the
message] is the soul because she is the one who dwells in the grove
and gardens that God had created in the middle of Eden, as it was
explained. Therefore he says:

8:13
O woman who sits in the garden,
The friends are attentive,
Let me hear your voice.
The ה [in היושבת] is vocative.54 [The meaning becomes] "O you who
are dwelling in the groves and water them from the preceding
vine." [The expression]: ... *are attentive, let me hear your voice*
(Song 8:13) [means]: "You are like one who gives a speech and all
beings are your listeners. Therefore radiate the art of your
governance, communicate your perfection according to what
authorizes and do not interrupt your emanation for those who are
ready to receive it, because all are your friends, your companions
and are in need of you." As if he said that "the companions are
eager, waiting to hear your sayings and your discourse. So let them
hear it and teach them your virtues."

8:14
Hurry, my lover, and be like a gazelle or a young deer
Over the fragrant mountains.
[The expression]: *Hurry, my lover, and be like a gazelle or a*
young deer (Song 8:14) as if she says:55 "This is my rank and this

---

53 Cf. Lev 24:6. The quotation is in disorder and the expression "the
    consecrated bread" is added. It is very difficult to make sense other that
    highly symbolic of the reference that Tanchum make to Lev 24:6.
54 الهاء للنداء
55 The following paragraph concludes the commentary and presents a
    summary of Tanchum's interpretation of the Song of Songs.

matter is left totally to me, nevertheless, this[56] was not my intention and if it did come from me, it is by accident and following a second intention. My true intention is to be with you, to follow you, to be united to you and to worry about no one else but you; I have neither love nor will for another than your great dignity and my passionate desire is to be fully in love with you, to apply onto me what is proper to you, that I may obtain the favor of being noticed by you and to have continual pleasure of your friendship, because I am still shaking because of my disconnection and first separation [when I dwelled] on *the aligned mountains* (Song 2:17)[57] and I fear that I will be taken by someone other than you and start to serve him, which may lead me to be in the same situation as the first separation and to come back to you, to find you, to cherish your trustworthy love only after an exhausting effort, toil and great struggle; now that I reached this kind of happiness [I ask you] to dispense me from sayings, words, arrangements, that belong to the body and bring me to the highest of the fragrant mountains that are the origin of the perfumes I felt, through which I recovered my splendor, enhanced my situation, the darkness disappears and through you, divine light dawns on me. Therefore, my intention is that you keep me in order that my strength increases, my delight intensifies and my scent expands more than usual. It would be as if you transport me from *the aligned mountains* (Song 2:17) symbol of interruptions and separation. Lead me then to the fragrant mountains, [fragrance] that will never cease and its delight never decrease, *Over the fragrant mountains* (Song 8:14)." She already stated when she started her conversation at the beginning of the Book: *Make me follow you and we will run, the king introduced me into his chamber; we will rejoice and be glad in you* (Song 1:4).

Praise the Merciful for his help. Amen.[58]

---

56   The meaning indicated by the term "this" appears to be the separation of the beloved woman (= the soul) from her lover (= the intellect).

57   The verb בתר "to cut, to separate" is included in the name of the "aligned mountains" הרי בתר.

58   בריך רחמנא דסעיין אמן

Index of Biblical Quotations

Numbers written in standard refer to biblical quotations in the Judeo Arabic text. Numbers written in italic refer to biblical quotations in the English translation.

Index of Biblical quotations

Genesis

1:16	72.267.
1:26	7.104.
2:7	60.238.
2:8	87.304.
2:10	78.281
2:12	78.281
2:13	78.281
2:14	78.281
3:8	47.207.
3:16	57.232.
3:24	64.248.
6:14	82.292.
11:4	7.104.
11:7	7.104.
12:1	10.113.
14:18	69.261.
15:10	47.206.
19:4	13.120.
20:15	60.61.240.242.
21:12	33.171.
22:2	10.113.
22:8	69.261.
22:14	69.261.
23:9	60.240.
23:13	7.104.
24:3	19.136.
25:6	33.171.
26:8	44.54.199.224.
26:19	58.59.237.240.
27:15	17.68.133.258.
27:22	39.185.
29:11	6.101.
29:46	49.211.
30:13	6.72.101.265.
30:14	81.282.288.
30:38	16.77.130.280.
31:19	73.268.
31 :24	248.
32:2	75.274.
33:4	6.101.
35:5	84.296.
37:2	80.285.
37:11.	9.110.
37:25	13.120.
38:14	68.257.
38:27	54. 225.
40:3	9.111.
40:10	44.74.200.272.
41:1	82.292.
41:10	9.111.
41:18	219.
41:26	219.
41:49	78.282.
44:12	79.283.
45:4	21.142.
47:14	78.282.
49:6	8.63.106.246.
49:9	10.112.
49:11	12.117.
49 :17	282.
49:24	8.105.
49:25	8.105.

49:26 49.*211*.
50:2   45.*201*.
50:20 65.*251*.

Exodus
2:3   61.*242*.
3:13   8.*107*.
4:12   13.55. *122.228*.
4:31   8.*107*.
5:1   55.*226*.
9 :24 83.*296*.
9 :29 87.*303*.
11:3   8.*108*.
12:36 8.*107.108*.
12:38 8.10.*108.116*.
13:21 8.*108*.
14:9   12.*118*.
14:10 39.*186*.
14:22 35.*176*.
14:24 75.*275*.
14:29 35.*176*.
15:1   6. *100*.
15:13 7.*104*.
15:15 43.*198*.
15:21 6. *101*.
21:15 59.*237*.
21:30 14.*123*.
23:5   51.*217*.
23:6   54.*226*.
23 :19 75.*275*.
24:6   76.*277*.
24:7   4.*95*.
34:3   *265*.
34:11 *113*.
25:3   25.*151*.
25:8   25.*150*.
25:9   5.*95*.
25:12 75.*275*.

25:20 25.*153*.
25:37 6.25.*100.153*.
28:6   54.*226*.
28:17 66. *252*.
29:43 20.*140*.
30:9   25.*154*.
30:10 15.*126*.
30:23 13.59.60.63.*121.236*.
       247.
30:24 59.*236*.
32:16 16.*129*.
35:13 25.*153*.
35:9   5.*95*.
37:3   75.*275*.
37:9   25.*153*.
39:36 25.*153*.

Leviticus
2:2   6.9.*102.108*.
5:2   7.*104*.
8:32   10.45.*114.203*.
10:4   *102*.
11:36 59.*237*.
13:20 84.*296*.
13:45 10.*112*.
15:8   *227*.
19:16 49.*213*.
19:33 54.*224*.
20:3   60.*240*.
24:6   88.*305*.
24:7   *265*.
25:4   44.57.*200.231*.
25:17 15.*127*.
25:49 7.*102*.
26:44 22.41.*143.189*.

Numbers
1:20   24.*150*.

4:8   54.*226.*
6:24   20.*138.*
6:25   20.*138.*
6:26   20.*139.*
8:2   6. *100.*
10:36   74.*273.*
11:4   11.*116.*
11:21   24.*149.*
11:23   60.*240.*
13:23   57.*231.*
17:23   74.*272.*
21:17   6. *101.*
23:10   8. *107.*
24:6   16.68.*129.258.*
24:17   56.78.*231.281.*
32:42   84.*296.*

Deuteronomy
1:13   51.*216.*
1:15   28.*159.*
1:33   44.*201.*
2:7   24.*149.*
3:11   16.*129.*
3:25   59.62.*237.243.244.*
4:6   36.*180.*
4:7   12.*117.*
4:13   14.*124.*
4:19   12.*116.*
4:24   15.*127.*
4:20   12.*116.*
5:5   75.*274.*
8:8   56.*231.*
8:15   4.*94.*
9:27   37.*181.*
10:9.   9.*108.*
10:14   87.*304.*
11:12   42.*193.*
18:2   9.*108.*

12:18   9.*108.*
12:28   10.*113.*
16:11   9.*108.*
19:5   61.*242.*
24:5   18.*134.*
24:7   59.*237.*
26:3   14.*124.*
28:1   45.*203.*
28:43   45.*203.*
30:19   34.*176.*
32:8   88.*304.*
32:24   84.*296.*
32:36   51.*216.217.*
32:37   51.*217.*
32:43   15.*126.*
33:5   78.*282.*
33:14   58.*235.*
33:17   *282.*
33:29   6. *101.*

Joshua
2:9   24.*149.*
2:11   24.*149.*
2:25   *260.*
14:7   49.*213.*
15:19   58.*233.*
21:26   7.*103.*

Judges
1:15   58.*233.*
3:3   77.*280.*
3:29   60.*240.*
5:1   6.*101.*
5:7   10.*111.*
5:19   9.*110.*
5:20   9.*110.*
5:27   64.*249.*
5:28   75.*275.*

8:21   76.*277.*
6:17   10.*111.*
11:37   32.35. *169.176.*
15:8   35.*177.*
17:7   82.*292.*
17:8   *292.*
17:9   *292.*

1 Samuel
2:8   74.*272.*
4:8   55.*226.*
9:7   56.*231.*
9:17   51.*217.*
14:15   84.*296.*
14:27   61.*242.*
14:32   10.*112.*
17:12   *292.*
28:4   *175.*

2 Samuel
5:17   35.*169.176.*
8:7   55.*228.*
13:26   45.*202.*
13:32   76.*278.*
17:8   54.*226.*
19:18   73.*268.*
22:5   39. *187.*
22:44   82.*292.*
23:18   59.*237.*

1 Kings
5:5   15.*126.*
5:12   56.*230.*
5:31   73.*268.*
6:9   16.*130.*
7:37   54.*225.*
7:51   75.*274.*
8:27   87.*304.*

8:56   4.38.*94.184.*
9:11   6.*100.*
10:18   68.*257.*
11:1-13 *218.*
14:17   *260.*
14:23   16.*129.*
15:21   *260.*
15:33   *260.*
16:6   *260.*
16:8-9 *260.*
16:15   *260.*
16:16   60.240.
16:17   *260.*
16:23   *260.*
16:29-34 *170.*
18:13   6.*102.*
19:6   53.*222.*
19:20   6.*101.*
20:38   52.*219.*

2 Kings
4:8   *175.*
5:9   14.46.*123.203.*
5:12   56.*230.*
9:11   6.*100.*
12:3   60.240.
12:10   63.*247.*
14:14   49.*213.*
14:26   51.*216.217.*
15:14   *260.*
15:16   *260.*
16:4   16.*129.*
17:10   16.*129.*

Isaiah
1:8   86.*300.*
1:18   54.*226.*
1:21   12.*117.*

2:18   44.*200.*
2:20   51.*217.*
3:23   64.*249.*
5:1   *102.*
5:7   40.*189.*
6:2   85.*299.*
6:6   53.*222.*
8:6   58.*234.*
8:7   39.*187.*
19:6   14.*125.*
21:10   60.*240.*
23 :5   *124.*
23:8   *124.*
25:5   44.*200.*
26:1   42.*193.*
26:6   75.*275.*
29:10   20.*139.*
29:13   51.*217.*
30:15   74.*273.*
33:18   86.*301.*
34:1   55.*228.*
37:26   59.*236.*
40:2   21.38.*142.185.*
40:18   12.*117.*
40:24   57.*231.*
41:2   19.*137.*
41:25   19.*137.*
42:10   6.42.*101.193.*
43:3   14.*123.*
43:6   28.*159.*
47:2   55.*227.*
47:9   14.54.*125.226.*
50:1   24.*148.*
51:9   70.*262.*
52:7   54.*225.*
53:8   51.*217.*
54:12   14.*125.*
54:16   60.*238.*

55:1   14.35.61.87.*122.178.*
        241.302.
57:5   16.*129.*
57:9   56.*231.292.*
60:8   16.*128.*
60:20   75.*274.*
60:22   23.*145.*
61:10   10.*112.*

Jeremiah
2:13   87.*302.*
2:20   16.*129.*
3:6   16.*129.*
3:13   16.*129.*
5:28   68.*257.*
9:1   42.*193.*
14:3   16.*130.*
15:9   60.*238.*
17:1   16.*129.*
17:13   14.*122.*
20:17   60.*240.*
22:14   12.*117.*
23:19   75.*275.*
30:23   75.*275.*
31:22   64.76.*249.276.*
32:8   9.*110.*
32:21   *125.*
46:16   15.*127.*
41:1   65.*251.*
50:16   15.*127.*
51:1   19.*137.*
51:11   55.*228.*

Ezekiel
1:1   81.*288.*
1:8   67.*254.*
1:10   78.*282.*
1:18   *254.*

1:28   52.53.*221*.
6:13   16.*129*.
7:10   44.*199*.
9:11   51.*216*.
16:2   24.*148*.
16:6   4.*95*.
16:7   85.*298*.
16:8   4.*95*.
16:10   5.*95*.
16:11   5.*95*.
16:13   4.5.*95*.
17:22   65.*251*.
21:3   84.*296*.
22:7   15.*127*.
23:6   17.68.*133.258*.
23:12   17.68.*133.258*.
24:11   9.*110*.
27:2-8   *124.214*.
27:24   49.*214*.
27:19   68.*257*.
31:4   58.*234*.
31:5   52.*219*.
34:23   22.*144*.
37:11   73.*268*.
43:2   67.*255*.
43:27   69.*260*.
46:14   63.*246*.
47:12   73.*269*.

Hosea
2:7   60.*240.242*.
2:11   24.*149*.
2:15   *276*.
2:9   24.*149*.
12:6   19.*136*.
13:13   83.*294*.
14:8   7.*105*.

Joel
4:5   60.*240*.
4:18   57.*233*.

Amos
3:15   68.*257*.

Obadiah
3   45.*202*.

Micah
5:6   63. *246*.

Nahum
1:12   73.*268*.

Habakkuk
1:7   70.*262*.
2:1   86.*300*.
2:3   21.*141*.
3:3   67.*254.255*.
3:11   8.64.*105.249*.

Zephaniah
3:1   15.*127*.

Zechariah
2:17   83.*294*.
3:9   31.*165*.
4:1   19.83.*137.294*.
4:10   31.*165*.
5:4   14.*122*.
10:11   59.*236*.
12:6   24.25.*148.151*.

Malachi
3:4   46.*204*.

Psalms
1:1 72.*265.*
7:1 6.*100.*
7:15 83.*294.295.*
8:6 40.53.*187.221.*
16:8 18.*135.*
16:9 18.*135.*
16:11 16.79.*128.283.*
18:12 31.67.*165.255.*
19:11 32.*167.*
19:13 42.*191.*
20:6 65.*251.*
20:8 39.*185.*
24:1 55.*228.*
24:4 72.*265.*
27:12 60.*238.*
33:14 44.*199.*
34:10 69.*261.*
38:2 7.*105.*
42:5 7.*105.*
45:8 6.*102.*
45:13 14.*124.*
47:10 74.*272.*
52:7 57.*231.*
57:9 60.*237.*
62:4 19.*137.*
63:6 61.*241.*
71:18 14.46.*123.203.*
76:3 34.69.*175.261.*
77:4 *105.*
77:7 *105.*
77:12 *105.*
77:20 10.*113.*
78:48 83.*296.*
80:12 58.*234.*
80:13 13.*122.*
81:14 74.*271.*
84:5 6.*101.*

88:5 19.43.*136.198.*
90:4 41.*189.*
90:15 18.*134.*
90:17 16.79.*128.283.*
91:1 14.*123.*
92:8 44.*199.200.*
93:5 9.46.*109.204.*
96:1 6.*101.*
96:2 6.*101.*
97:2 31.67.*165.255.*
98:1 6.*101.*
103:14 51.*216.*
104:2 10.*112.*
104:14 54.*225.*
104:33 63.*246.*
106:18 84.*296.*
106:35 11.*116.*
108:3 60.*237.*
113:6 12.*117.*
116:6 85.*299.*
120:5 24.*150.*
123:1 12.74.*117.165.272.*
125:2 42.*193.*
133:3 42.*193.*
141:7 55.*227.*
142:7 85.*299.*
144:2 54.82.*226.292.*
144:15 10.84.*111.296.*
145:19 69.*260.*
149:1 6. *101.*
150:4 75.*274.*

Proverbs
1:9 57.*232.*
1:11 45.*202.*
3:3 83.*295.*
3:6 42.*191.*
3:17 16.79.*128.283.*

4:14   75.275.
5:4   55.228.
5:15   61.240.
5:19   4.93.
8:11   84.297.
8:21   4.93.
8:14-16 4.93.
8:22-24 4.93.
8:27   4.93.
8:30   4.87.93.303.
9:2   76.277.
10:18   80.285.
14:5   60.238.
14:25   60. 238.
15:19   76.278.
17:12   14.125.
19:5   60.238.
19:9   60.238.
19:10   9.46.109.204.
19:22   9.46.109.204.
20:17   46.204.
22:18   16.79.128.283.
23:29   64.249.
23:31   8.106.
25:12   76.276.
25:16   61.241.
27:18   86.300.
31:8   44.200.

Job
1:1   8.107.
1:20   63.77.245.280.
2:9   254.
3:3   49.211.254.
4:18   67.254.
5:7   84.296.
8:12   73. 269.
9:5   74.272.

9:26   44.200.
9:33   74.271.
10:1   51.217.
11:20   60 238.
15:15   67.254.
16:17   265.
17:13   18.134.
22:13   54. 224.
28:7   9.110.
28:16   84.£97.
28:17   84.297.
28:21   7.104.
29:3   67.255.
31:7   75.275.
31:22   14.125.
33:3   72.265.
33:9   72.265.
35:11   55.228.
38:4   67.256.
38:6   31.67. 166.256.
39:11   51.217.
39:30   14.125.
41:2   83.294.
41:10   67.255.
41:22   18.52.134.220.

Song of Songs
1:1   6.100.
1:2   6.7.8.57.82.101.102.
        103.107.232.291.
1:3   7.8.57.71.102.103.
        104.106.107.133.232.
        264.
1:4   7.8.9.89.102. 104.
        105.106.108.306.
1:5   5.9.17.53.96.108.109.
        132.164.

1:6	6.9.10.81.85.*96*.*110*. *111*.*150*.*287*.*298*.	2:14	6.22.45.46.*143*.*202*. *203. 204*.*245*.
1:7	10.11.48.*111*.*112*.*115*.	2:15	22.46.48.*143*.*205*. *210*.
1:8	10.11.*112*.*113*.*114*.*115*. *116*.	2:16	22.47.*144*.*206*.*229*.
1:9	12.13.*117*.*121*.	2:17	4.23.47.*89*.*94*.*144*. *207*.*208*.*306*.
1:10	12.15.*118*.*119*.*126*.	3:1	23.48.*147*.*209*.
1:11	12.13.15.*119*.*120*.*126*.	3:2	23.48. *147*.*209*.
1:12	13.15.*120*.*121*.*126*.	3:3	23.48.49.*147*.*210*.
1:13	13.14.15.*105*.*121*.*122*. *124*.*126*.	3:4	23.48.49.*148*.*210*. *211*.
1:14	13.14.15.58.*123*.*124*. *125*.*126*.*235*.	3:5	23.49.50.53.*148*.*184*. *212*.*216*.
1:15	16.20.*99*.*127*.*128*.*139*.	3:6	4.24.49.50.*94*.*148*. *149*.*212*.*213*.*214*.
1:16	16.20.*128*.	3:7	24.50.51.70.*149*. *212*. *215*.*216*.*218*.*263*.
1:17	16.20.77.*129*.*130*.*140*. *210*.*280*.	3:8	24.51.*149*.*216*.
2:1	17.21.22.*131*.*140*.*144*. *207*.	3:9	25.50.51.52.*150*.*215*. *219*.
2:2	17.21.22.56.69.*131*. *140*.*144*.*207*.*259*.	3:10	18.25.52.53.*134*.*150*. *151*.*219*.*220*.*221*.*222*.
2:3	17.21.80.*132*.*133*.*134*. *140*.*286*.*294*.	3:11	25.53.*151*.*221*.*222*.
2:4	18.21.*133*.*140*.	4:1	25.53.54.99.*153*.*155*. *223*.*224*.*263*.
2:5	18.21.80.*133*.*134*.*140*. *286*.	4:2	26.54.76.*155*.*225*. *226*.*277*.
2:6	18.19.21.*134*.*135*.*141*. *184*.*213*.	4:3	26.39.49.54.55.*155*. *171*.*212*.*226*.*227*.*263*.
2:7	19.21.50.53.*136*.*137*. *141*.*184*.*192*.*216*.	4:4	26.55.77.*155*.*156*.*227*. *228*.*280*.
2:8	10.21.43.*112*.*141*.*197*.	4:5	26.55.*156*.*229*.
2:9	21.43.44.*142*.*198*.*199*.	4:6	10.26.47.56.*113*.*156*. *207*.*229*.
2:10	21.44.*142*.*199*.	4:7	27.56.*156*.*157*.*230*.
2:11	21.44.*142*.*200*.	4:8	27.56.*157*.*230*.*231*.
2:12	22.44.45.*143*.*200*. *201*.*202*.	4:9	27.57.*157*.*231*.*232*.
2:13	22.44.45.*143*.*201*. *202*.		

4:10	27.57.157.158.232. 233.		254.255.257.
4:11	27.57.58.158.233.	5:15	31.67.68.166.255. 256.257.
4:12	27.28.58.59.61.158. 233.234.236.243. 244.	5:16	31.32.67.68.166.167. 256.258.
		6:1	32.68.69.169.259.
4:13	28.58.60.62.158.159. 234.235.238.243.	6:2	32.69.169.259.260.
		6:3	32.69.170.260.
4:14	13.28.59.62.121.159. 236.240.243.	6:4	32.69.70.170.260. 261.262.
4:15	28.59.62.159.234. 236.237.243.	6:5	33.70.170. 224.262. 263.
4:16	28.59.60.62.159.160. 237.238.239.244.	6:6	33.70.171.262.263.
		6:7	33.70.171.262.263.
5:1	13.14.29.59.60.61. 121.122.161.239.240. 241.242.244.	6:8	33.50.70.71.171.215. 263.264.
		6:9	33.71.72.75.171.264. 265.266.274.
5:2	6.29.62.63.99.161. 162.244.245.251.	6:10	33.72.73.171.172.265. 266.267.269.
5:3	29.63.162.246.	6:11	34.35.73.74.172.176. 177.268.269.272.
5:4	29.63.162.246.247.
5:5	29.63.64.162.247.	6:12	34.73.74.172.270.271. 272.
5:6	29.30.64.76.163.248. 249.276.	7:1	34.73.74.75.172.175. 176.263.270.271.273. 274.275.276
5:7	23.30.64.147.163. 248.249.	7:2	35.64.75.76.177.248. 275.276.
5:8	30.64.65.163.164. 249.250.	7:3	35.76.177.178.277. 278.
5:9	30.48.65.84.164.210. 250.296.	7:4	35.36.76.178.278.
5:10	30.65.70.164.250. 251.254.262.	7:5	36.77.178.278.279.
		7:6	36.77.178.179.263. 279.280.
5:11	31.65.67.68.165.251. 254.257.	7:7	16.36.79.80.129.179. 283.285.
5:12	31.66.165.252.255.
5:13	13.17.31.66.121.132. 165.252.253.255.
5:14	31.66.67.68.165.253.

7:8   36.79.87.*179.180.283.*
      284.302.
7:9   36.77.79.80.81.*179.*
      180.279. 284.287.
      302.
7:10 8.37.80.*106.180.285.*
      286.
7:11 37.80.*180.286.*
7:12 37.81.83.*180.181.287.*
      294.
7:13 6.37.73.81.*102.181.*
      269.287.288.
7:14 37.81.*181.288.289.*
8:1   37.38.82.*183.291.*
      292.
8:2   38.82.*183.184.282.*
      292.293.
8:3   38.82.*184.293.*
8:4   38.50.83.*184.216.*
      293.
8:5   39.83.*185.186.293.*
      294.
8:6   39.83.84.*186.187.*
      296.
8:7   39.84.*186.296.297.*
8:8   40.84.85.*187.188.*
      297.298.
8:9   40.85.86.87.*188.299.*
      300.
8:10 20.40.86.87.*139.188.*
      300.301.302.
8:11 40.41.86.87.*188.189.*
      190.300.302. 303.
8:12 41.87.88.*189.190.*
      192.302.303.304.
8:13 42.88.*192.193.305.*

8:14 10.42.43.47.88.89.
      192.192.206.305.
      306.

Ruth
1:1   *292.*
1:2   *292.*
1:14 6.*101.*
2:19 10.*111.*
4:6   10.*113.*
4:8   10.*113.*

Lamentation
1:6   19.*136.*
1:7   49.*213.*
2:9   20.*139.*
4:1   68.*257.*
4:7   65.*250. 251.*

Ecclesiastes
2:6   17.61.*133.242.*
3:15 78.*282.*
4:12 68.*256.*
5:5   46.*205.*
5:7   87.*303.*
5:12 75.*275.*
7:16 61.*241.*
7:18 75.*276.*
9:8   77.*279.*
9:14 48.*210.*
10:2 18.*135.*

Esther
1:6   53.66.*222.253.*
1:8   65.*251.*
2:7   56.*230.*
2:12 13.63.*121.247.*
2:20 56.87.*230.303.*

3:1   18.*134*.   28:4   16.*129*.
                                            32:5   55.*228*.
Daniel   36:22 19.*137*.
2:40   34.35.*176*.
2:44   34.35.*176*.
7:10   30.*164*.
10:1   19.43.*136.198*.
10:11   17.68.*133.258*.
10:19   68.*258*.
12:9 10 34.*172*.
12:11   41.*189.190*.
12:12   41.*190*.

Ezra
1:5   7.14.19.*103.123.137*.
        203.

Nehemiah
2:8   58.*235*.
3:15   58.*234*.
9:6   19.*136*.

1 Chronicles
1:1   8.64.*105.249*.
4:17   49.*211*.
11:20   59.*237*.
12:8   19.*136*.
16:23   6.*101*.
27:1   60.*240*.
29:2   68.*257*.

2 Chronicles
2:5   87.*304*.
3:14   77.*280*.
7:3   53.*222*.
14:5   86.*300*.
18:7   55.*228*.
23:10   55.*228*.

Bible in
History

Series List

Vol. 1 Joseph Alobaidi: *Le commentaire des psaumes par le qaraïte Salmon ben Yeruham. Psaumes 1–10. Introduction, édition, traduction.* 1996.

Vol. 2 Joseph Alobaidi: *The Messiah in Isaiah 53. The commentaries of Saadia Gaon, Salmon ben Yeruham and Yefet ben Eli on Is 52:13–53.12. Edition and translation.* 1998.

Vol. 3 Emmanuel Uchenna Dim: *The Eschatological Implications of Isa 65 and 66 as the Conclusion of the Book of Isaiah.* 2005.

Vol. 4 Se-Hoon Jang: *Particularism and Universalism in the Book of Isaiah. Isaiah's Implications for a Pluralistic World from a Korean Perspective.* 2005.

Vol. 5 Michael Avioz: *Nathan's Oracle (2 Samuel 7) and Its Interpreters.* 2005.

Vol. 6 Joseph Alobaidi: *The Book of Daniel. The Commentary of R. Saadia Gaon. Edition and Translation.* 2006.

Vol. 7 Pnina Galpaz-Feller: *Samson: The Hero and the Man. The Story of Samson (Judges 13–16).* 2006.

Vol. 8 John T. Willis: *Yahweh and Moses in Conflict. The Role of Exodus 4:24–26 in the Book of Exodus.* 2010.

Vol. 9 Joseph Alobaidi: *Old Jewish Commentaries on the Song of Songs I. The Commentary of Yefet ben Eli.* 2010.

Vol. 10 Joseph Alobaidi: *Old Jewish Commentaries on the Song of Songs II. The Two Commentaries of Tanchum Yerushalmi. Text and translation.* 2014.